八閩文庫

八閩文庫

要籍選刊

43

榕村語録 榕村續語録

上

[清] 李光地 撰

陳祖武 點校

海峽出版發行集團
THE STRAITS PUBLISHING & DISTRIBUTING GROUP
福建人民出版社

二〇一九年八閩文庫出版工程領導小組

組　長
梁建勇

副組長
楊賢金

成　員
施宇輝　馮潮華　賴碧濤　陳熙滿
王建南　黄　誌　卓兆水　葉飛文
陳　强　林守欽　王秀麗　蔣達德

二〇二〇年八閩文庫出版工程領導小組

組　長
邢善萍

副組長
郭寧寧

成　員
施宇輝　馮潮華　賴碧濤　陳熙滿
肖貴新　王建南　黄　誌　卓兆水
葉飛文　陳　强　林守欽　王秀麗
林義良

二〇二二年八閩文庫出版工程領導小組

組　長
張　彦

副組長
鄭建閩

成　員
林端宇　鄭家紅　顔志煌　黄國劍
許守堯　肖貴新　林　生　黄　誌
卓兆水　吴宏武　陳　强　張立峰
鄭東育　林義良　林　彬

八閩文庫總序

葛兆光　張　帆

一

在傳統中國的文化史上，福建算是後來居上的區域。經歷了東晉、中唐、南宋幾次大移民潮，浙、閩之間的仙霞嶺，早已不是分隔内外的屏障，而成了溝通南北的通道。歷史使得福建越來越融入華夏文明之中，唐宋兩代，特别是在「背海立國」的宋代，東南的經濟發達，海洋的地位凸顯，福建逐漸從被文明中心影響的邊緣地帶，成爲反向影響全國文明的重要區域。在七世紀的初唐，詩人駱賓王曾説「龍章徒表越，閩俗本殊華」（駱臨海集箋注卷二晚憩田家，陳熙晉箋注，上海古籍出版社一九八五年，第三六頁），前一句説的是華夏的衣冠對斷髮文身的越人没有用，後一句説的是閩地的風俗本來就與華夏不同，意思都是瞧不起東南。但是，到了十五世紀的明代中期，黄仲昭在弘治八閩通志序裏卻説，八閩雖爲東南僻壤，但自唐以來文化漸盛，「至宋，大儒君子接踵而出」，實際上它的文明程度，已經「可以不愧於鄒魯」（四庫全書存目叢書史部一七七册，齊魯書社一九九六年，第三六四頁）。

的確，自從福建在唐代出了第一個進士薛令之，而且晉江有歐陽詹，福清有王棨，莆田有徐夤、黄滔這些傑出人物之後，到了更加倚重南方的宋代，福建出現了蔡襄（一〇一二—一〇六七）、陳襄（一〇一七—一〇八〇）、游酢（一〇五三—一一二三）、楊時（一〇五三—一一三五）、鄭樵（一一〇四—一一六二）、林光朝（一一一四—一一七八）、朱熹（一一三〇—一二〇〇）、蔡元定（一一三五—一一九八）、陳淳（一一五九—一二二三）、真德秀（一一七八—一二三五）等一大批著名文人士大夫。這些出身福建或流寓福建的士人學者，大大繁榮和提升了這裏的文化，甚至使得整個中國的文化重心逐漸南移，也許，就像程頤説的那樣「吾道南矣」（宋史卷四二八道學楊時傳，中華書局一九七七年，第一二七三八頁）。也就是説宋代之後，原本偏在東南的福建，逐漸成了中國重要的文化區域。

不過，習慣於中原中心的學者，當時也許還有偏見。以來自中心的偏見視東南一隅的福建，那時福建似乎還是「邊緣」。雖然人們早已承認福建「歷宋逮今，風氣日開」

（黃虞稷閩小紀序，撰於康熙五年，續修四庫全書史部七三四册，上海古籍出版社二〇〇二年，第一二七頁），但有的中原士人還覺得福建「僻在邊地」。像北宋樂史的太平寰宇記，一面承認「此州（福州）之才子登科者甚衆」，一面仍沿襲秦漢舊説，稱閩地之人「皆蛇種」，並引十道志説福建「嗜欲、衣服，別是一方」（樂史太平寰宇記卷一〇〇江南東道一二，中華書局二〇〇七年，第一九九一頁）。所以，歷史上某些關於福建歷史、文化和風俗的著作，似乎還在以中原或者江南的眼光，特別留心福建地區與核心區域不同的特異之處，筆下一面凸顯異域風情，一面鄙夷南蠻鴃舌。但是從大的方面説，我們看到宋代以降，實際上福建與中原的精英文化越來越趨向同一，正如宋人祝穆方輿勝覽所説，「海濱幾及洙泗，百里三狀元」，前一句裏所謂「洙泗」即孔子故鄉，這是説福建沿海文風鼎盛，幾乎趕得上孔子故里；後一句裏「三狀元」是指南宋乾道年間福建登第的三個狀元，即乾道二年（一一六六）的蕭國梁、乾道五年的鄭僑和乾道八年的黃定，他們都是福建永福（今永泰）這個地方的人（祝穆新編方輿勝覽卷一〇，施和金點校，中華書局二〇〇三年，第一六三頁）。

文化漸漸發達，書籍或者文獻也就越來越多，福建文獻的撰寫者中不僅有本地人，也有流寓或任職於閩中的外地人。日積月累，這些文獻記録了這個多山臨海區域千年的文化變遷史，而八閩文庫的編纂，正是把這些文獻精選並彙集起來，爲現代人留下唐宋以來有關福建的歷史記憶。

二

福建鄉邦文獻數量龐大，用一個常見的成語説，就是「汗牛充棟」。那麽多的文獻，任何歸類或叙述都不免挂一漏萬。不過，我們這裏試圖從區域文化史的角度，談一談福建文獻或書籍史的某些特徵。

毫無疑問，中國各個區域都有文獻與書籍，秦漢之後也都大體上呈現出華夏同一思想文化的底色，但各區域畢竟有其地方特色。如果我們回溯思想文化的歷史，那麽，唐宋之後福建似乎也有一些特點。恰恰因爲是後來居上的文化區域，所以福建積累的傳統包袱不重，常常會出現一些越出常軌的新思想、新精神和新知識。這使得不少代表新思想、新精神和新知識的人物與文獻，往往先誕生在福建。衆所周知的方面之一，就是宋代儒家思想的變遷。應當説，宋代的理學或者道學，最初乃是一種批判性的新思潮，一些儒家士大夫試圖以屬於文化的「道理」鉗制屬於政治的「權力」，所以，極力强調

「天理」的絶對崇高，人們往往稱之爲道學或理學，也根據學者的出身地叫作「濂洛關閩之學」。其中，「閩」雖然排在最後，卻應當説是宋代新儒學的高峰所在，以至於後人乾脆省去濂溪和關中，直接以「洛閩」稱之（如清代張夏雒閩源流録），以凸顯道學正宗，恰在洛陽的二程與福建的朱熹，而道學最終水到渠成，也正是在福建。因爲宋代道學集大成的代表人物朱熹，雖然祖籍婺源，卻出生在福建，而且相當長時間在福建生活。他的學術前輩或精神源頭，號稱「南劍三先生」的楊時、羅從彦（一〇七二—一一三五）、李侗（一〇九三—一一六三），也都是南劍州即今福建南平一帶人，他的提攜者之一陳俊卿（一一一三—一一八六），則是興化軍即今莆田人，而他的最重要的弟子黄榦（一一五二—一二二一）是閩縣（今福州）人、陳淳是龍溪（今龍海）人。

正是在這批大學者推動下，福建逐漸成爲圖書文獻之邦。慶元元年（一一九五），朱熹在福州州學經史閣記中曾經説，一個叫常濬孫的儒家學者，在福州地方軍政長官詹體仁、趙像之、許知新等資助下，修建了福州府學用來藏書的經史閣，即「開之以古人敦學之意，而後爲之儲書，以博其問辨之趣」（朱文公文集卷八〇，朱子全書第二四册，上海古籍出版社、安徽教育出版社二〇一〇年，第三八一四頁）。宋代之後，經由近千年的日積月累，我們看到福建歷史上出現了相當多的儒家論著，也陸續出現了有關儒家思想的普及讀物。大家可以從八閩文庫中看到，這裏收録的不僅有朱熹、真德秀、陳淳的著述，也有明清學者詮釋理學思想之作，像明人李廷機性理要選、清人雷鋐雷翠庭先生自耻録等等，應當説，這些論著構成了一個歷經宋元明清近千年的福建儒家文化史。

三

説到福建地區率先出現的新思想、新精神和新知識，當然不應僅限於儒家或理學一系。更應當記住的是，從宋代以來，中國政治、經濟和文化的重心，逐漸從西北轉向東南，一方面由於中原文化南下，被本地文化激蕩出此地異端的思想，另一方面海洋文明東來，同樣刺激出東南濱海的一些更新的知識。

我們注意到，在福建文獻或書籍史上，呈現了不少過去未曾有的新思想、新精神和新知識。比如唐宋之間，福建不僅出現過譚峭（生卒年不詳）化書這樣的道教著作，也出現過像百丈懷海（約七二〇—八一四）、潙山靈佑（七七一—八五三）、雪峰義存（八二二—九〇八）那樣充滿批判性的禪僧，還出現過禪宗史上撰於泉州的最重要禪史著作祖堂集。又如明代中後期，那個驚世駭俗而特立獨行的李贄（一五二七—一六〇二），有人説他的獨特思想，就是因爲他生在各種宗教交匯融合的泉州，傳説他曾受到伊斯蘭教之影響，當然更因爲有佛教與心學的刺激，使他成了晚明傳統思想世界的反叛者。而另一個莆田人林兆恩（一五一七—一五九八），則是乾脆開創了三一教，提倡「三教合一」，也同樣成爲正統的政治意識形態的挑戰者。再如明清時期，歐洲天主教傳教士「梯航九萬里」，也把天主教傳入福建，特别是明末著名傳教士艾儒略（一五八二—一六四九）應葉向高（一五五九—一六二七）之邀來閩傳教二十五年，從而福建才會有「三山論學」這樣的思想史事件，也産生了三山論學記這樣的文獻，無論是葉向高，還是謝肇淛，這些思想開明的福建士大夫，多多少少都受到外來思想的刺激。最後需要特别提及的是，由於宋元以來，福建成爲向東海與南海交通的起點，所以，各種有關海外的新知識，似乎都與福建相關，宋代趙汝适撰寫諸蕃志的機緣，是他在泉州市舶司任職；元代汪大淵撰寫島夷志略的原因，也是他從泉州兩度出海。由於此後福州成爲面向琉球的接待之地，泉州成爲南下西洋的航線起點，因而福建更出現了像張燮東西洋考、吴朴渡海方程、葉向高四夷考、王大海海島逸志等有關海外新知的文獻，這一有關海外新知的知識史，一直延續到著名的林則徐四洲志。老話説「草蛇灰線，伏脈千里」，歷史總有其連續處，由於近世福建成爲中國的海外貿易和海上交通的中心，所以，這裏會成爲有關海外新知識最重要的生産地，這才能讓我們深切理解，何以到了晚清，福建會率先出現沈葆楨開辦面向現代的船政學堂，出現嚴復通過翻譯引入的西方新思潮。

甚至還可以一提的是，近年來福建霞浦發現了轟動一時的摩尼教文書，這些深藏在道教科儀抄本中的摩尼教資料，説明唐宋元明清以來，福建思想、文化和宗教在構成與傳播方面的複雜性和多元性。所以，在八閩文庫中，不僅收録了譚峭化書，李贄焚書續焚書、藏書續藏書，林兆恩林子會編等富有挑戰性的文獻，也收録了張燮東西洋考、趙新續琉球國志略等關係海外知識的著作，讓我們看到唐宋以來，福建歷史上新思想、新精神和新知識的潮起潮落。

四

在八閩文庫收録的大量文獻中，除了福建的思想文化與宗教之外，也留存了有關福建政治、文學和藝術的歷史。如果我們看明人鄧原岳編閩中正聲、清人鄭杰編全閩詩録收録的福建歷代詩歌，看清人馮登府編閩中金石志、葉大莊編閩中石刻記、陳棨仁編閩中金石略中收録的福建各地石刻，看清人黄錫蕃編閩中書畫録中收録的唐宋以來福建書畫，那麼，我們完全可以同意歷史上福建的後來居上。這正如陳衍（一八五六—一九三七）在閩詩録的序文中所説「余維文教之開，吾閩最晚，至唐始有詩人，至唐末五代中土詩人時有流寓入閩者，詩教乃漸昌，至宋而日益盛」（續修四庫全書集部一六八七册，第四一一頁）。可見，宋史地理志五所説福建人「多向學，喜講誦，好爲文辭，登科第者尤多」，「今雖閭閻賤品處力役之際，吟詠不輟」（杜佑通典州郡十二），真是一點兒不假。

清代學者朱彝尊（一六二九—一七〇九）曾説「閩中多藏書家」（曝書亭集卷四四淳熙三山志跋，四部叢刊初編集部二七九册，上海書店一九八九年，第六〇一頁）。千年以來的人文日盛，使得現存的福建傳統鄉邦文獻，經史子集四部之書都很豐富，翻檢八閩文庫，就可以感覺到這一點，這裏不必一一叙説。需要特别指出的是，福建歷史上不僅有衆多的文獻留存，也是各種書籍刊刻與發售的中心之一。福建多山，林木蓊蘢，具備造紙與刻書的有利條件，從宋元時代起，福建就成爲中國書籍出版的中心之一。宋元時代福建的所謂「建本」或「麻沙本」曾經「幾遍天下」（葉夢得石林燕語卷八，侯忠義點校，中華書局一九八四年，第一一六頁），更有所謂「麻沙、崇安兩坊産書，號稱『圖書之府』」的説法（新編方輿勝覽卷一一，第一八一頁）。版本學家也許將它與蜀本、浙本對比，覺得它並不精緻，但是，從書籍流通與文化貿易的角度看，正是這些廉價圖書，使得很多文化知識迅速傳向中國四方，也深入了社會下層。淳熙六年（一一七九），朱熹在建寧府建陽縣學藏書記中曾説到，「建陽版本書籍行四方，無遠不至」，可當時嘉禾縣學居然藏書很少，「學於縣之學者，乃以無書可讀爲恨」，於是一個叫姚耆寅的知縣，就「鬻書於市，上自六經，下及訓傳、史記、子、集，凡若干卷以充入之」。當地刊刻的書籍，豐富了當地學者的知識，也增加了當地文獻的積累，甚至扭轉了當地僅僅重視「世儒所誦科舉之業」的風氣（朱文公文集卷七八，朱子全書第二四册，第三七四五頁），這就是一例。到了清代，汀州府成爲又一個書籍刊刻基地，近年特别受到中外學者注意的四堡，就是一個圖書出版和發行中心，文獻記載這裏「以書版爲産業，刷就發販，幾半天下」（咸豐長汀縣志卷三一物産）。所以，美國學者包筠雅（Cynthia J. Brokaw）文化貿易：清代至民國時期四堡的書籍交易（劉永華、饒佳榮等譯，北京大學出版社二〇一五年）就深入研究了這個位於汀州府長汀、清流、寧化、連城四縣交界地區的客家聚集區的書籍事業，繼承宋元時代建陽地區（如麻沙）刻書業，這裏再一次出現中國書籍出版史上佔據重要位置的福建書商群體。

可以順便提及的是，福建刻書業也傳至海外。福建莆田人俞良甫，元末到日本，由九州的博多上岸，寓居在京都附近的嵯峨，由他刻印的書籍被稱爲「博多版」。據説，俞氏一面協助京都五山之天龍寺雕印典籍，一面自己刻印各種圖書，由於所刊雕書籍在日本多爲精品，所以被日本學者稱爲「俞良甫版」。

從建陽到汀州，福建不僅刊刻了精英文化中的儒家九經三傳、諸子百家以及文選、文獻通考、賈誼新書、唐律疏議之類的典籍，也刊刻了很多大衆文化讀本，諸如西廂記、花鳥争奇和話本小説。特别在明清兩代書籍流行的趨勢和作爲商品的書籍市場的影響下，蒙學、文範、詩選等教育讀物，風水、星相、類書等實用讀物，小説、戲曲等文藝讀物，在福建大量刊刻。如果我們不是從版本學家的角度，而是從區域文化史的角度去看，這種「易成而速售」（石林燕語卷八，第一一六頁）的書籍生産方式，使得各種文獻從福建走向全國甚至海外，特别是這些既有精英的、經典的，也有普及的、實用的各種知識的傳播，是否正是使得華夏文明逐漸趨向各地同一，同時也日益滲透到上下日常生活世界的一個重要因素呢？

八閩文庫的編纂，當然是爲福建保存鄉邦文獻，前面我們説到，保存鄉邦文獻，就是爲了留住歷史記憶。

五

這次編纂的八閩文庫，擬分爲三個部分。第一部分是「文獻集成」，計劃選擇與收録唐宋以來直到晚清民初的閩人各種著述，以及有關福建的文獻，共一千餘種，這部分採取影印方式，以保存文獻原貌。這是八閩文庫的基礎部分，按傳統的經史子集四部分類，這是爲了便於呈現傳統時代福建書籍面貌，因而數量最多；第二部分是「要籍選刊」，精選一百三十餘種最具代表性的閩人著述及相關文獻，以深度整理的方式點校出版，不僅爲了呈現歷代福建文獻中的精華，也爲了便於一般讀者閲讀；第三部分則爲「專題彙編」，初步擬定若干類，除了文獻總目之外，還將包括書目提要、碑傳集、宗教碑銘、官員奏折、契約文書、科舉文獻、名人尺牘、古地圖等，我們認爲，這是以現代觀念重新彙集與整理歷史資料的一個新方式，它將無法納入傳統的四部分類，卻是對理解福建文化與歷史至關重要的文獻，進行整理彙集，必將爲研究與理解福建，提供更多更系統的資料。

經歷幾年討論與幾年籌備，八閩文庫即將從二〇二〇年起陸續出版，力爭用十年時間，經過一番努力，打下一個比較完備的福建文獻的基礎。

當然，不能説八閩文庫編纂過後，對於福建文獻的發掘與整理就已完成。八閩文庫僅僅是我們這一兩代人的工作，還有更多或更深入的工作，在等待著未來的幾代人去努力。無論從舊材料中發現新問題，還是以新眼光發現新材料，都是建立在前人的基礎上，而又對前人的工作不斷修正完善的過程。還是朱熹寫給陸九齡的那句廣爲流傳的老話：「舊學商量加邃密，新知培養轉深沉。」用舊的傳統融會新的觀念，整理這些縱貫千年的歷史文獻，也就無論「人間有古今」了。

八閩文庫要籍選刊出版説明

福建自唐代以降，名家輩出，著述繁興，流傳千載，聲光燦然。遺存之文獻，多可彰顯福建歷史發展脈絡，展示前賢思想學術及文學藝術成就，爲研究福建區域文化之基本典籍。八閩文庫「要籍選刊」擇取重要之閩人著作及相關福建文獻百數十種，予以點校。其中具備條件者，將採用編年、箋注、校證等方式整理。諸書略依經史子集分部編次，陸續出版。

二〇二一年八月

榕村語録　榕村續語録目次

榕村續語録

整理前言

一

榕村語録三十卷、榕村續語録二十卷，清初理學名臣李光地撰。前書由其門人徐用錫及其孫李清植編輯。后書之編輯者，前人時賢尚未見論及。據光地孫清馥所撰榕村譜録合考卷上四十四歲條云：「孫思哉，屬公之甥，手録有榕村語録一本，疑在此時。及己巳（康熙二十八年）侍公京邸所記，其稿藏彼家數十年，馥於乾隆癸亥（八年）從季弟清泰處檢得，云得之其曾孫莊敬藏本。今已録出，增入榕村續語録中。」則續語録之編輯，似出李清馥手。

李光地（一六四二—一七一八），字晉卿，號厚菴，學者尊爲安溪先生，卒謚文貞，福建安溪人。康熙九年（一六七〇）進士，由翰林院編修累官至直隸巡撫、吏部尚書、文淵閣大學士，位極人臣，顯赫一時。他一生不惟以在官場角逐中的委蛇進退引人注目，而且勤於治學，於周易、樂律、音韻諸學皆確有所得。當其晚年，尤以工於揣摩帝王好尚，一意崇奬朱學，深得康熙帝寵信，先後奉命主持朱子全書、周易折中、性理精義諸書的纂輯事宜，儼若一時朱學領袖。著有周易通論、周易觀象、古樂經傳、韻書及榕村全集、榕村語録等，故世後，由其後人輯爲榕村全書刊行。

榕村語録的主要纂輯者徐用錫（一六五七—？），字壇長，號晝堂，一號魯南，江蘇下相（今宿遷）人。康熙四十八年（一七〇九）進士，官翰林院編修，後因事奪職。乾隆初復起，授翰林院侍讀，終以年事太高，旋起旋落而歸老鄉里。有圭美堂集行世。用錫早年工於文詞，康熙三十三年以後，從學於李光地，究心經史，旁及樂律、音韻、曆數，尤以書法著稱於世。他追隨李光地二十餘年，凡光地日常講論，皆留意記録，日積月累，手稿居然「富溢囊箱」（榕村語録跋）。於是自康熙五十四年起，徐用錫將記録稿整理謄清。康熙五十七年竣稿，送請李光地審閲，被光地讚爲「可存之書」（同上）。李光地逝世後，用錫將書稿交光地孫李清植。清植據其祖遺著及他人記録復加增補，以榕村語録爲書名，於雍正七年（一七二九）付梓。十一年五月初成，再送徐用錫撰寫跋文。乾隆八年（一七四三）又由李光地後學張叙冠以序言，至此，榕村語録遂成完書。

李清植（一六九〇—一七四四），字立侯，號穆亭，福建安溪人，爲李光地三子鍾佐子。由於父母早亡，李清植自幼隨祖父宦居保定、北京，親承謦欬，舉業日進。雍正二年（一七二四）成進士，先後以翰林院編修、侍讀主持江南鄉試、提督浙江學政。後因事降職，告假回鄉。乾隆初再出，官至禮部侍郎。李光地遺著多爲清植整理刊行，年譜亦出其手。

同榕村語録相比，續語録的編輯則要略後一些。該書的編輯者李清馥（一七〇三—？），字根侯，號遜齋，福建安溪人，爲李光地長子鍾倫子。清馥與其從兄清植一樣，自幼失怙，棲身於祖父膝下。後以蔭入仕，官至廣平知府。他祖述家學，「質厚安雅」（方苞方苞集卷一二李世得墓表），著有閩中理學考、閩學志略、榕村譜録合考等。至於續語録的編輯過程及竣稿時間，由於李清馥等人並未留下只字序跋或其他專門記載，因而僅能據相關線索，試作爬梳。

根據前引榕村譜録合考所記，早在徐用錫之前，李光地的外甥孫襄於康熙二十四年即已開始記録光地講論，留下過榕村語録稿一部。四年後，孫襄入光地幕，繼續前記，又成記録稿一部。前稿大概早爲光地後人所得，而後稿，李清馥則得之於乾隆八年。就現存榕村續語録的編次情況看，這兩部稿子無疑都成了李清馥從事編輯的重要依據。又據徐用錫榕村語録跋稱，李光地逝世前夕，曾就用錫記録稿表示過要爲之「汰存十之五六」的意向。光地爲人多疑，瞻前顧後，謹小慎微，他之所以做出上述表示，居於政治利害上的考慮當是主要原因。將今本語録及續語録比照，不難看出，這一遺願在李清植增訂徐稿時已獲實現。凡續語録中未注明「自記」或「孫襄」及他人所記字樣者，大概即多源自當年李清植所删稿。再據李清馥榕村譜録合考跋記，他依續語録對李清植所輯文貞公年譜進行訂補，事在乾隆二十一年。由此似可得出如下認識：續語録的編輯，其起訖雖尚難準確判定，但上限不會早於乾隆八年，竣稿則當在乾隆二十一年以前。想是因爲李清馥及其親屬對如何處理書稿所涉朝局時事、大臣臧否心存忌諱，尤其是對李光地一生「疑謗叢集」（清史稿卷二六二李光地傳）經歷的洗刷意見不一，因而未能及時刊行。爾後，李氏後人雖將書稿叠加修改，然終因時移勢易而深藏不出。直到一百多年後的光緒二十年（一八九四），始由安溪知縣黄家鼎據李氏家藏稿録出副本。民國初，黄氏鈔本輾轉傳歸著名文獻學家傅增湘先生，遂刻入雙鑑樓叢書行世。

二

在中國學術史上，語録體著述源遠流長，論語、孟子早已開其先河。法言、中説諸家繼起，接武孔孟，後先相承。及至兩宋，理學勃興，講學諸儒爲佛門風氣習染，紛紛以語録傳授師法，張大門牆。於是二程遺書、上蔡語録、朱子語類比肩接踵，風行海内。積習既成，歷元明兩代，經久不衰。明清之際，理學雖已成强弩之末，語録體文風亦爲有識之士羣起撻伐而奄奄待斃，但固守壁壘者則依然視若家珍。宋明數百年間，語録既爲理學中人所重視，因而也就自然成爲研究理學家學術思想的重要依據。在李光地現存近四十種、二百餘卷著述中，榕村語録及其續編，便以其内容的廣泛和卷帙的繁富而成爲他的代表作品之一。

如何評價李光地的學術地位，在清代學術史研究中久存争議，迄無定論。譽之者推爲「儒林巨擘」（四庫全書總目卷九四）、「學博而精」（清儒學案卷四〇安溪學案），毁之者則譏作「紙尾之學」（全祖望鮚埼亭集外編卷四四答諸生問榕村學術帖子）、「不學無術」（張舜徽清人文集别録卷三）。二者之間的距離顯然是很大的。平心而論，「儒林巨擘」云云，褒揚過當，名與實乖，當然不足取。事實上，就連受李光地搭救之恩的方苞，在論及其學問時，也只是給了「平平」二字的評價。李光地對此亦無可奈何，只好用「吾何以當平平二字」聊以解嘲（續語録卷一八）。然而「紙尾之學」、「不學無術」，卻也還可商量。回顧李光地研究的歷史和現狀，我們會注意到，凡訾議其學問者，每多從譏斥其爲人出發。的確，李光地的人品並不高尚，正如方苞憶其逸事時所述：「自公在位時，衆多誚公，既歿，詆訐尤甚。」（方苞方苞集集外文卷六安溪李相國逸事）這種所謂「疑謗叢集」局面的形成，一方面固然與當時的官場傾軋分不開，自有黨派鬭争的深刻背景；另一方面也在於李光地觸怒清議，咎由自取。但是倘若把李光地爲人的那些可訾議之點，同他對康熙朝國家統一、社會穩定、文化發展諸方面所作的貢獻相比，則顯然是其局部的、次要的方面。何況學問之與爲人，畢竟不可等量齊觀，尤不應以人而廢學。在這一點上，榕村語録及其續編提供了解決問題的良好依據。

榕村語録大致以經義、性理、諸儒、諸子、史書史事、治道、詩文爲類，記録了李光地一生與門人兒孫的講學問答。就所涉及的學術領域而論，不惟有對理學傳統範疇的討論，而且博及經學、史學、子學、文學、天文曆算、律吕、音韻諸學。其論究内容之廣泛，自朱子語類之後，在理學家衆多的語録體著述中，實屬罕見。固然由於一意求博，學力不濟，以致時有浮光掠影的空泛之論，甚至是穿鑿附會，强爲解人。但是無可否認，其中亦確有真知灼見。

朱陸學術之争，是宋明理學史上的一樁公案。自元代理學家吴澄以尊德性、道問學賅括二家學術特徵，將陸九淵一派歸諸尊德性，分朱熹一派爲道問學，從此尊德性與道問學之爭數百年不絶。李光地在榕村語録中明確地否定了這樣的區分，就尊德性與道問學的關係闡述了與前人不盡一致的見解。尊德性與道問學，語出中庸，云：「君子尊德性而道問學。」講的是儒家在道德修持上，既主張從宏大處著眼，立定脚根，同時又要從細微處入手，循序漸進。李光地對這一命題的講論，試圖逾越前人的成見，還儒學以本來的面目。他重申：「君子既要尊德性，又要道問學，存心、致知，一面少不得。」但他又認爲，尊德性與道問學相比，畢竟是根本，因而更爲重要，所以他説：「尊德性是道問學之基。」在李光地看來，朱陸學術同屬既尊德性又道問學的儒家正統，只是陸九淵不如朱熹平正，失之偏激。因而他評價陸學説：「象山不可謂不高明，只是少『道中庸』一邊耳。」（語録卷一大學）這樣去講解儒家經典並進而討論朱陸學術，尊朱的傾向顯然很鮮明，但是不惟擺脱了前人的窠臼，而且較之同時朱學中人如張烈、陸隴其輩的一味詆斥陸王學術，顯然要冷静得多，理智得多。同樣的道理，對於王守仁的學術主張，李光地雖然從根本上作了「終入邪魔」（語録卷一八宋六子一）、「詖淫邪遁」（語録卷二〇道釋）一類的抨擊，但是也能在局部上作出某些肯定。譬如王守仁關於「立志」、「萬物一體」諸儒學命題的講論，李光地便詳細稱引，評爲「皆極精」（續語録卷一六學）。這當然是實事求是的見解。

榕村語録以大量篇幅，依次對易、書、詩、禮、春秋諸儒家經典作了訓解。就總體而言，李光地的經解以宋學爲宗尚，側重義理，疏於考證。然而他也不廢漢儒經學，且能取其所長，融爲己有。一方面，他從尊朱的立場出發，確認：「解經在道理上明白融會，漢儒自不及朱子。」另一方面，又肯定了漢儒經學的不可偏廢。他說：「至制度名物，到底漢去三代未遠，秦所澌滅不盡，尚有當時見行的。即已不存者，猶可因所存者推想而筆之，畢竟還有些實事。不似後來禮壞樂崩，全無形似，學者各以其意杜撰，都是空言。此漢儒所以可貴。」（語録卷一九諸儒）李光地一生在經學上最爲用力者，是他的周易研究。他在語録中説過：「某治易，雖不能刻刻窮研，但無時去懷，每見一家解必看。今四十七年矣，覺得道理深廣，無窮無盡。」（語録卷九周易）正是由於長期究心，博採衆長，因而使他成爲康熙一朝大臣中最深通易學者。康熙中葉以後，李光地之所以日漸寵信，原因固然是多方面的，但是他在易學上的遠勝熊賜履、湯斌諸人，從而可以隨時爲康熙帝提供學術諮詢，也是一箇不可忽視的因素。隨着康熙帝學術修養的加深，李光地這種無可取代的地位便越發突出。所以對於他的故世，康熙帝深感痛惜，給他以「學問淵博，朕知之最真，知朕亦無過光地者」（清史稿卷二六二李光地傳）的蓋棺定評，就不是没有道理的。至於全祖望批評他的「以籌算言圖書，則支離之甚者，言互體更謬，不合古法」

（答諸生問榕村學術帖子），則屬似是而非之論。在經學史上，對周易的訓解，素有象數、義理二派之分。漢儒説易，走的是象數一路，講術數、論互體，乃漢易家法，從焦贛、京房到馬融、鄭玄，一脈相承。魏晉以後，象數學衰微，晉人王弼注易，一改漢儒舊轍，專以義理爲依歸，開宋明易學義理派風氣之先。宋明數百年，是義理派的天下，程頤的伊川易傳、朱熹的周易本義，以講求義理而高踞正統地位。其間雖有邵雍、朱震諸象數學大家承漢儒衣鉢，然而涓涓細流終究以「易外别傳」而不能匯爲巨川。李光地治易，既重在義理，贊成朱熹關於易爲卜筮之書的判斷，同時又受其鄉先輩黄道周象數學影響。由黄道周而朱震、而邵雍，一直溯源至漢儒易學，從而形成薈萃衆長、自成一家的易學風尚。淵源有自，不悖古法，巧容有之，支離則無。因此全祖望拘執宋易矩矱對李光地所作的譏彈，我們就没有理由去贊成它。

三

談李光地學術宗尚者，無不以程朱爲説。倘若依理學家的習慣用語來講，稱作「晚年定論」，那無疑是正確的。但是如同歷史上衆多的學者和思想家那樣，李光地的學術思想也經歷了一箇複雜的演變過程。探討這一過程，不僅是全面評價李光地學術的一箇重要方面，而且對於透視清初的理學界也是有意義的。在這箇問題上，榕村語録及其續編所提供的資料，足以補李光地的文集及其他著述之所未備。

作爲一箇從科場角逐中躋身仕宦的知識分子，由於朝廷功令所在，士子風氣所趨，李光地的學問由四書起家，二十歲以後，治學範圍擴及周易。由於受象數學的影響，當時他並不以朱熹的易注爲然，正如他所自述：「某少時好看難書，如樂書、曆書之類。即看易，亦是將圖畫來畫去，求其變化巧合處。於太極圖，不看其上下三空圈，卻揀那有黑有白、相交相系處，東扯西牽，配搭得來，便得意，覺得朱子注無甚意味。」（語録卷二四學）與之同時，他則爲陸九淵、王守仁的著述所吸引，爲此整整用了五年功夫（續語録卷一六學）。李光地爾後對大學的訓釋，反復稱引陸王的見解，主張恢復古本，認爲朱熹補格物傳爲多餘（語録卷一大學），顯然就是受了王守仁學説的影響。以上，是李光地治學的第一箇階段，其基本特徵可以大致歸結爲四箇字，即兼收並蓄。

自康熙九年中進士入選翰林院，李光地開始了他治學的第二箇階段。青少年時代的理學根柢，使他一度贏得當時任掌院學士的熊賜履的重視，並以「有志於理學」被推薦給康熙帝（康熙起居注康熙十一年八月十二日甲寅條）。隨後，他又奉命向康熙帝進呈著述，表示：「臣之學，則仰體皇上之學也，近不敢背於程朱，遠不敢違於孔孟。」（榕村全集卷一〇進讀書筆録及論説序記雜文序）儘管如此，早先陸王學説的影響畢竟一時難以盡去，因而在他於康熙二十四年前後所纂輯的朱子學的、文略内外編中，王學的影子依然若隱若現。到李光地晚年，他之所以要對朱子學的進行全盤修訂，改題尊朱要旨録入文集，原因大概就在這裏。據榕村譜録合考稱，文略内編即理學略，凡三卷，卷三即專載陸九淵、王守仁選文。猶如朱子學的的改爲尊朱要旨一樣，李光地後來爲了掩飾自己這一段在程朱、陸王間徘徊的學術經歷，也重輯該書爲榕村講授，將王守仁文盡數擯而不録（榕村譜録合考卷上四十四歲條）。康熙二十五、二十六年，他兩度爲康熙帝召見諮詢易學，並擢任翰林院掌院學士。然而直到此時，李光地的學術宗尚並未明朗，换句話説，亦即與康熙帝崇獎朱學的趨向尚未合拍。因此康熙二十八年五月，當他因深陷黨争而被撤銷掌院學士職，降爲通政使司通政使時，康熙帝便當衆斥責他爲「冒名道學」，指出：「古來道學如周、程、張、朱，何嘗不能文？李光地等冒名道學，自謂通曉易經卦爻，而所作文字不堪殊甚，何以表率翰林？」（康熙起居注康熙二十八年五月初七日壬寅條）同年九月，更明確地把他歸入朝臣中的王學派，斷言：「許三禮、湯斌、李光地俱言王守仁道學，熊賜履惟宗朱熹，伊等學問不同。」（同上書康熙二十八年九月十八日辛亥條）足見從二十九歲進入翰林院，到四十八歲掌院學士職被罷免，前後二十年間，就學術宗尚而論，李光地一直游移於程朱、陸王，還不能以學宗程朱來賅括。

失去翰林院掌院學士職，對李光地是一次很大的打擊。清初，由翰林院掌院學士而拜相，儼若成例。李光地深知朝廷掌故，他早先投靠武英殿大學士明珠，二人就曾經對謀取這一職位的時機作過策畫（續語録卷一三本朝時事）。如今掌院學士職的得而復失，促使他對其中的緣由去進行反省。其結果，作爲政治上的抉擇，便是以「積誠致謹，耐事慎交」爲座右銘（榕村譜録合考卷上五十歲條），力圖擺脱黨争的羈絆。在學術宗尚方面，則是迅速作出調整，一改先前在程朱、陸王間的徘徊，向朱學一邊倒。

爲此，李光地首先對自己數十年的理氣觀作了斷然否定。理，這是宋明理學的最高哲學範疇。與其相對而存在的是氣，理與氣之間究竟是一種甚麽樣的關係，在理學史上長期争論，莫衷一是，成爲困擾理學家的一箇根本哲學課題。根據朱熹的學説，理作爲宇宙的本源，天下的萬事萬物無不爲之所派生，所以他説：「未有天地之先，畢竟也只是理。有此理，便有此天地。若無此理，便亦無天地，無人無物，都無該載了。有理，便有氣流行，發育萬物。」（朱子語類卷一理氣）這樣的理氣觀，正是全部朱熹學説的出發點。然而恰恰也就是在這樣一箇根本問題上，李光地受明代理學家蔡清、羅欽順、薛瑄等人的影響，對朱熹的闡釋一直持懷疑態度。於是爲了表明自己尊崇朱學，李光地在五十一歲那年撰爲初夏録一篇，以衛道士的姿態批判明儒，表彰朱熹的理先氣後論。他指出：「先有理而後有氣，有明一代，雖極純儒，亦不明此理。」極力鼓吹：「理在先，氣在後。理能生氣，氣不能生理。」（語録卷二六理氣）這樣，李光地就從爲學的根本之點入手，樹起了尊朱的旗幟。緊隨其後，他又着手精選程朱語録，於康熙三十四、三十五年輯爲朱子語類四纂、程子遺書纂。接着便是改訂舊稿，以朱學爲準繩，重輯尊朱要旨、榕村講授，將王學踪跡洗刷殆盡。與此相一致，李光地又於康熙四十二年將當時的著名學者梅文鼎聘入官署，講求天文曆算學，以便同康熙帝的學術好尚全然吻合。借助於十餘年來的這一系列苦心經營，李光地在自己的晚年完成了學術宗尚的根本轉變，以恪守朱學的面貌出現於朝野，並據此博得康熙帝的寵信而榮登相位。隨後，他又通過主持編纂朱子全書，終於給自己戴上了朱學領袖的冠冕。

剖析李光地一生學術思想的演變過程，我們可以看到，他尊崇朱學的學術宗尚的確立，並不是建立於踏實而嚴密的學術研究基礎之上的。相反，以帝王好尚、政治得失爲轉移依據的投機色彩則十分濃厚。因此，儘管李光地在其晚年竭力表彰朱學，但無非朱熹學術主張的復述而已，在理論思維上則是蒼白無力的。他没有，也不可能對朱熹的學術體系作出任何發展。歷史地看來，在清初學術史上，李光地的貢獻並不在於理學，而是他順乎潮流，對經學研究的提倡和身體力行。後來乾嘉漢學家讚之爲「儒林巨擘」，也正是由此出發的。清初，在王學已成衆矢之的，朱學經統治者的提倡而高踞廟堂的歷史條件下，李光地學術宗尚的轉换，實爲當時理學界狀況的一箇縮影。清廷的提倡朱學，事實上只是把理學視爲維繫專制統治的道德規範罷了。所以康熙帝一再告誡理學諸臣，「果係道學之人，惟當以忠誠爲本」，絕對不能「務虛名而事干瀆」，並且還以理學真僞論爲題，考試翰林院全體官員（清聖祖實録卷一六三康熙三十三年閏五月癸酉條）。李光地先前的因「冒名道學」而被逐出翰林院，後來的以「才品俱優」而榮登相位（同上書卷二二三康熙四十四年十一月己巳條），都是清廷最高統治者這種理學觀的典型反映。康熙一朝，理學的提倡者將其視爲道德教條而用以桎梏臣民，尊奉者或如陸隴其、湯斌等的以之律身自省，或如李光地、熊賜履輩的借以沽名邀寵。這樣嚴酷的事實當然不是一種學術體系興旺的標誌，爲這一歷史現象所折射出來的，是理學僵化、日暮途窮的深刻本質。由於當時中國的具體歷史條件的制約，漢學之崛起、理學之爲經學所取代，便成爲學術發展的必然趨勢。

四

榕村語録及其續編，既是研究李光地學術思想的重要依據，同時作爲歷史文獻，它們又提供了據以知人論世的大量資料。李光地一生，幾乎同康熙一朝相始終。三藩之亂、臺灣回歸、朝廷黨争、儲位角逐、朱學獨尊……凡數十年間治亂興革，或詳或略，二書中皆有記載。其中尤以續語録所記最爲詳細。由於事出著者親身見聞，因而去僞存真，去粗取精，則多可補清代官私史書之所闕略。但是也正因爲著者所親歷，一則受客觀條件的限制，難免以偏概全，失於片面；再則許多時事、人物又都與著者榮辱攸關，主觀上便心存諱飾，抑彼揚己，甚至不惜淆亂真相以諉過他人。諸如對同時江南學者黄宗羲、毛奇齡等的無端譏彈，論李顒、李塨諸北方學者的似是而非，視政敵陳夢雷、徐乾學、熊賜履若不共戴天而百般詆毁等等，或信口臆説，或過甚其詞，真僞雜陳而難以信據。加以續語録又疊經著者後人改竄，爲替李光地文過飾非而肆意踐踏著述道德，以致前後兩歧，破綻百出。正如已故著名史家孟心史先生所評：「詞繁意複，矛盾舛戾，不可了解。」（孟森明清史論著集刊下册，題江安傅氏近刻榕村續語録）因之每遇書中自相牴牾處，簡直令人愕然，不禁頓生「盡信書而不如無書」之嘆。以下，僅以續語録中記陳夢雷事爲例，略加剖析。

李光地畢生最招惹物議者，莫過於他在三藩之亂中的經歷。康熙十二年十一月，吴三桂倡亂滇中，翌年三月，耿精忠遥相呼應，在福州舉起叛旗。當時，李光地與同年進士陳夢雷皆以翰林院編修告假在鄉。據陳夢雷稱，康熙十三年夏，李陳二人曾在福州陳寓密謀，決意裏應外合，陳出任僞職，「陰合死士以待不時之應」，李則「遁跡深山，間道通信」，以「稍慰至尊南顧之憂」（陳夢雷松鶴山房文集卷五與李厚菴絶交書）。此後，李光地即於十四年五月遣人上蠟丸疏，向清廷獻攻取福建策。亂平，李光地因此而擢陞内閣學士，而陳夢雷則因蠟丸疏中未曾具名，李光地又拒不澄清真相，反以從逆罪受審。於是陳夢雷遂揭露事情原委，將李光地「賣友」劣蹟公諸朝野。這就是李光地「賣友」一案的由來。對陳夢雷的指責，李光地矢口否認，堅持蠟丸疏爲己出，與陳夢雷毫不相干。最後，這場訴訟終以陳夢雷的流放關外而不了了之。

在榕村續語録中，李光地及其後人以卷十的全卷篇幅，對「賣友」一案極盡洗刷、誣枉之能事。開卷第一條本來記得很清楚，福建亂起，李光地之所以到福州見耿精忠，是「爲僞官羣小所逼迫」，與陳夢雷無關。然而第二條則節外生枝，嫁禍於陳夢雷，記爲：「變起，而陳已戴紗帽矣。陳後以書招予……予如其言，至其家，無他語。予次日辭欲去，陳曰：『君安得去？一入城門，門卒即有報某某進城矣。』予曰：『奈何？』陳曰：『且見耿王再商。』」這樣，李光地見耿精忠，便成了陳夢雷設置的圈套。可是十分奇怪，同卷末條却又棄後説於不用，將初説明確化，承認：「到福州省城，是耿精忠泉州知府王者都薦去的，逼着不許還家，只得去。」孰是孰非？如此一口兩舌，翻雲覆雨，實是令人無所適從。好在該書卷十五又述及往福州事，依然重申係僞官所薦，「耿王即以令箭來調」。綜觀上述四條，李光地康熙十三年夏的福州之行，乃是應耿精忠調令而去，實非陳夢雷所設騙局。這才是事情的真相。

至於上蠟丸疏一事，續語録爲了否定陳夢雷的實際參預，於卷十第五條云：「陳則震（夢雷字）至今鬧不已。他臨發遣時，魏環溪爲大司寇，杜肇餘爲少司寇，則震懷中出一紙告予説，蠟丸本是他做的，我删去他名字。杜最長厚，亦能窮詰他，云：『那時老先生在福州，他在安溪，中間關津頗多，老先生有此蠟丸稿，如何得達與李老先生？或是他差某人來，老先生差人去，將此人指出姓名來，就可質審。』他説：『他差人來，偶然不曾問其姓名。』」這就是説，陳夢雷連李光地所遣聯絡人員都道不出姓名，則商議疏稿便是謊言無疑。於是同條末更振振有詞，不惟指出所遣家僕張誥並非與陳夢雷商議蠟丸疏事，而且還煞有介事地聲稱：「今日張誥在此，子等可背我問之，便知其詳。」氣壯如牛，咄咄逼人。其實，所有這些都是經不住檢驗的。陳夢雷與杜臻的問答，當出李光地杜撰，所謂「今日張誥現在此」云云，則爲李氏後人竄入。首先，陳夢雷不僅知道張誥的姓名，而且他所記囑張誥轉李光地諸事，並不涉前述蠟丸疏。這在他抵達流放地後，於康熙二十二年寫給詹事府官員徐乾學的信中所述甚詳，盡可駁倒續語録之誣枉（松鶴山房文集卷五抵奉天與徐健菴書）。其次，陳夢雷記與李光地商定密疏，事在康熙十三年夏，先於李光地遣張誥聯絡半年多。這屢見於他早年所撰與李厚菴絶交書（同上書卷五），及赦罪回京後，於康熙四十四年五月所擬沉冤未白疏（同上書卷一）等，後先一詞，毫無牴牾。續語録將商定密疏與遣家僕聯絡混爲一談，顯然是在蓄意製造混亂。再次，據續語録卷十第二條稱，張誥自陳夢雷處回，因爲陳所蠱惑，遂「辭予他往」。既然家僕星散，心腹張誥亦斷然出走，那麼前述「張誥現在此」云云，則無從談起。關於這一點，還可以著者嫡孫李清馥所撰榕村譜録合考爲證。該書卷上四十五歲條引述續語録舊稿，前後文字均與今本卷十第二條同，惟獨無「今日張誥現在此」至「便知其詳」十八字。據此，清馥之後，李氏後人對續語録的改竄已經昭然若揭。

以上所舉，雖然只是擇其大要，但是續語録中關於陳夢雷的記載，其可靠程度究竟有多少，實在大可懷疑。涉及他人的類似事例，只要過細檢核，無論是在語録，還是續語録中，都不難發現。因此，我們一方面肯定榕村語録及其續編的史料價值，另一方面也認爲，倘若要把書中所記引爲論史依據，則應取慎重態度，以多方取證爲宜。

榕村語録現存的版本有乾隆初李清植刻李文貞公全集本、四庫全書本（簡稱「四庫本」）、道光間李維迪刻榕村全書本等。此次整理，以榕村全書本爲底本。疑似之處，則與四庫本校核。榕村續語録今可得見者，版本有二，一爲民國初傅氏藏園刊本，一爲稍後佚名石印本。二本各有長短，惟藏園本印工精細，字跡清晰，故即以之爲底本，訛脱之處，則取石印本斟酌訂補。爲保留古籍原貌，二書編次一仍其舊。惟榕村語録底本目録後之李清植跋，移至卷末徐用錫跋前，並補擬標題。榕村續語録，原題榕村語録續編，又題榕村語録續集，爲統一起見，據李清馥榕村譜録合考用題改作今名。整理過程中，除明顯錯字逕予改正、避諱改字逕予改回外，其他校改或存疑，均於校勘記中説明。兩書之整理本最初由中華書局收入理學叢書刊行，後略加修訂編入福建人民出版社出版之榕村全書。兹又收入八閩文庫，並在榕村全書整理本基礎上，依照八閩文庫體例再事修訂。囿於學力，孤陋寡聞，謬誤仍當在所多有，懇請大家指教。

陳祖武謹識

榕村語録

榕村語録序

孔子而後，三更五百餘歲而至朱子，能傳孔子之心者朱子也。由朱子而來，至於今又五百有餘歲矣，依傍者徒拾其皮毛，超躐者遂迷其宗派。惟安溪李文貞公，篤敬義之實學，得誠明之正傳，潔浄精微，尤深於易，而羣經道要，乃一以貫之。凡所述造，無不有以發前儒之所蔀，而覺來哲於無窮，其於朱子，蓋異迹而同神焉。則五百年來以公直接朱子者，乃萬世之定論，非叙一人之私言也。顧叙生也晚，讀公之書，而不及遊公之門。迨壬子歲，受知於交河先生，由交河而溯安溪，私幸猶得竊附於門下士之末。去秋，獲識公之文孫立侯侍讀，因示我以榕村語録三十卷，蓋與其師畫堂先生先後編集者。則凡公生平講學明道之大全，犁然具在，反覆研玩，直如登安溪之堂，而目覩其口講指畫焉。是則生公後者，未必不反幸於並時者已。間嘗考之，語録之興，蓋非晚近，其亦體原於洙泗者爾。故今所傳論語、家語，即孔子之語録也。厥後揚氏法言、王氏中説，摹其似而未得其真。及二程遺書、朱子語類出，則傳其心，而不襲其迹，與摹其似，寧傳其心之爲要乎。而議者或謂異氏有之，嫌於其體，毋乃弗深考，而反客爲主者耶。至於不避方言，詞未古雅，則牖民孔亟而不暇立文，正所以爲儒門之實録耳。彼文士之氣習，豈足與語斯道之傳哉。顧二程遺書，其理雖精，而部分未晰。朱子語類各以類從矣，而門目又太瑣，且語多複重。是則編書者之責也。此書編次，悉依公平日講學明道之要領，故簡而該，精而密，一開卷而窮理修身之方，内聖外王之道，若綱之在綱，可提而挈；若堂之有陳，可由而升。其以此爲六經、四子、宋五子之階梯可也。則公之繼絶開來，不亦深有賴於此書之存哉。抑吾聞之，論語、家語，皆門人襍記之，而論語尤精，蓋曾子、子思論纂之力也。今侍讀與晝堂先生，於師門微旨，記纂簡當，功在後學，自不待説。故余既論五百之統非公莫當，又以此書編集之精，而嘆明德之後，有達人爲大可幸云。謹薰沐盥手而爲之序。

乾隆癸亥仲春，門下晚學生東吴張叙敬識。

榕村語録卷之一

經書總論

孔子留下幾部經，部部精妙。佛書一看便有佛氣，老書一看便有老氣，經却一槩正當，無他聲色臭味，在聖人手中一過，便純粹無倫。天下之道盡於六經，六經之道盡於四書，四書之道全在吾心。

孔子之書，如日月經天，但看尊之，則天下太平，廢而不用，天下便大亂。

孔子六經，字字可信。博學多能，一肚皮家當，卻又江、漢以濯之，秋陽以暴之，只是細心到極處，謹慎到極處。

夫子所留下的書，萬理具足，任人苦思力索，得箇好道理。若是他不説的，所見畢竟不確，久便自見其弊。如所見實在精當，再向他書上細心尋求，卻原在裏面包著。雖聖人亦有所不知，只是他不知的就不説，如「夏禮吾能言之，杞不足徵；殷禮吾能言之，宋不足徵」。他原曉得，因無徵便歇了。有這本事，又有這箇道理，何從尋得他箇破綻出。

尼山造化在其手。易本卜筮之書，春秋本記事底檔，書亦流傳的數篇古文，詩本風謡樂歌。一經其手，便都道理完備。範圍天地，曲成萬物，是何等手段。

朱子兩眼實在明亮，大學、中庸，其所服膺，易中序、雜等篇，未嘗有異詞，孝經雖疑之，亦不敢決謂可廢。惟前人以書傳爲孔子作，詩序爲子夏作，直決然斷其妄，此乃確論。

四書中公案有極難解處，要想箇透，使了然於心，自己臨事方得力。聖人在衛六七年，受其公養，當時既不脱冕而行，君相未嘗見招，不便自歸。而老必還鄉，遂在近處栖止，只得在衛。父子稱兵，已是亂國，孔子不做其官，不與其事，而不爲衛君，必也正名，一絲不苟。至些須餽養，周之可受，固不必矯之而饑餓也。嘗論「篤信好學」章，自「危邦不入，亂邦不居」，一直趕到「邦無道，富且貴焉，恥也」。其義甚備，有安邦，自不入危邦；有治邦，自不居亂邦。至天下無邦，只得「無道則隱」。隱只不做官便是。當日孔子聲名滿天下，無處避，逼到歸宿處，只是甘貧賤而已。孟子「王由足用爲善」一段説話，信是盡君臣之義。當時作客卿不受禄，便已爲去地，其出處進退，亦毫無可議。

人欲窮經，畢竟以經聖手者爲妙。易、書、詩、春秋、周禮，隨分精熟一部，受用不盡。

儀禮雖亦聖作，但在儀節上講，何嘗不是道德性命所發見，畢竟略隔一層。禮記中聖人議論亦多，但大半出自漢人，不盡是聖人之筆。

詩、書皆聖人選定文字，所自著者，惟易、周禮、春秋而已，學者豈可不盡心？周禮是洪範衍義，春秋義法大抵一出於周易。聖人取法古人，卻又是自己一箇規模。

諸經多將首二篇包括全書之義，乾、坤兩卦，括盡易理；二典、二南，亦括盡詩、書。詩、書中道理，總未有不從脩身齊家説起者。冢宰管到宫闈瑣細，俗儒疑端，以此爲首。不知此乃脩齊之要，正治天下之本。春秋隱、桓二公，亦盡一部春秋道理。隱無王，桓無天。無王者，隱公終身未嘗朝聘於周，直似非其臣子者然。無天者，桓公弑君，王不加討，又從而恩命稠叠焉。惟此二義，一部春秋，豈復外此？

文章隨世運，雖孟子不免雜戰國之談鋒，朱子不能脱南宋之衰弱，惟洙泗不隨風氣。觀左、國等書，可見風尚夸靡。聖門卻撰出一種雪白文字。又各體不同，論語是一種，大學是一種，繫傳與中庸又是一種。乍看是黑洞洞的，中間卻分明一大世界，道理根源都在此。春秋更奇，又是一種。王荆公好古文，獨詆春秋。其實春秋是作古文之根，一字不苟，稱名切實，不如此便錯。

立言最難，伊川窮一生之力，著一部易傳，多是自己的易，還不是周易的本義。春秋只解到桓公十年，已有繆誤。隱公不書即位，穀梁義例甚明，卻廢不用，而曰：「外不受命於天子，内不受命於先君。」然則書即位者，皆受命於天子與先君者耶？桓公又書即位，何以解乎？至春秋序卻做得好，其他議論好處甚多，不可緣此等一二處，便槩行攻駁也。若句彈字議，除是孔子方一字不可移易，孟子便有可疑。如「臣視君如寇讐」、「聞誅一夫紂」之類，皆似太險。又如「取之而民不悦，則勿取。文王是也」；「文王猶〔二〕方百里起，是以難」，語意皆微欠圓成。文王服事終身，何嘗是要取殷？見民不悦而止，又何嘗有意圖王？迫於國小，以致事業不成。至「不動心」章，依然説得妙。「得百里之地而君之，皆能以朝諸侯有天下。行一不義、殺一不辜而得天下，皆不爲」，何等純正精到。

詩不必篇篇皆美刺，春秋不必言言皆褒貶。詩貞淫並著，而其教歸於正人心。春秋善惡並書，而其教主於存天理。自記。

易、春秋，在五經中最奇，其中條分縷析，又皆是自然之理，日用眼前之事，所以爲妙。易虚而實，空空洞洞，無所指定，而天下事事物物，形象變態，無一不備。春秋實而虚，有名有事，各不相假，然引而伸之，觸類而長之，天下萬世，皆於是取則。人情物理，皆稟律令。幽隱微曖，神明鑒諸，信造化之精髓，性命之模範也。

凡修一書，必立意推戴何人做主。詩經自當以朱傳爲主，綱領内便不應入詩傳序。周易折中綱領，采程傳序者，不敢主程傳也。朱子説，易之取象，不可盡以道理求。蓋謂隨人隨事，皆可以生解耳。雖象皆有根，根即是道理，卻要知他原可以隨人隨事求之也。朱子此説，畢竟是講易的定盤星。尚書注亦未有强於蔡傳者，但多敷衍幫襯，不能字字著實。其解「天聰明」二句，云：「天之聰明，非有視聽；天之明威，非有好惡。」即以本書作證，「天視自我民視，天聽自我民聽」，何以見得天無視聽？「帝乃震怒」、「皇天震怒」，何以見得天無好惡？其説之弊，直使人把天作糊塗物事，全憑人以爲聰明好惡者然。蔡氏此等處，都似還未見到根源，所以未覺熨貼。朱子説，春秋據事直書爲多，未必盡有褒貶。或不以爲然，不知朱子不是説全無褒貶，謂未必如今人説一字不放空，都有褒貶耳。道理卻是寬寬的説好，寬些包得道理多。寧可失出不妨，若過密，萬一失入，其弊甚大。胡傳多不是聖人意。你看朱子傳注，文義或有未當，至大道理，一絲不錯，他人便大處錯。朱子議論人物，規陳時事，容有太剛過嚴處，要無不可見之行事者。若胡傳説來，一步不可行。修此三經，詩當全用朱傳，惟斟酌幾篇；書半用蔡傳；春秋則當不用胡傳，合者數條而已。

五經、六藝，今止四經、四藝而已。經止易、詩、書、春秋，禮即在六藝中；藝止禮、樂、書、數，射、御已不講。易將註疏、程傳、朱義看過，略通大意，一年可了。詩將註疏與朱傳看，書經亦然。春秋三傳註疏，每種一年，兼之禮、樂、書、數，不過十餘年無不通矣。聰明人用十餘年功亦不難，便是許多年代無此人，豈不可歎？易與春秋，多言天人之際，學者治之，易入於漂忽。夫道在唐虞，皋陶爲帝者師，其陳謨也，以秩敍命討歸之於天，則春秋之旨也；以視聽明威考之於民，則易之要也。光坡。

今年夏秋間，庶幾將易解可改完一遍，然改完恐仍非定本也。凡著書，須要將那部書字字精神都灌注得到。以前看十翼，似還可多說幾句，近纔覺得全無欠闕。經書實難看，即如中庸，到如今看得還有不愜心處。惟洪範，似再搜尋不出甚麽意思來。至大學，則不解。問：「不解處在格物無傳文否？」曰：「段落難分。格致之義，朱子說，一件格到十分便是格，十件各格到九分九釐，亦算不得格。此最說得好。那一釐不到處便是本，知得本處，方是十分。本就是明明德。學問固以存心爲本，卻又不是只守著這箇本就無事了。『物有本末』，須是從本至末無不理會；『事有終始』，須是從始至終無不講究，方能知所先後。若只守著一箇心，便落陸象山、王陽明一路學問。」問：「象山與朱子不同處安在？」曰：「朱子爲學，先立志主敬，以爲學問之地，而又加以學問之功。

象山只先立乎其大者，把心養定，便無欠闕，讀書亦只檢測切於身心者讀之，只要借書將治心功夫鞭策的更緊些，不是要於書中求道理，所謂『六經註我，我註六經』也。他看朱子不拘何書都不放過，於文義細碎處，皆搜爬一番，便道是務外逐末，都是閒賬，躭閣工夫。」問：「他竟將事物之理全不理會不成？」曰：「他是要心定，則靈明無不貫徹，不消零碎補凑。不知天地間無一非道理，只守一心，則理有未窮，性便不盡。中庸所以説『至誠』了，又説，『聖人之道，禮儀三百，威儀三千』。略差便不是。故君子既要尊德性，又要道問學，存心、致知，一面少不得。象山不可謂不高明，只是少『道中庸』一邊耳。」

某欲選詩、解春秋，都有一見解，須體聖人意思。可以興觀羣怨；事父、事君；多識鳥獸草木之名；不爲二南，便正墻面；不學詩，便無以言；授之以政不達，使於四方不能專對；思無邪，皆是删詩凡例。管仲器小；八佾雍徹；旅泰山；林放問禮之本，季氏伐顓臾；天下有道，禮樂征伐自天子出；佛肸召；陽貨欲見諸章，便是春秋凡例。以此推之，思過半矣。

大學

「大學者，大人之學」。或以問朱子，朱子曰：「成人之學也。」今人多講得如孟子所謂「養其大者爲大人」之大人，非也。其實大學者，太學也。今人於周官小司馬、小司空等，皆知讀小爲少，卻不知大司馬、大司空等，亦當讀大爲太也。如大宰之爲太宰，小宰之爲少宰，其顯然者。則大學之爲太學，小學之爲少學，明矣。

朱子謂「古者八歲而入小學」，遍檢經書無此語，惟白虎通中有之。據禮記所言，入小學年數參差不等。恐少小就學，須就各人姿稟以爲遲早，白虎通之説未足爲據。清植。

今人動言，小學只習禮、樂、射、御、書、數，到入大學，便專講心性。從來無此説。不想灑掃、應對、進退之節，禮、樂、射、御、書、數之文，「節」、「文」二字作何解？節是童子不知登降周旋所以然之故，但習其節目；文是童子不知禮、樂、射、御、書、數所以然之理，但誦其文詞。到後來成人時，便已熟慣而知其用，日用而益明，精義入神，下學上達，不離乎此。非大學後便不提起六藝之事也。

「明德」，指性不指心。「明明德」，合知性、養性而言。鍾旺。

朱子云「行道而有得於心之謂德」，是德乃得於心之理，非心也。大學章句解「明德」，乃云：「人之所得乎天，而虛靈不昧，以具衆理而應萬事。」卻似以心爲「明德」。若「明德」是心，則「明明德」不疑爲異氏明心之説乎？故觀象中，於晉卦大象注改云：「『明德』者，人之所得乎天之理，具於心而昭明不昧者也。」清植。

事物上之止，止有兩義：必至其極，一也；不復遷移，二也。然二者止一意，必至其極，則不復遷移矣。凡一事一物，斷置盡情盡分，便快然無憾，截然而止。自記。

大學或問中，提出「敬」字，以補古人小學工夫。蓋養育德性之功，小學已豫，故大學直截説起。其實「定」、「静」等字，即跟小學説來，只應於定静節提明此意，不須添補。

大學首節，只言教人之法在此三者，知以三者爲歸宿，便是知止。如知終身有正業，他事不能摇動，豈非定乎？到得定，旁邊雖有許多擾攘，我卻一意在此，並不知有别人别事，豈非静乎？静後，雖置我擾攘中，我自安於我之事，豈非安乎？此是立志以端其本，居敬以持其志，乃格致以前工夫。不然論語首篇即言忠信，中庸開頭便言戒懼，豈大學獨始於格致乎？至「能慮」，則格致之事；「能得」，則誠意以下之事。

「知止」節，朱子説得周折些。因以知止爲在物格知至之後，所以「慮」字説作處事精詳，不云察理精詳，以察理是格致工夫故也。古人先有小學一段工夫，聰明已開，趨向已正，故大學直從明新説起。然畢竟有箇頭，有箇根基，立志是箇頭，從心上打叠是箇根基。此節便是此意。知止者，知道要做何等事、何等人，如此然後志有定向。志既定，雖旁邊有人戲鬧，都似不聞不見一般，非靜而何？既能靜，雖走到戲鬧場上，自然不被他引去，只安然在此，非安而何？心至此，於事理方能入，纔可用格致工夫，所謂「能慮」也。理明然後可實體於身，實措於事，所謂「能得」也。得之於己，即天下之理得矣，意誠以下之事也。注中「志有定向」、「心不妄動」、「所處而安」，皆無可易，只「處事精詳」難説。五峰所云：「立志以端其本，居敬以持其志。志立乎事物之表，敬行乎事物之中，而義乃可精」，都全包在此節内。程朱不將此節作頭，竟像工夫只從格致做起，故陸王乘此以售其説。問：「知止亦在立志内乎？」曰：「知止即立志的頭，畢竟知道這箇好，心方向著這箇。如夫子『志於學』，亦是知道學好，『志於道』，亦是知道道好。」

子静、陽明輩攻駁格物，就是「知止」節頭路未清。「知止」若如章句説，何須又用「定」、「静」、「安」、「慮」許多字面來贊他？聖賢等閒不輕説出「定」、「静」等字，「定」、「静」是爲學根基，只是有此根基，卻又要件件理會。「尊德性」是「道問學」之基，只是「尊德性」又不可不「道問學」。

陸象山答趙詠道書，引大學從「物有本末」起，至「格物」止，引得極精。兩「物」字便是一箇，把物之本末，事之終始講究明白，便知所先後。未有知本末終始，而尚倒置從事者。知所先後，便有下手處，豈不近道。故下便接先後説去。心身、家國、天下，是物也；脩身、齊家、治國、平天下，是事也。本，即脩身，故曰：「壹是皆以脩身爲本，其本亂而末治者否矣。」始，即齊家，書曰：「始於家邦，終於四海。」故曰：「其所厚者薄，而其所薄者厚，未之有也。」知所先後，即知本，知本，便是知之至。章句云：「物，猶事也。窮至事物之理，欲其極處無不到也。」極，如「皇極」、「太極」之極，是中間透頂處，不是四旁到邊處。「極」字，亦有作邊際訓者，如「四極」、「八極」之類，但非此注「極」字之義。

格物之説，至程朱而精，然「物有本末」一節，即是引起此意。物，事即物也；本末終始，即物中之理也。格之，則知所先後，而自誠意以下，一以貫之矣。象山陸子看得融洽，未可以同異忽之。自記。

朱子解「物」字，亦言事物之理，可見「物」字兼事也。章句「表裏精粗」四字，似不如「本末」、「終始」之爲親切。然精即本，粗即末，表即終，裏即始也。大學除此處，别無「物」字，而道理又極完全。以此詮格物之義，則程朱之意益明，而古注、涑水、姚江之説皆絀矣。自記。

「自天子」句，時文「建極」、「歸極」之語固失之，必曰「君卿大夫之元子、適子，與凡民之選造，將來皆有天下國家之責」，亦曲説也。天子有天下，下至庶人亦有家，便使終身無位，行於妻子，亦須是以脩身爲本。此句是泛論話頭，不必學校中人纔用著。自記。

學問全要知本，知本之學，所學皆歸於一本。格物之説，鄭康成是一説，司馬温公是一説，程朱是一説，王陽明又是一説。自然是程朱説得確實，但細思之，亦有未盡。如云格物也，不是物物都要格盡，也不是格一物便知天下之物。積累多時，自有貫通處。這箇説話，便似子夏之答子游。子游譏門人小子，「本之則無」，子夏只應答以灑掃、應對、進退，正是培養他根本處。人之初生，天性未漓，大人者不失其赤子之心，使之入孝出弟，一切謹願。後來盛德大業，都從此出，故曰：「蒙以養正，聖功也。」子夏卻説成君子之道，畢竟先末而後本。子游、子夏都將「本」字看得太高妙。即如「一貫」章，都説零碎工夫盡做到了，只不曉得本源，故經夫子點化，便洞然無疑。若其初不曉得本源，日用之間如何用功？果然如此，多學而識正是用功處，夫子何以截斷曰「非也」？特其初要將一去貫，終乃貫於一耳。以此起頭，以此煞尾，聖賢學問都是如此。離了本便無末，但不可云只要本不須末耳。

「此謂知本，此謂知之至也。」古本即在「其本亂」一節之下，極有理。大學説誠、正、格、致，中庸説誠、明，總是要脩身，身即是本。舉而措之，則脩己以安百姓，篤恭而天下平矣。但看三代以後，一物失所，引咎歸己，實見得正心以正朝廷，正朝廷以正百官，正百官以正萬民，道理確鑿，此等人能得幾箇？或云，知得此意，有何難處。如何便爲知之至？不知要知得到，非見得天性之本者不能。惟吾之性，即天地之性，故自盡其性，則能盡人物之性，參贊位育，都不外此。

問：「古本大學，遽及知本、知至，難道朱子所云：『即凡天下之物，莫不因其已知之理而益窮之，以求至乎其極。』此段工夫竟無耶？」曰：「此工夫即在知所先後内。事物皆格，至本末始終俱透，方爲格物之全功。大學恐人疑惑『知至』『至』字，爲當窮盡天下之物，始謂之至，故又曰：『以脩身爲本。』本亂末未有治者，厚者薄，未有薄者厚者。『此謂知本，此謂知之至』。朱子説『極』字，即是『本』字，一物皆有一物之極，即此一物之原本。今人説『極』字，像四面都到的一般，非也。緣格物致知之義，首章已説明，故下面直接誠意説去。首章亦非致知之傳，大學如中庸，只是一篇文字，一片説去。」問：「窮理是極緊要事，大學言之不太略耶？」曰：「經文安能條縷講盡？如正心，亦有現在、既往、未來許多境界，大學亦只輕輕指點，而意自足。」

大學一書，二程、朱子皆有改訂，若見之果確，一子定論便可千古，何明道訂之，伊川訂之，朱子又訂之？朱子竟補格物傳，尤啓後人之疑。若格物應補，則所謂誠意在致其知，正心在誠其意，皆當補傳矣。所謂「誠其意」者，經中文法原一變，非無緣故。且以誠意爲八條目之一，亦欠輕重，不過節次只得如此説耳。如明善、誠身，中庸雖與治民、獲上、信友等一例説，然豈可一例看？明善即格致，是誠意中事。到得誠意，則正心、脩身功夫皆到，只隨時加檢點耳。古本原明明白白，特提誠意。誠意總言，即是誠身，故章末便及心體可見。

語類中，「窮理只就自家身上求之」一段，説格物甚精。王陽明因格竹子致病，遂疑朱子之説，豈知朱子原未嘗教人於没要緊處枉用心思也。人與物本同一性，禽獸真心發現處，與人一樣。或止一節，比人更專篤，這箇是萬物一源的，所謂本也。子思、孟子不説格物，而曰明善，曰知性，正是大學知本之意。説到性與善，則程朱之説愈顯然明白，而包括無餘矣。

聖人説出「格」字、「物」字，已包盡各條件，但其歸必以知本爲知至。朱子之說，與此頗異。然不照著他說，終不能知本。其言或考之事爲之著，或察之念慮之微，或求之文字之中，或索之講論之際。又謂如身心性情之德，人倫日用之常，天地鬼神之變，禽獸草木之宜，實盡格物之義。陽明攻之，非也。朱子原以身心性情居首，並非教人於没要緊處用心。其實身心性情之德，果能窮本極源，人倫日用，能外是乎？天地鬼神，禽獸草木，能外是乎，只是經文已備，不消補傳耳。

伯安以格竹子爲格物，原非朱子本意。今人講格物便如此說，反爲姚江所笑。只以擇善、明善、知性等觀之，便自了然。天下之理，皆是吾性，所謂擇善者，如申生之孝，可謂非善乎？但不能中庸，不可謂至善。於善之中，擇其尤善者，即中庸也。故又云：「擇乎中庸」。擇善而後能明善，見得此理内外無間，天地萬物，與我同一仁義禮知，便是格物、致知，便是明善、知性。佛氏亦知於本體上求，但其所謂性者，乃靈明知覺而非理也。善乎先儒之說曰：「佛所謂性，吾儒所謂心；佛所謂心，吾儒所謂意。」蓋彼所謂性，指知覺，所謂心，指動處耳。

「誠意」章，歷來講者不明，其根便是失於以意爲善惡之念。豈知是念也，非意也。意便是有箇張主之名，故須貼好惡說，不可貼善惡說。好善惡惡，人之秉彝，致其知者固有，即未致其知者亦豈全無？但其好惡有實與不實耳。不必一片僞妄，而後謂之不實。

即心中有不好不惡者，與好惡雜發，便不算是徹底實心矣。既無徹底實心，便無徹底實事，如此則其好善惡惡之發，便虛而不實矣。虛而不實，是自欺其好善惡惡之初心，不能快其好善惡惡之初心也。此「實」字且對「虛」字看，不必就對僞字看，纔虛而不實，便是自欺其初心矣。至於虛便生僞，自欺便至欺人，如下文小人之厭然揜著是也。總是一箇苟且徇外，爲人之根自微而盛耳。凡人言而不踐，行而不終，是言行之不實也。言行之不實者，人得而點檢之。若發動之意，人所不知，而己所獨知，其實與不實，惟有自己點檢得到。於此慎之，而禁止其自欺，則所發者無非實心，無非實事，此之謂誠其意也。從來講解謬誤多端，朱子於此節注亦數更其本，至易簀而後定。自記。

「誠意」章，從朱子後總説不明白。守溪亦只隨常説，卻是隺灘説得嘹亮。誠意之意，即是好善惡惡之意，非善惡之念也。好善惡惡，自途人至於聖人皆有之，只是人不能誠。已好善矣，卻不能如好好色，則好之中猶有不好者存，而不能求必得之矣。已惡惡矣，卻不能如惡惡臭，則惡之中猶有不惡者存，而不能務決去之矣。夫好善惡不善，是自己明知其當好、當惡，卻不肯好之、惡之，以至十分真實，非自欺而何？果能真實務決去，而求必得之，乃爲實用其力。此處「誠」字，且莫對僞妄説，只對「虛」字説。自欺，只是不結結實實的好惡到十分，尚未到如下面掩著欺人，以至僞妄也。鍾僑云：「如此，則好惡非意之第二層乎？」曰：「就是第一層，善惡屬念不屬意。『志』、『意』、『念』、『思』等字，要分得明白。『志』字屬好一邊，最是光明的。説到志，大約是志於賢聖功名道德。『意』亦近好一邊，人心靈明，有主意便要好。至『念』，則紛然其擾，起滅無時。『思』，則於『念』加功，詣其極，窮其變矣。『念』是起頭，『思』是深入。」

如好好色，如惡惡臭，也不必定由致知來。亦有不讀書人，其好惡真摯，不可謂不誠者。只是由致知來，更較親切。獨知「知」字，即致知「知」字，實與不實，實到幾分，與不實有幾分，自己未有不知者。若致知的人，其獨知處更自不同。萬曆庚戌科此題文，亦有見及此者。但即以謹獨爲致知，又不是致知，只是窮理。「謹」字卻兼省察克治在內。朱子語類中，有一處言「慎獨爲誠意之助」，「助」字或係訛誤。而陸稼書與四舍弟，皆堅執以爲誠意有正面工夫，謹獨所以幫誠意。如此，則兩謹獨皆幫助的工夫，惟末節誠意爲正面，豈有此理？

汝楫問：「心正已到至處，如何又説先誠其意？」曰：「要曉得此條目，都是搜根語。國者天下之主，家者國之主，身者家之主，心者身之主，意者心之主，故曰主意。如船是心，意是舵工一般。『意』與『念』字、『思』字不同，『念』有善惡，『思』有邪正，『意』是立意要這樣。所以朱子説『意』字，從性善説來，意雖有爲不善者，乃是輾轉歸到不善去，其初所發，未有立意要做惡事者。故意，只好説好善惡惡而已。但是既發好善之意，少間又覺得善亦可不好，漸漸淡來，而初發好善之意虚矣。既發惡惡之意，少間又覺得惡亦可不惡，漸漸輕了，而初發惡惡之意虚矣。是不誠，是自欺，必狠用力務決去，而求必得之。有所好，必好到十分滿足，而初發好善之意始實。有所惡，必惡到十分滿足，而初發惡惡之意始實。人君名爲敬賢，而實未嘗敬到十分，其敬賢之意未誠也。欲去不肖，而實未嘗去到十分，其去不肖之意未誠也。故曰：『王道本乎誠意。』」

讀書最怕是無疑，道理本平常，看去不過如此，其實進一步，又一層。向曾問某人「誠意」章有疑否，曰「無疑」；問其解，曰「意即是動念處，誠即是無妄，無妄其念，便是誠意」。如此解，似乎明白，其實不然。念頭是無主的，意卻比念有主，志又狠些，故曰有主意。意惟好惡可言，人性皆善，好善惡惡，不必致知的人。用虚之一説，至下節撞著，方説到僞妄。有人問：「王陽明白日不想做的事，夜間又嘗入夢，何也？」曰：「畢竟是念頭未斷，其未見主事者，不逢其會耳。你可曾夢見攜鍬鍤往人家鑽孔偷盜否？」曰：「不曾。」曰：「可見必不做的事，便不入夢矣。此是妄念不除也。」朱子用虚之説，可以包此。初是妄念不曾斷，中間雖有好意，亦夾雜而不能自慊以自欺。既自欺，便卒至於欺人作僞。使此意滿足，如惡惡臭，如好好色，則妄與僞皆無矣。朱子此章，及中庸「天命」章「尊德性」節，論語「一貫」章「點，爾何如」節，周子太極圖說諸注，皆孔孟傳心之要。

「誠於中，形於外」，某意不必説小人亦誠中形外，竟是反找語氣，根上何益來？言如此，可見誠於中，方形於外。不能誠於中，雖外面假著其善，終不能使善形於外也，則何益之有哉。

「自明」「自」字，且不必對「新民」説。因有明命峻德之云，疑若有加於性分者，故言不過皆自明己德耳。非有外於我，非有加於我也。自記。

「邦畿千里」三段，是釋「知止」一節之義。首段釋「止」字，次段釋「知」字，三段釋「静」、「安」。自記。

「止」字本在事上説，然必本體無有不盡，故能立事理當然之極，則止至善自須兼體用乃是。易艮卦有不見之止，體也；又有止所之止，用也。況所引「穆穆」之詩，以「穆穆」發其端，而終以「敬止」，即周子「主静立人極」之意。自記。

「與國人交止於信」，説來卻與爲君止仁相似，前人因此乃謂是他國邦交，如虞芮質成。看此數句文意，卻是泛説君當止仁，臣當止敬，父當止慈，子當止孝，與國人交當止信。「交」字泛就朋友説，不必著在文王身上。清植。

骨角有條理，講學者必條理分明，故曰道學。玉石皮面上有一層粗厲，脩身者必變化氣質，使歸於純，故曰自脩。清植。

問：「先生謂誠意之與正心，似戒懼慎獨之與致中和，其説嫌於史伯璿分戒謹與致中和爲四項之弊。」曰：「這不同。誠意者，實意爲善去惡；正心，則工夫純熟了。誠意有似於不自私而用智，正心有似於廓然而大公，物來而順應。戒謹工夫，到得無少偏倚，無少差謬方是。『致』字，説與戒謹不同，也不是。説得全無進步，也不是。史氏之病，在分境地，有箇不睹不聞，又有箇無思無慮，有箇念慮之微，又有箇應物之際，便大差矣。有説正心無正面工夫者，亦不是。就如脩身，正衣冠、尊瞻視、三千細行、八萬威儀，何一可以不備？齊家，亦有齊家之事，治國平天下，更有許多禮樂、兵刑之事。只是意一誠，都以此爲根，如崑崙一源，凡九州之水，千枝萬派，放乎四海，總是此貫注。」

時講於「有所」二字，便説作心病。「有所」與下章之「其所」一例，此處未有大病痛，但人心纔發，便易至於失正。要看此「心」字，與下章「人」字，皆指常人之心言也。注中「人所不能無」，及「或不能不失其正」，語甚虚活。又「用之所行，不能不失其正」，是言心之體，本無不正，到有用心，便或有不得其正者。非謂不得其正專是用，而不累於本體也。自記。

因在常人身上説，故著「忿懥」等粗字面，聖人則只説得喜怒哀樂。此節是要無欲故虚，下節是要有主則實，其實則一而已。自記。

先忿懥者，怒最易發而難制也。次恐懼，則以禍患卒至，易失其常。次好樂，便從容。憂患不過慮及子孫之類，益寬緩矣。

忿懥、親愛等弊，一曰蔽於理，一曰累於私。知至則理明，意誠則私祛。正心脩身，根源皆從致知誠意而來，但加涵養省察之力耳。自記。

時説指定治國爲爲君者，故於事君、事長、使衆，須説是教國人，方通得去。遂令孝、弟、慈一層屬君，事君、事長、使衆一層屬國人，幾不成文理矣。不知有治國之責者，豈惟天子、諸侯，凡大夫、士皆是也。三句便與孝經「君子事親孝，故忠可移於君。事兄弟，故順可移於長。居家理，故治可移於官」只是一樣口氣，不獲乎上，民不可得而治矣。不能事君、事長，又將何以治其國乎？自記。

老老、長長、恤孤，字義與孝、弟、慈自别，蓋皆指施於國者言也。言一國感應之效，見平天下不外乎此。爲國與天下，所争只是遠近大小，如以矩度物，得其一角，則四面準是矣。自記。

「平天下在治其國」節，某説似較直截明切。老老、長長、恤孤，不是孝、弟、慈；絜矩，亦不是使彼我之間各得分願之謂。孝、弟、慈是家里事，上言「治國在齊其家」，故就家上説。此是「平天下在治其國」，自然該就國上説。老老、長長、恤孤，正是治國之事。老老，如養耆老以致孝；秋食耆老；養國老、庶老；及異粻、貳膳；月告存、日有秩；八十，一子不從政之類。長長，即入學以齒；將君我，而與我齒讓之類。恤孤，恤孤獨以逮不足；春饗孤子；孤獨者皆有常餼之類。上所老者，即國之老；所長者，即國之長；所恤者，即國之孤。國之老，上爲老之，民有不興孝者乎？國之長，上爲長之，民有不興弟者乎？國之孤，上爲恤之，民反有倍上者乎？矩者曲尺，是四方之一角。國乃天下之一角也，平天下無二道，只絜此角而四方之耳。天子在王畿之内，不過是治國，至巡狩述職，亦止據其所以治國者，以行賞罰，非治國之外，别有平天下之道也。下文「有國者不可以不慎」，「道得衆則得國，失衆則失國」，結末「此謂國不以利爲利，以義爲利」，仍結到國上。身之在家國天下，如算法之言圓心，故曰：「其機如此」，又曰：「藏乎身不恕，而能喻諸人者，未之有也。」曰機，曰藏，皆以心之運乎中也。絜矩如算法之言方角，舉一隅以三隅反，有一角，便可以知四角也。

時説以「民之父母」作頌祝謳歌，極難得之美名立論，豈知平天下者，原有父母斯民之責，必如是而後稱耳。民愛之如父母，則其自然之符也。自記。

「忠」、「信」、「恕」三字，須看得分曉。如盡吾孝慈之心，忠也；老老幼幼，實見之事，信也；老老以及人之老，幼幼以及人之幼，恕也。信與恕，亦可就一事上看。如所求乎子以事父，其本實心以事父處，是信；其推實心以事父處，即是恕。自記。

巖問：「『君子有大道，必忠信以得之』，大道即絜矩之道否？」曰：「即是絜矩之道。」問：「信如何是循物無違？」曰：「如這箇盤子，既是盤子，便道他是箇盤子，豈不是循物無違？若説他是箇盃子，便不是循物無違。」

問忠信。曰：「『發己自盡爲忠』，以實心言；『循物無違爲信』，以實事言。忠如要東不肯西，要西不肯東，以實如説東即往東，説西即往西。」問：「有忠，有恕，又有信，莫是信居忠恕之間？」曰：「不説恕，信即實事；説恕，信即實理。『忠信所以進德』，『文行忠信』，信皆指實理。説忠信，有在文行之先者，如『忠信之人，可以學禮』，非此無以爲文行之基。有在於文行之後者，如五達道，『所以行之者一也』。」

前輩多以「恒足」爲足國，以上文有財、有用，下文「府庫財」觀之或然也。張太岳程文，劃然分足國、足民，義理尤備。自記。

大學一書，純是説道理，就是「平天下」章講到生財，仍説仁義、義利，全不及制度。

若周官、周禮，各自成書，正不必牽混，而自爲表裏。

「德」字、「仁」字、「忠信」字、「仁義」字，俱在「絜矩」之前一層，所謂「王道本於誠意」。自記。

問：「『平天下』章，以理財作柱，恐啓流弊。據皋陶謨曰：『在知人，在安民。』人君所統，臣民二者盡之矣。欲安民者，其要必由知人；欲知人者，其意只爲安民。凡章内所言人土財用，以及生財大道等語，無非所以爲安民計也。若以皋謨二語作此章柱，意似尤渾成。」曰：「亦説得去。」清植。

【校勘記】

〔一〕「猶」，原作「由」，據孟子注疏卷三公孫丑上改。

榕村語録卷之二

上論一

論語想是門弟子如語録一般記在那裏，後來有一高手鍊成，文理這樣妙，下字無一不渾。

學而一篇，首在於孝弟忠信以立其本，而後親師取友，講學集益。然不可爲外物所移奪，故以不求安飽，處貧富，及不患人知終焉。首章爲此篇之綱，蓋先之以學，則凡篇中所謂孝、弟、忠、信，重威及傳習、學文之類皆是也。次之以友，凡篇中所謂「親仁」，「無友不如己」，以至「就有道而正」之類皆是也。終之以不愠，則篇末之不求安飽，無諂無驕，樂且好禮，以至「不患人之不己知」皆是也。學問始終大節目，只此三事而已。自記。

「時習」只是講習之事，然並知行在其中者。古人學校四術：禮、樂、詩、書。詩、書，便用歌詠頌讀，玩索道理；禮、樂，則已有許多切身之事，如禮之威儀，樂之節奏。斯須不莊不敬，如禮何？斯須不和不樂，如樂何？故程子「時復思繹」、上蔡「坐尸立齋」之義，朱子兼取之。自記。

「雖樂於及人，不見是而無悶」，似將兩節一正一反説。某意「朋」字與「人」字不同，如夫子之友教四方，而不合於世，無害其爲朋來而人不知也。自記。

以朋來爲取益，人不知爲無位，是講説差處。自記。

説，春也，一團生意；樂，夏也，暢茂條達；不愠，秋冬也，收斂藏固，非枯槁也。生意都包在内，又是發生之基，聖賢開口不離此理。温良，春夏也；恭儉，秋冬也；讓，則流行其中，太和元氣也。温而厲，春夏也；威而不猛，秋冬也；恭而安，太和元氣也。

事親孝，事兄弟，則忠可移於君，順可移於長，故必無犯上作亂之事，而有以爲仁之本。前後只是一意，不必云上節是資質，下節是功夫也。自記。

「巧言令色，鮮矣仁」，下面數章有許多忠信話頭，皆從此引起。自記。

或疑「三省」不足以盡日用之事，然爲人謀、交友、事師，雖只三事，而忠信所以進德，講習所以居業，則爲學之事備矣。人於父兄、尊長、親戚之間，不忠不信者少，惟汎爲人謀，則有不忠者；汎與友交，則有不信者。又人情於來知未能之事，則知汲汲求之，既得傳授，便多不復温習。三事蓋就所虧欠處提醒，要將「爲人謀」、「與朋友交」及「傳」字重讀，便分明。自記。

「道千乘之國」章，道理便與末章「尊五美，屏四惡」者相貫。但此章以敬信爲本，而及教養；後章則先言養教，而推本於誠敬也。「節用愛人」，便是「惠而不費」；「使民以時」，便是「勞而不怨」；信，便是「欲而不貪」、「欲仁而得仁，又焉貪」者；誠也敬，便是「泰而不驕」、「威而不猛」。使民不以時，如「不戒視成」、「慢令致期」之類皆是。自記。

不孝則不能弟，不弟則不能謹信，不謹信則不能汎愛，不愛衆則亦不能親仁，不親仁則又無以學文也。然孝又須弟，弟又須謹信，謹信又須汎愛，汎愛又須親仁。力行數者之暇，又須學文，「餘力」是就逐日功程説。或謂此與四教「文」、「行」不同，固是略有大小學之别，然文正所以考行，二者相爲終始。自記。

「學則不固」，「學」字，便是上二章所謂學者。人若不端厚深穩，則不能莊敬嚴威，雖有所學，既不著己，又不關心，必不能得之堅固也。此居敬爲學問之本也。「主忠信」，則毫無外飾，豈肯臨深爲高，護過而飾非乎？此存誠爲躬行之本也。然誠敬又自相爲表裏，非敬則誠亦虚，非誠則敬亦僞。聖人爲學者言之，則須從矜持收斂處起，制於外所以養其中也。自記。

「重威」章，前輩有立四柱説者。外須威重，内須忠信，取友須勝己，知過必須改，此一説也。費宏程文，則以威重而後學可固，學之道如何？在主忠信，在擇友，在改過，此又一説也。又有重主忠信者，言必先威重以固學，而後忠信可主也；主忠信，而後擇友、改過以進其德，此張南軒説也。某則謂「威重」節，是主敬以爲窮理之要，下三節爲一段，是存誠以爲力行之本。人必此心提起，肅然凝然，方做得博文格物工夫。不然心之不存，隨得隨失，終無成就。人必内有誠心，而後友可擇，過可改。不然行事都没根脚，擇甚麽友，改甚麽過？上一段是反説口氣，下是正説口氣。上一段正説，猶言威則重，而後學可固。下言忠信主，而後友可擇，過可改，所謂終日乾乾，又必懲忿窒慾，遷善改過而後至。

學便是讀書，即指詩、書、六藝之文也。此字不可抛空。大概聖人説話都包得住，如「德之不修」，「學之不講」，「聞義不能徙」，「不善不能改」，都説全了。此章若説威重、忠信、友賢、改過是四項，爲學意便不見。此卻是敬爲講學之基，誠爲修身之本，這樣看便與「德之不修」章同。

孟子説：「學問之道無他，求其放心而已矣。」以至論「居仁由義」、「舍生取義」，都只存得本然之良心便了。略説得快些。孔子却要人先把心好了，纔講得學問。不然，饒你學問博洽，功業氣節俱是無本的。所以説「必有忠信如丘者焉，不如丘之好學也」；「主忠信，無友不如己者，過則勿憚改」；「主忠信，徙義，崇德也」；「德之不修，學之不講」云云，皆是此意。

温如春，良如夏，恭如秋，儉如冬，讓則如元氣之流行於四時也。不特善爲説辭，可謂善言德行者矣。自記。

程子説「『敬』字不可與『和』字分」，最妙，不和不足以爲敬也。詩言文王「雝雝」、「肅肅」，又言「温恭朝夕」，又言「温温恭人」、「子温而厲」。人最不可面上有冷氣，子貢善言德行，故曰：「夫子温、良、恭、儉、讓。」一語而四氣俱備。讓者禮之實，蓋五行之土也。温又貫於良、恭、儉之中，如元之統亨、利、貞也。不温而良爲坦率，不温而恭爲色莊，不温而儉爲鄙陋。錯認「敬」字爲作意嚴肅，便有許多病痛而不自知，其患最大。

「三年無改」章，註説精矣，然「可謂孝」單就無改説。一説父在，則志可得而觀，故當觀父之志。父没，則行可得而考，故當觀父之行。其志行之善者，固當繼而述之矣，即有未盡善者，亦未忍遽然改之。繼述之道既盡，思慕之心無窮，此所以爲孝。自記。

「禮之用」章，重在「和」字。蓋知禮而和，則是得禮之意，而其和也不流矣。「知和而和」，不能深知禮意，而有見於和，故或時出於禮之外而不可行。自記。

周末蓋有厭繁文而趨流蕩者，未必不自拘牽瑣細者啓之。此與學朱子之學者，激爲姚江之徒無異。陸象山極惡有子「禮之用」一章説話，便可窺見其心病處。自記。

「因不失其親」，似爲仕進者説，蓋所因緣以進身者，故下應以「宗」字。孟子所謂「觀近臣，以其所爲主；觀遠臣，以其所主」是也。又如春秋時家臣，若冉求仕於季氏者亦是。信原期於可復，而非義則不可復也。恭原欲遠恥辱，而非禮則或招恥辱也。因之則必主之，而失其親則不可宗也。末三字，俱應首一字。自記。

「就有道而正焉」，觀「就」字，則知「有朋自遠方來」「來」字之義。蓋「禮聞來學，不聞往教」，古之道也。自記。

無諂之反是諂，無驕之反是驕，皆是大病。若樂之反是憂，好禮之反是侈，未到諂驕田地。自記。

「患不知人」，若照尹氏兼是非邪正説，不惟與「不患人之不己知」句難相呼應，亦止説得明一邊，若説不患人不知我的好處，卻患我不知人的好處，並可以兼得誠一邊。以上學而篇。

「詩三百」章，依朱子説，則當以「無」字與「毋」通，禁止辭也。言詩之爲教，歸於使人禁止其邪思，故雖有三百之多，而魯頌一言，可以蔽其指也。然謂作詩之人自無邪思者，亦不爲無理。蓋詩爲夫子所删，則黜棄者多矣，其存者必其醇者也。雖有鄭、衛淫佚之詩，較之全編，殆不能什之一，則從其多者而謂之「思無邪」也可矣。就鄭、衛之中，亦有未必淫詩而朱子姑意之者，風雨、青衿之類是也。其詞意顯然不可掩覆，如「桑中」、「洧外」，乃爲淫詞無疑。聖人所以存而不删，正以見一國之俗化如此，而其間尚有特立獨行之人，不以風雨輟其音，不以如雲亂其志，則民彝之不泯可見，而欲矯世行義者可以興。此聖人之意也。彼謂夫子「放鄭聲」，則不宜録此者，似已。然朱子謂樂教與詩教不同，放其聲者樂也，存其篇者詩也。聲入於耳，感於心，則不可以無放。若夫考其俗以究治亂之本，極其弊以察是非之心，篇可不存乎？是故鄭人之詩，「思無邪」者僅耳，而其皎然有志操者，則以淫俗而愈彰。故曰：「舉世渾濁，貞士乃見。」鄭、衛之存淫詩，乃與「思無邪」之義相反而相明，蓋變例也。自記。

「道之以政，齊之以刑」，是從下半截做起，不但無德爲之根，亦無禮教之施，一切任其文法而已。「道之以德，齊之以禮」，則從源頭做來，其躬行心得處，固有過化存神之妙。而其以禮爲治，則所以納天下於君子之域者盡矣。雖曰不廢政刑，然政即是禮中之約束條具，刑則糾其悖於禮者耳。故至「齊之以禮」處，更無餘義，不必又曰政刑以輔之也。自記。

有政，故民可苟免；任刑，故民無恥心。感於德則有恥，循於禮則進善。自記。免從政來，非政但無恥而已。無恥卻從刑來，大概人受過刑，便多破臉，易於無忌憚。下「有恥」卻根德，「格」卻根禮。

「志學」章，虛齋文提出「天」字，大有識見。不獨「知天命」是聖學大關鍵，要想其志學時，所志云何。「士希賢，賢希聖，聖希天」，最確。我輩何嘗無志，大概以古名人自期，所希者賢也。程朱便鋭然學聖人。至聖人地步更高，所希甚麽？卻是希天。但看「從心所欲，不逾矩」，有何人能如此？惟天爲然。萬古千秋，形形色色，一絲不亂，可知聖人之志，直是志與天同。

「不惑」，不單在事物上。「不惑」，似孟子所云「盡其心者，知其性也」。「知命」，似孟子所云「知其性，則知天矣」。又透上一層，見得吾之性即天之命。耳順與不耳順，只争思與不思。入耳便都融通，然猶不是「動容周旋中禮」地位。直到「從心所欲」，方是「盛德之至」。

天命便是矩，知之者知命也，不踰之者至命也。自記。

問：「耳順是如何？」曰：「神周於形，有麻木之病者，掐他都不覺。無病之人，摘一根毛亦知痛。此神之周流也。」

「七十從心所欲，不踰矩。」以我們庸衆分量，如何推測得聖人分際？然亦不可不體貼一番。「非知之艱，行之惟艱。」學者固是如此，想上聖大賢亦是如此。我們有讀那句書，見得狠親切，到得措之言行，要仿佛如書上所說便不能。聖人雖是目足並到，畢竟目快些。要得知行合一，形神相應，如乾坤合德，實是難事。顏子不遷、不貳，無情欲之累，屢空而樂，無境遇之累，自然該與道爲一矣，然還說：「雖欲從之，末由也已。」即「如有所立卓爾」，不但是大段有所見，是一事一物皆卓然見得箇至當不易的道理在眼前，及至臨事，還不能恰如其所見的分量。就使做到九分九釐，那一釐不是，便是踰矩。或過火些，過猶不及，仍是踰矩。從心不踰，如前人解若放意大膽，皆合天則，此豈似聖人語？不踰，原是剛剛的能不過乎矩而已。然至此，纔是形神相應，天人合一，道器一貫，理氣渾融。知到行即到，目到足便到，也不過，也不不及，恰恰如此。矩在事物上說。「從」字即讀本字，向雖心要如此，其如不從何？今從我心之所欲，庶幾不過乎規矩。此「從」字，與「雖欲從」之「從」字又不同。顏子是欲有所從，所以末由。夫子是從其所欲，所以不踰。欲從、從欲，字面倒轉，境界遂殊。聖賢說道理，都在日用事物上說，不説虚空話。如告顔子以「克己復禮」，顔子若不請其目，後人必説是在心裏克。乃顔子再請，夫子卻説在視、聽、言、動上克。如對子張問行，説：「言忠信，行篤敬。」若無此兩句，後面參前倚衡，便不知説的是甚麽。難道果有箇忠信、篤敬參前倚衡？不過是言行間須臾不可離忠信、篤敬耳。今人説「卓爾」亦錯，空空底眼中，見得箇物事，及到跟前，又不見了，如此還是恍惚，不曾實實見得。顔子是工夫已到，實有所見，及至言行，仍難到恰好田地。如平時已知遽忘其怒，而觀理之是非，至於怒時，詞色氣象稍不能自然，都是踰矩。如陳司敗問昭公知禮，昭公原知禮，又是君，孔子便曰：「知禮。」及聞巫馬期之言，便説：「丘也幸，苟有過，人必知之。」四面八方道理都完足。不曾到聖人地位，便不能如此，不是别有奇特也。

「從心所欲」者，形神相應，乾坤合德也。顔子未到聖人，想只在此一息。自記。

「從心所欲」，是身體能從心之所欲，形能應神，形神合一，所謂「動容周旋中禮者，盛德之至也」。顔子「雖欲從之，末由也已」。緊與此對。此地位實在難説，須求箇實在著落方好。「如有所立卓爾」竟是「立，則見其參於前；在輿，則見其倚於衡」。工夫煉到有形有像，如道家竟有嬰兒結成胎了，只是不能合而爲一。分明見得該如此言，説出口來已差了些；分明見得該如此行，見之於事又差了些。聖人則所見如此，言行便如此。形與神合，便是天德。説來像箇游光掠影，便不是。

生事葬祭，事親之始終。至於武伯，守身之道也。子游教之以敬，子夏教之以愛，四條包得一部孝經。然身體髮膚，不敢毁傷，則敬愛有根，而事之以禮，皆自此而推之。言雖各因其才，而理則通乎上下。盡此，則爲孝子，爲仁人矣。

助我起予，此足以發者也。不違，則不足以發矣。退省其私，亦足以發。「亦」字有根，「發」，發明吾道也。自記。

「君子不器」，重在體上説。「用無不周」，是推出來的話。言君子不落在器上，總在德性上用工夫，你要求他專長不得，此是正意。到後來無事不會，卻是餘意。如把餘意作正意，竟似説多器、備器，不是不器矣。

朱子文集「必有所証驗而後實，必有所裨助而後安」二語，爲「殆」字下注脚。自記。

問：「『攻乎異端』，不知孔子時有何異端？」曰：「那時異端頗多，所以删書斷自唐虞，凡洪荒幽渺之説，芟除箇盡。只禮、樂、詩、書、春秋、周易留在天地間，皆斯須不可離。至卑而不可踰者，雖一以人事爲主，而陰陽鬼神無所不該。此乃代天地而爲言，非聖人自爲之也。夫子曰：『素〔一〕隱行怪，吾弗爲之。』其意可見。後來孟子又闢先聖之道，透底言之。至周、程、張、朱，闡發一番，幾如大路。然後儒尚復説差，所以審問、慎思、明辨，闕一不可。」

人不服，多是被錯的一邊人，故曰「舉直錯諸枉」，多著一「諸」字。見所舉如此，而所錯乃如彼，則不特舉者服，即錯者亦無不服矣。經書中助字無虚下者。清植。以上爲政篇。

「足則吾能徵」，向來俱作找足之句，是感慨語氣。然玩味「吾能徵」三字，似便謂我自能證吾言，不藉杞、宋也。

盡己之爲忠，獨於事君用之者。事君之人，以衆多故，而不盡其心者多也。況有利害禍福之在其後，則益不盡其心矣。

或人問意，不是爲仲救解，蓋未知夫子小仲之意安在，故反覆求其説耳。「儉乎」，疑夫子或以吝嗇小仲也。「知禮乎」，又疑夫子或以拘謹小仲也。後來講「知禮乎」，便把「禮」字當繁縟靡麗之稱，以爲是「儉」字反面，全不廻頭一顧章旨。自記。

問：「始作翕如，八音備否？」曰：「八音不能備，有四五音便是。古樂有四節，每節有三終，大抵每終皆有翕、純、皦、繹，不必三終四節既而始具也。」

「翕如」、「純如」、「皦如」、「繹如」，只宜在氣象上説。初從何調起，而各聲相從。如家主在上，合家聽命。翕聚之至，是謂「翕如」。就「翕如」之中，彼此相應，無所參差乖異，是謂「純如」。雖「純如」，和也，非同也，宮自爲宮，商自爲商，不相凌亂，是謂「皦如」。然非彼此不聯屬也，有一氣相生之妙，是謂「繹如」。升歌笙入，間歌合樂，皆有此。翕、純橫說，是一套事；皦、繹竪説，是一套事。樂以人聲爲重，歌是也。次之人氣，管笙是也。鼗起管笙，堂下之樂；玉磬起升歌，堂上之樂。鼓所以節樂，編鐘、編磬諸樂，皆禀令焉。柷、圉亦起止所用。問：「管何處用？」曰：「天子諸侯下管，卿大夫以下便用笙。管是堂下用，但不知亦三終否，無所考矣。」

問：「盡美是説功，盡善是説德？」曰：「註亦是約略如此。其實功也不同，征誅與揖讓，自然争差。古人都是實事，不似如今唱戲作僞。武王『陳於商郊，俟天休命』，『上帝臨汝，無貳爾心』，自是聖人本領。『一戎衣，天下大定。』垂拱而天下治，何嘗不盡美。到底有發揚駿厲之氣，與羣后德讓自別。」

韶本是舞名，故左傳季札觀樂，言「舞韶箾」。大夏、大濩、大武，皆舞也。魯國不傳聲音，止存舞，故夫子至齊始聞韶音。「盡美」章，不可耑説聲音，須兼聲容説。征誅、揖讓，時會使然，舜豈能必定揖讓？武豈志於征誅哉？門人嘗舉此爲問，朱子亦云「吾著此語，即謂時運也，若拘泥説便呆象。前輩作文，多説成謂舜盡美矣，又盡善也；謂武盡美矣，未盡善也。這是説樂，不是説人，從樂想見其人便好，從人説到樂便隔一層。又『子謂』二字，是記者概括其辭，不是子曰韶盡美矣，又盡善也」云云。「舜有臣五人」章，五臣、十亂並舉，而末忽出文王一段，與此正是一意。聖人言語，直與天地一般。以上八佾篇。

「富與貴」章，兩箇「不以其道得之」，某意皆是説由貧賤而得富貴。上句若是本來富貴，何云得之？下句若説作不以其道得貧賤，覺得語氣迂廻些。

問「適」、「莫」解。曰：「且如『無可無不可，惟義是從』説。」問：「主謝説爲是麽？」曰：「看聖人是一串説下，宋儒因佛、老有打作兩截學問，故如此説。如『克己復禮』，宋儒因有克己而不復禮一等人，故云克己了，又要復禮。覺得夫子亦只一串説下，看下四目只云非禮勿視、聽、言、動。勿者克己也，未嘗又説復禮工夫。」問：「想是夫子時，未有克己而不復禮一種學問，故不説兩層。」曰：「夫子亦似知有此弊，故説得如此周密，曰『克己』，又曰『復禮』。」

論語著語妙，「不患無位，患所以立」，像有所以立而位自致；「不患莫己知，求爲可知」，像有可知自然有知者。豈不似有意求位、求知？其實人果能有所以立及可知之實，自然不把位與知放在心裏，且引你到那田地，自有見處。

問：「曾子平常工夫非忠恕乎？」曰：「自然是恕多。」曰：「無忠做恕不出。」曰：「曾子隨事精察力行，自是誠心如此。然如朱子早年，以爲人生焉有未發時，都是已發。又見程子『性不容説』之語，以爲人真性藏在動静云爲之先，是終身不發的，此處本無功可用。所以不知涵養，只在日用事物上求其合理，故急躁刻苦之意多，而深潛從容之意少。後來始見得程子不是如此説，日用間豈有語而無默？豈有動而無静？語時、動時是已發，默時、静時即是未發。此處卻有工夫，『敬以直内』是也。朱子前面用功，豈不本之於心，卻偏在用一邊。想曾子當先亦是如此。」

問：「一貫爲忠恕無疑，但『文行忠信』，『主忠信』，『其恕乎』，『忠恕違道不遠』，夫子終日教人，豈至此方特呼曾子而告之？且曾子不知體之一，是不知忠也。忠之不立，則孝弟諸務，豈作僞而行邪？」曰：「曾子隨事精察力行，都是零碎工夫，故夫子爲提起頭領。要看註中『一理渾然』四字。聖人之心，渾是一團天理，而泛應曲當，用各不同，直是廓然大公，物來順應。曾子若平素不曾在忠恕上用功，如何會知道夫子之道即忠恕。忠恕即所得力之處，其因呼而拈出者，蓋一向知其爲隨事之體，至是始知其體之一耳。觀夫子鄉黨一篇，雖凡事都有成格，然何一不本於心。想曾子既聞一貫，此後便心上工夫多了，所謂持志主敬，涵養存誠是也。大約未聞一貫之先，似强恕而行，一貫是反身而誠。」

「一以貫之」，一即誠也。子貢多學而識，原不曾錯。夫子好古敏求，信而好古，多聞多見，何嘗不多學而識，但多學而識而一以貫之耳。問：「夫子告曾子、子貢，還是爲他學問已將造到源頭，指點他？還是爲他用工路頭差，撥正他？」曰：「二意皆有。故註中一云『隨事精察而力行之，但未知其體之一耳』；又云『積學功至，而亦將有得，欲其知所本也』。」問：「一既是誠，如曾子隨事精察而力行之，豈無誠意者？」曰：「自然是有誠意，但未知大本大源之所在。學問中原有此境界，但看如今學者，亦有終日用功講習，躬行實踐，豈必是假僞？然大本大源上實不曾見得，奈何？所以中庸一書，是道學的傳。『尊德性而道問學，致廣大而盡精微，極高明而道中庸。温故而知新，敦厚以崇禮。』敬義夾持，既要存心，又要致知，惟孔子是如此做到頭。」

「幾諫」章註，引記文「諫若不入，起敬起孝，悦則復諫」。則「又敬不違」者，正是不違父母之心，俟其悦而不犯其怒耳。非謂不違其幾諫之志也。又引「與其得罪於鄉、黨、州、閭，寧熟諫。父母怒不悦，而撻之流血，不敢疾怨，起敬起孝」。則勞云者，正是不避熟諫之勞，非專以受撻之苦爲勞也。從來講家將諫意入在「不違」句内，而以「勞」專爲受責，似失註意。且於「不違勞」字勉强。自記。

「德不孤，必有隣。」謂之隣，則數亦不多。「鶴鳴〔二〕在陰」，幽隱之地也；「其子和之」，則非不同類也。若「翰音登于天」，則泛濫矣。以上里仁篇。

「聞一知十」，「聞一知二」，當日子貢似在聰明才智上説。朱子卻用伊川評正蒙語，斷之曰「明睿所照」，「推測而知」。一是從心裏照出來，一是從眼前窺向去；一如人在高處立，下邊皆見；一如在平處立，對面看見，隔兩層便看不見。

「焉得剛」與「焉得儉」，是一樣口氣，言棖是慾，不是剛。緣他或好名，或負氣，外面振刷得與剛相似，故下此駁語。至程子推説「有慾則無剛」，是言外意。就如「器小」章，推説到不儉、不知禮，便是器小；「季路問事鬼神」章，推説事鬼神之道不外事人，死之理不外於生，都是言外意。

問：「『山節藻梲』，照注説，於事似闊。明季黄氏將『居蔡』及『山節藻梲』二端，俱作僭禮立論，何如？」曰：「如此等，便使朱子説錯，何關大義？明季人多緣此一二處，便狂嘷衆生，最是習氣。饒使是僭，亦是其藏龜之室，僭爲『山節藻梲』耳，未必文仲之居皆『山節藻梲』也。注中原不害爲以僭立論，至因『山』字、『藻』字，謂文仲借此爲龜游息，乃是俗儒謬解，注中無是也。」清植。

「狂簡」兩字，都有好處，都有病處。以「狂」爲「成章」，以「簡」爲「不知所裁」者，不穩。自記。

「匿怨而友其人」，病根在「匿怨」二字，非欲人之修怨而直不友其人也。如上章「夷、齊不念舊惡」，便是不匿怨處；「不與惡人言，望望然去之」，便是不「匿怨而友其人」處。此數章自微生高以後，皆重在著誠去僞，故繼以「無憾」、「無伐」、「無施」，而以「忠信」卒章，皆此意也。自記。

聖賢相隔分量，以爲有廣狹者固非，而以有待無待言之尤謬。只在三「無」字、三「之」字上分別。自覺有憾之意，而能到「無憾」處；自覺有伐施之根，而到「無伐施」處，便是賢人地位。無私之至，純乎天理，盡人之性，盡物之性，而無所容心焉，則非聖人不能與於此矣。以此意看程朱之説，纔得明白。自記。

「十室之邑」節，註中「生知」對「好學」言，不對「忠信」言。夫子固生知，又未嘗不好學，不單靠忠信。以上公冶長篇。

【校勘記】

〔一〕「素」，原作「索」，據禮記正義卷五二中庸改。

〔二〕「鶴鳴」，原作「鳴鶴」，據周易正義卷六乙正。

榕村語録卷之三

上論二

「不遷怒,不貳過」,若只當作顔子所養之粹,便不是答應好學正面。須知此正是顔子從事用力處也。自記。

子游是已知澹臺之爲人,而舉二事,不是纔見二事,而概其爲人。自記。

反之有心,在「奔而殿」一「而」字。當衆奔而獨殿,非無心居後者也。反之無心,在「將入門」一「將」字。此時去敵已遠,可以先入,反亦入矣,惟居後之勢不得遽入,非爲是欲入未入,以自見其殿也。此處看不細膩,並後策馬自明俱成巧僞。自記。

不能敬遠,是見不透;不能後獲,是心不純。不先之以務義,「先難」卻又無真見實功,無所依據。「先難」只寬説,不必粘定爲仁。自記。

「樂水」章,是分論知、仁之德,不是分論知、仁之人。世間固有氣質偏知、偏仁者,然非此章所重之意。即以所樂論之，天下果有樂水而不樂山，樂山而不樂水者乎？又人皆偏重上截「知」、「仁」字，某意欲側重下截「樂水」、「樂山」、「動」、「静」、「樂」、「壽」字。蓋緣人多不得其性情之正，而無以完其性命之理。以所樂言之，樂靡麗紛華者多矣；以所存言之，凝滯於物，膠擾於物者多矣；以所養言之，百憂感其心，萬事勞其形，而以伐天真者多矣。惟知、仁者，則所樂在山水，心之所存，動静不失其時；而養之所就，有以順其性命而無所虧喪焉。此所以貴乎知、仁也。口氣鄭重在下截許多好處，不是以下截爲「知」、「仁」兩字形容注釋。自記。

問：「智屬冬，仁屬春，如何説『知者動，仁者静』？若云知者體静用動，仁者體動用静，朱子又謂『動静以體言』，何耶？」曰：「『動静』二字拘不得，如説形動心静可也，説形静心動亦可也。大抵知之爲知，神明不測，其體動也，發用處卻要收斂，屬静。仁之爲仁，一團生理，敦厚篤摯，其體静也，發用處卻要周流暢遂，屬動。」

「君子博學於文，約之以禮。」禮即文之切近處。文於吾身，畢竟寬泛些，須將切於日用倫常者體察之。有「之」字，禮即在文中，雖與「博我以文，約我以禮」略不同，然其理不二。

「立之斯立，道之斯行」，聖人事也。「己欲立而立人，己欲達而達人」，仁者事也。

立是站得起，達是行得去。清植。以上雍也篇。

信故述，好古故不作，下句是上句之根。清植。

「默而識之」，「默」字妙，是點點滴滴實求真得，無一毫向外意。清植。

「志於道」章，卻重在上四字。「道」、「德」、「仁」、「藝」，是現成語，須去志他、據他、依他、游他。若如時解，下三句便難說。

「志」字兼知行說，立志要與道合，定下規模做去，知行都有。至知上、行上各有所得，皆是德，要守而不失，方能涵養到「不違仁」田地。藝是小學便學習，但那時學得一件只一件，到此見得件件都是天理。洒掃、應對，便可「精義入神」。「盛德之至」，便「動容周旋中禮」。習於外者皆是心之德，由心出者皆合於物之矩。

「臨事而懼」，對「暴虎馮河」；「好謀而成」，對「死而無悔」。蓋「暴虎馮河」，是無懼也；「死而無悔」，不計其成也。邵子云：「死天下事易，成天下事難。」若只以斷字下注脚，恐未是子路對症。自記。

「富而可求」章，說可不可指命，不如說可不可指義。若富爲道理上可求之富，如孔子之「委吏、乘田」，孟子之「抱關擊柝」，大舜之「陶漁」之類，何必計名節之卑賤。若義理上不可求的，只得「從吾所好」。下章所云「不義而富且貴，於我如浮雲」是也。「委吏、乘田」，孔子不妨爲之。至女樂既受，雖司寇不可一朝居，即此章之事跡也。「執鞭」，如古僕夫之類，亦有官爵，故謂之「士」。

「不圖爲樂之至於斯」，注云：「不意[一]舜之作樂至於如此之美。」覺語意未圓。若爲樂即指韶，何不説不圖韶樂，不圖舜樂，而云「爲樂」。且「爲樂」即韶，「斯」字何所著落？「爲樂」只當指凡作樂者説，言不料作樂一事，妙至於韶也。「斯」字方是指韶。猶看人文字，言不料文字一道做到此篇之妙，若説不料君此文做到這樣妙，是輕忽其平日做不到此矣，語吻全别。

再轉「怨乎」一問，蓋恐夷、齊之行雖高，或出於矯情徇名，而心未能免於幾微悔恨。是道理未能十分是當，故不無可悔恨處也，不是以私心窺古人。時講以失國爲悔恨，毫釐千里。自記。

「子所雅言，詩、書、執禮」，亦非夫子提出爲教，當時學校本以四術教士，夫子時時爲人講説耳。禮即包樂在内，三者亦有次序，詩、書在先，禮在後，博以文，而後約以禮之意。

詩、書可以講誦，而禮必須習。夫子於門弟子，率之習禮，而雅言於禮必曰執者以此。朱子謂「講求數日，不能通曉記憶者，如其法習之，半日即熟」是也。

「文、行、忠、信」，卻是「信」字難説。説是實心，恐與「忠」混；説是實行，又與「行」混。大概是從言上説，其言如此，按著事理去考驗他，卻一些不差，所謂「修辭立其誠」也。「忠」不是寂然不動，與「中和」之「中」不同。「忠」訓盡已，又訓發已，自盡既謂之發，謂之盡，可云不動乎？如泉流一般，潤濕未形者「中」也，其已有發動，但尚源而未流，是「忠」也。「忠」是此心之發，一意肫切，披肝露胆，還論不到理上來。至「信」，方循是理而無違。「文」是實學，「行」是實事，「忠」是盡實心，「信」是循實理。

「忠、信」乃爲學之本，而列於後，可知四術造士，三代之所共。以文會友，古之人皆然。彼直指本心，狂噱衆生者，非夫子之教也。自記。以上述而篇。

泰伯逃後，更王季、文王又百年，而商始亡。商之必亡，周之必王，泰伯烏乎知之？况王季、文王未嘗革命也，泰伯如傳序而行王季、文王之事，亦孰能禦之？何以逃爲？故知太王欲翦商，而泰伯不從，乃史者之註。夫子所謂「三以天下讓」者，美其讓國之無跡，由周後日受命而追論之，故謂國爲天下耳。自記。

泰伯至德，只宜就讓國説，「天下」與「國」字亦通用。太王翦商，是詩人推原興隆之由實自太王始耳。太史公遂云有翦商之志，乃是亂説。太王遷岐，孟子謂「非擇而取之，不得已也」。方自顧不暇，豈得便有圖度天命之心？狄人尚不與争土地，而反思伐商，必無是理。太王不過是尋常愛少子，泰伯窺見此意，所以處之者，卻比夷、齊尤善，所以稱爲至德。泰伯若明言要讓，太王偏愛之失已顯，而季歷之受之也難安。惟招呼仲雍，托言採藥而逃，太王無偏愛之跡，而季子有不得不立之勢。當時竟不知其去之故，處得渾然無跡，故曰至德。若伯夷之讓，便使叔齊不能正其位，孤竹君之偏愛，復不能隱，比泰伯不如遠矣。故夫子稱夷、齊只曰「古之賢人」，又曰「民到於今稱之」，可以對照。大凡事處得有聲名，就有弊。

聖賢言語，都兩面夾出一箇理來。如「所貴乎道者三」，辭氣要求新奇，必至背理；恐怕背理，又太凡俗。容貌要戒急暴，易至怠慢；要戒怠慢，又急暴了。慢不是驕慢，乃怠惰也。顔色似無兩層，然「正」字便與「信」字對，「正」字與「出」字、「動」字不同。人顔色要嚴正些，便像裝模作樣，是不信；要老實直率些，又覺得無肅然整齊之意。曾子語皆平實周密如此。

「以能問於不能，以多問於寡」，不是見得我本能、本多，故意爲此以示謙德。如今且莫説是高明人，即平常人聽我們説話，有他不懂處，便是那句話有毛病。做一篇文字與人看，人有疑處，便是那文字有毛病。天聰明無人不有，顔子實見得他雖不能，有他所能而我不能處；他雖寡，有我所未有處。有一件没有，便是無；有一毫不堅實，便是虚，都是實理。堯、舜、孔子傳派，本是如此。

聖賢著語妙，説「臨大節而不可奪」，可見非大節便可奪。不特自己不是處，當改以從人，即是矣，或與人情不便，有可曲全處，正不必固執。若大節，斷不可奪，奪便萬事瓦裂矣。

「興於詩」章，不是先讀詩了始習禮，習禮了始學樂。四術原是自幼用功，只是得力次第有此幾層。如夫子之「志於學」，又云「志於道」，即興也。到得三十而立，據於德，方是立。至其終，渣滓消融，德器成就，方是成。泝其所由，興是得之於詩，立是得之於禮，成是得之於樂。

樂内即包詩、禮，聲音以養其耳，詩也；采色以養其目，舞蹈以養其血脈，禮也。興詩，止舉其辭而已；立禮，只習其數而已；至樂，則融通浹洽到熟的地位。故自古學校之内，皆以樂名官，唐虞時爲典樂，夏殷爲樂正，周爲大司樂。其「歌永言」等，即詩也；直、温、寬、栗等，即禮也。

問「民可使由之，不可使知之」。曰：「『民』字重讀，其義自見。」自記。

「若聖與仁」章，定然有人謂夫子竟是聖仁，故夫子云云。如「吾有知乎哉」亦然。大約論語多是記録文字，多剪頭去尾。張横渠解「吾有知乎哉」，如洪鐘無聲，扣之輒應，惟其一無所知，始無所不知。朱子恐其説有弊，因改從乎實。「民可使由之，不可使知之。」帝王立許多法制，學校、師儒，無非欲民知，道理得令大家皆知，有何不可？錯解便可到老、莊田地，故朱子把「可」字當「能」字説。蓋上面必有人欲凡民都使之知的説話，故夫子云爾。「民」字當重讀，民自有秀者，將爲士大夫，如何不可使知？此謂愚民耳。且教他由，由得熟，自然也知道些，非不許他知。

「三年學，不至於穀」，是言三年之久，實下工夫，不分心於名利。而今闈牘皆云，學至三年，便可明體達用。用世有餘，而尚「不至於穀」，爲「不易得」，學問豈有住時？雖以孔子之聖，自志學至立，尚須十五年，如何三年間學便勾了？問：「是説學至三年心不分，不是説學至三年學大成？」曰：「此是毫釐之差，千里之謬。」

四書最難講，至平常的字面，講起來便有許多意思。如「篤信好學，守死善道」二句，注云：「不篤信則不能好學，然篤信而不好學，則所信或非其正；不守死則不能以善其道，然守死而不足以善其道，則亦徒死而已。蓋守死者篤信之效，善道者好學之功。」迴環解來，其義無盡。「危邦不入，亂邦不居」，尚有可入、可居之邦也。倘天下無邦，則若之何？只得銷光匿影而隱。倘欲隱不得奈何？如當日世家子弟，生長公族，將往那裡去隱？只是不做官，受窮受苦便了。這便是守死，不是死了方是死。「有道」都是陪説，重在下截。危邦、亂邦，恰好該説「邦」字，到天下是統言，就换「天下」字。至於隱之不得，只不出仕，不消説到天下，應只説邦，便又换「邦」字。

夫子不單贊堯，而言「堯之爲君」，則首句不可略過。惟天爲大，單主形體言者亦非。自記。

「大哉堯之爲君」章，上節注雖以德言，然「德」字已包「業」在内，蓋兼體用言也。「無能名」者，非淵微神妙，不可窺測之謂。謂其不可以一善言，不可以一端舉，蕩蕩乎無所不包。如天之廣大，無不涵覆，形容不足盡其藴，悉數不能終其物耳。末節是就中舉其可見者來贊嘆，蓋「成功」、「文章」極其巍焕，雖有可見之跡，然亦如乾坤之容、日月之光之不可繪畫，則亦卒歸於「無能名」而已。下節即申上意，非謂德不可名，業則可見，作兩截話頭。又非謂業雖可見，德仍不可名，抹殺末節也。注中「堯之德不可名，所可見者此耳」。猶言堯難名之德，此其可見者也。自記。

問：「『舜有臣五人』章，忽然説『才難』，忽然説文王，語意何甚不倫？」曰：「此即『盡美，未盡善』之注脚也。夫子論人，多不肯直斷，於本朝事，尤抑揚婉轉，然其意固顯然也。明説周之治可比唐虞，但舜揖讓而武征誅，其爲治根本有不同者。然文王之世，三分有二，猶『以服事殷』，周之德亦可謂至德也已矣。見得若使文王爲之，必不止於此也。」問：「文王當日伐崇、伐密，作都於豐，竟自滅其國而取其地，尚爲守臣節乎？」曰：「文王從羑里歸，凡可以救民者竟救了，倘再遲幾年，天命人心皆歸文王，自然亦有不能避。武王言文王『誕膺天命，以撫方夏，大邦畏其力，小邦懷其德。惟九年，大統未集』。若文王無此事，武王斷不造作以誣其父。但是文王做來，畢竟不同，不露聲色，處得不覺，其胸中原無私利之意，不須暴白，人自諒之。武王便有英氣，那些話覺得發露已盡。孔子不肯輕以聖人許人，惟稱堯曰『同天』，稱舜曰『德爲聖人』。周公雖未嘗明説是聖人，但觀其夢見，自然許他是聖人了。至論武王，『尊爲天子』數句，與舜俱同，但删去『德爲聖人』一句。於湯，亦不曾説是聖人，與武並舉。大約聖人與大賢做事，不同得狠。周公聖人也，伊尹大賢也，伊尹便覺得詫異，下手甚重。其曰『茲乃不義，習與性成，予弗狎於弗順』，詞氣何等嚴厲。何如使成王自泣曰『昔公勤勞王家，惟予沖人弗及知。今天動威，以彰周公之德，惟朕小子其親迎』？其氣象大不侔矣。伯夷之讓，與泰伯不同，亦是如此。」

以「衣」、「食」二字照來，則「溝洫」須與「宫室」相關，況禹是平水土、定民居者，稼穡乃后稷事。今人講來是農師矣。注「正經界，備旱潦」，不過是解「溝洫」

字義。自記。以上泰伯篇。

純而從衆，是易小過之義；拜下違衆，是易大過之義。清植。

閑邪是要存誠，「絶四」後，畢竟非無物者。自記。

「毋意」則無所喜，「毋必」則無所樂，「毋固」則無所怒，「毋我」則無所憂。故曰：「復於喜怒哀樂未發之前也。」自記。

太宰「者與」是疑辭，子貢「固」字是決辭；太宰「何其」是訥辭，子貢「又」字是兼辭。太宰以「多能」爲聖，合而爲一；子貢分開，隱然有「德成而上，藝成而下」意。「天縱」本不甚重「天」字，説得太張皇，「又」字便轉不醒。「固」字對「與」字，言夫子是聖無疑也。「又」字對「何其」字，言夫子是聖兼「多能」，不可專以「多能」爲聖也。因子貢之言雖高，而猶未能泯乎「多能」之見，故夫子索性破除，曰：「多乎哉？不多也。」自記。

時講都將「天縱」狠説，便不得口氣。又説聖是「天縱」的，「多能」是夫子添上的，豈有此理？「固天」一斷，「縱之將聖，又多能也」一氣讀，皆「天縱」也，「將聖」是破「夫子聖者與」。太宰問夫子竟是聖人了麽？子貢説聖何消説，乃「天縱之將聖」。「又多能」，是破「何其多能也」。太宰以爲不是聖，如何這樣多能？子貢説聖又加之多能耳。朱子舉太宰、子貢、夫子三説，問誰道著，門人皆舉夫子。朱子云：「其實子貢説得著。夫子又是收緊教人意，觀孟子由『可欲之爲善』一『善』字，直到美、大、聖、神，零碎事物就不知些？何礙爲聖。而孔子卻兼之，『太宰知我乎』，不是説子貢不知我，乃是虚語，言太宰知道我多能的緣故麽？『吾少也賤，故多能鄙事耳。君子多乎哉？不多也。』聖人何嘗盡要多能來？其意原與子貢同，卻將子貢抛開，所以爲化工。」

「吾有知乎哉」，不是自謙，若上面説一無所知，下面又説精粗本末，盡其底裡而告之，上下不相應，其詞不近情理。此節「知」字就不同，蓋指點人語。記曰：「記問之學，不足以爲人師。」人説我有一副當知解，應付人問，非也。凡有一事，各有一理。即鄙夫空空，其來問，必有他所疑之兩端，我即剖析其兩端而告之盡。語氣如是。兩端不是本末精粗之類，凡問必有兩端，若是歸一，則無所疑矣。觀其字可見，即問之兩端也。空空，即指鄙夫。聖人重切己之學，好古敏求，多聞多見，都要歸到身心上。所謂「自得之則居之安，居之安則資之深，資之深則取之左右逢其源」。有此源頭活水，則取給不窮，與那一知半解者不同。聖人一面不欲人落於虚空，一面不欲人滯於口耳，要人步步蹈實地，滴滴歸到源頭上來，故屢屢指點人。此章求其實，便是「女以予爲多學而識之者與」，「非也，予一以貫之」。淺言即「君子多乎哉？不多也」。精粗本末意，倒在

「竭」字裡。叩是擊破意，不是反叩問者。

高、堅、前、後，單説聖道之妙不得，乃自己身上光景，是未到的卓爾之立，卓爾是已到的在前之瞻也。顔子云「夫子步亦步，趨亦趨，夫子絶塵而奔，而回瞠乎其後」數語便是注脚。自記。

「仰之彌高」四句，某有一解。高謂不可攀，堅謂不可入，瞻前、忽後謂不可及，即「步亦步，趨亦趨」之意。如此説，須將高、堅説是知，瞻、忽説是行，博文便照高、堅説，約禮便照瞻、忽説。

「博」、「約」兩字，自前輩多説錯。博説是萬殊，約説是一本，不知文中亦有萬殊一本，禮中亦有萬殊一本，如何分得。如書中所載之事物名象，萬殊也，其理則一本也；「禮儀三百，威儀三千」萬殊也，使人莊敬其身心，則一本也。博者恢廓其聞見，約者收束其身心。博是開廣，不是繁多；約是繩檢，不是約少。兩「我」字方著實，即「博學於文，約之以禮」，亦是如此。惟「博學而詳説之，將以反説約也」，「約」字是少字，不與此同。

「欲罷不能」一條，緊應前文。「欲罷不能」從「善誘」來。「既竭吾才」從「博」、「約」來。「如有卓立」對高、堅、前、後説，至於欲從末由，則又是一層。高、堅、前、後，雖有博約之方，善誘之教，而亦無所與其力，所謂「神而明之，存乎其人」者也。自記。

顔子學問正在兩「欲」字，「雖欲從之」，仍是「欲罷不能」；「末由也已」，仍是「既竭吾才」。雖是大可爲化不可爲，然卻於此處見他不惰處，好學處，拳拳服膺處。文王「望道未見」，孔子「何有於我」、「我無能焉」，亦是此等意思。某因看這一章書，悟得「從心所欲」「從」字，亦不當如平常説。「所欲」，即首節「志於學」之「所欲」也。本來要如此，如今可以從我所欲，而不過乎矩也。問：「不過亦有分寸，剛能不過，不是信手拈來，頭頭是道的説話。」曰：「然。如此看，就是孔子八十、九十，還可以有進境。聖人若斷了工夫，便不是聖人，此是脚踏實地話。大凡讀經書，須知此意。高一層看聖人，便不是。只要低將下來，低一層，正是高一層。顔子仰、鑽、瞻、忽；『欲罷不能』；『既竭吾才』；『如有所立』；『雖欲從之，末由也已』，不著實地看，竟落禪家機鋒。」

問：「『自衛反魯』章，是雅頌得所而後樂正乎？抑樂正而後雅頌得所乎？」曰：「這都是不明白樂，故有此疑，難道歸重一邊去説不成？樂正豈獨詩，一切聲容器數，皆在所正，方可云樂正。然『詩言志，歌永言，聲依永，律和聲』，則詩乃樂之本。若雅頌不得其所，便有奏肆夏、歌雍徹主事，如何得樂正？夫子使之得其所，是樂正之大者，故提出説。」

樂之聲容器數，自然一一都要正，但樂中一件最大事，無如雅頌。所謂不得其所者，亦有二：篇章殘闕失次，一也；所歌之地與時乖亂，二也。如今亦不知未正時是如何，已正後又是如何，都無考據，只是據理説不過如此。

某閬山賦中，説水源一滴處，是心源不斷。若記問勦襲，如溝澮皆盈，涸可立待。問：「天一生水，惟水似天命正脈，夫子取水，正是此意。」曰：「然。『不舍晝夜』，夫子元自有不舍處。」

「後彫」二字，須説得意思大些方好。如禮壞樂崩，一人獨守著禮樂；舉世皆尚功利，一人獨守著仁義。孔孟即所謂後彫者。重「知」字，作感慨語，便是亂説。聖人語言，没有不著實事，而作空語者，且此章本極和平，非激烈語。問：「不言不彫，而云『後彫』，何也？」曰：「松栢幾曾不彫，卻是新葉生時，舊葉始落，人都不覺，故云『後彫』。聖人下字如此斟酌。」問：「『以喻君子，卻於『後彫』何取？」曰：「『後彫』字，自因松栢而下。以喻君子，如三軍敗時，一人殿後，是云後敗，豈必問其終敗乎，詩所云『雖無老成人，尚有典型』；『風雨如晦，鷄鳴不已』，近之矣。如云非歲寒不見得松栢本領，難道孔孟得行其道，反不見得孔孟本領耶？」

「歲寒」章，説成殺身成仁，百折不回，恐不是聖人之意。松栢非不彫也，新葉已生，舊葉徐落，特「後彫」而人不覺耳。淺而言之，如人家門貴盛，忽而貴盛者死，子孫尚小，便覺彫敗。使子孫都已發達，彬彬濟濟，老者化去，門庭如故，便都不覺。所謂如松栢之茂，無不爾或承也。「士窮見節義，世亂識忠臣」，何嘗不是。不當説成死難，如此是必死，不是「後彫」矣。謝氏云「欲學者必用於德」，便説得好。「後彫」竟是生意不斷的意思。以上子罕篇。

「褻裘長」，「狐貉之厚」，「長」字、「厚」字不可略過，要緊對「褻」、「居」字看。若禮服，則趨蹌升降，俯仰進退，須稍從輕短耳。自記。以上鄉黨篇。

【校勘記】

〔一〕「意」，原作「圖」，據論語集注卷四改。

榕村語録卷之四

下論

「德行」一節，纏繞不及門，從患難窮愁、聚散離合上説，是陋之至者。夫子説「皆不及門」，亦是偶然不在眼前。作悲涼太甚語，便不相干。然是由此説起，畢竟還該照應。須説諸人以這般學行，儘可各自炫奇耀名，卻依栖一終日皇皇的孔子，瀕於死而不去。無他，欲得夫子之道也。看書要得最上第一義，正是此等。

問：「冉求爲季氏聚斂，何卑污至此？」曰：「冉求也未必是十分刻剥百姓，只是替季氏算計無不到耳，他平時聞得夫子講忠於所事，既委贄於季氏，便盡心力以事之。子路之死孔悝，亦是如此。他們師聖人，都是篤信力行，雖時有過執處，要皆從真誠發出。如無此段意思，爲人謀事都不懇切周至，直至事敗之後，但曰吾曾言之，而彼不吾用，以此自謝。如此等全無誠心，講甚麽大道？今人爲公家司錢穀，一心要得公家富强者便少，不過是要侵牟肥己耳。以道事君，自非由、求所及。然由、求此意，便是根本，有此而後可語大臣之道。若侵牟肥己，乃盜臣也，夫子安肯以具臣許之？大抵士必有硜硜之饑，方可進於稱孝稱弟，又可進於有恥不辱命。若無此段誠確之意，便無根柢。」

問「回也其庶乎」一節。曰：「注中說成兩截，言其近道，又能安貧也。其實『屢空』，正見其近道。『賢哉回也』一章，即是此節注解。」

夫子以「何以」爲問，原是要他們用世，如何又許曾點？因由、求不知此皆性分所固有，各人胸中卻要自傲一番事，故夫子一聞點言，而不覺深契。問：「此是徇外爲人否？」曰：「卻不是。此等原是當做的事，只是要自表見的念頭，不能與『舍之則藏』底意思並行也。」問：「日侍聖人，如何尚不能化？」曰：「意見最難化。今人便有一種，日與講性說命，亦自領略，其人亦不是貪富貴一流，只是功名一念卻不能淡，覺得畢竟揮霍得一番方快，卻又不是爲生民起見。古今人情，大抵不甚相遠。」

凡人無事時，要得天下有事，風塵中纔好見己之長，是謂幸災樂禍。子路「率爾而對」之言，意思便不好。夫子與顔子說用舍行藏，他忽然插一句「子行三軍則誰與」，故夫子斷以「不得其死」。胸次氣象間，著不得此種，最是要緊。文中子論李密曰：「幸災而樂禍，愛強而願勝，神明不與也。」亦是此意。

「不讓」雖在「率爾」上見，然即此用才使氣意思，到爲政上便能作病。非只哂其言之不遜，而許其治國之優爲也。子路雖不「率爾」，而其言中之意，「不讓」自在。亦猶曾點氣象，於其言中，可以想見其鏗爾之從容。蓋心氣之符，不期而然者耳。自記。

好仁，惡不仁，某意不欲分兩人。好仁的人，即惡不仁的人，四書中所說智、仁、誠、明之類皆是如此。看得合一，方可分開。如明道、伊川兩先生，便有一是好仁，一是惡不仁的意思，但兩先生初問立意做工夫，豈有分道之理？天心好生，春、夏固是發生，秋、冬亦是收斂春氣，以爲發洩之地。如看見好人便喜歡，見不好人便要他死，雖不爲不正，但如此久之，亦恐漸次入於「愛之欲其生，惡之欲其死」一路。故雖至不好人，若他有事犯，只得據理法治之。不爾，便聽他自消自息於天地間，何須著意。春、秋雖俱是天氣，畢竟人當以存春意爲主。如侍坐所言，曾點說暮春，既是和煦之時，春服能成，則非年穀不登，物力匱乏可知。冠者、童子能從曾點游，則家門無事，從容有餘可知。肯從曾點游，則向善親賢可知。浴沂，風雩，詠歸，無復有公私苛暴嶮巇之虞可知。所以爲有老安少懷意思。子路無論其言不讓，即無端想到師旅、饑饉，就是三年之後，能使他有勇、知方，此三年內已戰鬭死了多少人，饑饉死了多少人。及至臨陣，亦不能保得一箇不死。何苦說到這裏？吾輩日用間，豈能無此等意思，纔起時，便思有以消化之方好。

子路之「千乘」，冉求之「六七十」、「五六十」，非必想做諸侯，有舉國以任之，便是諸侯之事。近來講家，拘泥得可笑。

「撰」字及「志」字，要看撰具也。點所見，根本處高於三子，而所講求用世之具，卻不能及，故謙云，我之所志，異乎三子有應世之具。而夫子以「各言其志」慰之。不然夫子問何以，點何爲以行樂對？時文反言此即點之酬知，殊可笑。

「點爾何如」節，在論語中，朱子以比「一貫」之傳，皆不作第二義看。周、程授受，尋仲尼、顔子樂處後，便有「吾與點也」之意，其妙可知。注内「曾點之學」一段，是言前意；而「其言志」一段，是言中意；「其胸次悠然」一段，又是言外意。若將言前、言外之意盡裝入曾點口中，則反害了當日洒落氣象。以視其言不讓者，又加甚矣。自記。

朱子學問，全在躬行心得處實有工夫。「曾點言志」節注：「人欲盡處，天理流行，隨處充滿，無少欠缺。」人心私欲不除，饒你如何打疊，到底有些欠缺。惟人欲盡處，中無罣碍，便静坐亦得，看書亦得，乘風亦得，澡水亦得，全然是天理逼塞滿了。這是朱子實體驗出來下的注語。然既有此體段，又須從容於禮法之場，沈潛乎仁義之府，隨處真積，便是曾子底工夫。曾點狂者，只是存此胸次，無卻許多細密。所以中庸後半，「至誠」、「至聖」兩段，兩面夾來。顧寧人講韻學到得意時，便曰：「非達天德者，其孰能知之？」梅定九推算到得意時，便曰：「以是知隸首之爲聖人也。」實則就將顧、梅諸公並籠將來，亦未必是聖人。故曰：「君子多乎哉？不多也。」禮度文，饒使件件俱理會得，而無「至誠」一段爲之胚胎，終久是朱子所謂俗學。然既打叠得一段心胸，又須將禮度文件件理會，方是兩邊俱到的學問。清植。

「點爾何如」一段注，是朱子自家體貼過，所以注得如此踏實。但若一逕如此，不知回頭，便可落在莊周一邊去。所以曾子便收轉過來。孔子説「内省不疚，夫何憂何懼」，孟子云「仰不愧」、「俯不怍」，聖人只説到此，不似曾點手舞足蹈。曾子「戰戰兢兢，如臨深淵，如履薄冰」，又「動容貌，斯遠暴慢矣；正顔色，斯近信矣；出辭氣，斯遠鄙倍矣」，到後來「以能問於不能，以多問於寡；有若無，實若虚，犯而不校」。這是三段工夫。人心有一點惕厲的意思，便覺得有一段過意處。從戰兢中得樂，方是聖賢真樂，便自無弊。曾點之樂，尚差這些子。問：「原憲『克伐怨欲不行』，只是清淨此心。未曾著得養性工夫。曾點亦只是於心上見得大意，所以爲狂。」曰：「『克伐怨欲不行』，心是冷的。曾點便有萬物一體意思，心是熱的。狂强於狷者以此。」問：「如『洗心，退藏於密』。曾點可謂洗心矣。但藏密中尚欠理會。」曰：「『聖人以此洗心』，『此』是甚麽物事？無這『此』字，卻將甚麽來洗這心？洗心藏密，是吉凶同患之根，然吉凶同患，又是洗心之根。心是理之根，理又是心之根。所以中庸言『肫肫其仁』，而後言『淵淵其淵，浩浩其天』。」清植。

曾點「莫春」數言，夫子與之，以能見其大。然三子之事功，卻是脚踏實地學問，故「安見方六七十，如五六十，而非邦也者」；「赤也爲之小，孰能爲之大」，皆是褒辭。而曾點行不掩言之失，亦隱然見於言外。以上先進篇。

「克己」兼直内方外，涵養省察，與答仲弓者有詳略，無異同。自記。

「一日克己復禮，天下歸仁焉」，不是説效驗，即是發明上句。言克己復禮即仁也，你能一日克己復禮，人便都説你是仁。蓋工夫雖可以自信，然察言觀色，合乎公理與否，亦須著意。如做篇文字，人看不下時，那處畢竟有些毛病。

汝楫問：「『一日克己復禮』，是用功起頭的一日，還是成功的一日？」曰：「這便説獃了，順著文理説去，便二意都包在裏面。薛敬軒文，添出二日克己復禮，便有二日之歸仁。雖有此理，但不必添出。陸稼書解『動而世爲天下道』等句，以爲『世』字是周家八百年之内，故只言世，不言百世，與『百世以俟聖人』不同。若到後世，豈不是上焉者之無徵乎？此皆拘泥字眼之過也。」

向看道理不熟，講「克己復禮爲仁」，定要補出存養一邊工夫。蓋以人欲之私，畢竟是事至物來方有也。不知静中一團昏氣，非己而何？所以「敬勝怠」、「義勝欲」二句，便是「克己」鐵板注脚。無事時怠慢之氣，即己也。人以下文視、聽、言、動，皆是指動處説，不知都兼兩義。如言語不合道理，是義一邊少工夫；未言時氣之浮動，意態之輕儇，便是敬一邊少工夫。言箴中「傷易則誕，傷煩則支」，是不敬也；「己肆物忤，出悖來違」，是不義也。豈可謂言而非禮纔是己，氣之浮動，意態之輕儇，便不是己。

視、聽、言、動禁其非禮者，須有由禮一邊，方是復禮，方是儒者之道。自記。

「子貢問政」章，時説全不明白。以「去兵」爲是去其冗者，糜餉無益。不知三代時，兵即農也，只是牛馬、車輛、衣甲、器械要完備，敵來則起而應之，敵退還復歸農。其厲兵講武，只在田獵時，如何有冗兵糜餉之事？就是「不得已」三字，已先説錯。若果是存亡呼吸，國破只在旦夕，則那時兵食已無，何勞君去？「去」字還是自能作主的話。上一箇「不得已」是新造之邦，或值兵荒之後，既是百姓流亡凋敝，何暇講武？如今衣甲、器械且莫問，車輛、馬牛且莫問，蒐苗彌狩且莫問，只得先招撫安輯，休養生息爲主。第二箇「不得已」，即哀公所問「年饑，用不足」一般。食，如「食之者寡」之食。「去食」云者，大荒之時，凡百官之俸禄，君之羞饍，賓客之廩餼，祭祀之粢盛，一概莫計算追索，寧到餓死大家死，亦不可失信於民，民亦不肯失信於我。這是説到盡頭處，聖賢的話，要照著可以行得，不是空著幾句懸空語，支吾問答而已。

有友稱王守溪「百姓足」二句文者，先生詰之云：「文中説百姓足了，祭祀、賓客一切費用，皆於是出。不知是正供，是科派，難道是要行科派，姑先休養之以爲朘削地不成？此便把題目做呆了。此章總要著眼『年饑』二字，平常説得所答非所問，迂闊不切情事。哀公時，久已十分取二，取二原得勾用，只因年饑，百姓輸納不前，故曰：『年饑，用不足。』是想要設法取盈於二之數，未是要多科於二之外也。有若曰：『盍徹乎？』不是迂論，言百姓既輸納不前，何不十分止取其一乎？『徹』字緊對百姓説。哀公悞以有若爲是代籌國用，故曰：『十分取二，民尚不輸而所入甚少，若取一，則所入更不堪矣。如之何其徹而益之不足也？』有子言，君此時要謀足用，須先固住幾箇百姓要緊。如行徹，百姓不致離散，就今所入，儉省用去，亦自可支，『孰與不足』？不然百姓逃亡，田野荒蕪，一分所入尚不可得，孰與以足者乎？如今田主逢年荒，租收不起，躊躇問人，其意必是要催迫佃户。有一人云，何不救恤佃户？田主云，救恤他，自己益發没得用了。其人云，有佃户在，歲豈有常饑之理？假令佃户走了，則田卒汙萊矣，是常饑也。只當省節用度，不可促迫佃户。有子語意是如此，本極平正切實，非姑泛説君民一體，與年饑兩開也。『百姓足』二句，若如時文説作欲取姑予，是王者因民所利之道，無非利民所有之術矣。殊有關涉，毫釐千里，不可不辨也。節用意在『孰與不足』言外。」

「主忠信，徙義」，即「質直而好義也」。又析言之，則曰修德講學，徙義改過。周子所謂「乾乾不息於誠，又必遷善改過而後至」，皆其義也。自記。

「慮以下人」，不在「察言觀色」之外。即「察言觀色」處，又「慮以下人」也。使非「慮以下人」，則「察言觀色」是徇外矣。自記。

注云：「遲以夫子之言，專爲智者之事。又未達所以能使枉者直之理。」此「又」字，是從上文未達生來。實則因其疑爲專論智，故未達，非有兩層也。自記。以上顔淵篇。

「如有王者，必世而後仁。」説成王道無近功的話頭，便不是。如舜繼堯，禹繼舜，何俟必世。「如有」者，夫子爲當時言之也，「後」字、「必」字，緊關「如有」二字。言當今之時，上失其道已久，人心風俗極敝而不易變，如有王者作，亦必世而後乃可仁也。上章「善人爲邦百年」，亦是説當時殘殺之風已甚，故曰百年。比例觀之，顯然可見。萬曆庚辰此章文，皆説久道化成，只做得王者世而仁，「如有必」三字不曾做。

若父子相庇護而濟其惡，則真曲矣。掀然揭之於外，又所謂矯枉而過直，不得爲直也。惟「隱」字最妙，蓋不敢護其惡以傷理，又不忍列其過以害情，是以「直在其中」。

如只説得相隱是至情，卻遺了道理一層。若孔子諱昭公之取同姓，即就諱處，自以爲過處還他公論，卻不是回護到底也。春秋書法，内無惡則雖辱不諱，諱者皆内惡也。此是「直在其中」之義。自記。

「父爲子隱，子爲父隱」，「隱」字最妙。不是回互，是不敢嚮人説吾至親惡事。豈有嘿嘿的理，不敢嚮便是虧理可知。所以説「直在其中」，不徒在人情一邊説，連天理一邊亦不礙方是。觀夫子荅司敗，孟子論瞽瞍殺人，便見得此意。「名之幽厲，雖孝子慈孫，百世不能改」。此義原在那裏。

問「直在其中」。曰：「隱則明明爲不善矣，故曰『直在其中』。」問：「朱子云：『凡言在其中者，皆不求而自至之辭。』此『在其中』，與『禄在其中』不幾不一例乎？」曰：「『學非所以求禄，而『禄在其中』，學有得禄之理也。耕非所以求餒，而『餒在其中』，耕亦有餒之理乎？『在其中』，不必定是一樣，虚字眼執定亦不妥。如『諸』字，之乎切，我不欲人之加之乎我也，我亦欲毋加之乎人；施之乎己而不願，亦勿施於人。朱子解『顯諸仁，藏諸用』，『諸』字亦作之乎用，只得解仁爲濟物之功，用爲機緘之妙，推仁而出，收用而入。然仁本在内，誠之通也，生物之心顯焉。用本在外，誠之復也，成物之功藏焉。故下以顯仁爲盛德，藏用爲大業，不必以仁爲外，用爲内也。即作『顯其仁，藏其用』説，有何不可。」

讀書全要有喜意。易傳先云「説諸心」，然後云「研諸慮」，不喜歡則思路無由入。顔子云「仰之彌高」，始云「鑽之彌堅」。仰如「高山仰止」之仰，覺得聖道不知如何妙，有庶幾窺見始可爲人之意。狂强於狷者以此。中行之人，何嘗無喜悦，卻包在内，此種最難得。至狷便帶冷，惟狂則刻刻自喜，不是欺人，實實自己有得意處。

別處説「善人」地位處，便要分別得斟酌。「即戎」及「勝殘」章，正是説他好處，何暇替他稱量本領。時文有纏住「善人」，説他質美未學者；又有把「即戎」兩字説僅可以固圉自存者。自謂體認之至，不知先差了口氣也。自記。以上子路篇。

「不行」與「克復」，從源頭上分別。「克復」大段以天理爲主，是根株盡拔的光景；「不行」是以天理遏人欲，禁而不發的光景。如東漢人，矯節勵行，豈非賢者？但謂之純粹於道則未也。不是安仁是仁，勉仁非仁，只看源頭清不清耳。「克復」如禹之治水，行所無事；「不行」如鯀之障水，有時決防。

羿、奡之死，由篡弑不由射力；禹、稷之興，由聖德不由躬稼。适卻暗了善惡一層，單以不應死而死，不應得天下而得天下，翻作疑案。不是疑禹、稷、羿、奡已然之跡，乃是疑當世之亂賊篡弑相尋，而據有邦家；孔子躬明聖，而不得位。不應定理，便差錯了。

故口設爲疑難，而心斷以定理。此所以不容答，而又不能已於贊也。自記。

不能不勞誨者，情也；不可不勞誨者，理也。自記。

「若臧武仲之知」四句，如謂是指生來材質，則「藝」字説不行。蓋言須是學此四人之知、廉、勇、藝，而又「文之以禮樂」也。時講竟似虚説天生一人，知、廉、勇、藝俱全，而又加學，與子路無干，豈有此理？「若」字是要像他。

「如其仁，如其仁。」朱子説「誰能似其仁者」，覺得太過，或是也就像箇仁了的口氣。「一匡天下」，亦不是説一總都匡正，似是就經他匡正了一番爲合。

管仲稱仁，是一大案，程朱説似未諦當。細按道理，卻宜如此立論，蓋子糾不成其爲君也。假使襄公當日立糾，而使管仲爲傅，便有可死之義。管仲之從糾，不過是倉皇結隊行耳。譬如夫婦，必經父母之命，媒妁之言，而後夫亡婦爲之死，謂之烈，爲之守，謂之節。若六禮不備，邂逅相遇，從其所私而爲之死，雖不可厚非，要之旌獎不得。「匹夫匹婦之爲諒」，「諒」本是好字，管仲若死，亦是諒，説不得他不好。但比之功在生民，則所成就爭差遠矣。問：「夫子何不説明此意，而但稱其功之大？」先生正沈吟間，復問：「想是言外有不能如此立功，又不如死之爲愈底意思？」曰：「正是如此。聖人衝口立言，無處不到，卻不肯放倒那死的一邊，八面俱圓。」

糾弟桓兄，伊川單據薄昭之説耳。他處都云子糾是兄，只是果係世嫡，自然名分有在，既皆庶孽，如何居長便當立？當時桓、糾皆不當立，則其孰兄孰弟，原可不論。魏徵之傅建成，高祖命之也。管、召之從子糾，誰命之乎？不過是倉卒逃難，各隨一公子走耳。其君臣之分甚微，所謂「可以死，可以無死」，即此之類。如豫讓之不死於中行，魏徵不死於李密，人並不以爲非也。子糾之遇管仲，未必國士，桓公三薰三沐，委國而聽之，可謂國士矣。妙在聖人亦不説他不死的是，總不應答這一節話，只稱他的功。卻説召忽是匹夫匹婦之諒，亦還他箇「諒」字，未嘗説他不該死。兩面俱存，互看自明，見得管仲亦少這點諒。乃化工之肖物也。

不怨尤，則不求知；下學，則無以異於人而致其知；及至上達，則有人所不及知而天獨知之者。朱子所謂「兩頭蹉卻」，此所以「莫吾知也」。自記。

「修己以敬」章，道理甚難看。「修己」兩字不是空的，如説一敬便畢修己之事，便差了。致知、誠意、正心、修身，皆修己之事，要離不得一「敬」字耳。安人、安百姓，亦非是無事，但只是舉此而措之耳。若説敬則人自安，百姓自安，即又差了口氣。自記。以上憲問篇。

古人之學，皆是以心地爲之本。聖人固是以一心而涵萬理，學者亦當涵養其心，以爲窮理之源。學者固離不得多見多聞，聖人亦何嘗不好古敏求，中間只差箇生安、學利、困勉。若説聖人自一而萬，學者自萬而一，卻是裂了道術，而聖凡有兩心也。所以論語兩箇「一貫」，皆是聖人以身立教，指示學者做工夫處。若抗而高之，便謬以千里。自記。

兩箇「一貫」，皆是教以知本之學，用力之要，非如異氏印證契悟之説，一經指點，便豁然無事也。「忠恕」章注，至詳明，此章注即云，説見彼章。可知兩箇一，只是一箇，更無異義。何則？一本故也。漢、唐以下，學不知本，故所謂心學者，往往爲異氏所冒。知天下之大本而立之，則所以貫天下之道者，此矣。自記。

問「多學而識」章。曰：「此章『一貫』，與『曾子』章同，大都聖人全性渾然，一點不曾破耗，天地間至理，都是印証他心裏的，原不是零星記在那裏。東漢人物矯立名節，衣冠言動都少破敗，便道是吾儒盡頭。鄭康成輩博聞强記，著書立説，縫掖尊尚，以爲是吾儒高流。所以自漢及唐，『一貫』之義何曾明白？佛氏見吾儒學問不過至此而止，遂將心性之學搶去提唱，簸弄精神，光怪陸離。儒者亦從風而靡。豈知吾儒之學，寂然不動，立天下之大本，元是以此爲根，只是兩邊都要到。『敬以直内』，又『義以方外』，所謂『敬義立而德不孤』也。直到程朱實實在此做工夫，纔説得『一貫』明白。吾輩何嘗要作惡，只是胸中雜念不斷。以爲在内不斷，不形於事，或者不妨，不知即此便是天命不流，大本一差，無事不差。聖人心源，一私不掛，一息不間斷。三月不違，便是顏子。」問：「子貢聞一貫，雖無一語，至他日云『性與天道，不可得而聞』。想是已明白此義。」曰：「禮樂名物，何一非由性而出？耳目聞見，何一非以心爲主？性是人之本，天道又是性之本，故立天下之大本，乃知天地之化育。」

人説「一貫」，是曾子、子貢先全不知在心上做工夫，夫子於其道之將成，以此點化他，如和尚付拂子一般。他既聞此，便全無事。不思曾子、子貢若向來不知從心上做工夫，如何得到道將成地位？且聖門安得有此等學問？若起頭全無此一，後來如何忽得此一？此一原是徹首徹尾，但地位不同耳。不獨聖人有聖人之一貫，賢人有賢人之一貫，即弟子亦有弟子之一貫。「弟子入則孝」一章，非弟子之一以貫乎？「君子不重則不威」一章，非賢人之一以貫乎？只是聖人先但教你如此用功，不提出宗旨來説，蓋遽與人説心性難曉，且不必。中間必要隨事精察而力行之，到工夫做得久了，乃將熟底一以貫告之，提破宗旨，益好用功。以前非全不知有心，是隨時隨事上用心，不知大本大源，卻要提起以爲綱主耳。

曾子聞一貫後，經門人問，便解以「忠恕」爲注脚。倘當日有問子貢者，不知子貢將何以爲對。若能以「誠明」二字作注脚，則道理益顯闡矣。清植。

一以貫，或分學識説，似有著落。學是正往前用功，識是將已學的記在胸中，學説一貫，是心得而理得。凡見解不定，都是不曾見得自己的心，見得自己的心，所學便了然無疑。識説一貫，是心存而理存。凡人遺忘，都是心不曾存。心存，則温來温去只是此理，便不消逐件求記。如今都説以一理貫萬理，不知一理指著甚麽？畢竟説心有把鼻些。「曾子」章「忠恕」亦只説心，無兩「一貫」也。有間，又曰：「一理亦説得去，以五常統萬善，以一仁統四德，何嘗不是一理。然仁，人心也，理亦在心。」

「無爲而治」章，註説甚明。時文講「無爲」，多根「恭己」立論。如言篤恭而天下平，雖有此理，然非此處本意。清植。

「友其士之仁者」，「仁」字要淺説，如云好心人耳。子文、文子豈非賢，孔子不説其仁，是仁在賢之上。此處賢卻在仁之上，故一云事，一云友。或曰：「事或在大夫上説，友或在士上説。」曰：「不然。此處説不到勢位，斗筲之人，何足算也，自重在賢上。」

説春秋者，或謂周人改月不改時，或謂月改則春移。看來須以夫子之言爲據，若果不改時，夫子只應言行夏之月，不應言「行夏之時」矣。清植。

以日至寅而明，證歲至寅而生，極確。今言一日，必以一晝一夜爲限，言一晝一夜，必以日出爲度。故夏正得天，百王不易。自記。

夫子無所不學，想顔子亦是如此。不然夏時、殷輅、周冕、韶舞，豈是逐旋方去講求者。

「矜而不争」二句，有相似、相反二義。矜似争，羣似黨。矜是持己，争卻務勝人；羣是大公，黨卻務阿比。矜、羣皆須兼内外説。矜者内而嚴威儼恪，壁立萬仞，絶無與人争意見、争勝負之心；外而是非可否，辨别執守，卻非與人争門户、争名利。羣在内説，如看得萬物一體，絶無私意要與人同流；在外説，如和平接物，卻非因其人爲我私交，纔加周旋結納。相反意在根本上見，相似意在發露處見。

一言終身行，「行」字要提清，是指事上説。不然何不説誠、説敬，而只云「恕」。

「直道」章，癸未闈墨，其以直道屬民心者固非，亦有專主在上之人，行直道於斯民者，而於「斯民也」三字，「所以」兩字，全不體會，亦非也。蓋時至春秋，人皆謂民心不古，直道難行，故夫子謂民性之同，今古不異，三代之所以直道而行者，即斯民也。自記。

「吾之於人」章，萬曆癸未會試，主考以下節爲主民説，謂是非善惡，民之公心，三代以來，未之有變，安得以毁譽易民心之直道。此論宋人已有。朱子謂如此説，則「所以」

二字無著落，又「行」字説不去。此章上節須重「譽」字，蓋毁原不與不直對，如説人不善太過，只好説他刻薄，説不得不直。譽人過當，乃謂之不直。口氣云，我固未嘗毁人，又未嘗譽人，如有所譽，亦必有試，究非譽也。下節雨蒼言，當先有一段感慨議論，極是。蓋時至今日，人都説末世人情無不好諛，直道不可行於今。不知特我不行直道耳，斯人何嘗不可與行。斯民也，即「三代之所以直道而行」之民。民心之公，何嘗有異。時文都説譽且無之，而況毁乎？又説善善長，而惡惡短。口氣語脈都不浹洽。

「直道而行」者，三代；「所以直道而行」者，斯民。當時之民，已非昔民。論者不歸咎於行之者非，而動云民心之不古，即如今眼前人好行面諛，以爲趨時者是也。故夫子言民心無今古，今此之民，即「三代之所以直道而行」者。此意最爲懇至精切。自記。

乙酉北闈，以「吾嘗終日不食」章命題，先生因閲闈文曰：「此章當先講明如何是思，如何是學。大抵古人之學，不外四術、六藝。就中如禮，便有許多節文，所以固人肌膚之會，筋骸之束。樂便有聲音以養其耳，采色以養其目，歌詠以養其性情，舞蹈以養其血脈，都是踐履。所以朱子解『學』字，兼知行説，思卻是空空的在那裏想。人心之靈，無所不通，就所思處，亦有一路道理。如莊子許多見解，圓變無窮，豈不是他想出來的，只是不根據古人，便有走作。朱子説得好，『有所証驗而後實，有所裨助而後安』。心雖見得是了，然尚虛在那裏，得古人以爲證佐，所見方實。心中雖有所得，然安知不更有一層道理足以奪之，得古人以爲幫襯，所得方安。看來諸闈文都是『吾嘗終日不食，終夜不寢』，以致其知，無益，不如力行也。致知豈單是思？且致知豈可云無益？」因抽出就中張榷一文，云：「此文小講下，説學思本不可偏廢，照管夫子平常説學而不思、思而不學之弊。下隨轉一語，云『彼學而不思之弊易見也』。此句大佳。學而不思，如讀書不求解，這不過是愚庸書生，何消理論。若思而不學，便有高明才智一流往而不返，就偏僻一路生出許多見解，自許獨得，開教説法，其弊無窮。若文衡有準，便當以此句定□。」〔一〕

問「謀道不謀食」章。曰：「不是中兩句，是無命也；不是末一句，是無義也。命是爲中人説的，知義則命不足道，故口氣須著一折。」自記。

「不讓於師」，是旁觀者之辭，非當仁者時存此意也。自記。以上衛靈公篇。

「均無貧」三句，若照上文，宜説均無寡，安無貧。如何反説「均無貧」，卻添出「和」字，而曰「和無寡」？又添出「傾」字，而曰「安無傾」？將謂聖人是隨口説來，無甚意思。其實非也。細細體貼，一字不錯；上二句口氣，言你不要患寡、患貧，但當患不均安耳。何也？如父母有千金，四子分開，若一人得去五百，必有貧者矣。今每人各分二百五十，雖不免於寡，然不至於貧矣。蓋寡是家私少些，貧竟是空乏了，不均則彼此相争而不和。均則和矣，和則彼此情意浹洽，有無相通，並可不至於寡矣。既均且和，則輯睦相安，雖或不免貧寡，而斷不至於傾。此所以貧、寡不必患，而不均、不安之足患也。

「遠人」是指强鄰敵國，非顓臾也。前云「邦域之中」、「社稷之臣」，後又云「邦内」，奈何以「遠人」目之乎？自記。

桓公雖假仁義，猶是修方伯、連帥之職，至三卿田氏，斯爲無説。此孔子所以稱管仲之功，而惡三桓也。「庶人不議」，非指怨謗，如所謂「處士横議」之類皆是。其流禍甚烈，觀周衰，人立私議，究於坑焚可見也。若止於怨汝詈汝，則所謂庶人謗者，是盛世所不禁。自記。

「天下有道，則政不在大夫。」據上節説「天下無道，則禮樂征伐自諸侯出」，何不云「政不在諸侯」？蓋政原在諸侯。天子司天下之政，諸侯亦司一國之政，但不當自諸侯出耳。若大夫，則僅可議政，而不可專政。故下又云「庶人不議」，明大夫得議也。分寸絲毫不差。

朱子註上論，一字不可移易，下論雖道理不錯，文理便有疎漏。如「三友」、「三樂」損益，必要説得相對，覺得牽强。此乃各分淺深，朋友之間，有好直言的，然或沽名，或使氣，未必出於真誠，所以又要諒。真誠矣，或學問少，見理未明，所以又要多聞。「便辟」者，外面威儀詞令，或尚可觀。至「善柔」，則一味卑屈諂媚，以順爲正矣。至「便佞」，則又變亂黑白，倒置是非，其害更大。「三樂」亦是如此，不必皆相對立言也。朱子對門人説：「某讀上論，覺得比下論好些，上孟比下孟好些，中庸前半部好些。不知是古人之書，前後不同，不知是自己心血不足，看不到。」可見朱子既誠且明，光明磊落，千秋萬世皆得見之。

「益者三友，損者三友」，時解以「者」字作虚字，「友」字作實字，謂益於我者有三樣朋友，損於吾者有三樣朋友。看來此「者」字以人言，作實字看；「友」字以交接言，作虚字看。言會長進的人，有三樣交接，不長進的，有三樣交接。如所交的是直、諒、多聞，這便是求進益的；若與便辟等相與，便是不求進益的。如此，則上下「友」字，俱屬一例。珣。

「樂節禮樂」三句，某意以「節禮樂」爲根。自己於禮樂，不徒好之而已，一一節目都詳明有條理。惟其節目條理，所以見人有善此者，便樂道之，既樂道人之善，自然樂多賢友，互相講習。「樂驕樂」三句，亦都在「驕」字生根。先只見得自己是要快活，到「佚游」，竟放開了，到「宴樂」，便又溺於其中，終日醉夢而不能自拔矣。

「樂節禮樂」，「節」字照注說自好，若從張子說亦有味。蓋「禮勝則離，樂勝則流」，節者，以禮節樂，以樂節禮。終日用意孜孜，只在身心上檢點，是之謂「樂節禮樂」。

聖人言語，俱有次序。「九思」章視、聽居先，四勿亦先視、聽。心官之外，惟重耳目。人惟視、聽最易入，又無時無之。次則色貌之見於身者，次則言事之接於人者，次疑，次忿，皆日用間所必有而切於身心者。然後以「見得思義」終焉。由内及外，一絲不亂。

問：「九思以視、聽爲先，洪範五事，何以先貌言？」曰：「彼以『敬』字爲主，故先貌言；此以『思』字爲主，故先視、聽。」自記。

「見善如不及」章，語意本明，但前一項人，却是後一項人的根基，抹殺不得。大概是要門弟子拓開些的意思。如原、思自守有餘，却少與世相關之意；若由、求則又於隱居求志邊少了。伊尹樂堯舜之道，再聘還不出來。即太公八十，自是有終焉之志，忽遇文王，非所料也。

「隱居以求其志，行義以達其道」，人都說成「用之則行，舍之則藏」，「窮則獨善其身，達則兼善天下」。兩箇「以」字不見醒出，而「隱居」、「行義」字皆不著實。「見善如不及，見不善如探湯」，雖亦是他的志如此，然其志有限。求志之志便大，必「隱居以求」者何？所謂「龍德而隱，不易乎世，不成乎名，遯世無悶，不見是而無悶」。伊尹在莘野之中，樂堯舜之道，便是如此。達道固是要行其所學，然云「行義以達其道」，何也？孔子五十以前，總不出來，當亦是此意。若待堯舜之君，三聘而出，千古能得幾見？但有可爲之地，有可爲之機，不必大有爲之君，大可行之時，隨分而行，如「見行可」、「際可」之類，全是如此，故曰「惟我與爾有是夫」。此二句是聖人全神，由、求等便不能「隱居求志」，荷蕢、荷篠之徒，又不能「行義達道」。由、求行義矣，而不能達道；荷蕢、荷篠隱居矣，而不能求志，故曰「未見其人」。

「隱居求志」二句，某意每句皆有兩義。求志非隱居不可，然荷蕢、接輿之徒，不可謂之求志。隱居矣，又畢竟要求志。達道非行義不可，然當時從政者，不可謂之達道。行義矣，又畢竟要達道。此節，講家多以「未見其人」一言，難於安頓顏子，只得串講，謂顏子不曾出仕。其實不然，安知此語不説在顏子既亡之後？只是説此等人身分，就是終身隱居，亦何害其爲行義達道。

「不學詩，無以言。」此句極要體味。三百篇中，有含蓄不説處，便是不該説的，須逐篇體味一番。清植。

論義理及文勢，則稱於異邦曰「寡小君」者，蒙上邦人爲文，爲本國對異邦之所稱也。孔子作春秋，於夫人之卒，則稱「夫人」，臣子之詞也。葬則曰「我小君」，蓋有列國會葬，故曰「我」，曰「小君」，皆對異邦之稱也。自記。以上季氏篇。

「上智下愚不移」，大意固是言此等人不常有，而中人最多。欲人之謹於習，而不可諉於性。然其所以不移，則是此兩等人立志不回，自不肯移也。苟下愚者而肯從善，則亦無不可移之質。惟其不肯移，所以爲不可移，所以爲下愚也。若中人，則斷無不可與爲善，不可與爲惡者，顧所習何如耳。程子言之甚明，真得聖人之指。蓋上智習惡亦不肯爲惡，下愚習善亦不肯爲善，此自其立志則然也。自記。

「小子何莫學夫詩？」學不是尋常習誦，若只尋常習誦，如何能收其益。下章「爲周南召南」，「爲」字亦要看出沈著工夫來。清植。

「四時行焉，百物生焉」，平看去亦可。若作四時行而百物自生，如所謂「春秋冬夏，莫非至教」説，於「何言」意似尤緊切。清植。

有人聞其弟訃二日，即入衙門辦事，又巨細不遺，神氣如常。先生非之，因曰：「即不得已而辦公事，總其大要，不及瑣細，倒是有疎略處方是。宰我謂『禮必壞』、『樂必崩』，其實不壞不足以爲禮，不崩不足以爲樂。此所謂『無體之禮，無聲之樂』。『禮云禮云，玉帛云乎哉？樂云樂云，鐘鼓云乎哉？』」人逢喪事亦須思，如朋友死，倘不思，便悠忽過去了。惟思其待我如何，自有不容已處。子張曰『祭思敬，喪思哀』，理當如此。」以上陽貨篇。

或人諷柳下惠之去，不是激懟之詞。蓋諷道之不可行，故答詞有「直道」、「枉道」等語。自記。

孔子攝行相事，如今説錯，觀家語自明。古者兩君相見，必用相禮之官。當時夾谷之會，欲命相，知禮無如孔子者，故以司寇攝之。司寇官尊，所以云攝。朱子於「齊人歸女樂」注，仍温公通鑑之悮，皆以爲行宰相之事。當時官爵，並未有宰相之名也。三月大治，即爲司寇與聞國政之時，與聞國政，效便如此。

「君子之仕也，行其義也。」如時解，行義只是求做官，殊不成語。語類中説：「仕纔有義，既不仕矣，遠近去就都没了，緣何見義。」覺得有著落些，但又似與上下文不甚闕合。若説行義是輔君以有爲，又與行道相犯。行義既即是行道，又如何説「道之不行，已知之矣」？此「義」字卻指君臣相關之意説。譬如朋友，德業相勸，過失相規，言之聽而計之從，是行道。倘規勸而不見聽，卻不可存一好歹由他之意，視同陌路。此段望其開明，幸其悔悟，肫切意思，是義也。此「義」字是説性之相屬，情之相關，所謂

「大倫」也，與「長幼之節」對説。若在皮毛上説，如何謂之「亂大倫」。所以説「隱居以求其志，行義以達其道」，行義即此行義，達其道即行道之謂也。荷蕢、晨門之流，隱居矣，問其所求之志何在，不能行義矣，又安有所達之道？聖賢不是説我有一副當學術，一得君便行出來，其見之施爲者，皆是他内裏一段精誠逼出來的。有此方能「立之斯立，道之斯行，綏之斯來，動之斯和」。

「舜有臣」二句，亦是夫子語。如「逸民」節亦然。記者提起作案，不然此語何來？如今史中論贊，尚是此體。

侑食在堂上，而以琴瑟爲主。雖未有考証，然據周禮，王大食則「奏鐘鼓」，明每日常食不奏鐘鼓也。又禮記玉藻「進機進羞，工乃升歌」，疏：「又〔二〕進羞之後，樂工乃升堂以琴瑟而歌。」雖天子與大夫士之禮，然諸侯可推矣。自記。以上微子篇。

「執德不弘，信道不篤」，這兩句極好。守其一説而不參之以衆論，行其所見而不考驗之於人情，皆不好。倘弘矣，而信道不篤，恐見新奇可喜者，遂棄其學而學焉，卻又不可。

「子夏之門人小子」，及「問交」章，覺得兩人俱有是處，各有不是處。子游説本末，非説始卒，是就立志大頭腦上提掇他，未爲不是。不好説門人小子〔三〕便當先末後本也。至於始卒，自應有次序。「問交」章，子夏語雖較徧，然夫子云「無友不如己者」，拒之未即有乖於聖教也。子張語固寬大，第門人是問交，非泛問處人也。曰「容衆」，曰「矜不能」，「衆」與「不能」非友也，「容」之、「矜」之非交也。兩章書問答，皆覺得針縫不對。至孟子議論，雖極翩躚，卻少罅漏。答湯武放伐的説話，語吻似覺詫異，然推到最上一層，道理本是如此。「天生民而立之君」，非要其坐享富貴也，要其撫養天下耳，苟自絶於天，則人亦不戴之爲君矣。如好貨、好色、好樂，乍見之覺不倫，説來都是道理。第夫子卻更渾厚完全，所以爲「盛德之至」。如或人「以德報怨」之説，若孟子辨駁，必説到以怨報德矣。聖人卻問一句「何以報德」，已包得此意，方分兩路與他説，何等妥當。

「博學」章，某意重在兩「而」字，一折折到「篤」字、「近」字上。蓋不博學無以爲篤志之地，然博學而不篤志，徒以廣見聞、資口耳而已。篤志是鞭策所學，必定要討箇實理。不切問無以爲近思之地，然切問而不近思，徒求之事跡而已。切問已是切於事情，裨於日用，近思卻又體驗到自己身心上去。此二句甚密，與子思博學、審問、慎思、明辨、篤行差不多。子夏卻以此包篤行在内，極似「欲誠其意者，先致其知」。見得非截然兩段工夫。聖人龍德又不同，「學以聚之，問以辨之」，妙在入一句「寬以居之」，然後説「仁以行之」，規模火候不同。問：「『寬以居之』，是『必有事焉，勿忘，勿助』否？」曰：「某解之云，虚明廣大而無自用之私，涵泳從容而有自得之味。一句説規模，一句説火候。聖人放在那裏，磨盪消融，未嘗斷火，鍊得全無渣滓，『仁以行之』便了。子夏云篤、云切、云近，是用多少力把緊了做，恐到底成就與聖人別。」曰：「顏子是此一派否？」曰：「亦不知何如。但同爲邦，夫子一口氣將四代禮樂説與他。於問爲仁，便曰：『克己復禮，天下歸仁。』告他人便不如此。曾子又稱他『以能問於不能，以多問於寡；有若無，實若虛，犯而不校』。卻是大舜光景，曾子恐是壁立萬仞做，又差些。」問：「『及其知之一，成功一』，可是全無分別？」曰：「『堯舜性之，湯武反之』，其純然天理，自是無二，若規模火候，畢竟不同。」問：「顏子若不死，能與孔子一樣否？」曰：「只怕是一樣。如舜之於堯，周公之於文王。大抵創始人，其工夫即與後人一般，而氣象渾厚闊大處，乃天之所爲，不可及。舜似比堯更精細，然堯卻能包舜；周公似比文王更精細，然文王卻能包周公。」

「博學而篤志」章，某意比常説又不同，「博學」一頓，「篤志」、「切問」、「近思」，都收往裏面。如讀一書，實在專心致志讀透他，至問人又無一句閑話，亦無一句虛話，又都反之身心體驗一番。朱子所云「切己體察，即近思也」，都承「博學」説。凡言在中者，皆不求自至之辭。蓋這一件與那一件，似不相干，卻都相關。故「未及力行」意須補，但云以此措之施行便是了。

「告子」章，即儒、佛分派；「子夏之門人小子」章，即朱、陸分派。子游謂當提起大本爲宗，論非不是。子夏説：「孰先傳，孰後倦？譬諸草木，區以别矣。」倒似聖門學問，畢竟先末而後本者。以大學論致知格物，「此謂知本，此謂知之至」；周禮三物之教，以六德、六藝、六行爲序，及論語「弟子入則孝」等章觀之，似不如此。當日若答子游云「即此是本」，語倒無弊。蓋即洒掃、應對、進退，小心謹慎，中規合矩，便是培其良心，久之自然知本。陸子静謂「先立乎其大者」説何嘗不是，弊在把窮理工夫看輕了，便破敗百出。蓋窮理工夫甚大，與主敬、存誠並重。但觀王陽明「致良知」，欲破朱子格物説，到後來做詩出韻，寫字寫别字，論古將事記錯了，此豈良知中應爾乎？窮理格物，而良知乃致也。

子游譏門人小子「本之則無」，有似象山一派，直達本原。子夏之意，又有似吕東萊，只教人留心名物象數。其實洒掃、應對、進退，正是養正之功，所以培養他根本，使心不放而範於禮也。子夏若將此意剖破，子游更有何辨？卻但説教人有序，竟像子夏之教，原是先末後本的。聖人没而微言絶，游、夏已分兩路。一貫之義，體會者甚少，夫子兩番爲曾子、子貢拈出，人都説是言道妙，某獨謂是示人以學道路頭。大抵聖人空説道妙甚少，只是聖人有聖人的忠恕，吾輩有吾輩的忠恕。聖人自然體用一原，顯微無間。吾輩須是提醒此心，則散錢有串，心一昏放，便無此索子，奈散錢何？收斂提起，是學者之一貫也。

問：「學優便不仕，何害？」曰：「古人最要仕，所以自試所學，故曰『皇皇如也』。子使漆雕開仕，不驗之於仕，自己亦信不過。古人之仕，不是身外事。」以上子張篇。

論語自是門人之門人所作，不知誰氏之筆，而裁節乾浄，妙至於此。堯曰一篇，敘幾代事，數語已盡妙義，且有波瀾。裁斷到至短田地，而精當具足。自記。

「雖有周親」節，是解上「善人是富」。「善人」，國之紀也，故以爲安天下之首務。「謹權量」二節，皆是在上之事。至於及民，惟食、喪、祭爲重。「寬則得衆」四句，不見於書，自是統論帝王，不單指周説。

「子張問政」章，大綱只在「惠而不費，勞而不怨」，下三句是此二句之根。爲政不能使百姓自己治生，雖日散萬金而不可斷，徒費而已。勞之以所當爲之事，如教他孝弟、力田、三物、六行皆是。特迫促嚴急，不以其方，無爲善之樂，無自己以爲本分當爲之意，便至於怨。費與怨，便是驩虞之術。一養一教，尚有何事？「欲仁而得仁」，是「惠而不費」之根。蓋我之惠百姓者，是見民之困苦，必使之得遂其生，方完得自己一段惻隱之心。既非爲利於己，亦非欲沽其名，何貪之有？此所以「惠而不費」也。「君子無衆寡，無小大，無敢慢」；「正其衣冠，尊其瞻視，儼然人望而畏之」。只是檢點自己，以身先之。人見其如此，感而且愧，一有條教，自然奉行，雖勞何怨？此乃「勞而不怨」之根也。「不教而殺」，「不戒視成」，「慢令致期」，與「無敢慢」、「儼然人望而畏之」相反，虐、暴、賊，則勞之而怨矣。「猶之與人也，出納之吝，謂之有司」，與「欲仁而得仁」、「惠而不費」相反。問：「『與人』只在『與』一邊説，『出納』『納』字，不重否？」曰：「出則吝其物，納則吝其名，皆是與人之吝也。『惠而不費，勞而不怨』，是『節用愛人，使民以時』一項事；『欲而不貪，泰而不驕，威而不猛』，是『敬事而信』一項事。此章與『道千乘之國』章關照。」

「欲仁而得仁」，言我欲仁愛於民，不過得吾仁愛之心而止，不望其報，不干其譽。此所謂「利之不庸」，乃「惠而不費」之根也。此句説得不錯，則前後許多言語，皆是一片王道貫穿矣。吝與貪、與費，只是一事，貪是本根，費是枝葉，吝在二者之間看出。一面貪其名，一面惜其費，勢必至出亦吝，納亦吝也。自記。

「不知命」章，近亦明白了。問：「有異解乎？」曰：「只是尋常講，便是不知命，便無站脚根基，何以爲君子，不爲小人？」問：「知禮何以次於知命？」曰：「知命是出處、取舍、義利之間，知得分明。儘有出處不苟，取舍分明，不能合禮者，到得言動合禮，便是隆禮、由禮之意。」問：「何以知言倒在知禮後？」曰：「知言是格物窮理，其工夫原廣大精深。觀孟子説他得力，只是知言、養氣。他説知言不尋常，其歸至於『見其禮而知其政，聞其樂而知其德。由百世之後，等百世之王，莫之能違』。是如何本領。」問：「但從知上講，不關行事否？」曰：「自然連行在内，不但知之而已。」以上堯曰篇。

【校勘記】

〔一〕此字漫漶，四庫本作「也」，但就底本殘存筆畫看，並非「也」字，故不從。

〔二〕「又」，原作「入」，據禮記正義卷二九疏文改。

〔三〕「子」，原作「人」，四庫本同，據上文改。

榕村語録卷之五

上孟

程朱與孟子，相去分際可見，不如孟子所見透而熟。孟子之去孔子，從氣象上分別自有間，若道理上覓取，竟無從見其差別。問：「孟子比顔子何如？」曰：「孟子云『姑舍是』，此如二程雖受學茂叔，至敘道統，卻不及茂叔。在聖賢，豈有矜傲之私，而言乃云爾，此意殊可尋思。顔子雖不見其著述施爲，但如視、聽、言、動皆禮，便到『不踰矩』、『動容周旋中禮』田地，他便直任不辭，是何等力量。夫子誘以文禮，他便『欲罷不能』，直是『天行健』。不曰『文禮之事已畢』，而曰『吾才既竭』，立言亦大妙。至『雖欲從之，末由也已』，此是何等境界。孟子他日又云『禹、稷、顔回同道』，其推挹可想矣。」

聖賢學問，如鷄子一時不出殼，到底是鷄蛋。惟孔子「從心所欲，不踰矩」，自己覺得快活。顔子未達一間，想尚未有此一日也。孟子雖自任「舍我其誰」，只是言「當今之世」，故曰：「惡，是何言也？」又曰：「乃所願，則學孔子也。」煞是不敢自信。只是他才識大，如論「不動心」，便令佛學粉碎。蓋彼之不動，是頑空，是死的，其中無有。吾儒之不動，是寂然不動，感而遂通天下之故，是活的，其中無所不有。「槁」字妙極，長則長矣，柰已枯何？直從源頭絶頂處剖開指明，洞中要害，萬古一炬也。友云：「孟子直見得此輩之害大而深，故闢告子，遂以斷佛教之根。孔子未嘗顯黜伯功，孟子獨云『仲尼之徒無道桓、文之事者』，又欲斷功利之根。其功直與天壤不敝。」

人都疑孟子欲王齊、梁，是要叛周。看孟子言語：「得百里之地而君之，皆能以朝諸侯有天下。行一不義、殺一不辜而得天下，皆不爲。」是何等嚴毅。由孟子之論，見得天爲民立君，原以治安百姓，非爲君一家欲其富貴久長，世世子孫享受也。故湯、武革命，受命於天，絶無不是處。孟子直是從天立論，得最上一層道理。孔子議論，卻又低下一層，爲人道立萬世極，更覺精密穩當。故以服事爲至德，以武爲未盡善。看文王一面孜孜爲民，卻一面於商家可扶持處便扶持他，與孔子意思一般。問：「文王若處武王時，不知如何？」曰：「只怕規模不同，力量更大，德器更純，處得來更覺無跡些。天下之朝覲、訟獄、謳歌，羣然歸周，不必觀兵商郊，自致混一，亦未可知。大凡一件事著兩人做，即心術做法一樣，而各人身分所至，其氣勢規模便自不同，必不可强。」

孟子竟是不曾見易，平生深於詩、書、春秋，禮經便不熟。只是才大，學問直溯源頭，掘井見泉，横説竪説，頭頭是道。

孔子文字，尚是經體，開後世文字派，卻是孟子。孔子文字無「雖然」轉法，應用「雖然」處，都用「是故」。後世文字之妙，至韓而極，尚不如孟子。韓文如百寶砌成，到自然地位；孟子則元氣流行，無復雕琢擬議之意。

鷄豚狗彘，只供老者，固是爲自家養的，不忍輕殺，亦是體天之道處。天所貴者，種類便少，牛馬只産一子，所以太牢不輕用。次之狗彘，便産得多些，亦不能繁，所以無故不殺犬豕。次之鷄鴨，卵生便可數十，然猶有數。至魚蝦之屬，所産不可數計，所以説「魚鱉不可勝食」。即少者都得食矣。可見聖人之制，一一皆是凖之天道。

「謹庠序之教」，一切都修舉。「申之以孝弟之義」，是提醒他本心。若看下句與上句一般，何須重説。「頒白者不負戴於道路」，不是單説自家的父兄，是説王化流行，行路者皆修弟子之職。

孟子説「見牛未見羊」，意理甚精，凡事皆當如此。如有一金在此，見一友在急難中，且將此濟他。若算計萬一明日更有急難之友，何以濟之，便連當下這一金亦不用，豈不躭閣？萬一再有人來，恰好又有，則再濟之，實在没有，只得罷了，不可將未見面事盤算到頭也。鋭峯和尚云：「當下該這樣便這樣，不必算計昨日不這樣，明日又不這樣，連今日亦不必這樣，卻是都落空了。」要前後際斷，孟子説「交際」亦是此意。禦人於國門之外，是顯然的，自然要誅；諸侯之取民，是隱暗的，且待教之不改而後誅，都妙盡情理。

問：「不動心是立否？」曰：「在立與不惑之間。」孟子不動之心，是活的，不似告子是死的。告子乃佛之至精者，孟子亦闢佛之至精者。告子謂儒者讀書窮理，在言語文字上做工夫，與心不相干。其心不光明，又借忠孝廉節一股氣來幫助，如飲酒禦寒一樣，到底不是本來熱氣。故曰「不得於言，勿求於心」；「不得於心，勿求於氣」。其論乃佛之正脈，不知仁義禮智皆根於心，既要誠，又要明，始能復心之本體。故中庸一面言「至誠」，一面言「禮儀」、「威儀」，兩邊俱到，心體始能完全。告子所以如此者，病根在不知義根於心，而以義爲外故也。精透非常，雖程朱闢佛亦説到此，猶不如孟子單刀直入，言簡而盡也。當日蘇秦、張儀，孟子絶不屑挂口，就是楊、墨亦粗淺，孟子只將其「無父無君」指破了，人亦容易明白。到告子直在身心性命上闢一邪路，所以孟子費許多苦心，與他反覆辯論。

告子「勿求於心」，是不窮理，非不持志也。告子之意，以爲人不認得心，多把言認作心，而求心於言；把氣認作心，而求心於氣。故必離二者而後識心，如所謂「語言道斷，心行路絶」者云爾。自記。

「不得於心」四句，今人説得告子是箇呆漢了。告子是要明心見性的人，欲使此心空空靈靈。所以「不得於言」，便以爲此是言語邊事，何與於心，「勿求於心」則心地空了。「不得於心」，便以爲此正當於心中用工夫，何與於氣，「勿求於氣」則心又空了。此正是近世和尚家所謂參禪入定、打坐觀心者，豈是冥頑的人？然究歸此心空虚無用，其弊必至是耳。

問：「『不得於言』，猶言『不安於心』否？」曰：「是。大概告子此四句，是佛氏最精處。『不得於言，勿求於心』猶云如有不得於言，勿認作心，心自有所以爲明者，不在語言文字也。他只要此心光明，如一盞燈滿屋照耀，不消逐物求見。故佛家以此心爲須彌柱，萬古不動，萬古光明。」問：「他亦有參禪悟道之説。」曰：「他參禪卻不在那句話上參出道理，不過將此心逼歸一處，便生明耳。他嫌語言支離，又有時説參尋；嫌氣魄無用，又有時説氣力。總是遁詞，知其所窮。」

在京邸時，見陸稼書與人云：「『持其志』是『知言』，『無暴其氣』是『養氣』。」某對其人云：「此悞起於陶周望文，末比云：『蓋志不持，則本原一乖而內外遂以兩失，故知告子「勿求於心」之説妄也，不待辨也。氣無暴，則存主愈湛而本末可以相資，故知告子「勿求於氣」之説亦妄也。』豈誠可乎？既以『持志』對『勿求於心』，作反結，宜乎疑『持志』爲『知言』一邊事矣。豈知『求』是尋究之義，『持』是操守之義，兩字不可同。」其人云：「然則『持其志』三字何根？」曰：「根在『不得於心』『心』字上來。告子謂人不得於心，則持守其心而已，要此動盪發揮之氣何用。孟子言人固當持守其心，然又離此動盪發揮之氣不得，安可暴而棄之。在孟子口中，原渾然只見志氣之不相離，而『養氣』即爲『持志』之功耳。至程朱析理微密，謂持志之道在敬，養氣之道在集義。辨論反覆，見於或問甚詳，雖孟子當日未必遽如此區別。然敬義是學問大關節，所謂『學者各以其意求之，則並行不悖』是也。」復檢或問示之，稼書聞之遂大以爲然。自記。

之銳問：「『不得於言，勿求於心』，孟子何以置之不論？」曰：「孟子初説不可就罷了，直到後面論『知言』處，纔説『生於其心』云云，即是破此。」

「無暴其氣」，時講多錯。大抵以置氣不管爲暴，不是「暴」字本義。暴如「暴殄天物」之暴，謂浮動妄費也。蹶趨即暴氣之一端，無暴一層在「養氣」之前，先不浮動，而後可集義以養之。與「養氣」相對看，一是不要妄費，一是要生息。他如言語先要禁其躁妄，而後求其事理通達，心氣和平也。凡事皆如此。

暴氣不是指告子，凡人動氣時，志逐之而不能自主者多矣。如人家子弟不能管教，任他亂撞；又如騎馬不能駕馭，任他奔騰一般。今人說「無暴」，謂如「手容恭，足容重」之類，理非不是，但不親切。此處且虚說，只是說志固要緊，氣亦不可不照管。故下「志壹」、「氣壹」，都是說不好一邊，且未說到養他的工夫。

今人說「持其志，無暴其氣」，謂志固不可不持，氣亦是好物事，不可不養。不知「無暴」纔是養氣的頭，且莫說他好，氣原足以累志。如責罰人，此人所犯何罪，吾志先定，稱情行罰是「持志」。卻有臨時動氣以致過當者，此時氣發，卻不管當初所持之志如何，此豈不是「氣壹動志」。所以既要「持其志」，又要「無暴其氣」。此處卻是說氣不好，因此所以不可不養，未養之氣不可暴，養成了反大有用。此是兩層說話，如馬然，未調良時，有蹄齧之患，既調良時，足以任重致遠。如兵然，未訓鍊時，連主將多壓制不住，及訓鍊好了，衝鋒破敵反大有助。

告子說心是心，言是言，氣是氣。孟子說言亦是心，氣亦是心，無精粗，無内外，莫非此心，莫非此理。氣以粗者言之，爲北宫黝、孟施舍之氣。若精，則配道義，爲浩然之氣，上下與天地同流。

人都説浩然之氣能塞天地，配道義，王姚江獨云「與天地不相似，道義不相合者，非浩然也」，便與孟子開口説「難言也」，再言「其爲氣也」，口氣神合。蓋是指浩然之氣如此，非是説浩然之氣其妙如此也。要歸是以理爲主。自記。

「死灰」是「勿求諸心」，「槁木」是「勿求諸氣」，「知周萬物」是「知言」，「動容周旋中禮」是「養氣」。自記。

告子便是佛家大教頭，任後來多少闢佛之論，總不及「養氣」一章。「不得於言」四句，是告子之學切要處，至今佛家還是這箇丹頭。他説「不得於言」，此何與於心？勿以此而求之於心。「不得於心」，正當於心上打叠，又不可求之於氣。蓋落於語言文字，便支離纏繞於知解之中。落於綱常名教，便依託假附於氣魄之内。吾心本自明，何用語言文字？吾心本自定，何用綱常名教？孟子直搜其根，曰「外義」。惟以義爲外，故將語言文字、綱常名教，都以爲外來假合的物事，盡欲破除。

問：「無暴即是善養否？」曰：「不是。善養便是集義，無暴不過不要暴耳。」

問：「暴即是勿求否？」曰：「亦不是。暴是妄用此氣，御之無法。勿求是竟不用。」

問：「先生言如子弟不管教，即是暴，豈不是勿求？」曰：「此如將之有兵，暴氣者，如役之不以其道，撫之不得其情，恩不足以結其心，威不足以制其命，以致他不用命。告子是主將孤立，散遺徒衆，不用一卒，故其勢窮蹙。暴氣、義襲，卻不是告子病。今人都强派在告子身上。無事而正，而忘，而助長，恰是告子，今人反説開了。」

「養氣」章，朱子亦只解得七分。從來闢禪之中其要害，搜其根底，機鋒相對者，無如此篇。人因粗看注中「冥然」、「悍然」二句，以告子爲一物無所見，一步不能行底人。果爾，何敢與孟子分席争長？孟子又何須爲之累牘置辨耶？「不得於言」四句，乃是告子丹頭，要看得精細。彼以儒者之語言文字，都是外面知解，原非本然心中所有，吾心自有昭昭靈靈者，要見本來面目，不消認知解爲心。又以儒者立氣節，厲廉耻，依附名教，至富貴不淫，貧賤不移，威武不屈，都屬外面粗氣魄。吾心到得定時，方且離四大，空五藴，撒手游行，尚何富貴、貧賤、威武之可言？故於心有不安處，只當加功於心，不必求助於外面氣魄。上二句，即禪家「明心」之説，下二句，即禪家「空心」之説。一是破儒家的語言文字，一是破儒家的忠孝廉節。他見得孟子學問路頭錯處在此，此處看得粗，便看得孟子闢之之言亦不精矣。「不得於心」，卻不由於氣，氣無義理故也。「不得於言」，必須求於心，言即義理所在故也。故孟子言，以二者相較，其可不可微有重輕，然其實氣亦烏可勿求？如欲訪一友，便足力生，忘路之遠近。若心不欲往，便筋疲力倦。

氣與心豈不相關者？如此看來，心與氣正是相資相助，如何可以置之？所謂「義襲而取」，乃是如今人借一公事，憤激壯往一般。告子以孟子的氣魄，正是這樣。故孟子言其爲氣也如此。其爲氣也如此，是乃「集義而生者」，非是「義襲而取」者。如言我記的書，是讀得多遍，自然精熟者，非是偶然强記而得之者。是孟子自白語，緊對告子意，見不是教人不可義襲也。「是非」二字，如此纔明。何以見得非義襲而取？你看「行有不慊於心，則餒矣」。告子以氣可襲取，總緣以義爲外之故。若知義之在內，則知氣可集而生，不可襲而取矣。「我故曰：『告子未嘗知義，以其外之也。』」一路搜根至此，直抉出告子病痛源頭，至緊至切處。若如今解，卻似「義襲」句不過是帶出，如順手敲擊一下而已，何關痛癢？至下節注以爲「養氣之節度」，亦似未然。看來此節乃是説不動心底工夫，欲心不動，必以集義爲事，不可預期其不動心，但當勿忘其所有事。循序有常，不可欲速而助之長。助長雖似長得較易，而不知其苗已槁矣。告子先孟子不動心，而適成爲死而無用之心。孟子之不動，雖若稍遲，卻爲生生不窮之心者。以此「槁」字對針「不動心」；「予助苗長」緊對「先我不動心」。佛氏之心，清淨寂滅，了無用處。吾儒之心，寂然不動，感而遂通天下之故，至天地位，萬物育，總是一團生意。闢佛之精透，無過於此。

如今人以「集義所生」爲孟子，「義襲而取」爲告子，又以告子爲正而助長的，而以無事而忘爲另一種人。金正希想到告子外義決不襲義，勿求氣決不取氣，乃云告子雖不義襲而取，其實與這樣人同歸，是義襲而取。乃吾儒、告子之外别有這一種人，與如今所説無事而忘的人一般。豈知此兩節口氣，在「是」字、「非」字、「必」字、「勿」字。因異端説孟子是義襲而取，故孟子自白，是氣也乃集義自然而生的，不是託義之名跡掩襲而取的。行不合於義，便不慊於心，則氣餒。義豈在外者乎？「必有事焉」，亦不是説養氣節度，是説不動心之道。告子勿求於氣，如何肯在氣上用著正助？忘與助長，是一箇人，不是兩箇人。告子在心上用功，似不可説他無事，然不以集義爲事，便是無事。他用功於心，曷曾一刻忘，然卻忘了集義了。四句皆對告子。「以爲無益而舍之」，如今人説以苗爲無益而舍之，文理説不去。蓋云以耘苗爲無益也。非徒無益，言非徒無益於苗也。問：「告子『勿求於氣』，正謂氣是義襲而取的，於心無涉，所以勿求。孟子『義襲而取』句，正是對針『勿求於氣』。」曰：「然。」問：「知言工夫包在集義内，所以知言不用詳説。」曰：「糊塗人如何集義。」問：「心裏不明白，亦難説慊心。」曰：「然。異端操持此心，曷嘗不是根本工夫，只是少了一邊也。吾儒戒慎恐懼，是根本工夫，卻不曾少卻學問一邊。所以某説，中庸下半部是破異端最切緊處，『至誠』

是説根本，『至聖』便説『禮儀』、『威儀』。『尊德性』又要『道問學』。」

「是集義所生者，非義襲而取之也」，「是」字、「非」字；「必有事焉而勿正，心勿忘，勿助長」，「必」字、「勿」字，俱是緊對告子辨折口氣。緣告子心疑儒者爲義襲，故孟子辨之，謂吾之養氣是如此，不是如此；緣告子外義而先我不動心，是有助長之病，故孟子折之，謂人之事心當如此，不當如此。然則告子固未嘗集義，亦並未嘗義襲。何則？彼既外義，則賤義而不復以義嬰心故也。其所以助長而能不動其心者，是從强制其心中來，不從義襲中來。義襲者，襲氣也。告子既勿求氣矣，而又安肯襲之？故謂助長爲另指一般人則可，若謂即指告子也者，則其所以助之之病，與上節襲取不同明矣。「必有事焉」，亦只宜泛説心學。「集義」、「養氣」四字，俱在「必有事焉」四字内見，若指定是養氣節度，則告子非有事於氣者，又豈肯助之長？文意亦礙矣。自記。

「集義」節，人都説成必集義以生之，勿襲義而取之。以「襲義而取」爲是告子，不知告子「勿求於氣」，又以義爲外，豈肯襲義？又安肯取氣？此是告子不認義爲内，見孟子事事必求合義，便謂此是用在外之義，襲取在外之氣。孟子辨之，言吾是如此，非如彼，與告子絶無相干。後來陸子静亦以襲義詬朱子，朱子辨之，曰：「孟子本文原是義襲，所襲者是氣，如今所言却是襲義了。」今人又以集爲事事而集，襲爲襲取一義，不知大旨都不在此。告子以義爲外，即使百行萬事盡都是義，亦是「義襲而取」，亦是「無與於心」，其病處卻在「義」字，不在「襲」字。若是襲義，卻有何病？如人義存於心，或因讀書觸發方動出來，不可謂非由中之義。至「行有不慊於心」，卻因「義襲而取」説錯了，遂以爲襲義則不慊於心，不慊於心則氣餒。此意與義外絶不相對，遂令下文告子一轉皆無著落。此正是明義之在内，言所行一不合義，便不慊於心而氣餒。豈得以義爲外乎？告子始終以義爲外，我平日以告子爲不知義，正坐此耳。清植。

義内、義外，是二家心學不同之根。因外義，故並言與氣而外之，而但守其空虛無用之心。此告子論性與此章之言相爲表裏處也。外義則不集義而無以養氣，且外義則不窮理而無以知言，皆是一串病痛。自記。

「義襲而取」，注中言「一事偶合於義」，似未穩。假如忠臣孝子，平常未嘗有學問工夫，忽然感激而成忠孝，此一事便配道義，非襲取也。

「養氣」章是從來所無，「必有事焉」數語，説得更親切。天地氣化，事物生息，理皆如此。「必有事焉」，在那裏只是做；「勿正」，且莫要管效驗如何；「心勿忘」，只是心在這裏；「勿助長」，莫因效驗不來便助長。譬喻更妙，就如苗，日夜滋息，到成熟時，自然結果。此是孟子説出，火候差一息，亦强不來。只要不斷，該文火用文火，該武火用武火，工夫既到，他倏然會變化。

「必有事焉而勿正，心勿忘，勿助」。凡事皆當如此。如做一事，必定晝夜以此爲事，不可著急，不可間斷，又不可硬幫上去。天地不教人憾，便不是天地；堯舜若不猶病，便不是堯舜。天地只見得不足，所以不已；至誠只見得不足，所以無息。助長就是他忘了。佛家立地要成聖果，卻是爲何？便是要住手。聖人只是日有孳孳，斃而後已，故曰「悠也久也」，又曰「純亦不已」。

如今都説舍之而不耘，不過是不用工，無益而已，還有苗在。揠而助長，則苗受其害而槁矣，語氣重在助長上。其實不然。正而助長，即因無事而忘也。告子便是要一無所事，心齋坐忘。惟其如此，所以要心不動，便是正。「先我不動心」「先」字，便見他助長；無事即是清淨寂滅；忘即是一切放下，乃是病根。以宋人譬極妙，宋人看得糞培水灌，都是將外邊物事强相滋益，何如就他本身用功，即刻便長，正對告子。「槁」字尤妙，長則長矣，卻是槁了。你看千餘年來，可有一箇和尚能把天下治理一番否？他的心全不活動，所以枯而無用。

「養氣」章，鄙見與時講頗異者三：告子兩箇「勿求」，「求」字要活看。蓋謂「不得於言」，即是言邊事耳，不可悮認作心；「不得於心」，即是心裏事，不可悮認作氣。其辨心本至精，故有所謂似是之非，彌近理而大亂正也。若如時講，其説大段粗淺，不煩孟子深辨矣。「是集義所生」兩句，是別白吾浩然之氣，乃是集義於中生的，不是行義於外襲取底。緣告子們是外義外氣之人，中懷此疑，故破之。觀「是非」兩字可見。若如時講，卻不是闢告子，又須闢一項人矣。「必有事」節，便與外義、集義緊相關，正是説做不動心工夫處。集義、養氣而心自然不動，便是勿忘、勿助；外義而强制其心，便是忘助。助長之病，在心不在氣。如時講云助氣長，則告子非是欲養氣者，此喻又是爲一等人發藥，不中告子膏肓矣。自記。

四者之病，以漸而深。詖辭之蔽，如於正路上有偏側，卻未入別逕。淫辭之陷，則出入於旁蹊岐路之中矣，然於正道猶出入也。邪辭之離，則舍康莊，遵險隘，去而不返。遁辭之窮，則迷入荆棘泥淖，困於無所止息而逃者矣。自記。

詖淫、邪遁、蔽陷、離窮，四項要認得確。如走路然，詖是正道上歪些，淫是漫到小路上去。邪便另入曲巷，別爲一路，遁是無路可走。蔽是見不明，緣不明所以走得歪了，陷便見得那一路上有些趣，走過那一邊去。離是居然見得那一路好，反説正路不是，窮便覺得行不去，茫無所見，不知所歸。王陽明就是這樣，他本講正路學問，初間歪向那邊去，漸漸攙入些佛家話，漸漸竟説那一路好，到後來説不去，便撒謊著朱子晚年定論，亦窮矣。至於窮，便又繞到這邊來，回護遮掩，所謂「窮則變」也。孟子書下的字眼，無不確當，所以爲經。

智故不厭，不厭而智大矣。仁故不倦，不倦而仁廣矣。自記。

「養氣」章，向來説得逐節逐句文義，近來通章都看得有照應。向來説「養氣」，便似與「知言」無涉；説「知言」，便似與「養氣」無涉。後半論冉、閔、夷、尹等節，不過是推尊孔子，自結出學問從來處。近看得此章「知言」要緊，大旨與「集大成」章相表裏。「知言」是智之事，「養氣」是聖之事，前面「不得於心，勿求於氣，可；不得於言，勿求於心，不可」。便已定一篇之案。「曾子」節已提出夫子，兩「縮」字即直養，直便是義。集義必由於精義，便是「知言」，「養氣」工夫全由「知言」。「勿求於氣，可」者，心是氣之本，只求之心還可。「勿求於言，不可」者，理又是心之本，所以不求之心斷然不可。「告子未嘗知義」，「知義」即「知言」也。「必有事焉」而勿忘，即精義集義之事也。如今只説「詖淫、邪遁」一節是説「知言」，並不曾説「知言」工夫。其實下面公孫丑問善言德行，德即貼生於其心，行即貼害於其事。孟子説孔子學不厭，教不倦，「知言」工夫，不能外此。夷、尹之治亂進退，聖之事居多，故曰「皆古聖人」。孔子之仕止久速，便是智聖之事兼，故曰「願學孔子」。「得百里之地而君之，皆能以朝諸侯有天下。行一不義，殺一不辜而得天下，皆不爲」。「養氣」事也，聖之事也，故曰「是則同」。「見其禮而知其政，聞其樂而知其德。由百世之後，等百世之王，莫之能違」，是説夫子如此。「知言」事也，智之事也，故曰「自生民以來未有夫子」。此章脈絡聯貫處甚妙。

「人皆有不忍人之心」，「人」字宜著眼，不然便只是不忍之心。何爲加一「人」字？禽獸草木，從此心推出，雖皆愛之，必竟人是同類，尤見親切。故下引孺子入井，亦在人上説。

禽獸之形多偏，故其性亦不全。凡孟子言人性情處，「人」字皆須重讀，故曰「異於禽獸者幾希」。下部「富歲」章論足口耳目相似，便是此章有「四體」義疏也。「禹拜昌言」，亦所謂「舍己從人」，「取諸人以爲善」也。而「舜有大焉」者，其根全在「善與人同」四字，蓋忘其孰爲人，孰爲我也。此中分際甚微，惟孟子能辨别得出。自記。

「取於人以爲善，是與人爲善者也」，一些不錯。大聖有大聖的與人爲善，就是平常人，亦有平常人的與人爲善。某少時見人一篇好文字，或有一二處好，或有一二句好，便舍不得，反覆閲之。到得他忘了，某尚記得，他便狂喜，立時化去許多矜誇好勝之氣。夫子稱舜「好問、好察」，「隱惡揚善」，「執兩用中」；孟子說舜「自耕稼、陶漁，以至爲帝，無非取於人者」；「聞一善言，見一善行，若決江河」，可見舜總是如此。然皆由於明，若不知道是善，如何取人？所以「好問、好察」等項，總貫在大智内。

觀「坐而言，不應，隱几而卧」，及「尹士聞之曰『士誠小人也』」，此等處，知七篇非孟子自作。

問：「『退而有去志』，又曰『豈舍王哉』，何也？」曰：「見得不足與行王道，故要去。看得還有指望，所以不舍。忠臣孝子之心皆如此。如父母有病，看得是不能起，然有一分指望，自還在那裏盡人事，是一定的。」

朱子解孟子，多以孟子不甚留心典故，遂依樣解去。如「夏曰校，殷曰序，周曰庠」，以「曰」字爲鄉學名。考之於經，則周時校、序甚多，不獨有庠也。記云：「家有塾，黨有庠，術有序。」「術」即州也。以子産不毀鄉校觀之，則鄉有校。塾在家，小甚不足數。五百家爲黨，則人家稍多。五黨爲州，更大於黨。五州爲鄉，又大於州。蓋教化之興，自上而下而漸密，自大而小而漸多。夏之時，國學之外，又立學於鄉而校名。殷則並州亦有序矣，其鄉之有校可知。至周，雖黨亦有庠，則州有序、鄉有校更可知。非夏、殷、周各有一名，而不相兼也。庠則去家不遠，修子弟之職爲宜。州則主於志正體直，比禮比樂，以將上薦，故習之也。鄉則一切教法俱備，以將升之國學，與元子、適子、卿大夫之子爲伍故也。

「立太學以教於國，設庠序以化於邑」，董子雖言之而莫行也。故在漢代，辟雍太學之制，博士弟子員之設，僅於京師而已。自後，天下州邑亦徒廟事孔子而無學。宋之中世，始詔天下有州者皆得立學，而縣之學，士滿二百人者始得爲之，少則不能中律。今荒州僻縣，無不設之學矣。意三代相承亦如此，孟子「夏校、殷序、周庠」之言，必有所據。自記。

問：「『勞之來之』數句，通作教人説，似複。若以勞來對柔惡一種人説，匡直對剛惡一種人説，輔翼對得中一種人説，如洪範所列沈潛、高明、平康正直三項，如何？」曰：「不須如此。此數句，隨便教人皆離不得。即如教小學生，先要使他歡喜去讀書，不要使他拘囚困苦，這是『勞之來之』。他如何能一律馴謹？萬一有走作，只得夾持起來，便是『匡之直之』。已經上路，自己走不通時，要幫助他，所謂『輔之翼之』。下二句卻是火候節奏，不要急切，漫漫的俟他工夫自到，所謂『使自得之』。一向懈怠去又不是，須時常提醒警動，使他振作，便是『又從而振德之』。道家所云文、武火，『使自得』是用慢火，『振德』是用大火。」

平常解「勞之來之」五句，都説勞、來、匡、直，皆所以「輔之翼之」，而「使自得之」，至「又從而振德之」一句另説，非是。其人之志於善者，則「勞之來之」；其人之岐於惡者，則「匡之直之」；其人之有志於善而力量不及者，則「輔之翼之」；其人用工而火候未到者，急促無用，反致有害，到要從容和緩，俟其「自得之」。「自得」句，甚似易文言於學聚、問辨之下，再著寬居一句，亦有工夫，不是説上幾項皆欲其自得之也。「使」字力氣，不要裝在上幾箇「之」字内，聖人於此，精神都在裏面運用。工夫久了恐懈怠，又深微處更難，雖聖賢亦要提撕警覺，再加猛勇精進，所以説「又從而振德之」。就是我們自己工夫，亦有這幾樣。既知用工，有人「勞之來之」，便更鼓舞。或有不是處，不能自覺，須有人「匡之直之」，方好改過。到得力量困憊，須有人「輔之翼之」。到得入不進，上不去，卻須寬緩，令其自得。火候差一分，憑你勉强，亦是無用，參同契所謂「中間要文火也」。到得成功時，更須猛鋭，大略亦是一樣。

謂之「無名」，謂之「不與」，則似乎無所用其心者，故反駁一語云：「豈無所用其心哉？」直所憂者大，自然足以致無爲之理。若耕，則無所事焉耳。自記。

掘地而注海者，「決九川，距四海」也。由是氾濫中國之水，皆由地中行，而爲江、淮、河、漢，所謂「濬畎澮，距川」也。驅蛇龍者，先除水害也，由是交於中國之鳥獸，皆與險阻俱消。伯益所以繼禹，而若予上下草木鳥獸也。治水則先下而後上，去害則先重而後輕。自記。

「知我者」，是樂道堯舜之道者也；「罪我者」，是亂臣賊子，禁其欲而不得肆者也。講家但以疑假南面之權爲罪我，卻不緊對亂賊一般人説。如此，則夫子自道及孟子稱述，有何意味？蓋夫子之意，以爲我此書當見知於後之君子，但不免得罪亂賊耳。孟子述之，亦是重在此意，故下云「作春秋而亂臣賊子懼」也。注引文定春秋序最明。自記。

王守溪「周公兼夷狄」一段文，佳處尤在用意深厚，是聖人使人物各得其所氣象，不是以兼驅爲武功之競也。如兼夷狄，兼其害百姓者也，人以爲敲動下句百姓耳。要知周公於夷狄猛獸，不是盡兼之驅之，如彼遁於要荒，屏於山林，何煩兼驅之有？惟其猾夏逼人，有害我百姓者，則不容已於兼驅也。此義明，而窮武禽荒者，不得以周公藉口矣。自記。

丁丑墨，皆言欲正人心，須息邪説。不但倒卻題語，且未有不從人心發明匡正，而邪説可息者。詖行淫辭亦是如此。但要正人心以息邪説，又須就邪説痛與剖駁，然後人心之蔽者可開。此所以不能已於辨也。自記。

榕村語録卷之六

下孟

以通章文勢觀之，「既竭目力」一節，對章首「離婁之明」一節，是一反一正文體。「今有仁心、仁聞」三節，對「爲高」一節，俱是見先王之道之當遵耳。自記。

以父子兄弟對君臣朋友，則父子兄弟爲主恩，君臣朋友爲主義。以父子對兄弟，則親親仁也，敬長義也。

仁義智禮者，性也；事親從兄者，道也。性在内，道在外。性之理似乎虚而難見，故指其實而可循者。實對「虚」字，不對「華」字。只緣後段有「樂」字，人遂不敢以之名性，反以仁義智禮樂爲道，而以事親從兄爲性。此倒説也。豈知禮樂是一件，禮可以名性，樂獨不可名性乎？蓋禮之和樂處，即是樂也。自記。

「仁之實」「實」字，注中對「華」説，如仁民愛物，仁之華也，而其實在事親；尊賢敬長，義之華也，而其實在從兄。某卻要就理與事上説。仁義是理，只有愛敬，其實事卻在事親從兄。注特恐人將事親從兄認作性，故以仁義爲道。畢竟仁義禮智樂是天命之性，事親從兄是率性之道，人因不敢以樂爲性，故説得支離。不知吾性之中即禮，吾性之和即樂，中和可謂非性乎？

所爲、所不爲，只是一事有兩面耳。當其不爲，便有一面爲的在；當其爲，又即有不爲的一面在。不是兩事，亦不是兩時。如人走路，一脚踮得定，便一脚動得有力。如坐在館中讀書，屏卻閒游襍好，便分外讀得有精神。大要擇之明則守之固，守之固則發之果，是此節正意。人之分量有限，材質不齊，於理固有之，然亦看所不爲内公數何如。果有天下不顧、千駟不視本領，則功業亦何足云。若云智識自此可進，材猷自此可充，則是以「不爲」爲但取硜硜之諒者耳，卻小了擇守本領也。自記。

自得非獨得之謂，言其氣候既足，涣然冰釋，怡然理順，自然而得之耳。得是深造之功，自得是以道之效。自記。

夫子好觀水，正是心源與之一般，至誠無息。孟子窺見的實處，曰：「原泉混混，不舍晝夜。盈科而後進，放乎四海，有本者如是。」「必有事焉」數句，正是如此。心中不放下這件事，正又不好，忘又不好，助長又不好，綿綿不斷，火候自到。與夫子觀水同意。

庶物，上文禽獸在其内；人倫，即「人之所以異於禽獸者」也。「明於庶物，察於人倫」，便是將人與禽獸所以異、所以同處，無不知之之明。至於「由仁義行」，則所謂「一視同仁，篤近舉遠」，而處之當也。自記。

不泄曰敬，泄生於玩易也。不忘曰誠，忘生於間斷也。自記。

文定謂邶、鄘以下，多春秋時詩也，而曰詩亡，蓋自黍離降爲國風，天下無復有雅，而王者之詩亡矣。某謂畿内之地，亦有風謡，雖西周盛時，豈能無風。王朝卿士賢人，閔時念亂，雖既東之後，豈盡無雅。只可以正、變分治亂，不可以風雅爲盛衰也。觀二雅體制，不進於頌，東遷後，猶有魯頌，況雅乎？然西周不見所謂風，東周亦復無雅者，意畿内醇美之詩，悉附於二南以爲正風，而衰亂之風，則別爲王風而爲變；至雅之無東，則序詩者失之也。今觀所謂「平王之孫，齊侯之子」；「赫赫宗周，褒姒滅之」；「周宗既滅」；「今也日蹙國百里」，明是王畿有正風，東遷有變雅之證，而説詩者穿鑿以就其例。此正如「成王不敢康」；「噫嘻成王」；「惟彼成康，奄有四方」，明是成王、康王，緣説者謂皆周公制禮作樂時詩，遂以爲非二王，而別爲解釋耳。其可信乎？此三百一大義，不敢附和先儒而不闕所疑也。況風詩是王者命太師採陳而行賞罰之典，於春秋所取之義尤切，奈何專以無雅爲詩亡？自記。

上二句三史之所同，下一句則裁自聖心。故講者多將上二句輕抹，豈知夫子垂世立教，不寓之他書，而必修春秋。蓋他書爲空言，春秋則有二百四十餘年之行事，因而著其是非褒貶，則比之空言者，尤爲深切著明。不是説夫子實行王者之事也，書仍舊是空言，但書中有許多行事在耳。如此則「事」、「文」兩字，固不可輕略。況事是桓、文，王降而霸；史是春秋，周禮在魯。俱隱隱與王跡事相關，乃義之所由起也。自記。

孟子所謂「天子之事」，猶云天子之史也。諸國皆自爲史，以記一國之事，而夫子乃尊周，故爲天子之事。問：「何言其事則齊桓、晉文？」曰：「其事，春秋之内事也；天子之事，作春秋之事也。河陽之役，晉文之事也；天王狩於河陽，天子之事也，所謂義也。」

「其義」，「其」字亦非指詩，亦非指春秋，懸空對上兩「其」字説出，是謂春秋中所有之義也。畢竟此義是何處取來，夫子亦未説破，隱然是正王道，明大法，從三代盛王得來的。自記。

曰「侵」，則掠境未深；曰「追」，則歸師不遏。故四矢禦亂而足以反命也。使斯死黨背公，則又何足爲「端人」乎？自記。

起句「天下之言性也」，便隱然有許多智者在其意中。蓋敢於言性者，皆其以智自命者也。孟子言性，説如此紛紛，以我觀之，亦但以故言便是了。「而已矣」，言不必深求也；「爲其鑿也」，便是惡其以穿鑿言性。雖行水一轉，似是以行事言之，然惟其見性之差，是以行事之謬。言行原非二物，況禹之行水，行所無事，正言其深明水性，非獨以行説也。下節「苟求其故」，「求」字亦是就知見上説。自記。

以惻隱驗仁，是以故言性也。但惻隱必以孺子入井，自然生心者爲據，方得其真，所謂利也。若既參以人僞，如納交、惡聲之等，則非利矣。因有納交而惻隱，惡聲而惻隱者，遂據之以詆人性之仁，非鑿而何？清植。

文問：「千歲之日至。」曰：「説者多指前邊的曆元，某意卻要指後邊日至。苟求得前邊已然，便以後『千歲之日至，可坐而致』。此章不曰『吾之言性』，而曰『天下之言性』，蓋謂告子、荀子輩也。天下人之言性也，見不好人多，便云性惡；見有生來善，生來不善者，便曰有性善，有性不善；見人可爲善，有改而不善者，便曰可以爲善，可以爲不善。不知故者以自然出之者爲本。今夫水，順流而下，是故矣；若『過顙』、『在山』，亦以爲故，則非矣。『所惡智者，爲其鑿也』，『鑿』字對『利』字説，行所無事則利矣。」世遠曰：「以此節言之，語氣則得矣。論通章，則末節有『苟求其故』句，仍以朱子説爲順。」曰：「末節之『故』，即包『利』字在内，以第二節已説明也。然難云『苟求其利』，故仍曰『故』。」問：「日至自然是冬至。」曰：「不論冬至、夏至，總是曆法得日至，便都定了。」

「自反而忠矣」，而曰「於禽獸又何難焉」，便微有責人之意。故章末復引舜以爲準則，蓋舜終責己，終無是我非人之見。曰「如舜而已矣」，則依然自反之初心也。張子曰：「學至於不尤人，學之至也。」便是此意。清植。

齊人餽女樂，孔子官亦不小，不聞上一諫章，出一諍語，而借燔肉即行，何太恝然？卻得孟子發揮出來。蔡虛齋以爲「孔子以小故而去，自己擔著些不是，正是他不欲苟且而去，以歸過君上處」。説得甚有意味。如「父母之不我愛，於我何哉」，虛齋解云：「我竭力耕田，不過是供我子職之常，本無可以悦親者。不得乎親不可爲人，不順乎親不可爲子，畢竟父母不愛我，我將何以爲人、爲子哉？」此方於「而已矣」三字有情，説得「怨慕」意出。大凡前輩解書，雖不必盡當，時有紆折處，要是一團忠厚悱惻之心。

「其子之賢不肖，皆天也」，「天」字，似以氣數言；「天之所廢」「天」字，似以天心言。然要之，皆氣數而天心存乎其中。如堯舜之有敗子，仲尼之不遇其君，氣數之不幸也，天心亦不得已而廢之。夏、商、周繼世有人，是氣數之幸也，天心亦因而不廢之。主宰之天，與氣化之天，是一是二，此處要看得活。自記。

以天下爲己任，自耕野時便如此。所謂「志伊尹之所志」也，不可單就應聘上看出自任。自記。

前一「豈若」、後三「豈若」，時講説來，竟似伊尹有兩箇舌頭。伊尹一片心腸，只是以堯舜之道爲主，初時猶未卜得湯之果可與爲堯舜否也，則毋寧畎畝，而堯舜之道自在。及見得確，信得過，則又何如親見之爲愈。俱是實情。清植。

「吾聞其以堯舜之道要湯，未聞以割烹也。」兩「聞」字亦是折之以理，非據傳記説也。自記。

謂金玉爲鎛鐘特磬，將作樂而擊鐘以先之，樂終則擊磬以止之。經中無此語，惟注疏有之。考虞書「戛擊鳴球」，商頌「依我磬聲」，是磬亦所以始樂。某思金玉恐即是編鐘、編磬，鐘磬有頌鐘、頌磬，所以綱紀人聲也；有笙鐘、笙磬，所以綱紀笙聲也。金石在八音中實爲綱紀，每一句以鐘聲領頭，衆音皆隨之。如鐘聲是宮，羣音隨之而宮。鐘聲長，有餘韻，韻將歇而磬以止之。是謂始終條理。鐘磬之鳴，相去不遠，每字每句，皆有始終之義。如孔子一言一動，皆有始條理、終條理。如射然，每矢皆有中、有力，無四鍭未發用一巧，而四鍭既舍用一力之理。問：「如此説與『集大成』合否？」曰：「八音全用，便是『集大成』。註中一音獨奏，蓋如『取瑟而歌』、『擊磬於衞』之類。

然非作樂，樂則無一音獨奏之時。」問：「或逐字逐句用編鐘、編磬，起調畢曲用鎛鐘特磬，亦未可知。」曰：「要有憑據方好。鐘鼓奏九夏始用鐘，朱子或沿古人成説而用之，然不可解。」

大國地方百里，積實得一萬里也。七十里者，積實惟七七四十九，得四千九百里，是於大國殺十之五而强。五十里者，積實惟五五二十五，得二千五百里，是於次國又殺十之五而弱。自記。

「交際」章，前説交際，後説行道，似不相照應，然卻有關通之意。聖賢之交際，不嫌委曲通融者，總是汲汲行道，欲以濟世也。「爲之兆」，朱子説得是，是聖人自示以道可行之兆。即指「獵較」，既示以兆，「而不行，而後去，是以未嘗有所終三年淹也」。今人都説是見道有可行之兆，「爲之」二字都解不去。朱子解「見行可」，云「見其道之可行」；解「際可」，云「接遇以禮」。如此是見可行，不是見行可；可際，不是際可。「見行可」，是自見行道之可，非累世不能殫，道大不能容也。「際可」，是自見交際之可，非絶人逃世，不近人情也。「見行可」，或可謂之仕；至「際可」、「公養」，亦謂之仕者，總欲仕也，皆是解「爲之兆」。「公養」乃是飢餓於我土地，周之亦可受也，免死而已。然使出公委國以聽，夫子即爲之正名定分，而且爲東周矣。此二段皆與前交際相應，凡文章未有不前後照應者，孟子尤然。如「養氣」章是從「行道」説起，後遂説「知言」、「養氣」，不復顧前。至末迤迤邐邐，説到「得百里之地而君之，皆能以朝諸侯有天下。行一不義，殺一不辜，而得天下，皆不爲也」，却收繳起處。

「見行可」三字，近來都説錯了。見者，示也，示人以吾道之可行，此之謂「見行可」。即與上文「爲之兆」是一意。「爲之兆」者，示人以端，使知吾道非迂遠而難行也。兆足以行而不行者，小試其端，吾道果非迂遠難行者矣，而人猶不行也。自記。「爲之兆」，「爲之」二字，緊粘孔子，乃是孔子「爲之兆」。「見行可」「見」字，即「爲之」字。

「見行可」，明朝人都説是視其君可與有爲，視其臣可與共事，因此連上節「兆」字亦説錯。魯定公、季桓子何嘗比列國君臣好來？「爲之兆」，是做出來，使人知吾道之非迂闊不可行耳。當時抱疑者，多以孔子爲當年莫能究其藴，累世莫能殫其業，如晏子之云。不知孔子爲中都宰，爲司寇，相夾谷之會，那一處不見效。

萬章好論古，而大抵博觀襍取，未能質之於理，以得古人之用心。故孟子告之，以爲須此等人纔識得此等人。今人論古，大概如矮人觀場，莫知其悲笑之所自。故惟古人能知古人，亦如前之取友云云也，作尋常論友便不切。自記。

萬章是好古之人，一切稗官野史都記許多，卻不知其人，連大禹、伊尹、孔子都疑惑一番。孟子就他長處引誘他，前一節正是起下一節。不知古人，但觀今人。如善蓋一鄉，始能友善蓋一鄉之士；善蓋一國，始能友善蓋一國之士；善蓋天下，始能友善蓋天下之士。非自己身分與之一樣，焉能知其人？然則尚友古人，亦須是有古人身分。兩面夾出正意，作求友説不是。以上節爲友盡鄉國天下之士，尤不是。

告子便是佛學，故孟子辨告子詳於楊、墨，以其能推性命之説也。韓氏僅知孟子之闢楊、墨，不知後世釋氏之弊，於告子辭而闢之，無餘藴矣。自記。

問：「程子謂『孟子言性是極本窮源之性』。既是極本窮源，似不應以人物兩兩較量。」曰：「然。易言『繼之者善』，乃明道所謂『人生而静以上不容説』者，是極本窮源之性也。言『成之者性』，乃明道所謂『纔説性時便已不是性』者。然後人物異，而善不善分焉。是則孟子言性，正就形生神發以後言之。」鍾旺。

孟子所謂性善者，單指人性。如是統論萬物一原之性，則不應云異於禽獸幾希，違於禽獸不遠。且云犬牛與人異性，犬馬與我不同類矣。既是單指人性，便是以其得氣質之正，而爲萬物之靈。孟子論性，又何嘗丢了氣質？如以人性未必皆善爲疑，則正是好參尋孟子本意處。我與堯舜同類，不與禽獸同類，禽獸做不得我，我卻做得堯舜，便是性善。何必十成至善，而後謂之善哉。自記。

告子議論許多破綻處，孟子不投間抵巇以窮其説，而卻似隨其言下酬酢然者。須知聖賢本心，是欲救拔其心術之失，非以取勝也。「我亦欲正人心，息邪説，距詖行，放淫辭，以承三聖者。豈好辨哉？」便是其自道處。自記。

「杞柳」諸章，要知孟子節節是開之悟之，不是辭之闢之。得此意，然後諸章之詳略淺深，節節有味。今人例作折辨口氣，反有許多罅漏處。自記。

杞柳之性，水之性，人之性，只是一性。犬之性，牛之性，卻非人性。此孟子善言天命、氣質處。自記。

此章告子言性之蔽，在兩「決」字，亦猶前章之蔽，在兩「爲」字。既有所矯揉安排，則非性矣。故孟子以戕賊搏激之説曉之。自記。

「生之謂性」章，朱子云：「以氣言之，則知覺運動，人與物若不異；以理言之，則仁義禮智之秉，豈物之所得而全哉？」某看孟子意不如此。孟子言：「你説生就叫作性，如白就叫作白麽？」告子曰：「然。」孟子又問：「凡生都叫做性，如白羽猶白雪，白雪猶白玉麽？」告子又曰：「然。」孟子方説：「然則犬之性猶牛，牛之性猶人與？」不分理氣，氣亦不同，犬之知覺運動，亦不同於牛，牛之知覺運動，亦不同於人。

程朱分理與氣説性，覺得孟子不是這樣説。孟子卻是説氣質，而理自在其中。若分理氣，倒象理自理、氣自氣一般。氣中便有理，氣有偏全，理即差矣。如人是立生的，禽獸是横生的，草木是倒生的，便大不同。孟子只説人性，故曰「性善」。人形氣與物不同，性自與物不同，不是説氣同而理異。白之謂白，猶云凡生皆性與？告子曰然。羽雪之問，恐其謂生與生還有不同也，告子又曰然。是凡生皆同矣，故折之曰：「然則犬之性猶牛之性，牛之性猶人之性與？」兩節只是一意，不是上節言理氣不同，下節言氣與氣亦不同也。孔子曰「性相近也」，卻與孟子説一様。性無不善，故曰相近，遠者習耳。孟子亦云：「從其大體爲大人，從其小體爲小人。」其權在人也。大約天地之氣，本於天地之理，何嘗有不善？鼓之以雷霆，雷霆是好的；潤之以風雨，風雨亦是好的；只是人物如何稟得全似天地？惟人也具體而微，到底不能如天地。但氣質雖或偏駁，而天地之性無不有。如銀子之成色雖不等，然饒使極低，畢竟陶錬得銀子出。

告子以凡遇長者便長之，見義之外。及孟子喻之，季子知有敬之説在吾意中也，故發伯兄、鄉人之辨，以見凡長者未必敬。及以爲皆敬，而又以爲敬，如此轉移無定。可見敬原是在外也，轉移無定意。在弟與鄉人本不當敬處，看出即告子吾長楚長之説，而加一層駁難也。自記。

季子初是外長，既乃外敬，答問間是兩層推究。時講總以因時制宜一語混過，覺辨者解者都没把鼻。自記。

告子之學，徑似後來達磨，直證無上菩提，不立語言文字。故孟子於儀、衍輩，不置一詞，於楊、墨，亦不過以「無父無君」闢之而已。至告子，則委曲接引，娓娓不倦，非徒爭勝好辨也。「杞柳」章，告子以性原無仁義，而可以做出仁義來。若然，則杞柳還可做成棍棒殺人，將亦以喻性乎？孟子恐如此駁他，他竟以爲可，是反助其説，而開其放誕之端，所以只將「戕賊」二字，破他「爲」字。他亦覺得爲須戕賊，説不去，因變爲湍水之説，決東則東，決西則西，未嘗戕賊夫水也。不知爲惡可以言決，爲善不可以言決。但若與他辨「決」字，他便硬説爲善亦須決，所以孟子只順他「東西」二字，跌出「上下」二字，使他自覺得使東西方在上，亦不能決之即流也。告子因取譬不切，遂直指性體，以爲生之爲性。孟子不遽斥其非者，仁義禮智，亦賴知覺運動而行，但是生中有性，不可謂即生即性耳。故問之云：「生之謂性，猶白之謂白與？」曰：「然。」是告子以爲即生即性矣。孟子又未知其以爲生有異類，即性亦有異品耶？抑凡有生皆即生是性耶？故問之云：「白羽之白，猶白雪之白；白雪之白，猶白玉之白與？」曰：「然。」是凡有生皆即生是性矣。於是以人與犬牛折之，而彼乃無辭。告子既窮，又復變爲仁内、義外之説者。彼以孟子之學，總是用外面之義，襲取之學，以致錯認爲性，故謂人性雖不同於犬牛，以人而論，食色可謂非性乎？但愛生於心，而宜由乎物，學者但當求仁，不必求義。仍是當耑力於内，不必分心於外之意。蓋佛氏不以仁爲非，惟不肯認義爲内，故至今尚有慈悲修善之説。孟子折之，若直以子今言仁内，何以前言「以人性爲仁義，猶以杞柳爲桮棬」？彼將何辭以對？孟子卻不截斷，以爲彼既以仁爲内，已屬可喜，姑且留下此句，只問他何以謂義外也。及得他「彼長而我長之，猶彼白而我白之」之説，卻當指出「敬」字來提醒他矣。孟子恐怕説出「敬」字，他便以長與敬混作一團，索性破除，概以爲外，便鏟絶根源，所以又藏過「敬」字，只就「長」字詰問他。長馬不用敬，長人用敬，意已隱躍在内。又就他「彼長而我長之」句，摘出「長之」字，曰：「長者義乎？長之者義乎？」告子乃以愛與長爲有不同，而强分内外。夫吾弟固當愛，何至秦人之弟便不愛？假令吾弟飽食無病，而秦人之弟飢餓瀕死，則必輟吾弟之食以食之矣，豈有不愛之理？孟子亦姑不與理論，只就長之一面駁他。炙之在外，猶長之在外也；耆之之心在内，猶長之之心在内也。「耆秦人之炙，無以異於耆吾炙」，猶「長楚人之長，亦長吾之長」也。然則耆炙之心，亦從外而得與？告子言「長楚人之長」，孟子破之卻言「耆秦人之炙」者，因彼有不愛秦人之弟之語，故用秦人以影切之。

不但長之非外之理明，即秦人之弟之亦當愛，其理已隱躍於言中矣。「孟季子」一章，尤爲要緊。「行吾敬，故謂之内」，公都子之言極是。但因此季子遂抓住「敬」字，一并破除。孟子之駁告子，不肯輕易提出「敬」字，正以此耳。然季子之意，以爲所敬在兄，而所長在鄉人，即將所敬之人，放在一邊，而別長一人。是敬雖可以云内，而不能不掩於鄉人之長；長之起於鄉人之長，而所長者又非所敬。則是由外轉移，非内可知。其病在不以長爲敬，故孟子復爲兩問，逼出「彼將曰『敬弟』」、「彼將曰『敬叔父』」。跌明兩「敬」字，然後曰：「庸敬在兄，斯須之敬在鄉人。」「斯須之敬在鄉人」，猶斯須之敬在弟也。鄉人斯須之敬，敬也，爲在内。則長鄉人之長，亦敬也，惡得謂在外乎？季子至此，尚蠻執前見，更欲兜底破除，以爲敬因位而在，則敬亦在外。公都子乃以「飲食亦在外」折之，理甚精當，直駁到「食色，性也」。若以此爲在外，則「食色，性也」亦在外矣。

「才」字當依程子作氣質説，孟子非不知有氣質，顧以爲天性在人，非氣質所得而拘。其以不善罪氣質者，實非氣質之罪。何則？就其氣質之所至，盡其力而果不足焉，然後可以歸之罪耳。今人原未嘗竭才，而曰未嘗有才，故曰非才之罪也。如近講説「才」字，太影響。自記。

讀書字字挑剔，是孔子正派。孔子小象與春秋，翻來覆去，不過幾箇字，然無窮道理俱在裏面。讀詩亦是此法，如説蒸民之詩，只添兩箇「故」字，一箇「必」字，一箇「也」字，而語氣已極醒露。平常説有物必有則，故人秉爲常性，自然「好是懿德」。是將「民之秉彝」連下句説，卻是錯了。夫子言「有物必有則」，是乃人之秉彝也，所以「好是懿德」，「故」字顛在下面。可知「民之秉彝」是連「有物有則」説來，語意甚妙。「天生蒸民」二句，是命；「民之秉彝」是性；「好是懿德」是情。問：「上『故』字作何解？」曰：「承『天生蒸民』來，言不受命而爲人則已，既有物必有則。是如此口氣。」

「犬馬之與我不同類」，自其耳目口體而分，故其心性亦異。禮運、董子皆察言之，故「牛山」章所云，不可以喻言看過。自記。

「牛山」章，於尚書人心、道心，中庸已發、未發，大易消長、剥復。靡不顯闡，卻只就人心當下指點。變前文之雅奧，躋行路於聖域，先儒所謂「亞聖」之才是也。自記。

張、程補出氣質之性，其實熟看孟子，亦不必補。孟子曰「非才之罪也」，「不能盡其才者也」，「非天之降才爾殊也」，才即氣質之性。人之才質不同，有偏於仁者，有偏於義禮智者；有不足於仁者，有不足於義禮智者。要未有全無仁義禮智，及仁義禮智之闕一者也。如五味調和不鹹，是所入之鹽少，非全無鹽也；不酸，是所入之梅少，非全無梅也。人雖才質稍遜，奮勵擴充，自不可限，故曰「非才之罪」。人一能之己百之，人十能之己千之，雖愚必明，雖柔必强，此所謂「能盡其才者也」。舍而不求，以至相去之遠，何嘗自盡其才，而乃以罪才乎？孟子所説，皆是人性，不合物性言。故曰「人皆有不忍人之心」，「今人乍見孺子」，「人之有是四端也」，「人皆有之」，「其好惡與人相近也者幾希」，「是豈人之情也哉」。天以一理化生萬物，物與無妄，雖人物所同然。人得五行之秀，受天地之中，所稟之性獨全，與天地一般，故曰「三才」。如虎狼，則但知父子而不知有君臣；蜂蟻，則但知君臣而不知有父子。惟人，雖才質不同，皆可反求擴充而得其全，故曰「聖人與我同類者」，「若犬馬則不與我同類也」。人性皆善，非曰性皆善也；人未必盡堯舜，然人皆可以爲堯舜。何也？以類同也。未有犬馬亦可以爲堯舜者，「聖人先得我心之所同然耳」。謂之人，則理義之心所同然者，無不可爲堯舜。是才質全無權柄，何足爲累？此與孔子「性相近，習相遠」之旨，融洽無間，特孔子補出「上知下愚」爲更密耳。

所息者非氣也，仁義之心也。平旦又是日夜中氣最清明之頃，故所息者至此遂發見耳。一念惻隱，便是好與人近，而爲仁之心；一念羞惡，便是惡與人近，而爲義之心。自記。

操存舍亡，神明不測，似乎贊心之神妙，而本意則是發其危微。自記。既云「心之官則思」，則「先立」兩字，似並「思」字在内，蓋必心得其職乃稱立也。然注云：「若能有以立之，則事無不思，而耳目之欲不能奪之。」則又似思前更有一段立之功夫。蓋思是窮理，以上便是操持。操持者，窮理之根。惟其此心常存，是以事至而常能思。況心箴有「君子存誠，克念克敬」之語，則此説是也。自記。

「無有封而不告」，繫在交鄰之後，蓋存亡繼絶，如城楚丘之類。注所謂「專封國邑」是也。非指本國臣下。自記。

「養氣」章是説理，告子篇是説性，盡心篇是説命，合之則「窮理盡性以至於命」也。

論語不説出根來，大學撮總説，中庸挖底便説出，至孟子「盡其心者」一章，説得透徹精到，發揮無餘矣。周子太極圖説、張子西銘，皆不過詳細説一番，非至周、張始發此論也。

「盡心知性，則知天；存心養性，所以事天；夭壽不貳，修身以俟，所以立命」。説得極平實，極精透。錫曰：「此孔子『下學而上達』義疏也。」曰：「然。」

心是出入無時，莫知其鄉的，故須存；性是無爲的，故須養。「敬以直内」，倒是存心；「義以方外」，倒是養性。養性不是空空守静之謂。大概寡欲是存心；充無穿窬，充無欲害人，擴充四端，卻是養性。

盡心數章，是孟子傳曾、思之學之丹頭，「萬物皆備於我」句，曾、思不曾説出。註中「大則君臣父子，小則事物細微，其當然之理，無一不具於性分之内」。所謂性分，即仁也，故結出「仁」字，曰：「求仁莫近焉。」仁者生理，君臣父子，事物細微，何者非此？「誠」是箇虚字，只是實實有此，即五常「信」字。仁是一箇生意周流，滚熱的，甚麽道理都離這箇不得。注將「反身而誠」兩節分安勉，亦好。但以孟子之意求之，似不須如此説。反之於身，不自欺而自慊，仰不媿，俯不怍。「樂莫大焉」，以心而言也；「强恕而行，求仁莫近焉」，以事而言也。恕本不容易，子貢曰：「吾亦欲無加諸人」，程子説「無」字太自然。「無」字亦與「毋」通，況有「欲」字，子貢原未嘗説他已能。「非爾所及」，就是説此「强恕」之事，何容易言？故及其問一言，即告之以恕。若恕是子貢所已能，夫子曷爲告之？「克伐怨欲，不行」，朱子謂不行到底有在那裏，只是不肯形顯出來，所以不是仁，仁是根株皆盡。固是，然只就大分上論之亦得。仁之體卻是生意周流，克伐怨欲固然不行，其生意流行安在？冷冰冰的，不見有仁也。夫子不肯與人言仁體，只教人用心於内，苟心内存，便自見得生意周流。

「待文王而後興者，凡民也。」何以不説他人？文王終日以作人爲事者也。清廟之詩，説文王之德最明，「濟濟多士」，皆秉文王之德，所對越者，文王在天之神也；所駿奔走者，文王在廟之主也。

「德慧術知」，「術」字是所作的事，所謂「以四術造士」。孟子亦説術，不可不慎也。「德」字在内邊説，「術」字在外邊説。内之德有靈慧，外之術有智思，如以「德」、「業」對舉一般。

「安社稷臣」，只知社稷爲重；「天民」，卻見得百姓要緊，要匹夫匹婦無不與被堯舜之澤，實實見到「天之生斯民也，使先知覺後知，使先覺覺後覺」一段道理。問：「大人亦不過是天民見解，不能更高了。」曰：「其根本見識，天民與大人一樣，只是正己而物正，是盡其性，則能盡人物之性，贊化育，參天地。天民者，正己而正物者也；大人者，正己而物正者也。」問：「社稷臣功豈不及於百姓？」曰：「如霍子孟與民休息，天下富庶，豈無恩澤及民？只是起念爲安社稷耳。即事君人者，豈無有益社稷之處？只起意爲容悦耳。」問：「容悦不過是鄙夫，孟子爲何與後三項人並舉？」曰：「容悦之臣不是鄙夫，如張安世一輩人，他亦有他的德行學問，但止知『事是君則爲容悦』耳。」

登東山、泰山，即孔子登之也，截斷「孔子」二字不得，將「孔子」連下作譬喻亦不得。是在借喻作正意，斷續其文意觀之耳。自記。

「登東山而小魯，登泰山而小天下。」凡人亦是如此，因孔子有此事，而借之以立言耳。注中「所處者愈高，則視下愈小」，是説登山，不是説孔子。

鄭重「孔子」兩字，固是，然畢竟東山、泰山是何人登？「孔子」字逗斷，而下方作喻言，則文意不順矣。以「瀾」字、「照」字便當本，固非，直以爲流末，而由此以觀本者，亦非也。二字乃水與日月之所以不息處，必有本者，乃能不息，不息乃能放乎四海，經乎八紘。故觀於湍瀾繼照，而其源本可知，而爲學者之不可以舍乎晝夜明矣。自記。

「觀水有術」節，注云：「此言道之有本也。」王肯堂曲思成解，謂聖人之道之本不可見，觀言足以知道；水與日月之本不可見，觀瀾與容光則知其本。是非言道之有本，乃是言道有末，始足以見本也。某向來以爲，觀水其術不一，「觀其瀾」，瀾即本也。「日月有明」，是其本，故「容光必照焉」。如此看，是「觀水之術」對「容光必照」，「必觀其瀾」對「日月有明」。兩「必」字語氣全不相應，近思之方得其説。蓋瀾與容光，是水與日月中間一段。論水之本，爲山澤之氣；日月之本，爲陽陰之精。水之極，放乎四海；日月之極，普照萬方。今但觀其湍急不已處，看其但可受光無不照入處，知非有本不能如是。「本」字，意在「觀水」、「有明」内。「瀾」與「容光」，乃對「成章」意。「成章」非道之本，亦非道之極，但非有本必不能「成章」。「不盈科不行」，正是此意。「原泉混混，不舍晝夜，盈科而後進，放乎四海，有本者如是」，可知盈科後行之因有本矣。

「瀾」與「照」不是大處，亦未是本處，蓋所由以觀本者。但觀斷港絶潢之水，必無瀠迴急湍；而雷電燭影之光，不能幾微畢照；則知「瀾」與「照」之可以觀本矣。蓋有原泉，必有混混不舍者；有積精，必有光景常新者。此是有本之驗。從此盈科而進，便放四海。然則「光」、「瀾」正對「成章」。自記。

無源之水必無瀾。瀾者，源頭活水來也。自記。

聖人之應變無窮處，即水之瀾也；聖人之無微不入處，即容光之照也。觀此，非有本者能如是乎？

「鷄鳴而起」，説到平旦之氣上去，便不是。猶言五更頭起來做此事，便是舜之徒，做彼事，便是蹠之徒。不單是鷄鳴時如此，從此時做到晚，爲善、爲利，直是去做，不獨是念頭。「鷄鳴而起，孳孳爲」七箇字都同，只「善」、「利」一箇字不同，明人若以爲利之精神才力去爲善，就是舜，並無難處。乃是孟子緊醒喚人回頭語。

丑不是欲孟子貶其高美，欲孟子使己幾及其高美耳。又非以其立教之高，而謂如天不可幾及，正謂其立教之循循有序，而苦於高美者速至之無期，如天之不可幾及耳。蓋有好高躐等之病，故孟子告之云云。自記。

「愛」字、「仁」字、「親」字，須見得聖賢字眼的實處。「愛」與「親」本由「仁」出，此三字如何分別？一視而同仁，「仁」亦可説在物上；「仁」「親」以爲實，「仁」亦可説在「親」上。如何謂「愛之弗仁」，「仁之弗親」？「愛」是在一節上説，「仁」是全體説。孟子説箇「物」字，禽獸草木皆在内，無論犬羊雞豚不忍輕殺，布帛菽粟不敢妄費，就是魚蝦之細，以至草木瓦石，當其用時，亦有不忍糟蹋他的念頭。至「老吾老以及人之老，幼吾幼以及人之幼」，雖有人己之分，而老幼總是一般，竟與我同類。所以下箇「仁」字。「仁」字已極親切，「親」又是「仁」之發用最初極醇厚處，如有子「孝弟爲行仁之本」之説。三字不可説得大相懸遠，如時文云「愛之而已，而仁弗存焉」，便説不去。君子於物，非不欲仁也，竟待物如民，有何不好？勢有所不能。於民，非不欲親也，竟待民如親，有何不好？勢有所不能。盡天下之老者，而皆爲之昏定而晨省，冬温而夏清，豈非至願？其勢能乎不能？所惡乎墨氏者，爲其創爲勢不能行之教，及不能待天下之老者盡如其親，反薄其親以就之，此爲可惡耳。

「天生民而立之君」，若不爲民，立君何爲？孟子一言道盡，曰：「得乎丘民而爲天子。」窺見此意，覺得湯、武之應天順人，方有把鼻。

「口之於味」章，是辨性命之説，而所以順性命之理者，在其中矣。只看兩「不謂」字可見。性也、命也之性、命，是世之所謂性、命，以氣言者；有命焉、有性焉之性、命，是君子所謂性、命，以理言者。「有命焉」，非但貧賤者有定分不可强求，即富貴者亦有定分不可踰越，此之謂理也。性之不與命二，命之不與性二，是性命之真也。以窮其欲者托之性，而已非命矣；以盡其理者歸之命，寧有異性乎？要須看得性命合一，則不至惑於嗜慾氣質之説，而性命之理明矣。自記。

「養心」「心」字，是義理之心，非但虛靈之心也。寡欲是就現成説，其所以寡欲，則自持敬、克己中來。自記。

汝楫問「養心莫善於寡欲」。曰：「心、性、情一一分析，是宋儒因異端邪説混爲一區，牽纏支離，學術大亂，不得不如此分析明白。孔孟時無此也。大概孟子説心即是説性，如『良心』，『仁義之心』，『求放心』，『仁人心也』，『惻隱、羞惡、辭讓、是非之心』，都是如此説。人心得其正，便是道心。」

明言自堯舜至湯，自湯至文王，自文王至孔子，中間卻添出許多見知來，則其致意在見知可知矣。側重自是語勢，非逆志而爲之辭也。自記。

「由堯舜至於湯」章，是説道在天地間，無有歇時，只寬寬説。伊尹在莘野，便樂堯舜之道；太公一出來，便與文王爲師友；何嘗學於湯、文，且聞知亦不消借重見知也。

榕村語録卷之七

中庸一

「中」、「庸」二字，程子以不偏、不易、正道、定理詮解，固妙，但只就道理上説，尚該補出箇頭來。人性便是道理的頭，書云「降衷于下民」，衷即中也；「若有恒性」，恒即庸也。

理氣先後，朱子辨之詳矣。乃「天命之謂性」句，注云：「氣以成形，而理亦賦焉。」語意似未圓。清植。

「率性之謂道」，人多講似孺子入井，怛惻生心意思。此乃仁之端，非「道」字本位。此句只平平説去，吾性中有仁，率之遂爲父子之親；吾性中有義，率之遂爲君臣之義。大抵在天謂之命，在人謂之性，在心則謂性，在事則謂道。

明代人看書，還是王守溪看得是。「道也者」三句，人多另看，不與下節對。只因總注首言：「道之本原出於天而不可易，其實體備於己而不可離」，遂誤以此三句爲對上節。不知「道之本原出於天而不可易」，原只説「天命之謂性」；「其實體備於己而不可離」，便是説「率性之謂道」。「道也者」節，自與下節對。惟守溪文是如此。

中庸首章注，是朱子傳絶學處。「戒懼」、「謹獨」兩節，則不用程子之説，而竊取濂溪誠幾、乾損益等章之意也。文集中中庸首章説，又以「敬以直内，義以方外」分屬直透下未發、已發，理益精矣。近講多在「動静」兩字上下注脚，不知尋到誠、明、敬、義聖學源頭。自記。

「戒懼」、「慎獨」，講家多分動静，朱子實無此説。静時可云未須省察，動時豈得全無存養？存養不過將心提起，存在這裏，不獨静時爲然，動時亦須提醒以爲省察之根。直内、方外亦然。内，心也，敬以直其心，徹上徹下，無所屈撓。外，事也，到得處事，均齊停當。義是有頭尾的，敬是無頭尾的。「致中和」節注云：「自戒懼而約之，以至於至静之中，無少偏倚，而其守不失。」卻將戒懼自動處説起，如有所感觸而懼，自此而收斂之，以至於未發時，一無偏倚，而工夫不間斷，則「極其中」矣。「自謹獨而精之，以至於應物之處，無少差謬，而無適不然。」是自將動處説起，自獨知之地，省察其善惡，至於酬接事物，喜怒哀樂，無不中節，則「極其和」矣。誠明、忠恕，尊德性、道問學，以義制事，以禮制心，存誠謹幾，皆是此段話頭。知得此義，讀儒先書可以一線穿去。

問：「『戒慎』兩節，都是說『須臾』否？」曰：「『須臾』二字，正挑剔出『不睹』、『不聞』來。『須臾』對『見』、『顯』，『是故』對『故』字，『戒懼』對『慎獨』，雙雙對對，不得以『須臾』括之。『戒懼』是『敬以直内』，『慎獨』是『義以方外』。當『戒懼』時，只是敬而已，初未别出邪正、公私、是非、善惡。至一念之動，便須自省是公，是私，是邪，是正。應一事，便須自省正當否，有差錯否。大抵心貫動静，事有終始。静時『戒懼』之心，至應事時依然以此爲本。『慎獨』則自發念時始，至於事已，此心便休。存養省察，正是如此。」

「戒懼」以心言，「慎獨」以事言。提醒此心，不使昏放，便是存心。然睹聞處，此心未必昏放，至不睹、不聞，則放下者多矣。君子「戒懼」之功，必連此不睹、不聞之須臾，無不透徹，然後爲密。不睹而戒慎，則睹可知；不聞而恐懼，則聞可知。「戒懼」是動底字面，用於不睹不聞，見君子連這一點都透過了。「莫見乎隱，莫顯乎微」，言莫以隱微爲可忽也。己所獨知，莫見莫顯，況由此潛滋暗長，勢必至如見肺肝。顯見須兼此二義方備。

「戒慎」二節，不可分動静。道是率性的，性乃是人人同有，時時流行的，如何可離？然謂性不可離，便可駭，故曰道不可離。

「戒懼」節，固是以不睹、不聞該睹聞。然不睹聞者，即所謂未發之體，而性之真也。「天下之大本」在此，則敬以直之者，固所以立「天下之大本」。周子「主静」之學，所以不可訾議者，其淵源出於此也。自記。

「戒慎不睹，恐懼不聞」。若説睹固當戒慎，即不睹亦要戒慎；聞固當恐懼，即不聞亦要恐懼，轉似不睹不聞是帶説的。雖與上「須臾」意合，與下「大本」意卻不合。將此處説得太重，又與「須臾」不粘。先輩有文甚好，先説豈獨睹、聞當戒懼，即不睹、不聞須臾之頃亦要戒懼。此而不戒懼，則性命於是乎息矣。乃説人勿謂此不睹、不聞止須臾而已，萬化之源在焉。如之何其可忽耶？兩邊都説到。

「道也者」節，是在性上做工夫，本文卻就「道」字説起。故注云：「道者，日用事物當然之理。」先解釋「道」字，接云「皆性之德而具於心」，便已引歸到性上。又曰「無物不有」，不是指道之散在事物者，乃緊頂「性之德而具於心」一句，言無物不有是性也。無物不有是性，而性體無時而不存，此所以不可放肆而離之也。自大全小注以來，解説多錯，遂使「日用事物當然之理」及「無物不有」兩句，皆成剩語矣。自記。

「無物不有，無時不然」。今人都説成無物不有當然之理，如桌有桌之理，椅有椅之理；無時不有當然之理，如説話有説話之理，飲食有飲食之理。卻是錯了。「無物不有」，乃是説性之德我固有之，凡人皆然。因物亦有性，故不言人而言物耳。其曰「無時不然」，乃是言心之體無一刻不流行也，人人有之，時時有之，所以不可須臾離。須臾離之，則性於是斷，天命於是息矣，豈率性之謂哉？「日用事物當然之理」一句，已順詮「道」字，恐人耑在事物上求，故緊接「皆性之德而具於心」。已是傕趲向裏，豈有下文轉説向事物之理？

問「莫見乎隱，莫顯乎微」。曰：「以大學『十目所視，十手所指』對看便明。隱，暗處也，以爲暗而莫予見，而實『十目所視』，可不謂見與？微，細事也，以爲細而莫予摘，而實『十手所指』，可不謂顯與？」清植。

以敬格天心，以恕平物情，是中和位育實事。朱子語類中有此意。章句渾涵，故人多就虚理上説。自記。

「致中和，天地位焉，萬物育焉。」皆是實事，今人只以感應虚理言之。注中「吾之心正，天地之心亦正；吾之氣順，天地之氣亦順」。包得大，即感應亦在其中。心不正，則不能收斂安静，勢必攪擾紛更，天地如何得位？能致中，則君君臣臣，父父子子，天地豈有不位？致和，則數罟不入，斧斤時入，月令中許多事件，無不按節合拍，萬物豈有不育？問：「致中如此説，恐與未發有礙。」曰：「致中者，敬而已矣。敬則不至於紛擾，其實事是大概定位底意思。」

「君子而時中」，須如注説「而」字方通。君子之德，只是一片實心，而又隨時以處中。小人之心，是夾夾雜雜，義利紛擾，而又無所忌憚。故世有君子而不必時中者，亦有小人而不必至於無所忌憚者。隨時處中，自然静時亦中，然在事上説的意思多。無所忌憚，自然行事亦然，然在心上説的意思多。朱子於「君子」，補出「戒懼」一層以對「無忌憚」；於「小人」，補出「妄行」一層以對「時中」，注意不過如此。蔡虚齋乃以「戒懼」爲未發，「時中」爲已發；「妄行」爲已發，「無所忌憚」爲未發，都是牽强。

不明、不行，由於智愚、賢不肖，天地間何時無智愚、賢不肖，安得有明行的時候？卻是陸子静説得好，因道不明、不行，所以智愚、賢不肖有過、不及之差。「費隱」章注，説夫婦之知能是一樣，聖人之不知能又是一樣。亦不如子静説聖人之不知不能，即是夫婦之所知能者爲是。

「道之不行」節，「道」字屬上説。帝王盛世，道行於天下，則智者不得過，愚者不得不及；道明於天下，則賢者不得過，不肖者不得不及。智、愚應貼明邊，如何貼行？

賢，不肖應貼行邊，如何貼明？蓋智者聰明有餘，好高務遠，故以道爲不足行。聖人教他在行上做工夫，行得久，纔曉得他底聰明都是虚的，其過高處無用。愚者智慧少，不足於明，然敦樸者轉未必不能行。理宜充其所長，用功於行，以勤破愚。賢者强力有餘，如子路之「聞斯行諸」，卻能行，然行得不甚當。他以爲行得便了，故以道爲不足知。聖人教他在知上做工夫，知得確，纔曉得他行的原有不是。不肖雖是不長進，卻有小機智，如丹朱之不肖曰「啓明」，非糊塗者，只是不向正道上走耳。既有機智，即當用其所長，使求明道，明得透，自然見得所行之非，亦將歸於正道矣。口氣是言上之道不行於天下也，我確然知其不行矣。何也？智者過之，愚者不及也。使道行，智者焉得過？愚者焉得不及乎？上之道不明於天下也，我確然知其不明矣。何也？賢者過之，不肖者不及也。使道明，賢者焉得過？不肖者焉得不及乎？

非以道之不明、不行專歸氣質，蓋慨無陶冶氣質者。即所謂「世教衰，民鮮興行」是也。至末，又歎人之不察，另是一層感慨。自記。

「大知」章，解者多斡旋一語云：「舜原不藉資於衆人，卻仍然好問好察，所以爲大知。」看孟子善與人同，及若決江河等語，卻就是這等處爲聖人，正不必斡旋那一層。人惟志氣大，故不恥下問，要周知，不肯自小。恥於問而護短者，是志氣小。注書之錯，如此類者頗多。

「中立」「中」字，就事上見，與首章「中和」略不同。「中立不倚」，只是始終中立耳，不必因「和而不流」句，欲作一轉折也。自記。

問：「中庸章段，『素隱』章何故截屬下段？」曰：「此章以下，承達德而言達道也。天下有素隱行怪底人，有半塗而廢底人，不知道安得隱？『君子之道費而隱』，『費隱』一章，正破『素隱』，故曰『察』。『察』則不隱矣。『費而隱』，不是果然隱，言他的隱不是隱，是『費而隱』。隱是帶説。不可當實字看，故下文只是説費。『遠人』章是破『行怪』，子臣弟友，何怪之有？故曰『庸德』、『庸言』，庸則不怪矣。半塗而廢是爲外物所撓，所以富貴貧賤，以至夷狄患難，不能素位而行。君子無入不得，所以『吾弗能已也』。以下乃言君子之道，只在卑邇，所謂中庸也。由妻子而兄弟，由兄弟而父母，即推至於鬼神之微，其道總貫爲一條，而以『誠』字結之。」清植。

講家於「素隱」章末節，以上下句分承兩節。實則隱怪固非中庸，遵道者亦未得所依也。半塗者固易乎世而有悔心，欺世盗名者其本念亦在見知而已。每句雙綰。自記。

「半塗而廢」，雖限於力之不足，然中庸之道，本無難行，苟用力於是，未見有不足者。大抵奪於時，溺於俗，爲是非毀譽所摇動而自阻者多。以其爲時俗所摇動而自阻，則雖謂力之不足可矣。此其人雖未必取必於後世之述，而亦不能忘情於當世之知。「半塗而廢」四字中，已隱隱有此意，故下節遯世不悔，語非無根。但「遯世不見知」，雖對「半塗」者說，而與「後世有述」意極相關。蓋無以異於人而致其知，正是聖道與異端緊對處。惟其「素隱行怪」，所以或「後世有述」；惟其「依乎中庸」，是以或「遯世不見知」也。自記。

「半塗而廢」，不言其因何而廢，卻於下節逗出一句「遯世不見知而不悔」，便可知其病根。「素隱行怪」，亦是圖「後世有述」，總緣名根不斷耳。若是世人崇尚遵道，彼必且依附名義，勉强做去。若好尚已乖，不足邀名，彼便改而從俗，所以廢也。

「費隱」章破「素隱」，「道不遠人」章破「行怪」，此書以中庸標名，灼知必有此等人惑世誣民，故如此立言。「費隱」章兩用「察」字，對「隱」也；「不遠人」章屢用「庸」字，對「怪」也。「費而隱」，語氣猶言道無所謂隱也，若言隱，乃「費而隱」耳。言隱處都是費，不是要發明又費又隱，隱與費並重也。「造端夫婦」者此道，「不知不能」者此道，「察乎天地」者亦此道。其至高遠者，即其至卑邇者，皆以明其費也。注還渾成，至因侯氏語，以「與知與能」者爲舂米炊飯之類，「不知不能」者爲名物度數之類，其意以「不知不能」，若說即在日用尋常之中，如何喚作聖人？惟實以名物度數，則雖「不知不能」，不害爲聖人耳。豈知如此卻說不去。章首明言「君子之道」，若夫婦之「知能」，不過是舂米炊飯，聖人之「不知不能」，又是名物度數，則是君子之道，都成不緊要的物事，而所謂五品之達道，豈反置之不議不論耶？其實夫婦之「知能」，聖人之「不知能」，皆指五倫，是一事，不是兩事。「造端夫婦」已明指出矣。「及其至也」「其」字，即承「知能」之事説，不是兩層。若説聖人於五倫豈有「不知不能」，卻大不然。堯舜之子不肖，周公致辟管叔，相傳孔子、子思皆出妻。聖人之心，未必不謂畢竟是我德不足以化之。若强於我者，自然變化有道，所謂「堯舜猶病」，都是此意。連水旱災荒，豈是天地之心？天地亦有不能盡處。然則「不知不能」，豈虚語耶？此道之大便莫載，此道之小便莫破，上天下地，無非此理。所以孝經云：「事父孝，故事天明；事母孝，故事地察。」「天地明察，神明彰矣。」總言其費，無别所謂隱也。「隱」字還可以説得，故曰「費而隱」。「怪」字斷説不得，豈可曰「庸而怪」乎？故只説「庸」字。

「費隱」章，自程門諸公皆有異論，蔡西山似亦欲以「費隱」雙關到底，見於朱子答書者可推也。獨朱子以爲通章皆言道費，是已，然於「隱」字卻未免另尋頭腦，故曰：「所以然者隱而莫之見。」今只用反跌口氣，破除了「隱」字，便見費外無隱，以斥異端素隱之非。似爲天成湊泊，微言莫質，恨未得爲朱子徒也。自記。

「費隱」章，從夫婦知能説到天地，若以夫婦之知能爲説居家之道，則天地絪緼，萬物化醇，乃是最大道理，如何説「語小」？若説是井臼之類，如何又説聖人「不知不能」？若以與知能爲井臼之類，不知能爲官禮之類，則子臣弟友之屬，乃理中之實體，如何都遺落了？不知夫婦之知能，即子臣弟友也；聖人之不知不能，亦子臣弟友也。一落形器，便不能盡道之分。孔子不能格定、哀之非，化三家之僭；周公不能弭管、蔡之亂，焉得謂盡其分？就是天地亦不能盡。可見道之費，其實妙處全在此不能盡上。「士希賢，賢希聖，聖希天」，終身只見得趕不上，聖人兢兢業業，自强不息，正是爲此。天行健，亦是如此。夫子所以説「逝者如斯夫，不舍晝夜」。

「費而隱」，「費」字重讀，言道非不隱也，乃眼前都是，蓋「費而隱」耳。道非他，即子臣弟友是也。諸家錯説之由，蓋因夫婦之知能。若以爲子臣弟友，則此事不可謂之小，與「語小」不符。聖人之不知不能，若以爲子臣弟友，又恐怕説壞了聖人。故以「與知能」爲舂米炊飯之屬，以「不知能」爲象數名物之屬。豈知天地間除了子臣弟友，更無他道，「與知能」者此也，「不知能」者亦此也。日用之間，瑣碎節目即是小，其根極天命，至於神化處即是大，此理漫天漫地，何有空隙？董思白末節文云：「職覆職載，皆鳶魚類；易知簡能，皆飛躍類。」説得極佳。

看書不熟時，越看越有奇思湧出，到熟後，漸漸覺得没有話説。某向問陸稼書，飛躍即是道否？曰：「不是。飛躍好的是道，翔而後集是道，自投羅網不是道。」某甚喜其説。今思之，不消如此講。飛躍便是道，自投羅網，原不是天之所命，何須剖白。

飛躍未便是察處，要看鳶魚，亦自離不得夫婦、君臣、父子、兄弟、朋友之理處。

上蔡語録儘可觀，但頗雜禪機。大約程子語，爲上蔡所記者便似謝，爲定夫所記者便似游。言合其意者便記録，記録時又以己意略爲增損故也。「鳶飛魚躍」，注中引「活潑潑地」語，便是謝氏所記。這本是禪語，其實滿天塞地，都是此理，虎狼之父子，蜂蟻之君臣，誰使之然哉？故云「上下察也」。至實之理，有何「活潑潑地」之可言？他本未嘗死，何須言活？

諸家講「察乎天地」處，補足聖人，須云此豈聖人所能盡者。如此則費是汗漫無紀之謂，可謂大謬矣。察者，費也，言雖造化之大，而其道之著察無異於夫婦也。天地猶著察如此，況聖人乎？上文「不知不能」，正見聖人只在費上做工夫。自記。

問：「推之於前而不見其始之合，引之於後而不見其終之離者，道也。中庸乃言『君子之道，造端乎夫婦，及其至也，察乎天地』。然則『君子』二字，不可放過。君子之盡道，始於居室之近，而其極至於事天明、事地察。故道無端也，君子之道，則造端於夫婦耳。道無至也，君子之道，則『及其至也，察乎天地』耳。」曰：「正是如此。」清植。

愛己責人，是恒人之心。然以此心而愛人責己，便是君子之道矣。比可見道不遠於人也。惟道不遠於人，故能推是心者，則去道不遠。此是通章真血脈。張子雖分愛人責己，盡仁盡道，然總是一箇「忠恕」，總是一箇「君子之道」耳。自記。

今人說「違道不遠」與「道不遠人」，口氣寥闊，不相聯貫，且從「違道不遠」上，推出「忠恕」未是自然之道。然則「道不遠人」，亦在離合之間，與「伐柯」者無異矣。捨卻對針線路，而尋別節旁枝，安能使經意愜洽？自記。

「不遠」緊對章旨。「不遠」，蓋施己不願之心，反而觀之，則「其則不遠」，此道所以不遠於人也。就此勿施之以推吾自盡之心，此所以「違道不遠」也。自記。

盡其道之謂「行」，亦盡其道之謂「自得」，非無往不樂之謂。自記。

「正己而不求人」，緊幫「在上不陵」、「在下不援」；「不怨不尤」，緊幫「無怨」，皆是申足文意，絕不費絲毫層折。只於「不求」、「無怨」處轉得分明，則不願外之理，心跡俱合矣。「不求」又根「行素」來，「無怨」又根「自得」來。自記。

鬼神非理非氣，而在理氣之間，在人則心之神明是已。程、張所謂天地造化、陰陽二氣者，是這箇；本文所謂祭祀如在者，亦是這箇；體於人心爲人心之鬼神，亦即是這箇。認得真，便看得活。自記。

鬼神雖兼聚散屈伸，然體物不遺，則其聚也；神之格思，則其伸也。顯處卻就聚而伸處見，其微也，可以謂之散而屈，而不可謂之無。此理張子正蒙言之詳矣。其以鬼爲屈，以神爲伸者，又就二物分別，字義如此耳。實則鬼神皆有屈伸也。自記。

鬼神若説向造化，便無著，即祭祀之鬼神也。聖人説道理，天人合一，若行事不能通神明，不謂之盡性。倫常之道盡，便郊焉天神格，廟焉人鬼饗，皆實理實事。

問「鬼神」章。曰：「天神、地祇、人鬼，以至四時五行、雨風露雷，一切變化運動，無非鬼神充塞宇宙，故其性情功效爲甚盛。鬼神本無形聲也，然與人心相體而無間，焉有可遺之處？」問：「物即指人心乎？」曰：「無物不體，人在其中，但就人心上説，易得明白。如天命之性，萬物同得，然率性之道，卻須就人説方明。如何見得『體物不遺』？但看『使天下之人齊明盛服，以承祭祀』，是其性情也。便『洋洋乎如在其上，如在其左右』，是其功效也。凡人極舒肆時，説著神明便竦然。此是何故？鬼神與體也。鬼神無間於人心，故能使人齊明盛服；人心無間於鬼神，故洋洋如在。引詩是證此意。以無形無聲言之，何微也；『體物不遺』，又何顯也。是皆『誠之不可掩』也。」

「鬼神」章「誠」字，說向天命之性原不錯，但覺太深，如只就氣機應感上說，又太淺。鬼神卻在理氣之間，兩說皆非恰好分際。此段是說率性之道，總重在人倫上，所以「祭祀」節甚要緊。祖考之精神，便是自家精神。可見天地之神明，便是人之神明，所謂「體物而不可遺」也。此是實理，故曰「誠」。上章妻子和，兄弟翕，便父母順，已引其端。下數章推說至於格天受命，而卻詳說祭禮，此「祭祀」二字便爲伏案。

人必和妻子，宜兄弟，而後可以順父母；盡人倫，而後可以格鬼神。此上數章相承之意。「齊明盛服，以承祭祀」，則有如在來格之感矣。所謂「有其誠，則有其神」；「未能事人，焉能事鬼」是也。修德格天，理不過如是。但上數章言其理，而此下則實以聖人。故自大舜、文、武、周公，皆盡孝弟，以至於誠神動天、饗先饗帝者，即上順父母、格鬼神之實事也。自記。

孝是大綱，德其一目，不當以孝爲德。然孝，德之本，大孝，非大德而何？蓋孝至能格天處，方是大也。緣此說到「大德受命」之理。自記。

「大孝」章，若以孝即爲德，則孝之條件甚多。「德爲聖人」句，原只與尊、富、饗、保四句並列，若照王姚江以「德爲聖人」爲不虧親之體，尊、富、饗、保爲足顯親之名，德又不與孝爲一，且除了孝，何者爲德？下文兩言「大德」，更不照管「大孝」，又是何説？近看孝經，方悟其義。孝爲德之本，盡德之量，乃完孝之事。若但能孝於親，而不能始於家邦，終於四海，通於神明，光於四海，此不過宗族鄉黨稱孝而已。必愛敬吾親，而因以及人，親親而仁民，仁民而愛物，以至於明天察地。德至此爲「大德」，乃爲完孝之事。若不愛敬吾親，而愛敬他人，是無德之本矣，又惡足以語德乎？見得此意，「大孝」、「大德」方有著落。

仁爲五常之本，孝又爲仁之本。仁爲五常之本者，以其爲天地生物之心，而人得之以爲心也；孝爲仁之本者，又以親爲吾身所自生，良心真切，莫先於此也。然則孝是德之本，修德者必先孝，是孝乃德中事；然必修德之盡，乃能完孝之量，而可以名孝，則德又是孝中事矣。孝經反覆終篇，只説此二意。此章原是以德爲「大孝」之目，故前此深闢以孝爲德之非，正恐礙語氣耳。豈知二義相爲首尾，「大德」不至格天，不足以言「大孝」。然而舜德之大，又豈有大於孝者乎？自記。

因材而篤，自天申之，是指有生而後之天。自記。

尊、富、饗、保，不過是有天下内事。不失「顯名」，亦只從一「戎衣」上看出。只是咏嘆而盛言之耳。自記。

「周公成文武之德」節，講者多以喪葬與祭並論，絶不顧「斯禮也」三字語脈。自記。

「斯禮也」，只是説祭禮，葬是緣祭而及，喪服又是緣葬、祭而及。三者雖俱禮制，就此章言之，則祭爲主，喪、葬爲賓。自記。

「父爲大夫」一段，是起下「父爲士」一段，語平而意側。

上云「祖廟」，下云「宗廟」者，凡大祫、時祫，皆合食於太祖之廟，故將祭而必先修之也。若序昭穆於祖廟之中，則列宗羣廟之主皆在，故又變文爲「宗廟之禮」。時解有妄分兩節爲大祫、時祫者，可嗤。自記。

祖廟者，太祖之廟。「宗」如殷之三宗，周之文武世室是也。「廟」則羣昭、羣穆皆是。無論大祫、時祫，羣廟之主皆合食於太祖之廟，故將祭必預修之，以爲行禮之地故也。及祭之日，羣廟之主皆入祖廟，則以昭穆序其位次，故變「祖廟」言「宗廟」。「宗廟之禮」句，與「序爵」、「序事」等句一例，若以此句籠下則難通。「踐其位」等句，指主祭者説。

「修其祖廟」兩節，只是祭之先後次敘如此，不必以尊親分配。又有分時祫、大祫，及上節爲禮，下節爲義者，皆非也。「序昭穆」謂是子孫之序，考之經傳無所證據。蓋只是序祖考之昭穆耳。自記。

「祖廟」節是祭前事，未祭之前，必先洒掃祖廟，「陳其宗器，設其裳衣」，以及羅致水陸之品，皆是要預辦的。至祭之時，羣廟之主皆入太廟，而按昭穆以定其位次。惟子孫之賢者有職事，然後得在廟中。故曰「所以辨賢」、「序爵」，指助祭者説，三句皆當祭時事。「旅酬」則祭將畢而飲福受胙之事，既畢，復燕之於後寢，不敢在廟中。故曰「樂具入奏，以綏後禄」；「諸父兄弟，備言燕私」。

「序齒」，亦是就尊卑行輩序之，非略去尊卑而一以年爲主也。「獻酬」，當止是主人之子弟行之，若賓客之子弟，如何亦在廟中？

天地祖宗，是自吾身推而上的；天下民物，是自吾身推而廣的。上頭高一層，則下面闊一層。如只推到父母處，則旁闊只是兄弟，父母生兄弟者也。推到祖宗處，則旁闊便有許多族姓，祖宗生族姓者也。如推到天地處，則旁闊便包得民物皆在其中，天地生民物者也。人不孝於父母、祖宗者，安能愛兄弟、族姓？不孝於天地者，又安能仁民愛物乎？若真能事天地、祖宗、父母，則必能以天地、祖宗、父母之心爲心。此治國所以如示諸掌。自記。

「問政」章説仁義禮智處，後來孟子、董子都如此説，覺得不如夫子之密。仁者，人得天地生物之心以爲心，無此則禽獸之不如矣。故曰「人也」，無所不親，而「親親爲大」。義者，事理恰當之謂，何處不應當理，而「尊賢爲大」。人倫雖有五，父子、兄弟皆「親親」也，君臣、朋友皆「尊賢」也，一是天性解不開的，一是人道差不得的，二者盡乎道矣。「親親之殺，尊賢之等」，今人説是仁有厚薄，如父子恩厚，至兄弟便稍薄，由人及物則愈薄了；義有輕重，如君臣義重，至朋友便稍輕，由人及物則愈輕了。不知仁如何説得薄？義如何説得輕？由父子而兄弟，父子全是恩深，一本故也。兄弟便可理論些道理，是自仁而之義。至由人及物，則鄉隣交鬭，可以閉户；田獲三品，可以充庖，皆制之以義也。由君臣而朋友，君臣全是義重，至尊故也。朋友便可脱略些形骸，是自義而之仁。至由人及物，則交淺者言而不深，獸畜者愛而不敬，皆通之於仁也。仁義往來，而或節之，或文之，故曰「禮所生也」。此處「尊賢」泛説，與「九經」不同，故先「親親」而後「尊賢」。「九經」則先「尊賢」而後「親親」矣。君子修身以親親爲本，故曰「不可以不事親」。不明人道所從來，則不知自别於禽獸，將何以事親？故又當知人。繼善成性，吾之性即天之性，不知此何以知人？故又當知天。此節又是一路推到智上去，仁義禮又必以智爲先也。竊疑子思當日是因此一章，乃作一部中庸，故此章前半，即是前半部中庸，後半，即是後半部中庸。

「仁者人也，親親爲大；義者宜也，尊賢爲大。」如今將上句泛説，又「宜」字説作事物之理，下句便不緊切。「仁者人也，親親爲大」，即對「義」説；「義者宜也，尊賢爲大」，即對「仁」説。仁在五倫，何處不是他貫通？大者在「親親」耳。義在五倫，何處不用他裁制？大者在「尊賢」耳。有夫婦而後有父子，那是頭一層，至於父子、兄弟，皆「親親」也，君臣、朋友，皆「尊賢」也。君擇臣，臣亦擇君，朋友同德同術，勸善規過，都是「尊賢」。君臣、朋友固是義，難道父母有過不廢幾諫，兄弟有過垂涕泣而道，非義而何？到底屬仁一邊，故曰：「父慈子孝，兄弟怡怡。」父子、兄弟固是仁，難道君之體臣，臣之忠君，朋友不相欺負，非仁而何？到底屬義一邊，故云：「合則留，不合則去」；「忠告而善道之，不可則止」。所以「親親之殺」，不是殺到薄處；「尊賢之等」，不是等到輕處。殺即由仁而之義也，等即由義而之仁也。「禮減而進」，非與禮背，所謂進者，由禮而之樂也。「樂盈而反」，非與樂背，所謂反者，由樂而之禮也。

「親親」、「尊賢」，重在「親」字、「尊」字，不如是，則仁義有所虧，性分有所缺，而身不修矣。下「九經」，重在「親」字、「賢」字，不如是，則根本不固，裨補無資，而政不舉矣。自記。

思「修身」節，如章句説，廻應上文，理自周密。但必欲説「尊賢」爲「親親」之本，則理頗窒礙。且使「智」字意不在「知人」「知」字内，而反在「得人」之後「講明」字内，求之密塞而反踈脱矣。此節只是疊下文體，語類中明言之。自記。

夫子説仁、義、禮，又説知天、知人便是智，是有四件。下只説智、仁、勇三件，後又只説明、誠兩件，末只歸到誠一件。此章兩説「一」字，全不爲分解，只説到此便住。一是道理的頭，聖人不欲道破。

謙問：「『所以行之者一』，一者實心也，德是得之於心，既云『達德』，如何又云『行之以實心』？」曰：「程子謂仁，統言之則包四者，偏言之則一事。仁即是誠，但與知對，則知在窮理邊説，仁在力行邊説。而擇之必精，執之必固處是勇。三者如何不以實心爲主？無此則三者皆無矣。」

生、安、學、利，分勞逸便錯。「無教逸欲有邦，兢兢業業，一日二日萬幾。」何嘗逸來？只是生來便識得道理，安然而行，不由父兄戒訓，師友督責，便是生知安行。若因讀書感發而求知，或因父兄師保責勵而求行，便是學利。「從容中道」，亦是從容而中此道也。「惟精」，聖人之生知也；「惟一」，聖人之安行也。精、一豈是恬然無事？

人家教子弟，最先要把不思、不勉、「從容中道」與他講明，非是優游逸獲之謂。試觀堯舜之兢業，大禹之勤勞，文王之勉勉翼翼，夫子之一憤一樂，何等惕勵精進。不如此，何以謂之「天行健，君子以自强不息」乎？只是聖人不待有所策勵勸勉，而自能從事於此，所謂由仁義行，非行仁義也。若學利，則必待策勵勸勉而後然；困勉，則又必困心衡慮、徵色發聲而後能作、能喻耳。此最要緊，習見之錯，入其胸中，便爲暴棄之根。

「九經」是對哀公説，必令其可行。奈何講家盡以爲天子之事，如是則惟有天下者用得著，有國家者無所用之。既非凡爲天下國家語氣，且誦此於哀公之前，欲何爲也？「無忘賓旅」，侯邦所申；「繼絶舉廢，治亂持危」，乃方伯之事。至如諸侯無事而相朝，使大夫相聘，厚往薄來，皆邦交之常也。注舉爲天下者，見一隅耳。自記。

問：「『不惑』與『不眩』何别？」曰：「『不惑』以見理言，是心上事，故『惑』字從心。『不眩』以見事言，是目中事，故『眩』字從目。『尊賢』則啓沃有素，其見理也明矣。『敬大臣』則謀斷有資，其見事也審矣，凡目兩視則瞀亂，惟專故明。古人云：『人君之職，在擇一相。』貴專也。不然，任左右之耳目以爲察察，適足以自眩而已。」清植。

「尊其位，重其禄，同其好惡」，是三樣親親之法。親之賢者，則「尊其位」；其餘親屬，則「重其禄」而不任以事；再踈屬，則吉凶相關，慶吊必通，有無相周而已。若就一箇人説，未有居高位而不食禄者，亦未有「尊其位，重其禄」，而不同其好惡者。三句連疊説出，下二句幾成贅語。

「豫」字且莫作先立乎誠説，只虚説凡事皆當豫辨以引起下節耳。如要與人説這件事，細微曲折，當機問答，如何打點得盡？只是大段須豫定。凡事亦莫泥定「達道」、「達德」、「九經」之屬。問「事與行分别」。曰：「事即日用間零碎待人接物之事，行是出之於身而成片段者，即親義序别之行。」

問：「豫是豫立其誠否？」曰：「自然是誠，若不説誠，難道『言前定』是豫先打點許多話，待臨時説不成？未來的話，如何打點？只是作文字與説書不同，如何先説得出『誠』字？虚齋説下節，言『立誠以獲上，立誠以信友』還説得去，到下文言『立誠以誠身，立誠以明善』，便覺襞積牽强矣。故林次崖知其非而渾之，凡事指『達道』、『達德』、『九經』之屬，『達德』内有仁，如何説立誠？蓋仁是就行事上説，故曰『所以行之者一也』。」

時講以「道」字括言、事、行，果爾，又説箇「道」字，不已贅乎？「道」是平時所習之業，如六藝之類，平常不曾習射、習算，急忙叫他射、叫他算，自然窮了。古人爲學不外德行、道藝，藝即道也。如下「三重」章，以動括言行；論語以「德之不修」括下三項，皆不是聖人原分幾款。如何以一句包那幾句？

「誠」如孝子事親，中心愛敬。「明」便有多少曲折，不但是問寢視膳，昏定晨省，如「小杖則受，大杖則走」；「事父母幾諫，見志不從，又敬不違，勞而不怨」，都須分曉。苟徒誠而不明，是謂愚忠愚孝。

某人云：「先生言頭尾都是誠，中間必須明，如何？」曰：「德性中原有許多道理，只是離了問學，卻亦不能成就。如草木便以實結，實有何不好？必須由根而幹，而枝，而葉，而花，方能結實。但看松子中原有一顆全松，蓮子中原有一顆全蓮，後來根幹、枝葉、花果，都在實內。何嘗有德性外之問學來？掃去問學，便是德性受虧。陸王乃看問學爲外事，觀此則其學不足闢矣。」

問：「『博學之』一節，似不必説是學利事，困勉何嘗不如此？」曰：「然。即人一己百，人十己千，以困勉視學利如此，學利視生安亦是如此；以困勉視學利是愚柔，學利視生安亦是愚柔。『博學之』一節，只是説擇善固執。」

問是問人，辨是自己辨别，非與人辨也。問：「如何是慎思、明辨？」曰：「思無不通，如天之理應當知其所以然，卻去想到機祥、禍福、術數上，便是不慎。慎是斂而歸之於正，明辨又是辨於幾微疑似之間。如兩説皆善，卻辨得一更善者，方是至善。」

榕村語録卷之八

中庸二

「性、教」兩字，分明即是首章「性、教」。注所以分別聖賢兩等，蓋性即天道，教即人道，而聖人則能盡其性，賢人則由教而入也。然就一人論之，「尊德性而道問學」，「誠而明也」；「擇善而固執之」，「明而誠也」。是「自誠明」、「自明誠」之理自在也。但人人皆須從性上做工夫，而聖人則合下所性完具，聖人亦就學而愈明。然教，卻是爲中人設，故講此節者，須於「性、教」分際看得分明，而帶出聖賢之等來，則與上章言天道、人道，而繼以安勉之意思同其説，並行而不悖矣。若竟將「性、教」兩字便作聖賢名號，則大失經意。自記。

自「唯天下至誠」至「純亦不已」是一段，自「大哉聖人之道」至「天地之所以爲大也」是一段。「惟天下至誠」節，説至誠，「致曲」及「前知」節，是學至誠，説誠至此已完。下面是解上面底，「誠者自成」至「誠之爲貴」，是申「盡其性」；「誠者非自成己」節，是申「盡人物之性」；「至誠無息」至「悠久，所以成物也」，是申「贊化育」；「博厚配地」節，是申「與天地參」；「不見而章」節，是申「唯天下至誠爲能化」。以下是説天人合一，而以文王結之。「大哉聖人之道」至「至道不凝」，説聖人，是對「唯天下至誠」節。「尊德性」節，對「致曲」節；「居上不驕」節，對「前知」節，是學聖人。「愚而好自用」至「不信民弗從」，是申「待其人而後行」，其人要得德位兼隆，方能修德凝道。「本諸身」照「尊德性」；「徵諸庶民」以下照「道問學」。此節及「知天」、「知人」節，是申「尊德性道問學」節；「世道、世法、世則」，及「有譽」節，是申「居上不驕」節，言其不止於保身，而且爲萬世法。以下亦是説天人合一，而以孔子終之。文王非不足於道，以其未及制作，明備天德極純，故以德言。孔子豈不足於德，而詩、書、禮、樂、易象、春秋，道於是備，故以道言。

「至誠盡性」一章以下，朱子分天道、人道，都是硬派，不甚貼合。「致曲」節，言至誠可學而至，但用功到得能誠，便形著、明動、變化，可與至誠一般。「前知」節，何以見得是言天道？國家將興將亡，難道大賢以下便不能知道？所引「執玉高卑，其容俯仰」，初非聖人事也。「誠者自成」章，言天下道理尚多，如何至誠便能盡性？以誠者人之所以自成，而道者人之所當自行也。人無實心，便不成其爲人，有實心，則道自行。如實心孝，自事親盡其道；實心忠，自事君盡其道。可見「惟至誠，爲能盡其性」。誠者，物之所以成始而成終，不誠，物都無了。如無實心孝，便無事親之事；無實心忠，便無事君之事，雖有，亦具文而已，所以「君子誠之爲貴」也。至誠能盡其性，何以便能盡人物之性？「誠者非自成己而已也，所以成物也。」此「物」字兼人物説。成己非他，即吾之仁，吾心之不能自已者，非仁而何？成物非他，即吾之智，將吾心一照，便知物亦如此。如己欲孝，即知人亦欲孝；己欲弟，即知人亦欲弟。言舉斯心加諸彼而已。仁與智皆吾性之所自有也，内而己，外而物，若是兩樣，便照不見，推不行。惟照之便見，推之便行，故成己與成物，是合外内之道。時措者，言措之人而宜，措之物而亦宜。不可説措之己，己不可以措言。所以至誠能盡其性，便能盡人物之性者以此。「至誠無息」以下，是解贊化育、參天地。至誠亦人耳，如何便能贊、能參？蓋至誠便無息。君子如不息則能久，久則未有不徵，徵則未有不悠遠、博厚、高明者。化育之及物，以其覆物、載物、成物耳，而至誠之博厚、高明、悠久，即所以覆物、載物、成物也，豈不可以贊化育乎？博厚，地也，至誠之博厚配之；高明，天也，至誠之高明配之；悠久，天地之無疆也，至誠之悠久配之，豈不與天地並立爲三乎？致曲有誠者，能形，能著，能明，至誠則「不見而章」。致曲有識者，能動，能變，至誠則「不動而變」。致曲有誠者，至於能化，至誠則「無爲而成」。言誠至此盡矣。以下乃言天地雖大，亦只是一誠。不貳者誠也，不已者亦誠也。天是如此，文王亦是如此。可見至誠便能贊化育、參天地。

説誠都是説性，故以盡性説起，至盡人物之性，參贊化育，都是一片懇惻。就與萬物一體上説，形著、動變，亦是就德性上説。「自成」注云「物之所以自成」，「物」是君臣父子之類，即是「道」字，莫認做萬物之物。無此實心，則君臣、父子皆虛位，尚何仁敬孝慈之足云？「物之終始」，「物」字亦然。無誠心即無道，故曰「無物」。「非自成己」節，發明盡人物之性，仁知皆歸之性，故曰「性之德，合外内之道」。載物、覆物、成物，只是説心之及人，至實在行事，都在下段。故下段三百、三千，議禮、制度、考文，祖述、憲章，上律下襲，有許多事。

朱子説道理都要完全，「至誠盡性」章，便將知、明、處、當都説了。某意只當且就本體上説，人性皆善，竟有私意蔽錮，至視父母兄弟如陌路者。此豈無人性？只是不盡其性耳。至誠不忍人之心，充滿於中，不能自解，纏綿悱惻，無絲毫隔閡。老吾老，幼吾幼，所謂「成己之仁」也。我如此，知道人亦如此，並知道物亦如此。「親親而仁民，仁民而愛物」，所謂「成物之智」也。皆「性之德也」，故盡其性，便盡人物之性。「至誠」

數章，且只如此說，所謂「肫肫其仁，淵淵其淵，浩浩其天」者。至知、明、處、當意，須到「大哉聖人之道」一段方說，纔各安其部位。

論「茂對時育萬物」，則化育是人物之根；論「盡性」，則由吾性以盡人物之性，由盡人物之性以贊天地之化育，是一路透上去。

致曲有誠，對至誠；形著明，對性之盡；動變化，對人物之性盡。自記。

以「前知」節爲申贊化育、參天地之義，極有實際。蓋自盡性、盡人、盡物，以至贊化、參天，節節皆有本分實事。理雖一而分則殊，不可一滾混說。自記。

「前知」原是吾儒事，只是知其理，不是知其事。如久陰必晴，久晴必陰，這是理；知道某日有雨，某時有風，這是事。事如隔壁人說話，如何聽得見？所以佛家說在屋裏能知屋外事，便是野狐禪。陸子静答陶贊仲書最高明。五經、四書所說天命，指後天的多，都是說作善降祥，作不善降殃，不肯說吉兇禍福有一定的命。未來之事，豈惟聖人不知，連天地亦有不知處。到那時候，氣數所積不得不如此，方有這事出來。孔子五十知天命，難道自五十以往，孔子便知道壽止七十三歲？一生不遇，所云「道之不行，已知之」者，只是見氣運壓得極重難返，約略其理數如此，豈如世俗所云「前知」哉？所以向日有客問「前知」，某說是知其理，不是知其事。知其理不妨，知其事，天地鬼神一定不喜。客愕然曰：「何故不喜？」某云：「如某與公相交，知道你性情如此，行事如此，這都不妨。若你家見某客，説某話，我都知道，豈不是打探你家陰私？你豈有不怒之理？」況知其理，雖只得大概，其實倒確；知其事者，必不盡確。如亂久必治，自是一定道理，若説隋之後，參、井之墟，真人出焉，必定是唐太宗；後漢之末，梁、沛之間，英雄出焉，必定是曹操。這便可惡。聖人於該知道的，知道箇透，於不該知道的，便留卻一邊黑暗。這便是他知道到盡處。

「至誠之道，可以前知。」朱子説「幾動於彼，誠動於此」。鄭康成言「天不欺至誠」。朱子説乃鄭説之根。嘗疑禎祥妖孽，人皆看見，何消至誠始能前知？蓋至誠不欺天，天亦不欺至誠，確是如此。但看人有爲鬼神所簸弄者，吉不必吉，凶不必凶。如龜卜所以紹天明也，至「我龜既厭，不我告猶」，豈不是天亦欺之乎？鄭説甚有味。

朱子以「誠則生明」講「前知」，道理極精，但與下祥、孽、蓍龜等句不甚緊對。既誠而生明，又何須説到祥、孽、蓍龜之等耶？倒是鄭康成粗粗的解一句甚好，言「天不欺至誠」也。幾兆容有不驗者，只是爲鬼神所戲弄。惟至誠不欺天，故天亦不欺至誠。「不欺」二字即從至誠看出，不待推説到生明上去。

問「前知」。曰：「以一定至理前知者，是聖賢正經道理，外此有二種：曰數，曰神。數者，以萬事萬物不外陰陽五行，算到精細，便能得之；神者，如人做事，必心先盤算，心知則鬼神亦知。彼能静一與神明通，故知之。」問：「亦有其人未生，而已預知某年、某處、生某人、行某事者，並無動念之人，鬼神何由知之？」曰：「亦不外推算陰陽五行而得之。又有一説，凡人於没要緊事，隨時應付，如事有關係，便形不曾動，而心先盤算。推之天地亦然，天地於有關係人，雖未生時，必先加盤算，既有盤算，其象便見。」

「誠者自成」，即天命之性；「道自道」，即率性之道。人有仁義禮智之性，而後成其爲人。因有仁，而有父子之親；因有義，而有君臣之義；因有禮，而有賓主之恭；因有智，而有賢否之别。率性謂道，豈非自道乎？誠即實理，道即實事。「誠者物之終始」，如要做到大舜田地，必是實心要孝，纔能有終。若中間有不誠處，雖有其事，一若無事，如「心不在焉，視而不見」，此時豈可謂有視？「是故君子誠之爲貴。」此處總重自成，即誠之爲貴可見。注中「道行於彼」，本在言外，胡雲峯强作解事，以爲「誠者物之終始」，即「自成」；「不誠無物」、「君子誠之爲貴」，即「自道」，甚爲割裂蒙混。「誠者非自成己而已」，聖人説盡己性，便説盡物性；説修己，便説安人；説明德，便説新民，己物無二道也。在己一團實理實心，故曰仁；以我推人，曉然見得同一好惡，同一事理，故曰智。仁智皆性之德，不是假合，與生俱全，故曰「自成」。是道也，内而成己，即外而成物，舉斯加彼，不問物我。故曰合外内之道，以時措之而皆得其宜。

自古賢説話多説人事，從陰陽造化説來者，惟濂溪太極圖説爲然。朱子説「誠者物之所以自成」，是從頭上説一句，教人知本源。其實「誠者自成」，就是説心，誠者之誠，就當「性」字説。非仁義禮智，何以成其爲人？有此孝之實心，而後成其爲人子；有此弟之實心，而後成其爲人弟。而日用間孝弟之所當行者，如奉養，如友恭，皆職分之所當自盡也。「誠者物之終始」，物者事也，有此誠心，自始至終，方能有成。如實存孝心，自孺慕以至五十而慕，方成爲孝子。若知好色則慕少艾，有妻子則慕妻子，仕則慕君，雖外面未嘗廢孝養之事，其實只如無有。所以要一事之成，必須誠意周流到底；要終身成一箇人，尤須誠意周流到底。雖實心未嘗不是實理，但説實理泛些，説實心便切實。上節平説，故次節側到誠上。非實心無以行此道，故云「人之心能無不實，乃爲有以自成，而道之在我者，亦無不行矣」。成己成物，無非誠心周流，即「無息」也。下章「故」字，正接此章，朱子分章似未穩，從無有以「故」字作起頭者。

「誠者自成」，非指自然者説，便有當誠的意思在。蓋必有實心而後道可行，必有以自成而後有以自道也。第二節，便是解明此意，故結云「君子誠之爲貴」。第二節兩「物」字，便當「事」字看，「誠者物之終始，不誠無物」，正見心爲事之根，誠爲道之本也。講家多失經理注意。自記。

「誠者自成」，性分所固有也；「道自道」，職分所當爲也。惟能完其性分之所固有，斯能盡其職分之所當爲矣。何也？萬物萬事，皆誠爲之終始，若人無誠心，則應事接物皆虛。可見非誠則無道，而君子必以誠爲貴也。此章自弘、正以前，先輩亦説不透，大抵誤於大全之説。虚齋、紫峯説得極好。自記。

誠立於己，則道行於己；誠及於物，則道亦行於彼。道行於己，則己成矣；道行於彼，則物成矣。成己由誠立於己，是仁之常存也，仁即誠也；成物由誠及於物，是智之善推也。知即誠之明也，仁智皆不離乎誠，而爲「性之德」，則是合己與物而爲一道矣。自記。

誠便是實理，實理便是性。以其盡性而謂之仁，以其推而通之人物而謂之智。性之仁體於己，則道行於己，己之所以成也；性之智體於物，則道亦行於物，物之所以成也。己爲内，物爲外。仁智之德，既皆「性之德」，則「成己」、「成物」之道，豈非「合外内之道」乎？自記。

誠是實理，仁是生理。一團實理，渾然實有於内，是謂仁以成己，前章「惟天下至誠，爲能盡其性」是也。人物之生，此心此理同也，舉斯心而加諸彼，是謂知以成物，前章「能盡其性，則能盡人之性，盡物之性」是也。自記。

「性之德也」，人都理會不明白，皆因「成物，智也」一句，就先解得不是。試思性中如何有成物來？當其自成，便照見物之自成與我一般，物之宜成與我一般，這便是智。仁智是「性之德」。「成己」、「成物」是「合外内之道」。向以「而道」「道」字，指職分之所當爲，「合外内之道」「道」字，作虚字説，今思之不必爾。兩「道」字，俱是指職分之所當爲。「性之德」，不可説仁智是性的德，如此則性是箇空的了。仁智即性德也。

仁者誠之全體，智即仁之明亮處。我自己純然仁，敬孝慈信，自了然見得人亦如此。由我推彼，一絲不差；由人推物，亦一絲不差。知之既明，舉心加彼，自能使他有以全其天。以天下無性外之物故也。此「性之德，合外内之道也」。「時措」句，全指道説。

大概「成己」、「成物」有三層，天地亦然。「爲物不貳」是一層。「博厚」、「高明」、「悠久」是一層，「生物不測」是一層；「至誠無息」是一層，「徵則悠遠」、「博厚」、「高明」是一層，功用及於民物是一層。五經中，直搜天地之根以立言者極少，惟「爲物不貳」是搜根説，即天命之性猶藏著頭。天必有性而後有命，其「爲物不貳」、「於穆不已」，是天地之性也。上文説「至誠」、「載物」、「覆物」、「成物」，至

「不動而變，無爲而成」，「生物不測」之意。至誠之功用如此，況所配之天地，豈可盡乎？不知天地之道，亦可一言而盡，曰其「爲物不貳」而已。「不貳」則「不息」，若今日如此而明日息，便是貳了。故章句於「無息」云「既無虚假」，補「不貳」也；於「不貳」云「誠故不息」，補「不息」也，其實是一箇。此天地之道，是就本體説；下天地之道，是就發見説。「生物不測」如此，皆天爲之，然非天之所以爲天也，惟「於穆不已」，乃是天之所以爲天。聖人亦然。口氣是如此。

中庸言「天地之道」，直至「爲物不貳」纔説到所以然處。「不貳」非他，即一團生理純粹至善處，兼無虚假、無間斷兩意，一横一直説。此「道」字，與下節「道」字有别。此「道」字，如未發之中，天命之性；下「道」字，如已發之和，率性之道。問：「『一言而盡』，單指『爲物不貳』，還是連下句？」曰：「單指上句。」問：「『則』字口氣，似二句相連。」曰：「自生物言之，萬有不齊，似説不盡。而其道不過『不貳』，便能『生物不測』，口氣是如此。生物之前，郤有『博厚』、『高明』、『悠久』一層包在内。」

「不貳」言「天地之道」，「博厚」、「高明」、「悠久」又言「天地之道」。蓋「不貳」者，性之本體；「博厚」、「高明」、「悠久」者，性之發用。又六箇「也」字，是遥應上文「至誠」之「博厚」、「高明」、「悠久」。自記。

講家將「昭昭」、「撮土」等都説作剩語，甚不妥。言自此觀之是如此，及其無窮亦是如此。若不同，便是貳，便是息。猶之説聖人，就小處觀之是如此，大處亦是如此，一日見得如此，終身亦是如此。以此見得「不貳」、「不息」之所發。下文「純」字就是此意。注中「非由積累而然」句，似不必如此下語。以水觀之，洪河之流，何等汪洋浩瀚，其發源於星宿也一勺耳。漸流漸大，放乎四海。但不得呆説天地聖人是積累而成耳。

「載華嶽」二句，言盛大也。「萬物載焉」，始言生物。

「純」即「不貳」，「不已」即「無息」。上文以「無息」言誠，結處卻以「不已」言天；上文以「不貳」言天，結處卻以「純」言文王，都成語妙。清植。

問：「『洋洋』、『優優』二節，粘聖人説，不粘聖人説？」曰：「明季有粘聖人説者，謂『發育』、『峻極』是聖人爲之，『禮儀』、『威儀』亦是聖人制之。朱子卻只説是道如此。此章朱子以『洋洋』爲道之體，『優優』爲道之用，『尊德性』照『洋洋』節，『道問學』照『優優』節。但『發育』、『峻極』算不得體，與『無聲無臭』不同。二節亦分不得大小，只好分天人説。德是誠心實章，道即上『洋洋』、『優優』之道，無其人道不虚行，無此德道何由凝？下面『尊德性』是修德，『道問學』是凝道,『苟不至德』節,即是起『尊德性而道問學』。如今説『尊德性』、『道問學』,通是修德、凝道之事,未免含糊。」問:「以『禮儀』、『威儀』觀之,粘聖人説方是。」曰:「經緯萬端,皆是道之流行,故曰『天秩』、『天敘』。不然『發育』、『峻極』亦可以粘聖人。『茂對時育萬物』,非『發育』乎?『格於上下』,非『峻極』乎?只是説得略費力。」問:「如何是『峻極於天』?」曰:「蟠天際地,塞滿虚空,皆是此道。『發育』以形言,『竣極』以氣言。」

自「盡性」至「無息」章,皆言誠,所以發明首章致中以立大本之意。自「大哉聖人之道」至「仲尼」章,皆言道,所以發明首章致和而行達道之意。然盡道卻離不得根本,故論「至道」必扯著「至德」,言「道問學」必扯著「尊德性」,故曰「修道以仁」。此本末相資,内外交養,方爲聖學之全。其以「尊德性」照「洋洋」,「道問學」照「優優」者,覺得不合。「發育」、「峻極」皆道之發見於外者,與德性何干?

「致廣大」、「極高明」,不可講入「克己」、「躬行」意,而解者往往犯之。注云「已知」、「已能」,而解者必改爲「良知」、「良能」。「克己」、「躬行」,非「尊德性」事,而不之疑;「已知」、「已能」,是德性事,而又不之信,此膚末者之弊也。自記。

雖説「不以一毫私欲自累」,卻與「克去己私」話頭不同。蓋「尊德性」是存心之事，只好説到立志居敬處，若窮理力行，乃學問之功也。自記。

只因近學不敢認外面許多爲德性，此門户所以分也。彼爲陸王之學者無論矣，三百年確守程朱，而於「温故」、「崇禮」二句講章制義，必曰「良知」、「良能」，不敢用章句「已知」、「已能」語，何哉？自記。

「尊德性」只是提醒此心，「道問學」便有許多事。今人説「致廣大」、「極高明」，皆説向事上去，不知心體本是廣大、高明，只大段提撕，便是致，便是極，何嘗有省察克治的意思？至「温故」、「敦厚」，注中分明言「已知」、「已能」，今人必言「良知」、「良能」，上二句全不顧德性，下卻又太照顧了。凡學而知能者，雖由學問中來，然得諸己便是德性。如人生下的血氣，固是父母的，然後來飲食養成的，難道遂與父母不相干？問：「『私欲自累』，是指著耳目口鼻之私。『私意自蔽』，是指著甚麽？」曰：「指著隔形骸，分爾我。廣大是對狹隘之心説，高明是對卑污之心説。」清植。

「尊德性」是時時提醒此心作主，故屬存心。心本廣大也，或見有己不見有人，便狹隘了，還他箇空空闊闊，便是「致廣大」，故云「不以一毫私意自蔽」。心本高明也，或耳目口體之欲沾滯沈溺，便卑污了，還他箇乾乾浄浄，便是「極高明」，故云「不以一毫私欲自累」。至「涵泳已知」，「敦篤已能」，後人覺得「已知」、「已能」似問學而非德性，因改成「良知」、「良能」。但「故」字如何算得良知？如人調養血氣，不暴怒，不狂喜，不勞攘，令血氣和平，是「尊德性」一般；節飲食，善醫藥，是「道問學」一般。飲食節而醫藥善，所補之血氣即我調養之血氣。豈以飲食醫藥所生之血氣，非我本來而外視之乎？問：「析理、處事，顯然是一知一行，注以致知統之，何也？」曰：「是用程子『涵養須用敬，進學在致知』意，以知包行也。故曰『過不及』，曰『節文』，都有行在中間。」

廣大、高明須還他箇著落。如人無事時，總不能忘這軀殼，就是睡夢中，見一奇味，便要先到口，何待見之於事，纔有私意私欲來。君子只要天地間都好，不從自己形骸上受用，所謂「平生志不在溫飽」，這便是「致廣大」。見得我必不肯如世人齷齷齪齪，沈溺於卑污之中，這便是「極高明」。磊磊落落，心境海闊天空。問：「『溫故』亦說在『尊德性』内何也？」曰：「自然是德性。已知的就是德性，萬物皆備於我，知道的非在所性之外。有故而不能溫，由見得不是自家心裏物事，故不加愛玩。若見得是所性之内，自然不肯捨，如煨炖在那裏一般。今人知道了就丟開，全不與己切至，便是不尊德性。人以前殘忍，今日慈祥，不好說我本殘忍，今方變作慈祥。畢竟是當日失了德性中之慈祥，如今復還了這箇慈祥，所謂『敦厚』也。」問：「『知新』須不在『溫故』之中，方與上下句相對。」曰：「未知未能的，便是問學；已知已能的，便是德性。聖賢説話不出此兩端。『道問學』不過是要『尊德性』，然非『尊德性』以爲基本，又將何者去『道問學』？『學問之道無他，求其放心而已』。各色學問，皆歸於收放心，然非先把心收住，如何做學問工夫？卻是循環相資，初非判然爲二。」

聖人「博厚配地」，君子則「致廣大而盡精微」。聖人「高明配天」，君子則「極高明而道中庸」。聖人「博厚」、「高明」而「悠久」，如天地富有之業，日新之德；君子則「温故而知新，敦厚以崇禮」。自記。

上文説三百、三千，待人後行，何因説到居上、居下，有道、無道？正爲孔子發其端耳。自記。

「今天下」與「今用之」，兩「今」字照應，須補出文武制作，德、位、時三字方有根據，不然則是泛然隨時而已。自記。

王天下而制作盡善，在昭代惟文武周公足以當之。今既躋文武於三王，則考之而不繆之君子，又果誰哉？講説者思之。自記。

「知天」、「知人」，以學問言也，此尚在本身之前。然後説到躬行心得，則正是「本諸身」正面；然後説到事爲經畫，纔是「三重」正面。自記。

「知天」、「知人」，時講都説反了，謂「天地顯然可見，鬼神幽隱難知」。鬼神且質之無疑，況天地乎？「三王已往可考，後聖未來難定。」後聖且俟之不惑，況三王乎？鬼神包在天地内，天且不違，而況鬼神乎？如何倒説鬼神難知於天地？「殷因於夏禮，所損益可知；周因於殷禮，所損益可知。」要知後世，但觀前世，如何倒説後聖難知於三王？言「質諸鬼神而無疑」，以其能知天道也，鬼神豈能外天道乎？「百世以俟聖人而不惑」，以其能知人道也，後聖豈能外人道乎？天即天地之道，人即三王之道。問：「道理精透，即文字亦變化不測。單拈兩句，卻是倒結四句。」曰：「然。」

注中以「動」字括「言行」，未穩。形於身爲動，言行者措於世，即爲禮、度、文。「動容周旋中體」，故「世爲天下道」；聲爲律，故「世爲天下法」；身爲度，故「世爲天下則」。清植。

有人講「世道」、「世法」、「世則」「世」字，但指當代，不指後代，以指後代便與「雖善無徵」者有碍也。殊爲拘滯不通。此二章書，原不必分「居上不驕」四句，爲何止解「不驕」、「不倍」兩句，遺卻兩句？某意自「大哉聖人之道」至「此天地之所以爲大也」，應通爲一章。上章既將盡性説透，此章「道」字即對「性」字，盡性以文王結，盡道以孔子結，非不相兼，各從其盛言之也。道是性之發見，無處不有，「發育」、

「峻極」底是他，「三千」、「三百」也是他。但非其人則不行，非至德則不凝耳。「尊德性」節，皆重下截，言「尊德性」矣，又要「道問學」。下四句皆然，方與「道」字關合。由尊道工夫，以優入聖域，則上下興廢，無所處而不善矣。「居上」四語，句句皆有一孔子在内。下因言孔子雖生衰周，居下位，然就安於下位，把文武周公之道講求到精熟至極處，其事雖述，功倍作者矣。又言孔子之尊王，非全是依樣，安分而已，以文武周公之道原好也。「寡過」不是謂民，即指王者。「三重」，即王者所以之而「寡過」者。不曰「無過」，而曰「寡」者，如周正建子，武未盡善之類，只是大段不差，故曰「寡」。「君子之道」，即指孔子。「本諸身」，躬行心得也。「徵諸庶民」，即「今用之，吾從周」也。不但是遵王制，雖考三王而不繆矣；不但是合人情，雖天地鬼神無疑悖矣；不但當時，雖百世不惑矣。夫子所考訂之禮樂、文章，直貫乎天人，萬世可爲法則，此所以與天地同其大而立人極也。少時，嘗笑時文以「君子之道」爲時王之制，不知所謂時王者何王？若指春秋中之十二王，豈可當「本諸身」數句？若指文武，又孰爲所考之三王？左右求之，皆不可解。承訛襲謬，至今不察。

「下襲水土」，如時講，意理殊短。蓋九土異賦，五方異宜，民生其間異尚。聖人周流天下，凡十五國之形勢風俗，無不周知。而凡所謂救奢以儉，救儉以禮，其方法又皆講貫透熟。故曰「齊一變至於魯，魯一變至於道」。如今人爲守令者，下車初政，動與其民情土俗不甚相宜。聖人則無論那一國，有委國以聽者，他便期月已可，三年有成。即此可見其「下襲水土」處。清植。

巖問：「『萬物並育而不相害』，注云『人物並生於天地之間，各不相害』。虎豹蛇蝎便傷人，人亦强凌弱，衆暴寡，卻是難説。只好説天之生物甚全，無一不具，羽毛鱗介，皆足以自衛。」曰：「兩説皆非。此句只好照『道並行而不相悖』講，日月寒暑，若似相悖，卻少一件不得。禽獸草木，種類非一，卻是不相妨碍。『害』字不必作傷殘説。至相凌、相暴、相傷、相殘，乃是有生之後，情勢所爲，天亦無如之何。若説各足，則『相』字不見面目矣。對『仲尼』講，如仕止久速，乃道之『並行而不相悖』；『動容周旋中禮』、『禮儀三百，威儀三千』，便是『萬物並育而不相害』。一在大處説，一在細處説。」

「大德」、「小德」，人亦知爲一本萬殊，然講來卻似一本是理，萬殊是氣，且有連「大德」都講得差謬，如老子所謂「爲天地根」者。總緣不認得理氣界分清楚耳。自記。

「至誠盡性」一段，是從心體上説，「大哉聖人之道」一段，是從發用上説。文王當日，「大邦畏力，小邦懷德」，事業在天壤，中庸卻用以結「至誠」。夫子不得位，竟托空言，未嘗有制作在世間，中庸卻用以結「聖人」。此猶如契敷五教，全主文治，而詩卻贊其「桓撥」；稷掌教穡，全是粗事，而詩卻贊爲「思文」。清植。

「至誠」、「聖人」分二大段，若無徵驗，還恐分得不是，子思又結明此意。一章提「至聖」，説得許多物事，而不離德，故曰「溥博」、「淵泉」；一章提「至誠」，「肫肫」、「淵淵」、「浩浩」。而惟「至聖」知之，見得「至誠」即「至聖」，「至聖」即「至誠」也。首章言「中和」，是一書大眼目。誠即中，明即和，德即中，道即和，中即大德，和即小德。

誠即中，致中則爲「至誠」之「盡性」；明即和，致和則爲「聖人」之「盡道」。「至聖」之「時出而莫不敬信」，説所謂已發之和也，而先之以「溥博」、「淵泉」，言體以及於用也；「至誠」之「立本、知化」，所謂未發之中也，而先之以「經綸」、「大經」，言用以及於體也。自記。

「小德川流，大德敦化」，即是「忠恕」，即是「中和」。朱子以「至誠」、「至聖」兩章分屬，蓋是以夫子立「致中和」之極，爲中庸首章大義收束。而全書論道，於是爲至。自記。

時講多以「聰明睿智」屬質，以下「仁義禮知」屬德，未妥。要是質都是質，要是德都是德，如何分別？四德惟智是兩箇，有居四德之先者，有居四德之後者。必先見得何者是仁、是義、是禮，方可行，是在先的；及行到粲然分明，井然不差，是在後的。朱子言屬北方者，都是兩箇。因引譬得許多，如龜蛇是兩物；夫婦是兩類；冬至前爲今歲之終，冬至後爲來歲之始；子前是昨夜之終，子後是今日之始。可見中庸文字極密。大概是知之精，方能體之盡；至體之盡，仍歸於知之精。以下章推之，此是「小德川流」，是在外説。以「臨、容、執、敬、別」觀之，則上句又是在内説。各句又自分内外説。大旨則此章是已發之和，下章是未發之中。

四德、五常中，惟「貞」與「智」不可以一義詮釋，須兼兩義方盡。故朱子釋「貞」云：「正而固也。」中庸已言「聰明睿智」，復言「文理密察」。「文理密察」是由利而貞之智，所以成終也；「聰明睿智」是貞下起元之智，所以成始也。鍾旺。

聖賢道理精熟，其下字眼，略略安排，便精不可言。「聰明睿知」、「寬裕温柔」、「發强剛毅」、「齊莊中正」、「文理密察」，皆有開發收閉。上二字開發，下二字收閉，上二字由内之外，下二字由外之内。

中庸最好用字眼，「惟天下至聖」章，是多少重疊字，都有分別。「聰明」在外，「睿智」在内。「聰」是收受，尚半在内，「明」則全然發於外了。「睿」是通微，尚半在外，「知」則澄然在中而已。「睿智」是「聰明」的骨子。「寬裕」在外，「温柔」在内。寬大之象，由内而外，至從容暇豫，則全然在外。温和之氣，盎然於體，貌尚可見，「柔」則柔順在中而已。「温柔」是「寬裕」的骨子。「發强」在外，「剛毅」在内。奮發是由内而外，强壯則見於外；「剛」果是由外而内，「毅」則全是内力矣。「剛毅」是「發强」的骨子。「齊莊」在外，「中正」在内。必有整齊嚴肅之齊，而後有端莊之容。「中」者無過不及，尚在外，「正」則中心無爲以守至正而已。「中正」是「齊莊」的骨子。「文理」在外，「密察」在内。見得部署分明，是由内而外，至條貫絲毫不亂，則全在外。「密」是處處周到，尚在外，「察」則井然分明，全涵於内。「密察」是「文理」的骨子。「溥博」在外，「淵泉」在内。「溥」者周遍公普之意，「博」則無所不到。「淵」者寂然静深之意，「泉」則不窮之根。「溥」是元，「博」是亨，「淵」是利，「泉」是貞，字字精細。子思中庸畢竟是終身爲之，方能如此。如韓昌黎原道，某斷他是晚年作，朱子説是二十餘歲時作，決不然。

經書言句疊累，皆有次第。言天覆地載，盡矣，然人所指覆載，以目所見定耳。旁下豈無人物？日月則有升沈，無明晦也，故須云「日月所照」。日月循天中而行，温暖孳生萬物，周髀所言兩極之下，日月已微，嚴霜、寒露所鍾。然亦莫不有人物焉，故須言「霜露所墜」。自記。

「自誠明」章，忽露出首章「性」字、「教」字；「經綸」章，忽露出首章「大本」字。今人説此「性」字是聖人之德所性而有，與「天命之性」「性」字不同；此「教」字是賢人之學由教而入，與「修道之教」「教」字不同。其實何曾兩樣？「大經」者五品之人倫，五者天下之達道，非和而何？「大本」非中而何？「化育」則「天命」也，特章意是要推入内一層，故由「大經」説到「大本」，又由「大本」説到「化育」耳。王守溪此節文破題云：「不惟能致和，而又能致中。」妙甚，一語中的。

「經綸」不單是「分合」二字足以盡其義。「至誠」之心，無不流貫，如織布帛然，有一絲空隙，連全布都不成物事。「至誠」則「純亦不已」，故能「經綸」「大經」。即此便是天地生物之心，而人得以爲生者。下文「立天下之大本」亦在這裏立，「知天地之化育」亦在這裏知。下節「淵淵其淵，浩浩其天」，都從「肫肫其仁」來，没了「肫肫其仁」，何者爲淵，何者爲天？仁即是誠，以好生之心言之，謂之仁；以實心言之，謂之誠；以生理言之，謂之仁；以實理言之，謂之誠。

「肫肫其仁」，時講但以「不忍人」之倫理不明意引入「仁」字，不知「至誠」豈止是不忍於人，方「經綸」「大經」，滿腔子塞滿流溢，惟有一仁。孝亦是他，忠亦是他，弟亦是他，慈亦是他，别亦是他。不如此，便像過不得的一般，無以形容之，故曰「肫肫，懇至」而已。問：「仁即是誠，若説到不忍，便是發見者，不是在中之體。」曰：「然。」

「上天之載」，載，始也；「上天之始」，即所謂天地萬物之根，「太極」是也。《書傳》有「太始」、「太初」，亦取此意，但不如「太極」兩字渾全的確。自記。

「無聲無臭」，不可説到窈冥昏默處。蓋即其闇然之心充養以至於此，所謂聖神功化之極者，即其切近精實之至也。凡學有好高務外之心，即有聲色臭味之可尋。君子自尚絅立心之始，步步收斂近裏，以造於「不顯」、「篤恭」，始終是一箇意思。所以爲「誠」也，所以爲「中庸」也。時講將「無聲無臭」講入玄妙，則是「素隱」，而非「中庸」，近悖章旨，遠失作書者之意矣。自記。

天之聲色甚大，神氣風霆何嘗無聲色，但其載卻無一點聲臭。聖人憑有甚德業，心中無一點渣滓，光明潔浄，只存一箇性體。聖人像天地，皆非有所爲也。觀「乾始能以美利利天下」，不言所利，可見天地之性體矣。惟其闇淡爲己之至，所以爲「中庸」之極，若説神化不測，便非「中庸」矣。

「無聲無臭」，時解説作深微對顯淺者言，某意是對炫耀者言，須照管本旨始得。然炫耀則必顯淺，平淡乃自深微也。自記。

榕村語録卷之九

周易一

易有交易，有變易，交易是對待，變易是流行。蔡虚齋謂：「對待是形，流行是氣。」某謂：「形有對待，亦有流行；氣有流行，亦有對待。如天與地，是對待，是交易，而天施之氣，入地生物；水土之氣，上爲雲雨，非流行變易乎？春夏秋冬，是流行，是變易，而春夏與秋冬，非對待交易乎？天有日月，地有水火，然於月取水，於日取火，亦有流行。日與月，水與火，亦然。分屬形氣，殊不備。」

讀易全要看明「陰陽」二字。向來看「陰陽」是兩物，只是此往彼來，此來彼往，循環交互，今觀之不然。有陰便有陽，有陽便有陰。如心神，陽也，形體，陰也，形神豈能相離？只是各有用事之時。天依形，地附氣，豈有離間？亦只是各有用事時耳。人清明時，便是心神用事；昏濁時，便是形體用事。人心中本空空洞洞，舉一念，作一事，皆自無而之有。一心盤算，是陽用事。到行時，目視耳聽，手持足行，是陰用事。然盤算時，視聽持行之理，般般皆具，及至視聽持行，又即所盤算之事也，豈能相離？處處皆須以此意看。

看易要見得這幾畫，何以繫這箇名，何以繫這幾句辭，有斷斷不可改移者。即使這名辭都泯然無存，只剩這幾畫，再有聖人出，畢竟還是這樣繫方得。

説易賴有傳、義，然尚有未盡處。如每卦名，雖聖人另取一名亦可，但當初既立此名，定有必須此名之義。又六爻皆從卦繫辭，故曰：「知者觀其彖辭，則思過半。」把卦爻看得各自成義，便不融洽。又繫得初爻，餘爻便可一筆寫下，故曰：「初辭擬之，卒成之終。」把各爻看得各自成義，亦不是。又如以乾坤分君臣，何嘗不是？但卻泥不得。豈爲君者止消體乾，至坤便與他無干；爲臣者止消體坤，至乾便與他無干麽？諸卦各有其時，惟本卦八乃指人心之德，欲人兼體之，不可以時言。乾、兑、離、震、巽、坎、艮、坤，如何説時？乾者德之健，坤者德之順，震者德之動，巽者德之入，離者德之明，艮者德之止，兑者德之説。惟坎不可言德之險，故加一「習」字。更習於險者，歷試諸艱之意，是亦德也。又通部立卦，何以有升矣，又有晉、有漸？有困矣，又有蹇、有屯？聖人必有深意。

易經諸卦中，有甚明朗者，有甚奥窔而錯雜者。其奥窔錯雜者，必須爬梳剔抉，便與明朗者一例始得。鍾旺。

聖人所以開改過之門者最切，易中於爻義本凶者，多不斷定説煞，示以可轉之道也。大轉則變爲吉，小轉則凶亦輕。鍾旺。

横渠言易爲君子謀，不爲小人謀；朱子言易中只有「貞凶」不曾有「不貞吉」；皆是作易本意。鍾旺。

小象傳字字挑剔，無一意不搜索發明出來，連虚字都有緣故。少時見有重複叠用者，有但變一二字者，似是泛填的言語，卻覺得自家有許多意思還似妙於聖人。由今看來，果妙者他其中已有，所無者便不妙，若妙於聖人，便不妙了。

孔子讀易，卻是一字不放過，所以挑剔爻詞，只添一二字，便醒出本意來。「勿藥有喜」，朱子謂「勿藥自愈」，是不消喫藥也；夫子卻云「不可試」，言不可喫藥，喫藥便有害。「有孚惠心，勿問元吉」，朱子謂「不用問而可知其元吉」；夫子卻説「勿問之矣」，言我有誠心施恩於人，不必問其感與不感，故加「之矣」二字。「井渫不食，爲我心惻。可用汲，王明，並受其福。」所謂我者，似井自我，夫子卻云「井渫不食，行惻也」。言行路之人，爲之心惻，下皆行路者云云也。夫子卻像曉得人必至錯會而挑剔之，所關於道理甚大。

先君子嘗爲謔詞云：「資質魯鈍者，無如孔子。周易經文不多，讀至『韋編三絶』，何也？」每舉示弟姪輩：「此是一宗公案，試思之，作何解？」皆不能答。此乃改削十翼也。古人用刀筆，筆如今木匠畫線之物，須改者則以刀削之。孔子蓋有所見而筆之於策矣，移時削之，歲月如此。筆削多，則韋帶磨擸，加以刀鋒侵捎，故至三絶。今人著書，一筆寫成，更無改訂，不知於聖人何如也？

孔子傳易於商瞿，卻不以授曾子。以此推之，則程子之不出太極圖，誠未可輕以流俗見識窺揣也。

易不是爲上智立言，卻是爲百姓日用，使之即占筮中，順性命之理，通神明之德。本義象數宗邵，道理尊程，不復自立説，惟斷爲占筮而作。提出此意，覺一部易經字字活動。朱子亦自得意，以爲「天牖其衷」。周子窮天人之源；邵子明象數自然之理；程子一一體察之於人事，步步踏實；朱子提出占筮，平正、活動、的確。故易經一書，前有四聖，後有四賢。

年來覺得周易一經，惟孔子透到十二分。不獨依書立義，義盡而止，有時竟似與原文相反，卻是其中至精至妙之義，覺有透過之處。此經漢人只以術數推演，至輔嗣始從事理解，但發明處少，只筭得一分。孔疏亦算得一分。周子易通之作，直通身是易，但於本文未有詮釋，算得七分。程子雖有傳，精采少遜，算有六分。邵子先天圖，精妙無比，但説理處略，亦算有六分。朱子集成，復從占筮中見理，又透過一分，算有七分。至元明以來，不見作者矣。

自漢焦、京之流，以易爲占測休咎之書，拆散爻畫，配合五行干支，附以讖緯不經之説，遂使聖人之經晦盲否塞。至輔嗣始廓而清之，一味説理。當時耆舊皆以爲非，歷久而後章著，故程子教人學易，先看輔嗣。惜其早夭，未能精透。問：「漢人用易占測亦靈驗，何也？」曰：「彼原另有此術，如『火珠林』之類，何嘗不可用以占驗？但以附於易，殊屬牽强。」

王輔嗣易，不説變卦、互卦，實在好似鄭康成。康成乃漢末名儒，輔嗣才廿四歲便殁。一小後生，乃敢方駕前賢，非無見也。

夫子解易，雖是自己説出一片道理，卻是卦爻中所有，不是幫貼上的。程傳何嘗不是好道理，卻是幫上的多。

程子講易，逐段未必都當。如「以形體言謂之天，以主宰言謂之帝，以功用言謂之鬼神，以妙用言謂之神」，及「四德之元，猶五常之仁，偏言則一事，專言則包四者」，皆精確。朱子説易，亦不必逐段是。如贊先天圖，以易爲卜筮之書，皆有大功於易。某解易，無一句不是程朱説的道理，不過换换部位而已。

伊川治易，逐爻去看他道理事情。後來尹和靖得伊川之傳，教人看易，一日只看一爻。朱子便説易是聯片的，如何一日只看一爻？問：「初學可以逐爻看起否？」曰：「使不得。每一爻如投詞人，是箇原告、被告，必須會同隣佑、鄉保、證佐，四面逼緊審問，方得實情。不然雖審得是，亦不敢自信。不通六爻全看，雖一月看一爻，亦無用。」

易傳中有解不去的，有硬説的，每看至此等，便懊悵他當日只藏著不與人看。如今做一篇文字，中間或有不妥，雖後生小子，看到裏便停頓疑惑。可見道理是天下公共的，心中皆有此理，便皆可商量。就是孔子，亦周流天下，無常師而焉不學。如何著一書不與人看，只就一人見解作？

朱子崇重先天圖，得易之本原，明爲占筮之書，得易之本義。其言四聖之易各有不同，固是。然又須曉得伏羲之易，即文、周之易，文、周之易，即孔子之易，劃然看作各樣，又不是。故朱子又曰：「恭惟三古，四聖一心。」清植。

遵本義説易，自應分别「象」、「占」兩字明白。然「象」必有所自來，卦爻所具之才德、時位是也。「占」必有所施用，大而行師建國，細而婚媾征行，與夫舉一端以包其餘，言大包細，言細包大者，皆是也。近講名曰尊朱，而絶無復根據卦畫包涵人事之意。卦卦爻爻，皆硬作君臣等樣人物分派，鑿空杜撰，詭怪披猖。至九五、六二之類，皆當作姓名呼唤。蓋自前人即有此病，語類闢之詳矣。自記。

倪鴻寶解易，一卦各指一事。如豫説作樂，遂以「鳴豫」爲「和鳴」，「介石」爲「磬」，「盱豫」爲「眂瞭」，「貞疾」爲「景王鑄鐘有心疾」，「冥豫」爲「矇瞍」。泰説祭祀，遂以「茅茹」爲「縮酒」，「包荒」爲「包匭青茅」，「歸妹」爲「夫人亞獻」，「復隍」爲「求神」。革説造曆，遂以「黄牛之革」爲「建寅，革去丑也」，「改命」爲「隨時修政」，「虎變」爲「頒行天下」，「上六」爲「閏，以豹爲虎之餘，君子爲大人之餘也」。又言：「吾只以孔子之言爲主，若文、周討叛，孔子必來救援。」豈不可笑？

凡著書，須大主意定，若只在字句上著脚，無用。某初治易，有了幾年工夫，逐爻看想，覺得三百八十四爻都不相粘。後將每卦鍊作一篇文字，然後逐字逐句順將去，其初以爲一二處不明白，且混將去，那知此一二點黑處，正是緊要處。有一字一句作梗，便是大主意不確。到得無一字不順，就是虚字都應聲合響，纔印證得大主意不錯，則逐字逐句又大有力也。立大主意與逐字句求解，蓋相爲表裏。

至尊最得意折中中義例一篇，啓蒙附論道理非不是，卻不似義例是經中正大切要處。如治天下，義例是田賦、學校、官法、兵制、刑獄之類，日日要用，切於實事；附論則如王府中所藏「關石和鈞」，本來是道理根源，但終日拿這箇來治天下，卻不能。

某治易，雖不能刻刻窮研，但無時去懷，每見一家解必看。今四十七年矣，覺得道理深廣，無窮無盡。向所著雖意頗可用，而詞語全非，今番改訂，略有意思。見得「變動不居」矣，卻又鐵板一定不可易。聖人著語，即一虚字都一團義理，盡是春秋筆法。

周易通論自然置在正解之後，然欲讀易者，卻當先看此編，内有須先知道方好讀易的説話。以上總論。

乾坤只一套道理，分别聖賢學者，雖意思相近，而不可拘。自記。

董子曰：「道之大原出於天。」此句最好，天下之理皆原於天地，地又原於天。六十四卦無所不包，究歸只是乾坤，坤又只是乾，故看易，如看得乾坤二卦透，六十四卦皆有入處。清植。

乾坤取象龍馬最精。乾即是人心，坤即是人身。龍是箇純陽能變化的，猶心必極健，能爲五官百骸之主，故象乾。馬是箇健行的，牝馬卻又是箇順而健行的，猶身必極順，然卻須跟得心上，方是順，故象坤。形神亦是如此，神用事則形隨之，形用事則神便昏了。然形雖不可用事，亦不可一概怠惰，不能從心。如牝馬雖不可先牡馬，然必須跟得牡馬上方得。地雖不可先天，然天一動，地亦必動，天一肅，地亦必肅，方是順。清植。

一日新訂乾坤二卦觀象稿本訖，命植録之。植録至初爻，注云：「乾雖純陽，然其道變化不窮。」竊疑著語未圓，因以爲請。答曰：「固是。」復冥思良久，曰：「此語難著。」翌日，乃命取到稿本，去「雖」字，改「然」爲「而」，即今定本也。清植。

乾取象於龍者，爲其變化；龍獨貴於五者，爲其御天。變化則元亨而能利貞，所以「藏諸用」；御天則自利貞而爲元亨，所以「顯諸仁」。自記。

「飛龍在天」，則能「統天而行雲施雨」矣；「利見大人」，所謂「首出而萬國咸寧」也。五爻之詞，實備四德之義。清植。

問：「朱子謂『一卦可變六十四卦，故六十四卦之變，凡四千九十六卦』。又謂『六爻皆變者，只占變卦，不占本卦』。則是占得否六爻皆變者，無以異於得泰，其卦不能足四千九十六之數矣。且既得否，而六爻皆變，只占泰卦，聖人何不使直占得泰，必使得否乃變而之泰，何歟？」曰：「乾坤所以立二用者，固是明用九六、不用七八之義，亦是借以見占例。『見羣龍无首』，説者謂即是『元亨，利牝馬之見』。看來到底稍别。『利永貞』，亦未全當得『元亨利貞』。蓋占得六爻全變者，雖是以變卦之辭爲重，亦須根本卦立論，如二用之比。」清植。

「見羣龍无首」，謂如龍在雲氣中藏隱，不肯出頭露面，便是見其「无首」也。自記。

傳義以「大明」兩字屬人，故於「六位時成」須添「則見」二字。如以「大明終始」即爲易卦大發明乾道之終始，則説「六位時成」全不費力矣。或曰「大明」二字串下，言聖人大明天道終始與「六位時成」之義。自記。

亨處言形，貞處言性，極確。今觀草木當抽條展葉時，但有形爾，苟未結實，則未知其性云何。自記。

爻言无首，而象言不可爲首。言天德渾然無端，不可定其一處爲首也。蓋首可見，則非所謂「藏諸用」者，而變化息矣。若以「不可」爲戒詞，恐失其義。自記。

讀易先要知道「元亨利貞」四字。文王本意，只説大通而利於正，孔子卻作四件説，朱子謂並行不悖，亦未言其故。孔子讀書細，亨而謂之大，畢竟亨前有箇大；利於正，畢竟正前有箇利。元，大也，始也，凡物之始者便大。如唐虞是何等事業，洙泗是何等學問，然須知是堯舜之心胸，孔子之志願，其初便大不可言。范文正做秀才，便以天下爲己任；程明道方成童，便以聖賢自期。這卻在事功、學問之先。赤子之心大人不失者，赤子之心，最初之心，無所爲而爲，不自私也。不自私便大，大則統率羣物。長子曰元子，以能統率衆子也；天子曰元后，以能統率諸侯也；長妻曰元妃，以能統率羣御也。大而亨，不必既亨始見其大，元自在亨之前。如孔孟終身不得行道，其大自在。我實有此大，不必問其亨不亨也。利而貞，不必既貞始見其利。利自在貞之前，亨便當收回來。宜收而收，便有利益。利本訓宜，宜便利。如人君手致太平，便宜兢兢業業，持盈保泰，這是利。至於社稷鞏固，則貞也。利者萬物之遂，貞者萬物之成，「成」字意，「利」字中已有。貞乃是堅實凝固之謂。

孔子將「元亨利貞」作四件説，其理最精。且以爲六十四卦占辭之權輿。占辭有僅曰「亨」者，有曰「小亨」者，是亨不必皆大也。不必皆大，而獨繫以「元亨」，則是未有亨，先有大也。如農之倍收，賈之獲利，亦可言亨，而不可以言大，以其先所謀者原小故也。若士希賢，賢希聖，其勳業功用，直可以充塞天壤。豈不以先有斯大，故亨得來亦大耶？以此例之，則「亨」不如「元亨」，「小亨」又不如「亨」矣。占辭有曰「貞吝」、「貞厲」者，有曰「不可貞」者，有曰「貞凶」者，是貞不必皆利也。不必皆利，而獨繫以「利貞」，則是未有貞，先有利也。如事之不可常者，以爲正而固守之，則必致凶厲矣，何利之有？以此例之，則凡「貞吝」、「貞厲」者，必其微有不宜也；其曰「貞凶」者，必其大有不宜也。故以「元亨利貞」作占辭看，似「元」字、「利」字是虛字，「亨」字、「貞」字是實字。被孔子細心讀破，「元」字、「利」字卻是實際字，「亨」字、「貞」字反是現成字。清植。

「體仁足以長人」，「安土敦乎仁，故能愛也」。「嘉會足以合禮」，「觀會通而行典禮也」。「利物足以和義」，行而宜之之謂義也。「貞固足以幹事」，知之明，信之篤，則行之果，而守之固也。「和義」猶言合義。自記。

「貞」字，舊説有屬「信」者，惟朱子以「智」字注解，極確。其源則自周子「仁義中正」以「正」屬「智」處來。自記。

北方前一半屬陰，後一半屬陽，所以有兩。以性情言，惻隱、恭敬屬愛一邊，羞惡屬惡一邊。是非，則是者愛之，非者惡之，便管兩邊也。以倫言，父子、兄弟、朋友、君臣俱是一類，夫婦卻有男女兩身。以至人身腎有二，天象北方有龜蛇二象，故易於「貞」言「貞固」。揚子「罔、直、蒙、酋、冥」〔二〕，罔、冥皆北方。自記。

「言行信謹」，方外也；「閑邪存誠」，直內也。坤二言進學，故自內説到外；乾二語成德，故自外説到內。自記。

「善世」有兩説：「善蓋一世」是一説，「善了一世之人」是一説。從前説，當添入「蓋」字，不如後説爲妥。清植。

誠即忠信也，非見之躬行之實，則忠信亦未有著落，故必「立其誠」，而後「存誠」者有所據依。周子曰：「誠之源也，誠斯立焉。」「立」字之義本此。自記。

「進」字與「至」字相關，「居」字與「終」字相關，「幾」字又根「至」字，「存義」「存」字又根「終」字。自記。

行道而有得於心之謂「德」，所謂有得，非泛泛之謂。直似有一物吞入腹内，不可復出，夢寐依之，死生以之，任世間可喜可懼之事，再不能奪去換去，才是有得。「業」指事言，不特大經綸，即做一件小事能成就，皆謂之「業」。「忠信」是存實心，如孝便要誠於孝，弟便要誠於弟，總是要自己慊心，不是徇外爲人。念念如此，所以「進德」。然「德」又不是空空存在這裏便了，須見之於實事。凡日用之間，無非「忠信」之心之所流注，以致「言顧行，行顧言」，則所行所言，處處皆實理實事，可依可據，而誠立矣。如是則有可居之業。如人買得房屋，便可搬家在裏面住的一般，故謂之居。「知至」屬「進德」，以理言也；「知終」屬「修業」，以事言也。理不可以終言，理無終也，卻有至當不可易處。「至之」者，必求到「至善」之處也。事必有終，「終之」者，必做到完全處也。「至之」所謂進也，「終之」所謂修也。時解以「知至至之」屬知，「知終終之」屬行，非是。朱子本意卻以「知至」、「知終」屬知，「至之」、「終之」屬行。

「乾乾因其時而惕」，如云當時乾惕，則須云「因其時而乾惕」；如云乾惕所以因時，則須云「乾惕以因其時」。夫子卻置此三字於「乾乾」之下，「而惕」之上，其意以爲終日乾乾，至夕猶惕，是時無終窮，而惕無止息。「因其時」三字，是貼「夕」字。清植。

「或躍在淵」，是承「龍」字爲義，言龍或有時而出來，躍於淵。時講都説是欲安於臣位，則當時改革，欲飛上天，卻又未敢便飛，滿腔子疑惑。將「非爲邪」「邪」字，謂是「邪謀」之「邪」，一派説得詫異。夫子是言其「上下無常」，不是要終於隱；其「進退無恒」，不是要遁世離羣。是欲内度其身，外度其時，所以今日出來躍一回，明日又出來躍一回，故曰「欲及時」，又曰「自試」。「或之者，疑之也」。疑，是疑其時之未可出，而不敢輕易出來，所以「無咎」。林次厓説近是，然尚有未盡。清植。

水火以在地者言，雲風以在天者言，皆以明應求之理。天地猶然，而況於人物乎？故直接云「聖人作而萬物覩」。下面「親上」、「親下」，又就萬物言之，以見萬物無不覩者。以聖人能參贊天地故也。清植。

問：「乾文言中小象三段，有分别否？」曰：「程傳分别過，恐未確。此只是既説了一段，似有未盡，卻再説一段。」問：「如九三一爻，既説『反復道』了，然反復之故未嘗説，故曰『行事』。『行事』之故又未嘗説，故曰『與時偕行』。」曰：「『與時偕行』，是因上未嘗説出夕惕底意思，所以復言此。」清植。

乾元統乎天之動静，故曰「乾元用九」。自記。

「利貞者，性情也」，即各正性命處。根乾道變化説來，故曰「性命」；就物上説，則曰「性情」。自記。

聖人之學，只是希天。天只一團生意，以生物爲事，無一息之停，那一點好生的心，乾乾浄浄，一無所爲。天之心何從見？於那動處見，所謂「乾始」者，此也。天心惟其如此，故能「以美利利天下」。不然有偏私，便不能公普，如何能「以美利利天下」？「以美利利天下」，卻四時行，百物生。天何言哉？未嘗見天言所利，只平平常常做去而已，故曰「純粹精也」。純是無一毫駁襍，粹是無一毫惡濁，精是無一毫渣滓，聖人不過是要到此田地。問：「易之教潔浄精微，亦是此意？」曰：「惟其潔浄，所以精微。」

天地好生之心，萬古如此，不曾有一毫自私自利、有所爲而爲之意。聖希天，天浩浩蕩蕩，從何處希起？希其心而已。此無所爲而爲之心，天心也，故曰「有天德，始可以行王道」。此心，天德也。孟子最善形容，當乍見孺子入井時，只求此心過得，並非爲别的。無此心，就做出堯、舜、伊、周的事來，只是霸。不然霸者亦做許多好事，如何聖賢那樣鄙薄他？其初那一點無所爲之本心没有，便與天地懸隔。所以中庸從「戒懼」、「慎獨」

説到「天地位，萬物育」，末又收歸「闇然爲己」，一直説到「無聲無臭，上天之載」方住，總是發明此理。此一點無所爲而爲之心，即是天地生物之心，又純，又粹，又精。中庸言「至誠無息」，其功用與天地無二，結到「不已」與「純」上，正是此意。

乾無始，坤無終，以一歲、一日驗之，顯而易見。一歲之首自正月起，其實陽氣自子月生；一日之間，寅時日出，其實子丑二時，原算今日，而不用，豈非無首？一歲陰氣至亥而終，卻不算終，又拖過子丑月；夜間亥時，已終昨日，又拖到寅時，豈非無終？豈非以大終？乾之始即坤之終，坤之終即乾之始，所以人但知臣下不可以功名自居，不知君上亦不可以功名自居也。君以功名自居，便是霸道驩虞，其起念不是大公，便不純，不粹，不精。天之生物，其心至仁，不容自已，絶無所爲而然。故曰「乾始能以美利利天下，不言所利」。根本全在「乾始」二字，「乾始」便自不能已，無利可言也。堯舜君臣，其視唐虞事業，總如浮雲過太虛，這便是無成有終，「以美利利天下，不言所利」之道。

以貞下起元之道言之，都在黑漆漆裏那一點爲造化之根。冬一收斂，春始發生，即至歲功既成，依然不言所利。吾儒以「闇然爲己」之心始之，到「上天之載，無聲無臭」，仍是如此。「上天之載」，若説作窮高極微，便不是中庸；「無聲無臭」，中庸之至也。天地終古運行，那曾有一些聲色臭味動人欣羡？所以云「剛健中正，純粹精也」。

不如此，便不剛健，不中正，不純、粹、精。中庸始終講此道理。這裏差一絲，外面直繆以千里。說得三達德、五達道、九經爛熳極處，便緊緊點一句「所以行之者一也」。孔子於乾坤兩卦，總不說天地神化功用，只說天地之德，所以妙。四書、五經、太極、西銘，無一語不是從天心摘出來的，被人囫圇看過，便不覺至仁義之利原不消說，「未有仁而遺其親」等語，孟子亦爲下等人說法耳。至與門弟子言便不同，曰：「行一不義，殺一不辜而得天下，皆不爲。」此派一斷，萬事都壞。

「天下平」，即彖傳「萬國咸寧」之意。彖傳以九五一爻，明君道之元亨利貞，分作兩片說。此又聯實說來。問：「彖傳根首出說，故曰『萬國』，曰『寧』。此根六龍雲雨說，故曰『天下』，曰『平』。雖是一意，而字無苟下。」曰：「然。」清植。

「平」字，便有「各正性命」、「保合太和」之意。自記。

聚、辨、居、行，皆修業之事，而德在其中。自記。

何處見得是先、後天？蓋風氣未開，而開風氣之先者，爲先天；時事既至，而因時立事者，爲後天。「時」字雖在下句見，然所謂先、後天者，只是先、後此時耳。自記。

「先天而天弗違，後天而奉天時。」「天」字以理言不得，如以理言，「後天」二字尚可說，「先天」二字說不去，理豈可先乎？「天」字只好以氣數言，謂氣數未開，如堯舜之時，然所秩敘都是天秩、天敘，所命討都是天命、天討。「後天」則是因其已有者，而益明備之。清植。以上乾卦。

乾坤一物而兩體，但觀牝馬之象，則知乾固馬，坤亦馬也，特牝耳。自記。

「先迷」句，「後得主」句，「利西南得朋，東北喪朋」句，程傳説不必從。説卦傳曰：「致役乎坤。」坤爲役，則必有爲之主者矣。若「主利」另爲句，彖傳中不應全然不釋，其曰：「後順得常。」「順」字中，無「主利」之義也。即文言傳「後得主而有常」，「有常」即「得常」，亦無「主利」之義也。「利」字自屬下文讀，言西南則利於得朋，東北則利於喪朋，一字雙管。清植。

「坤厚載物，德合无疆。」「无疆」指天言，言地與天合也。「牝馬地類，行地无疆」。「无疆」指地言，地與天合，則天无疆，地亦无疆矣，而牝馬能行之者，以其「柔順利貞」故也，此所以爲地類也。「安貞之吉，應地无疆。」「无疆」亦指地言，言君子與地合也。然地合天，而君子又合地，則三才同撰之意可見矣。清植。

本義以地類一住，轉到无疆，爲順而健。不如程傳口氣好。自記。

「利牝馬之貞」五字破不開，即乾彖傳亦未曾破開「利貞」兩字。

傳説壞了西南，本義又説壞了東北，然細尋義理，在西南則不妨得朋，在東北則宜喪朋耳。不可偏説一面。自記。

程子謂：「西南得朋不好，東北喪朋纔好。如女人羣聚，有何用處？止與類行而已。惟從夫乃得所歸也。」朱子又云：「西南得朋好，東北喪朋不好。西南陰方，得其本位；東北陽方，則必至於喪朋。」某則謂：「在西南當位，用事必須得朋，乃與類行。至東北，則時過地易，必須『喪朋，乃終有慶』也。如做外官，須有屬員、吏役、兵馬，方能辦事。及居近君之位，則宜聲光銷滅，『朋亡乃尚于中行』矣。」

西南如臣去君遠，將在外，君命有所不受。大夫出疆，雖無君命，專之可也，其聲光幾與君同。至東北則與君近，不見其有威權，聲華銷滅。如月去日遠，與日相對，則光滿；近日，則偏虧不全矣。

存疑諸書，苦分不可相無及不可並行之陰陽，故疑本義「謹幾微」之説。豈知其不可並行者，即其不可相無者也。有夫不可無婦，有君不可無臣，獨不可使臣妾用事耳。義豈相反乎？自記。

須知不可相無者，即其有淑慝者，蓋陽則純是性也。陰主形，形既生而善惡分，萬事出，是惡乃生於陰也。故陰而順於陽，則爲健順仁義之屬，不可相热者也；陰而不順於陽，則爲淑慝之分，不可相有者也。善惡之分在於陰，故聖人於消長之際，極其惓惓。雖非智力所能損益，而亦不可不盡其扶陽抑陰之道也。自記。

不必從魏志，小象自多此例。如需上之類，是以兩句釋兩句，坤初乃是以三句釋兩句耳。自記。

「直」與「大」都是乾，惟「方」是坤本位。「直」是受之於天，「大」仍歸之於天，故曰「不習无不利」，是箇順字。又云「德合无疆」，而終之以「承天而時行」。「地道無成，而代有終也。」

直而不方，則不能大，如一件挺直之物，四面不方，未免褊窄。譬如一樹，聳然直上，然周圍枝葉，不能布置均匀，卻算不得大樹。故曰「敬義立而德不孤」。自記。

爻無動意，象言動者，非動則無由見其直與方也。蓋柔静者體也，直方者用也，故曰「坤至柔而動也剛，至静而德方」。動、剛即直也，如人心敬義之德，義固動而制事，敬亦動而制心也。爻直方並言，而象言「直以方」，非直無以爲方。如欲作方物，非有一直者以度四面，必不方矣。非敬無以爲義，先儒云「無忠做恕不出」是也。自記。

動而直方，則大矣，大故「不習无不利」。「地道光」，即大也。自記。

凡數起於點，當初止有一點，引而長之則爲線，將此線四圍而周方之則爲面，又復疊之教高則成體。「直方大」，即是此意。直即線，方即面，大即體。惟直而後可方，惟方而後能大，故象曰「直以方也」。直了纔能方，既直方自然大，故曰「敬義立而德不孤」。清植。

「含章可貞」，則「以時而發」，静中有動也。「或從王事」，而其「知光大」，動中有静也。自記。

陽爲質，陰爲文，坤爻除初上外，二三四五皆文也，或藏或見耳。或謂六二無文，然地道之光，天下之文孰大於是？自記。

「永貞」即是「牝馬之貞」，即是順而健，即是陰變爲陽。自記。

問：「『安貞』與『永貞』何别？」曰：「『安貞』者順也，『永貞』者順而健也。非安則不能永，然非永則亦不足以言安矣。」清植。

「至柔而動也剛」，覆釋彖辭「元亨」；「至静而德方」，覆釋彖辭「利貞」；「後得主」以下，覆釋彖辭「後得主」以下。不言西南東北者，西南得朋，即亨之時，所謂「含弘化光」。東北喪朋，即貞元之時，所謂「柔順利貞，順承天而時行」也。此段數句皆用「而」字一折，上截「柔静」、「後得主」、「含萬物」、「承天」，皆是其順處，下截「剛方」、「有常」、「化光」、「時行」，皆是其順而健處。

敬、義不可分動、静。静固敬，動亦敬。如處事時是義，然必此心常存，義方有根。

譬如讀書，苟心不在，則口雖誦，目雖視，實不知所云爲何，此安能制事？中庸言「不覩」、「不聞」，分别「未發」、「已發」，此亦有説。如人畫丹青，必先有素絹，此似未發之心。及制事，卻似加以采色，只見丹青，不見素絹了。惟空白無采色處，方是絹之本色。所以「不覩」、「不聞」，方見得心之本來面目。實則敬貫動静者也，故言「敬以直内，義以方外」則可，若謂「敬以直静，義以方動」則不可。大抵敬屬心，義屬事，提醒此心，使常在此便是敬，無甚條目。義則須窮理精義，便有許多條目了。清植。

乾陽即人之神，坤陰即人之形，神純善，形便有善惡。聲色臭味之欲不可謂惡，其流即惡也，所以累神者形也。以先天圖論之，陽動屬神，日用動作皆一心運用；陰静屬形，事過休息，則四體居止。以後天圖論之，凡生物成物皆陰爲之，猶耳目手足足以集事，事去則過而不留，中心湛然虚明。總之天君泰然，百體從令，以陽爲體，以陰爲用者，正也。人欲横流，心爲形役者，不正也。然雖當理欲混襍，人心危，道心微，畢竟神明爲尊，故「玄黄者，天地之襍也」，下綴一語云「天玄而地黄」。若曰雖是襍，畢竟有定分，天到底是玄，地到底是黄。周衰，君弱臣强，幾於上下倒置，然大號終存。春秋之名分凛然，猶是義也。天地陰陽，君臣父子，理欲善惡，君子小人，無不如此。

程子説孟子「英氣」，張子説顔子「粗心」，張長史常舉爲對，果然。讀書至程朱，可謂細矣，比之孔子，覺猶未也。孔子讀書，直是字字不放過。坤卦上爻，孔子已是解明，程朱解之，尚都未盡。此時陽氣雖微，到底陽不可没，故曰：「爲其嫌于無陽也，故稱龍焉。」此時焉得有龍？倒反以龍爲主，似龍自在那裏戰的一般。但是龍至此不能自振，已疑於陰，故曰：「未離其類。」不然氣爲陽，血爲陰，如何説血陰陽至此混爲一區？故曰：「玄黄者，天地之襍也。」然到底天是天，地是地，猶然「天玄而地黄」。春秋書法便是此，因天子失了身分，諸侯皆與對壘，然春秋之文曰「王師敗績于茅戎」，一似天王不知何故自敗於茅戎者。然天王豈能無過？到底君是君，臣是臣，所以孔子成春秋而亂臣賊子懼。又如人心原只有天理，到得人欲熾時，竟與天理争衡，豈可説道心、人心勢均力敵？只説得道心微茫而已。然道心至此，已不能超然於人心之上，覺得混襍。到底天理是天理，人欲是人欲，豈可竟不分别？此是夫子就「龍戰于野，其血玄黄」八字上，逐字想出來的，直細入無間。

【校勘記】

〔一〕「罔、直、蒙、酋、冥」，原作「罔、蒙、直」，據太玄卷九文第十二改。

榕村語録卷之十

周易二

通論中，釋屯彖傳，以「剛柔始交而難生，動乎險中」，「雷雨之動滿盈」，爲皆卦所以名。分之，則「始交而」、「動」是釋「亨」；「難生」、「險中」是釋「貞」；「雷雨滿盈」是釋「建侯」。今思之，屯彖稱「雲雷」，解彖稱「雷雨」，則屯之時猶未解也。彖傳變雲言雨者，欲以見屯之必解，則「雷雨之動」四字，是釋「亨」。然動者亨之機耳，其絪緼滿盈，又足以見「貞固」之義。故程傳以「剛柔始交而難生，動乎險中」二句，爲釋名，以「雷雨之動滿盈」句，爲釋「大亨貞」。其説可從。清植。

問：「本義以『光亨』及『吉』爲『孚』、『貞』之應，觀象不從，何也？」曰：「看六爻中，言敬、言慎、言中，皆孚之屬也；言恒、言衍、言順，皆亨之屬也；其言正，則貞之屬也。需之時，孚義最重，故上雖不正，而敬則終吉。象謂『雖不當位，未大失』者以此。亨義次之，故二雖不正，而衍亦終吉。象謂『雖小有言，以吉終』者以此。」清植。

「邑人三百户無眚」，覺得本義説未安，故向來作無株連之患解，自以爲妥矣。一日宴見，蒙諭云：「此乃邑人化之，而歸於無訟之意。」想來極當。若是不致株連，何消鑿言三百户？三百户，邑之小者，本義説原是。蓋二之自克，雖未足以成風教，而已可以化小邑。聖見高明，恂非儒生所及。清植。

「小人勿用」，謂既撥亂世反之正，則當建官惟賢，不可復用小人，以釀他日之亂階耳。用者，所謂「是崇是長，是信是使」，是以爲大夫卿士，非不用以「開國承家」也。小象「必亂邦」「邦」字，是謂大君之邦，非指所開之國。若以小人爲即指「開國承家」者言，則當命將出師之初，所謂「長子帥師，弟子輿尸」者，已致其叮嚀之意。是論功行賞之人，大率皆長子之類，安得小人哉？自古戰勝之後，多致驕盈，而小人因以得志。聖人之特爲設戒者以此。故既濟於「三年克之」下，亦曰「小人勿用」。清植。

「密雲不雨，自我西郊」。張魏公解云：「言陽未應也。」此句實諸家所不及。雲者陰氣，雲而密，是陰先唱也。若陽入而散之，則氣降而成雨矣。不雨者，以其氣猶尚往也。所以尚往者，由「自我西郊」，故「施未行也」。西爲陰方，「自我西郊」，即陽未應之驗。觀象中，此意猶未能暢。清植。

「血去」,傳、義説未安。君臣之際,所以致惕,爲其間有壅隔而情不通也。若積誠感動,以致去其壅隔,則惕可出矣。小象「合志」二字,正釋「血去」之義。清植。

易有大畜,有小畜。大畜者,聖君在上,正名定分,布德發政,天下風靡。小畜則如以臣子而匡救其君父也。自上而變下者易,自下而變上者難。然始雖勢逆,積久自效,故曰「既雨既處」,言畜之極而陰陽亦合也。但大畜功成,則身名俱泰,故曰「何天之衢」。小畜功成,便宜引退,若以寵利居成功,必致凶咎,故又曰「婦貞厲,月幾望」。

若以位不當爲爻德之不善,則當以釋「跛」、「眇」,今此以釋「咥人」,蓋卦有「不咥人」之辭。而三適直兑口之缺,故有受咥之象。是所謂位者,爻位之位也。自記。

履彖傳所謂「剛中正,履帝位而不疚」者,即指五也。凡彖傳中所贊美,其爻無凶者,他卦皆然。獨履五之辭曰:「夬履貞厲。」此「厲」字當與乾三之「厲」同,言常存危懼之心爾,非占詞也。惟剛,故曰夬;惟中正,故曰貞;惟常存危懼,所以不疚。書曰:「心之憂危,若蹈虎尾。」正此「厲」字之義。觀彖中猶是循用舊解。清植。

「内陽而外陰,内健而外順,内君子而外小人。」三内外是一樣。或疑順健都是好的,如何分内外?不知連陰陽、君子、小人,原都是好的。如人以心爲主,難道耳目口體都是壞的不成?獨陽不生陰,乃所以成物。君子當權秉令,亦要小人宣力於外,趨事赴功，何嘗不好？只是要得在内者，爲陽，爲君子耳。

以内外取義，則爲「消長」；以上下取義，則爲「交泰」。「帝乙歸妹」，只是以上下取義耳。自記。

否彖傳之言内外、陰陽、君子、小人，字俱與泰同，只改「健順」爲「剛柔」。蓋順雖要放在外，卻全是好的，若陰柔，便可生出不好來。清植。

問：「『不可榮以禄』，對『榮』字宜曰『爵』，而反曰『禄』，蓋當否時，稍有識者，便知不貪爵位，然或迫於貧，不得已而爲禄仕者有之矣。惟『儉德辟難』之君子，人君不可以禄釣之，而致其身於榮。此非有衡門樂飢之節者不能也。」曰：「看得好。」清植。

凡卦必有主爻，「同人于野，亨」。卦之義也。而爻德無以配之者，蓋六二雖成卦之主，然以爻德論之，以陰求陽，以下應上，非所謂大同也。九五雖剛健中正，然居尊位以下交，以言「同人」則可，於在野之義則有閒矣。惟上九處卦之外，有野之象，坤之上曰「龍戰于野」是也。然既非卦之主，而又未極中正之善，故其義次於野，而曰「郊」。國外百里爲郊，郊外爲野。郊比之於宗、於門則公矣，比之野猶未也。故象傳曰「志未得」。於野則「亨」，於郊僅「无悔」而已。「志未得」，釋「无悔」之義也。自記。

大有有賢之卦也。大象兼「遏惡」言者，惡不遏則善不可得而揚。堯典先辨三凶而後舉舜，舜典先誅四凶而後咨二十二人，皆是此意。清植。

同「鳴謙」也，一曰「中心得」，一曰「志未得」者，一則對「鳴」字爲義，言謙雖遠聞，而實自得於心，非徇外也，徇外則非謙矣；一則對「征邑國」爲義，言謙雖遠聞，而實不敢自以爲得，故雖可用行師，而惟自治其私邑，非務外也，務外則又非謙矣。「中心得」、「志未得」，皆所以爲謙之至。自記。

「嚮晦入宴息」，與隨名義不甚關合。此等處是夫子示人以觀象之例。羲易無文，然觀玩之下，隨人識取，意理更是無窮。所以文、周未繫之先，原可用以占筮。夫子於大象傳指切人事處，雖説得與名義關合者爲多，時漏一二處，使人知文王當日，假令别命一名，亦未嘗不可。以此意看易，益覺得變動不居，意理活潑。清植。

蠱當以革、巽二卦比看。巽者，陰伏於内，弊之端也。蠱者，蠹蝕於中，弊之成也。巽如果子受溼，有一二軟腐之處；蠱則内生蟲蛀矣。故巽不過要搜索那一點伏陰，制而去之。若蠱，則須從頭整頓，所謂甚者必舉而更張是也。巽曰「先庚」、「後庚」，而蠱曰「先甲」、「後甲」，「甲」者，從頭做起之意。至革，則通體全壞，須用變換一番，又甚於蠱矣。吉凶生大業，無吉凶則無業，故巽止「小亨」，而蠱、革皆「元亨」。清植。

二陽在下，如何爲臨？以二陽正向盛也，三陽則恐盈而昃矣。既以二陽爲臨，未有四陰在上，反爲下所臨者。且臨人必當有道，至爲人所臨者，本無可説，故六爻通作臨人説。觀卦二陽往上，自是爲人所觀之象。六爻既説爲人所觀，又説觀人者，觀人以自處，亦必有道，故不可以無言。

因承修周易折中，請得内府宋版本義，觀卦辭下注云：「觀者，有以示人，而爲人所仰也。」曰：「坊版於『示人』上，皆增入『中正』二字，如何可通？向嘗以爲疑，今看此，可見坊版之誤人不淺。」清植。

彖傳「神道設教」是總説，象言「觀民設教」是就省方一事説，非上設教以德，而下設教以政也。猶之「天有四時，風雨霜露，無非教也」。而風之動物，尤爲深入而遠被。豈彖之設教以神道，而象之設教非神道乎？王者既設教以爲民觀，復因省方而觀民以設教，象意總包舉於彖傳中耳。自記。

「觀民」與彖傳「觀天下」之義同，言九五大觀之主，爲民所觀也。苟其德之未至，則不足以爲民所觀，故必觀我之平生皆合於君子，而後无咎。自記。

柔文剛，文之而已；剛文柔，何故言分？此理驗之樹木，最爲易見。樹之本根，爲剛，爲質，其枝葉，爲柔、爲文。枝葉之庇本根，是文剛也；然其所以枝枝相對，葉葉相當，津潤悦懌而不枯者，非本根之氣，爲之流布灌注，何以能然？但枝葉之津潤、悦懌，即日有加，而本根初無所損。則分而文之之驗也。清植。

以象言之，一陽居上，有「得輿」之象，衆陰在下剥之，有「剥廬」之象。以理言之，君子當道之窮，而人心益歸之，「得輿」之義也；小人之剥君子，自失其所依芘，「剥廬」之義也。然碩果既不可食，則廬亦終不可剥，故象傳補爻意曰「終不可害」。自記。

徐善長問：「陽無盡時，當剥方盡，一動便是復。如何復卦本義云『剥盡則爲純坤，十月之卦，而陽已生於下矣。積之踰月，然後一陽之體始成。而來復，是踰月後一陽成體，而始爲復也』？」曰：「朱子此話自未圓，然卻有此理會得，便不須疑。此卻是無中生有道理，喜怒哀樂未發時，一切皆有。人呼時必有息，方其息時，正是蓄呼之力。此之謂大本。人舉足要行，卻要先站一站，那站便是大本也。陽生於子，卻胚胎於亥，乾所以位於西北也。亥添草頭，便是根荄之荄；添木旁，便是核實之核；添子旁，便是孩提之孩。可見陽生於亥，亥月謂之陽月，非無故也。」

問「見天地之心」。曰：「使天地無心，人物之心卻從何來？」自記。

朱子謂「也不耕，也不獲」，恐未是。本意蓋只管耕菑，不計畬獲也。試將此意代聖人作兩句，其立文自不得不如此，無可疑者。自記。

「行人得牛，邑人災也。」語氣蓋謂若邑人得牛，則其被罪也，乃自作之孽矣。惟得牛者爲行人，故在邑人雖不幸被罪，特可謂之災而已。清植。

「良馬逐」是象，「利艱貞」是占，「日閑輿衛」又是占中之象。承「良馬逐」之意而取此，「日閑輿衛，利有攸往」，即是「利艱貞」注脚。自記。

「顛頤，拂經于丘頤，征凶。」本義云：「求養於初，則拂於常理；求養於上，則往而得凶。」是「拂經」與「征凶」爲對，皆占辭也。至小象六二「征凶，行失類也」，單言「征凶」，本義卻云：「初上皆非其類。」是又以「征凶」二字，兼承「顛頤」、「于丘頤」兩義矣。考六爻，四亦曰「顛」，以求初也；三五皆曰「拂」，以求上也。既求初爲「顛」，求五爲「拂」，則此「拂經于丘頤」五字，當作一句讀，而以「征凶」二字，總爲占辭。黄勉齋之説如是，於義爲長。清植。

大過四陽在中，取象於棟。二五變棟象楊者，以其近陰，則雖爲材之類，猶未離乎水澤之感也。小過四陰在外，取象於鳥。而五又象雲者，以其居尊，則雖爲飛之類，獨有取乎飄揚之質也。棟在中，故四陽皆棟，而三四獨言棟；翼在末，故四陰皆翼，而初上獨言飛。同一棟，而四「隆」三「橈」者，以位而定也；同一飛，而初「以凶」，上則「罹之凶」者，亦以位而定也。清植。

大過、小過須當斟酌得妥。如事斷不可徇俗，則須壁立萬仞，雖「獨立而不懼」，雖「遯世而無悶」。如猶或可從，則雖稍徇之亦不妨。如「麻冕，禮也；今也純，儉。吾從衆」。用純原自無妨，況又得儉，所以聖人亦只得從他。若拜堂上，則斷不可從。此是權衡處。天下事豈可教過？過便不是了。然聖人覺得這邊分數較多，便站穩在這邊。如獨立、遯世，聖人豈願如此？此便是過處。但時當如此，聖人便不懼、无悶；行過、喪過、用過，便不得謂全是了。但時當如此，亦只得依他。然使行過肆，喪過易，用過侈，聖人亦便不從。因爲過恭、過哀、過儉，尚有好處，所以從他。這便是權而不失經處。孟子答任人處，便是小過；「舍生取義」章，便是大過。清植。

棟者，剛在上也，剛在上，則有橈之患。惟柔在下，以籍薦之，則可以防其橈矣。君子之臨事，「獨立不懼」，蕩蕩然無顧慮之意也。當其未事，周防不懈，夔夔然存恭畏之心也。自記。

八卦皆人心之德，乾健，是不息的，人氣血不周流便病，脈歇至便病。坤順，所謂百體從令也。健主神上説，順主體質上説。震主動，巽主入而散，兑主説，艮主止，皆人心之德不可無者。惟水主險，豈可説人心有險德？故聖人於坎上加一「習」字。王輔嗣云「更習」也，最妙。程朱不用，而以「重坎」爲「習坎」。那一卦不是重，何獨坎卦？孔子所云「重險」，乃是解「習」字之意，一重險過，又一重險，非「更習」而何？不是以「重」字訓「習」字也。不獨上聖大賢，將降大任，必先窮餓困苦，動心忍性，增益其所不能，即平常人，亦困心衡慮而後作，徵色發聲而後喻。所謂險，不獨貧賤患禍也，那極如意之中，一切飲食男女、聲色嗜好，那一處不是陷阱？都要在此等處錬過方好。加一「習」字，便是人心之德最不可少者。

天下至實者無如水。以黍稷入斗斛，已滿了，再築實摇晃便陷下，土沙皆然。惟水一滿不可增添。他物可堆高，水至平而止，所謂「水流而不盈」也。古人文字，有兩句似相對，而上句斷，下句聯下文者甚多。史記尚如此。「水流而不盈」，似與「行險而不失其信」相對。其實，「水流而不盈」，是斷句，「行險而不失其信，維心亨，乃以剛中也」，是一連讀。

「德行」，如三物中六德、六行之類；「教事」，如三物中六藝之類，皆自己身上事。程傳以「習教事」作「三令五申，使民習熟」説，稍離。清植。

宛平王相公熙嘗語余云：「吾閲事多矣，凡人設機心，假一事以作穽陷人者，其人必即因此事自取禍敗。」余因是語而悟「習坎入坎」之義。其所習之坎，即其所入之坎，不待他處有坎，而後致凶也。清植。

水德所以爲至實者，以其未平則未驟滿，方平復無增高，既平之後，又難以人力使之縮少也。然則其後之無損耗者，由於其初之不盈大也。二在下體，是未至於平也，未平則不驟滿，故爻曰「求小得」，而象曰「未出中」。五在上體，是既至於平也，既平則不增高，故爻曰「不盈」，而象曰「中未大」。人之心德，有本而無助長之功，有實而無過情之譽者，亦如之。自記。

「習坎」之得其道者，二五也。四承五，故亦「无咎」。其餘二陰，皆失道者也。獨初上言之者，初雖涉險未深，而居下有坎底之象，是小人動作機詐，自謂能習險，而自納於陷阱者也。故爻特加「習坎」二字，而象曰「失道凶」。上雖處陰之極，而居上有出坎之象，是人之惡積罪大，罹於刑辟，聖人至仁之心，則猶望其習於險而改悔者也。故象曰「凶三歲」，所以終「習坎」之義，充類以至於盡也。三雖亦失道，然處重險之間，則時之窮也。時之窮者，不可以習險責之柔材，故爻但曰「勿用」，象但曰「无功」而已。自記。

爻言三歲而猶不能改悔以得於道，則凶矣。明其失道於今，將復凶於後也。象言由其失道，故「凶三歲」。明失道於前，是以凶於今也。言外之意，乃謂因幽憂困苦，而能改悔從道，則三年之外，可以免凶矣。此爻象交發意也。自記。

「繼明」者，所謂緝熙於光明也。傳説太泥，不必從。清植。以上上〔一〕經。

遇憂患危疑事，如艮卦大高，明道所謂「萬變皆在人，其實無一事」者，即是此地位。想明道已能到此。平常人倒是咸卦用得著，事變來，以理爲主，若不能萬全，只得順理有把柄。

「取女」主陽感陰言，「女歸」主陰從陽言。陽感陰，貴乎情之專；陰從陽，重乎禮之別。「女壯」則勿取者，以失乎順從之道，則不可感者也。歸妹則「征凶」者，以不待交感之節，則不宜歸者也。清植。

「憧憧往來」，不是説憧憧然往來，蓋謂把往來放在心上盤算，憧憧然不寧也。「往來」即當「感應」二字看，感應是該有的，不合憧憧於其間耳。自記。

浚者，求深之義也，求深非不善，而始而求深，則不以其序，而終至於無恒矣。「浚恒」者，求深於其常也，而終至於无常。事不循乎其序，則不可繼，而不可久也。自記。

諸爻皆言「遯」，而二爻無之，則是義不可遯者也。故傳言「固志」以明之。自記。

卦皆貴剛，惟升進則尚柔，蓋取難進之義。故晉曰「柔進而上行」，升曰「柔以時升」，漸曰「漸之進也，女歸吉也」。定九先生曰：「守得住柔，便是剛。」

説明夷，因曰：「『自我西郊』、『亨于西山』，以爲指文王，皆恐未確。惟此卦卻有些像。」「明夷于飛」，不知指著誰人説，想是當時隱者，如伯夷、太公之類。「夷于左股，用拯馬壯」，卻像是指文王。文王率商之畔國以事紂，又陰行善，上不失君臣之分，下又救了許多百姓，所謂「馬壯」也。「明夷于南狩」，是指武王。「入于左腹，獲明夷之心，于出門庭」，卻像微子。腹者，腹心之臣，故繫二止曰「股」，不曰「腹」。「箕子之明夷」，明明是指箕子。「不明晦」，正指獨夫。「初登于天」，所謂「殷之未喪師，克配上帝」。「後入于地」，所謂「惟不敬厥德，乃早墜厥命」，都有些像。所以彖傳中分明言「文王以之」、「箕子以之」。將來所著易解中，凡引古事爲證者，皆當盡行删去。惟此卦卻不得不如此説。清植。

「明夷」，原是好字，今人皆説作昏主。「明夷」是自家明，卻被别人傷了。故自初至五，皆曰「明夷」，惟上是傷人之明者，故不曰「明夷」，而曰「不明晦」。清植。

風火爲家人。風本從火生也，因熱而生，故萬物亦被之而生。一家和，便有暖氣，暖氣薰蒸，至於黨族親戚，而化及鄉國矣。此家人之義也。

君子以言有物，誠也，不誠則無物。「誠」字、「信」字，皆從言，蓋誠信於言驗之。自記。

睽時須從小處去行，如人子得罪於父母，大處動輒生疑。且莫動，只揀小小事體無可生疑處，勤慎自效，積久亦漸消釋，是感通之道也。

「有孚于小人」，作「驗之于小人之退」說，於義雖通，但細玩此爻義，當是言解之時。本以解去小人爲急，五又居尊，惟有能解則吉耳。然多欲之君，雖或一時迫於公論，不得已去其近習，心中終有不忍捨棄者存。如宋孝宗之念曾覿之類。則小人雖或見斥，而有以窺其隱微，猶未信其實能斥己也。未信其實能斥己，則安肯改惡以歸於正哉？故君子之解，必使小人共信其爲誠心去惡，然後可以得吉。象言「小人退」，非正釋「有孚于小人」，言既孚于小人，則小人必改惡以歸於正，如論語「不仁者遠」之意。此說尤長，既與「孚」之字義相合，又於句下不用添出「之退」字面。觀象中尚未及改正。清植。

「損下益上」爲損，「損上益下」爲益，最爲確鑿，不是徒以虛理立論。天地施生，何處不然，然必假人力以爲輔相。如今墾一畝田，必須工本；播一區穀，必須糞水。「損上益下」之世，民有餘饒，自然野加闢而穀加豐。是聚於上者，雖若見爲損，合世間所生殖者論之，所贏不知凡幾矣。其實，民間之財，何莫非君上之財，豈非益乎？若「損下益上」，斂利而藏之府庫，所藏者既無生息之源，而民間工本乏資，糞水無藉，勢必棄壞不闢，而所收亦歉。是在上者，雖若盈溢，合世間而通算之，所失不已多乎？此理陸忠宣看得透，故有小儲、大儲之説。其奏疏中，有一篇論損益者，極佳。清植。

「損剛益柔有時」，即緊頂「二簋應有時」。如損神明之享，以濟時艱，亦所謂「損剛益柔」也。故總之曰：「損益盈虚，與時偕行。」自記。

動者，志之奮也；巽者，心之入也，即程朱學的中「立志」、「虚心」之云。説命曰：「惟學遜志，務時敏。」「遜志」，巽也；「時敏」，動也。清植。

君子小人，不但善惡之稱，凡上位下位皆是也。九四與初六應，未嘗遠之也。然應而不能制之，則非我有矣。聖人推原其本，謂不能制之者，由於親愛之失其道也。我失親愛之道，然後彼之心離，離然後不可制也。自記。

易中「號」、「笑」二字每相應。「若號一握爲笑」，言萃之所以亂者，以孚之不終也。「若號」，則仍有孚矣，故可一轉而「爲笑」。「一握」，猶言一反覆手間。清植。

爻言「萃有位无咎」矣，又言「匪孚，元永貞，悔亡」。則是無「元永貞」之德，而但以位萃天下，雖无咎，而猶有悔也。故象傳推其意釋之，謂以位萃天下，則「志未光」。「未光」，謂有悔也。自記。

「升虚邑」，東坡之説爲長。五之「升階」，其進有漸也，「升階」而吉，則「升虚邑」之無吉義可知。升、晉之卦，皆利於柔者，以抑躁競也。九三過剛，難免於躁競，故其詞如此。清植。

「冥豫在上」，則不可以久長矣。「冥升在上」，而曰「利于不息之貞」者，蓋悦豫非久長之道，故必速變之而後无咎。升則有時難於退者，但利於守正，不息而已。自記。

困與蹇異。困者，身之困也；蹇者，時之難也。説者以「致命」與「匪躬」同解，覺得太過。言舉其所遇委之命，而惟惓惓以遂志爲心而已。象傳「困而不失其所亨」，志，即「其所亨」者也。文中子東歸，餓於逆旅，講學不輟，而曰：「困而不憂，窮而不懾，通能之。」即「致命遂志」之謂。清植。

君子雖處貧賤，無入而不自得，非所以爲困也，惟樂行憂違君子之志也。若言不必聽，計不必從，徒以爵禄縻其身，而不得引去，不幾於進退失據者乎？所謂「困于酒食，朱紱方來」、「困于金車」、「困于赤紱」者，意正如此。清植。

困四「志在下」，與臨上「志在内」同，皆非指應爻而言也。臨上在卦外，於人爲事外矣，而曰「敦臨」，則是臨民之道，敦厚不忘，志存乎天下之内者也。非志在内，則居事之外，何以見其敦厚於臨乎？困四居上位者也，而曰「來徐徐」，則是無心於進而勢不得退，其志常存乎居下者也。非志在下，則居位至高，何以見其來之徐徐乎？自記。

「動悔有悔吉」爲句，「行也」爲句。「跛能履吉，相承也」；「遇其夷主吉，行也」，義同。自記。

就爻觀之，疑於所謂「我」者，井自我也。若井自我，則亦井自心惻，而井自求福矣，非爻意也。故夫子釋之曰，此謂行路之人過此井者，覩其清而不食，憫然憂傷。故爲之思遇王明，庶幾食此井者，皆受其福耳。蓋必如此解釋，然後「我」字、「並」字可通也。自記。

獸皮曰革，獸之變必先易其皮，故「革」字又有改革之義。六爻中，言牛、言虎、言豹者，以此。清植。

「巳日」者，革之時，「乃孚」者，革之應。惟「巳日」故爲「順天」，惟「乃孚」故爲「應人」。然而惟有懿德，故必元亨利貞而後悔亡也。爻於二言「巳日」，三四五言「孚」，四又言「悔亡」，皆析卦義以立文。初未至於「巳日」，故不可以有爲。五者，創業之成，而上則守成之緒也，故變「大人」爲「君子」。清植。

爻言「得妾以其子」，是即以初爲妾，比於鼎之「顛趾」，而以其從夫得子，比之「出否」也。然文意未明，疑於初之「得妾」者然，故象傳曰：「利出否，以從貴也。」則知初是爲妾而從貴者矣。自記。

至尊讀書，都在最上一層著意，信是天亶睿智。一日諭地云：「易經逐爻説吉凶，不知道他的根，甚疑惑。如鼎卦四爻，爲甚麽斷他『鼎折足，覆公餗，其形渥』。還是他自己有應得之罪？還是天地間有此事，硬派在這一爻上？」地奏云：「據臣愚見，大易三百八十四爻，都是聖人逐爻比校過，纔下斷語。鼎四之辭，是他自取，不是硬派的。」曰：「如何是他自取？」奏曰：「鼎卦初六是鼎趾，二三四是鼎腹，四居鼎腹之上，實既滿盈，便有傾覆之理。又易有義例，五位君也，四近君之位，故曰『多懼』。四宜柔不宜剛，五宜剛不宜柔。四爻以剛承柔，率多凶懼。他已犯此例，又下應初爻。初在下，宜剛不宜柔，如特立獨行，賢人在下之象。四宜柔，如大臣虚己下賢之象。今大臣剛，而在下者柔，如所信任者，乃陰邪之小人，他又犯此例。初乃鼎趾也，故曰『折足』。鼎有實而折足，鼎中之所有必覆矣，故曰『覆公餗，其形渥』。」奏訖，大蒙嘉悦。因曰：「由此看來，易經通有義例。」折中内有義例一册，從此起也。

易爻以陽爲實，鼎五陰也，然有中德，故可以之爲實。猶未濟九二，非正也，然有中德，故可以之行正。兩處文義，正可參觀。

八純卦大象，與六十四卦大象，微有不同。蓋八卦之象，皆造化之本，各一其極而無假借，君子體之，皆是以其德反之於心。非如他卦之或取於時遇，如泰、否、蹇、解之類也。故天法其健，地法其順，火法其明，水法其習，山法其止，澤法其滋，風法其令。推是以譚，雷亦是法其震動。此震動乃吾心所固有，戒慎恐懼乎其所不覩不聞者。不可以洊雷之象，目爲外至之震驚，而君子因之以恐懼修省也。自記。

「艮」、「背」二字之義，即是主静，故周子曰「背非見也」；程子曰「止於所不見」。惟語類有「止至善」之説，而蒙引、存疑因之。文意雖殊，義理則一。自記。

朱子解「艮其背」爲「止於至善」，道理極是，只是以「至善」詮「背」字，覺得不協。程子説「背」爲「不見之地」，是矣；又説「行其庭，不見其人」爲「絶物」，未免太過。聖人説「篤實」，便説「輝光」；説「闇然」，便説「日章」，只是以静爲主。

問「止其所」。曰：「『所』字是甚麽？近講以仁、敬、孝、慈、信之類詮釋，頗於字義不肖。若直以爲寂静之境，又恐宗指有差。諸變文云：『適得吾明覺之體，不失吾順應之常。』於『止』字本意得之矣。」自記。

佛家將心地一點靈明，謂之「三昧真火」，其他一知半解有知覺處，都是「無名火」。所以破除一切，以養他那一點靈明。艮卦三爻，正是説著此病。「厲薰心」，「薰」字最妙，火條達便光芒照耀。若佛氏硬提此心，是抑塞壓制，使他鬱鬱不能出。如火之薰，適足以爲障蔽而已，故程子謂「觀一艮卦，勝讀楞嚴一部」。

外邊事處置妥，心裏便安，本是一箇，聖人學問如此。異端離此而求静，乃悍然不顧，其中不自在者多矣。聖人知之，曰「厲薰心」，蓋發其隱也。

六四在心之上，口之下，以咸例之，正當背位，合卦義矣。然艮爲剛德，而四柔也，且德非中正，故未能純乎卦義。卦義曰：「艮其背，不獲其身。」夫子釋之曰：「艮其止，止其所也。」蓋止於其所，則自不獲其身矣，無制身之勞也。未至於是，則必止於其身。止於其身者，未能不獲其身也，故夫子釋之曰：「止諸躬也。」易「其」爲「諸」，義自明矣。「非禮，勿視聽言動」皆是也。自記。

漸以「女歸」爲義，歸妹以「妹」爲名，故六爻皆取女象。漸三曰「婦孕不育」，「婦」指三也，其曰「夫征不復」者，引起之詞。歸妹上曰「女承筐无實」，「女」指上也，其曰「士刲羊无血」者，波及之詞。清植。

歸妹上六，專取妹象。由女之承筐也无實，故士之刲羊也无血，其咎在女也。故象傳偏釋「承筐」。自記。

豐初之「配主」謂四，配如夫婦之配合；四之「夷主」謂初，夷如朋友之等夷。以下交上，雖合德，猶必謹其分；上之交下，既同道，則必略其尊。清植。

往時解風，陽也，主散陰氣。西方陰凝時，須風以散之，至春方發生，無陰可散，乃是散去年陰氣之尚凝者耳。今思之非也。天地間有陽便有陰，如心纔動而身體便隨之。方春陽氣一到，便有陰氣，便須風散。不是散去他，是散開要他流行。如化開飲食，以滋益於人，不可結凝爲患也。

入而後能斷，故巽有制義，又有齊義，六爻又有武人齊斧之義。不能斷者，不能入者也。自記。

巽，訓卑巽，始於輔嗣，殊爲附會。巽者，入也，非謂一陰能入，謂二陽能入一陰以散之也。如腹中無故腸鳴，不爲佳事。若中有痞塊，元氣盤旋而解散之，則周旋作聲，人方通泰。國家有藏姦伏慝，必搜索整治而後消散，亦是此理。常見五六月間，空際雲起，旋即風來吹散之，雲散則風亦止矣。再有雲起，則風又至。故巽有伏義，主陰而言也；又有入義、有齊義，皆主陽而言也。何以謂之「小亨」？破散陰氣，到底不過去滯，非元氣本然流行者可比。「利有攸往」者，搜擿不可不急也。「利見大人」者，必得陽剛而後能化也。史巫以搜其姦邪，資斧者，齊斧也，謂以斷物斬齊也。上九不斷，故凶。問：「上不斷，不有疑於卑暗乎？」曰：「彼亦刻刻欲搜姦發伏，非安於暗弱者，但不能斷，終『正乎凶』耳。」

今俗占雨陽以甲、庚日，蓋十干氣候，到此二日便須少變，如歲之有春秋也。蠱是從頭變來，故有取於甲；巽是從中間變，故有取於庚。自記。

「涣汗其大號」爲句，「涣」一字自爲句，「王居无咎」爲句。言能「涣汗其大號」，則雖當「涣」時，而「王居无咎」也。本義以「涣王居」三字連讀，但「王居」既「涣」，如何説得「无咎」？故以居爲「居積」之居，微費周折。惟依小象斷句，則「王居」二字，即是後世所謂「皇居」者，故小象以「正位」釋之。清植。

此「逖出」，與「惕出」自不同，故夫子以「涣其血」爲句，而專釋之，則明下當以「去逖出」爲句。如「樽酒簋貳」之類，皆是夫子分别句讀處也。當涣之時，在事中者，則以涣其所利爲義；在事外者，則以涣其所害爲義。自記。

卦取澤水爲義，水甘而澤苦，水通而澤塞。卦爻言「甘」、「苦」，故傳復言「通塞」以發明之。塞則窮矣，故傳曰「中正以通」，又曰「其道窮也」。

中孚二爻，講家説來語氣全舛。和之者「其子」而已，靡之者「吾與爾」而已，皆明其非謏聞動衆之爲也。不然聲聞過情，如登天之「翰音」，則凶矣。此二爻對看，其義自明。清植。

小過之時，以過爲中者也。然有當過者，則雖過而未離乎中；有不當過者，則不及而後不失乎中。過與不及之義，如反覆手。然過於恭者，乃其不及於亢者也；過於儉者，乃其不及於豐者也。「麻冕」之義，「過乎儉」矣，是所謂「過其祖，遇其妣」也；「拜下」之義，「過乎恭」矣，是所謂「不及其君，遇其臣」也。「不及其君」，則是君不可過也，而曰「臣不可過」者，蓋言是爲臣之中，則不可過，非爲君不可過也。自記。

爻意謂能「曳其輪」而不進，則雖「濡其尾」而「无咎」也。曳者，我曳之也；濡者，非我濡之也。故二義不可一例。觀未濟「濡其尾，吝」；「曳其輪，吉」則可見矣。象傳專釋「曳輪」，其義自明。自記。以上下經。

【校勘記】

〔一〕「經」上原脱一「上」字，據周易正義補。

榕村語録卷之十一

周易三

繫辭傳，古今至文也，惟中庸像之，文體直是一樣。

上繫是説易經大本大源，下繫是説讀易的秘訣及凡例。

繫傳首章，乃太極圖説所自出。圖説之「分陰分陽」，即「尊卑」一節之義；「動静互根」，即「摩盪」二節之義。但繫傳由摩盪而生六子，圖説則由變合而生五行，言各有所當耳。「男女」即繫傳之「男女」也。知始者，所以發其神；作成者，所以生其形。「易」、「簡」二字，實包「中正仁義」之義，成位乎中，則所謂「立人極」者也。清植。

「動静有常」兼二義：其分，則或動或静；其變，則時動時静。如風雷是動的，山澤是静的，就山澤言，則澤是動的，山是静的，所謂或動或静也；水停蓄處又是静，山發生處又是動，雷迅風行是動，斂氣收聲又是静，所謂時動時静也。清植。

「剛柔相摩」，是一對對相摩，雷與風摩，山與澤摩。「八卦相盪」，則山可與雷盪，風可與澤盪，都是言交易。問：「此二句著卦上説否？」曰：「未著卦。所言『八卦』，猶言天地間之雷風山澤如此相盪耳。王輔嗣及程子俱不著卦説，惟朱子方説作生卦。『剛柔』亦只是説天地間之二氣，不是説卦畫剛柔。」清植。

至尊言：「春風帶潤，最爲豐年之兆。」乃知易云「潤之以風雨」，非漫下「風」字也。

雨以潤之，上繫並風亦曰潤者，謂東南風也。詩曰：「習習谷風，以陰以雨。」舜之操曰：「可以阜吾民之財。」清植。

「乾以易知」之「知」，乃「乾知大始」之「知」，與「易則易知」之「知」不同。「坤以簡能」，「能」即作也。「易」主心言，故屬德一邊；「簡」主事言，故屬業一邊。後儒只因把「知能」二字看混，遂有以知行分配德業者，悮矣。清植。

朱子説：「悔是吉之根，吝是凶之根。」最好。凡遇不好底事，只求之於己，便消了多少火氣纏繞。佛家重懺悔，亦是此意。吝不是大惡，如何便至於凶？只是不爽快，留在那裏遮遮掩掩，便可以做出大不好來。人當禍患來時，痛心疾首，思愆悔過，有這念頭，便可導引善氣，消除魔障。某平生覺得與人無大仇怨，不全是忍耐，亦是尋根見得自己身上明白了，便已消息許多。

「憂悔吝」、「震无咎」，不在「悔吝」、「无咎」之辭之外，即在「悔吝」、「无咎」之辭之中看出。介比小疵先一步，悔比補過又先一步，於此處提撕警覺，便是憂且震處。自記。

「仰以觀於天文」一節，淡淡幾句，把佛家無常迅速、生死事大、六道輪迴諸説，都包盡了。至「與天地相似」、「範圍天地之化」兩節，便是佛家説不到的。「尺蠖之屈，以求伸也；龍蛇之蟄，以存身也」，把道家虛静之説，都包盡了。至「精義入神，以致用也。利用安身，以崇德也。過此以往，未之或知也。窮神知化，德之盛也」，便是道家説不到的。

「仰觀俯察」節，括盡佛氏精妙。幽明，難知也，其實不必遠求，但觀察於至顯之天文地理。陽主施，陰主受，晦明盈虧，循環往來，幽明便是這緣故。下箇「故」字，言其所以然不外此也。知之，則凡作息、出處、進退、顯晦，皆視此矣。死生，難知也，其實不必遠求，但於所作之事。原乎事之所以始，反乎事之所以終，自無而有，自有而無，死生便是這樣。下箇「説」字，言其説即如此也。知之，則知「誠者物之終始」，只就應事接物上，可以了當「生順死安」之義矣。鬼神，難知也，其實不必遠求，但就身上體驗。耳目口體，精之爲也；其聰明運動，氣之爲也。陰精陽氣，聚而成物，是對待的。至於思慮夢想，倏忽現滅，出入有無，幻化萬端，則游魂之變，是流行的。鬼神之情、之狀，即是這樣。知之，則踐形盡性，「克己復禮」，「清明在躬，志氣如神」，郊焉而天神格，廟焉而人鬼饗矣。

「原始反終」，始可原，終之後又誰爲反之？所以朱子亦覺説不去，只云：「能原其始而知所以生，則反其終而知所以死，反終即在原始中看出。」以某言之，「始終」不必貼「生死」，只是泛論，言即一事一物之始終，而可以知死生之説也。「精氣爲物，游魂爲變」，亦不必貼定「鬼神」。觀凡精氣之爲物，游魂之爲變，而鬼神之情狀可知矣。

夫子贊易許多「神」字，有説似「鬼神」者，有説似「神化」者，有説似「心神」者，要想箇至當不易的著落纔好。神者，兩物相感之幾，互根之妙，其原只是一理。如人一心，放之可以千頭萬緒，斂之便自一些没有。可見一些没有處，便有那千頭萬緒在其中；至千頭萬緒時，原有那一些没有者在其内。此之謂變化。千載而上，千載而下，我一思便到，可見千載上下，我有他的，他有我的，不然如何相及？無他，一理故也。動中有静之理，故於動便知有静；静中有動之理，故於静便知有動。陰有陽，陽有陰，相生相克，止是一理。

須知說「廣大」，爲何推到「專」、「直」、「翕」、「闢」？蓋明天地一動一靜，無心之妙，即所謂「易簡」也，故通章以「易簡」結住。此意少人會得。

靜專、動直；靜翕、動闢，是推「廣大」之原於「易簡」處，故曰「是以大生焉」、「是以廣生焉」。而下文以「廣大」、「變通」、「陰陽之義」，歸之「易簡至德」。自記。

法言云：「萬類錯雜，必衷諸天；羣言淆亂，必折諸聖。」河圖、洛書如何形狀，自漢以後，宋以前，無有也。惟班孟堅五行志，有自一至十，八卦是也；自一至九，洛書是也，略可考據。至陳希夷後，始傳河洛及先天之圖。朱子答王子合〔一〕，尚以先天圖爲不足信，而以九爲河圖，十爲洛書，後見蔡季通，始改九爲洛書，十爲河圖，而歎先天爲最精。朱子於大根大源處已透，又心虛而大，故一聞合理之言，便從而信之。今日既有朱子以爲依歸，何必重加根尋，自取擾亂？且說道理，必不能如朱子之精，考據源流，必不能如朱子之確，以折羣言之淆亂可也。

河圖不必拘「天一生水」、「地二生火」諸語，只以陰陽奇偶言；洛書只以「參天兩地」、「三才」言。天下之理數盡此矣。五爲皇極，人也，參兩之會也。三至一、二至六，皆生生不窮，無住時。其順而加，則乘也；其逆而減，則除也。五不用，至十又成一。

用奇數之皆得五，用偶數之皆得十。「變化」、「鬼神」，即從「相得」、「有合」上看出。「相得」所以「成變化」，「有合」所以「行鬼神」。自記。

「變化」是就推行有漸處見，「鬼神」是就合一不測處見。五氣順布，所以有漸也；陰陽互根，所以不測也。推此，則「變化」、「鬼神」，分頂「相得」、「有合」甚明。說卦傳以後天分職爲帝，先天互藏爲神，亦此意。自記。

聖人揲蓍，而數學之精俱括於内，其根皆始於七。故勾股法：勾三股四爲勾股和，以無餘數也。「大衍之數五十，其用四十有九。」七七四十九，未至七不成比例，過七又不成比例，以有零數也。凡開方，方圓相求，圜徑相求，圜積相求，無不始於七。方徑七，二十八；圓徑七，二十二，爲密率。以此爲例，卦乃乘數，蓍乃除數。

蓍策是法曆數的。一年全數爲三百六十五日四分日之一，除五日四分日之一爲氣盈，其整數爲三百六十。蓍策則虚一外，所餘者四十九，復以掛一一策，當氣盈五日四分日之一之數，其餘四十八策，則一策當七日半，合之得三百六十日，併掛一所當數，正與一年全數相合。不似太玄、潛虚、洞極諸書，牽强與曆數相應，卻極割碎分裂不整齊。郭子和專以掛象閏，朱子辨之詳矣。但朱子以扐爲指間，奇爲揲餘，又似專以扐象閏，而掛無與於閏數。如此，則下文「而後掛」，不得爲别起積分之象矣。其實掛象氣盈，扐象朔虚，二者皆象閏。氣盈不用算，一定是五日四分日之一，故掛亦分二了便掛。朔虚卻須細算始得，故扐在揲四之後。夫子分明言箇「奇」字，「奇」是箇一數；「扐」字從手、從力，又是箇實字。故「歸奇於扐」，當是歸掛一於揲餘，言併氣盈於朔虚，而後成閏。併掛一於揲餘，是象閏也，「五歲再閏」，而後别起積分，「故再扐而後掛」也。然如此，則掛象積分之端耳。象再閏者再扐也，不知氣安得盈？朔虚而後氣盈，蓍安得掛？覺得四四揲之，尚有零數，所以有掛。專以扐象之，則不全。清植。

揲四象時，過揲象期，歸奇象閏。揲策正數也，奇策餘數也。時與期亦正數，閏亦餘數。自記。

問：「啓蒙附論中，迎日推策一篇，算來皆與曆法吻合。孔子於各樣圖象，未嘗以配曆法，獨於蓍策諄諄言之，所見必無差謬。倘治曆明時，直用此細加推測，未必不冠絶古今。」曰：「恐是如此。」清植。

「以言」，只是將所爲所行之事，於問時對蓍言之。自記。

問：「本義以『至精』爲辭占之事，『至變』爲象變之事。觀象不從，以變占屬『至精』，象辭屬『至變』。何也？」曰：「『至精』節，是言蓍筮之用；『至變』節，是言卦爻之藴。蓋本河圖而立卦爻，生蓍策『以前民用』，易之本末具是矣。故此篇首列河圖，遂紀蓍策。因備舉辭變象占四者，以象辭具於卦爻，變占生於蓍策故也。以此推之，則變占應屬『至精』，象辭應屬『至變』明矣。至下文又復列舉蓍卦爻，其義可見。」問：「『至精』故能『極深而通志』，『至變』故能『研幾而成務』。下文『通志』與前同，卻舍曰『成務』而曰『定天下之業』；又增一句曰『斷天下之疑』。何也？」曰：「『通志』主蓍言，『成務』主卦爻言。以方知易貢，將析卦爻以立義，故於『成務』中亦以『定業』斷疑。析言之，卦『方以知』，故能『定業』；爻『易以貢』，故能斷疑。如當需之時，貴於孚，亨而貞焉，斯足以定其業矣。然自郊而沙，自沙而泥，處位不同，義各有當，則非爻無以爲斷。要皆所以『成天下之務』而已。」清植。

「以此洗心」，「此」字何所指？即指蓍卦之德，六爻之義也。蓍卦爻之設，乃是聖人牖民一片婆心所寓。「以此洗心」，則滿腔都是惻隱。至「退藏于密」，而此意常在，故及其發，而能與民同患也。「以此齋戒」，根「神物」來，亦是此意。清植。

「易有太極」，此句極其圓妙。氣根於理，理因氣見，説來渾融無跡。鍾旺。

「吉凶生大業」，且不必入教人趨避意。天地間若無箇吉凶，或有吉而無凶，一切事業經綸，何自而起？惟大業由吉凶而生，故聖人教人趨避，以成天下之業。自記。

「書不盡言」，何以「繫辭」便能「盡言」？既有「盡意」之卦象，因而繫之辭，則非凡書之比矣。故於「繫辭」下著一「焉」字，其旨自明。第二章「繫辭焉而明吉凶」，亦是根上「設卦觀象」來，與此正同，即「有見於天下之動」節所云「繫辭」，亦是根上節「象」字來；「繫辭焉所以吉」，亦是根上文「四象」來，故俱著「焉」字。經書中助字無虛下者。清植。以上繫辭上傳。

卦各三畫，以天、地、人有定位，而事之始、中、終有定序，都是如此。因而重之爲六十四，亦皆理數之自然，非有一毫造作於其間。

貞，正也，常也。吉凶不一，要以正而常者爲勝。「惠迪吉，從逆凶」。豈無修德而凶，不道而吉？非其正常也。天地以正而常者爲觀，日月以正而常者爲明，天地日月豈無變異？非其正而常者也。此陰陽，人事之主宰。若如時解，便大有病。吉凶相勝，既是一定之理，聖人教人趨吉避凶，謂之何哉？

「貞觀」、「貞明」，便是天地日月之貞於一處。老氏所謂「天得一以清，地得一以寧」，亦頗得此意。自記。

「大德曰生」，故生乃天地之性，絪縕化醇，則生意可觀者也。自記。

日與月，寒與暑，二氣兩體，卻是交藏互根。此所以自然相感，而無容心也。自記。

承否之後，是甫安、甫存、甫治也。觀三箇「不忘」字，便見得去亂亡未遠，與制治未亂、保邦未危，口氣是兩樣。自記。

八卦是伏羲所名，朱子於乾卦顯言之，至屯則不敢定。繫傳其稱名也雜，即指六十四卦之名也，而下云「其于中古乎」、「其有憂患乎」，亦未定爲誰名。今思伏羲時，井、鼎諸物或未備，意者其文王所名乎？

聖人憂患，都是憂患天下，不是只爲一身。「作易者，其有憂患乎？」吉凶與民同患，聖人滿腔都是仁，原不見有一層皮殼。

「其出入以度，外内使知懼」，則雖師保之嚴，不是過矣。然又爲之明其憂患，與所以致是憂患之故，牖民覺世，全是一片婆心。故人不覺其有師保之嚴，而直如父母臨之也。口氣是如此。清植。

「柔之爲道，不利遠」，故六二不如九二。以此推之，則知九二强於六二矣，以遠貴剛故也。又知九四不如六四，六四强於九四矣，以近貴柔，不貴剛故也。「其柔危，其剛勝」，故三雖多凶，而六三又甚於九三；五雖多功，而九五尤强於六五也。此二節不過數語，直括盡全易中四爻義例。然其立言，曰「其要」，曰「耶」，一以見聖人之德盛禮恭，語多渾含，不似後人武斷；一以見易理變動不居。雖略論其大體，見得如此，而終不可以拘泥看殺。清植。

理本易簡，惟健順者能體之。若謂易簡生於健順，則非也。天地之道，可一言而盡者，誠也。誠，則自然易簡；不誠，而自謂易簡者，妄也。自記。

健以聖人之心體言，順以聖人之行事言，非兩人也。「易」對「險」，不對「難」。前章所謂「辭有險易」，中庸謂「君子居易」、「小人行險」，皆是以「險」、「易」相對。蓋以險遇險，則不能知險，而亦無以處此險也。故惟易者能知之，亦惟易者能處之。本義卻用「難」字爲對，然難亦險也。雖易而能知險，所謂「不逆詐，不億不信，抑亦先覺者」也。簡與阻亦然。自記。

易乃坦易，如「居易以俟命」之易，不是難易之易。如人以機械變詐來，我亦以機械變詐應，倒往往爲所欺蔽。遇機械變詐人，我只以明白坦易處之，倒都照見得他的情僞，所以云「易以知險」也。既知之，便能以此處之，不過坦易明白，誠心直道，彼亦久而自化矣。簡與阻亦然。遇事之繁難瑣碎者，我只求得其要領，則繁難瑣碎處，亦俱知其故。若仍以叢脞御之，如何知其阻？以簡知之，即以簡慮之而已。

某解「易以知險」、「簡以知阻」，與本義略異。蓋身亦入險阻，便難有濟，我即易以知其險，即簡以知其阻，以此知之，即以此處之，則險者易而阻者簡矣。人心之光明，易也；行事之順理，簡也。在我無邪曲曖昧，而行所無事，當險阻有何不濟？静專、動直，静翕、動闢，即是詮解「易」、「簡」二字。蓋在人之易簡，可以心地、行事言之，天地之易簡於何見？天之道，其静也專一，其動也直遂，豈不易乎？地之道，其静也都包在裹面，不見形聲；其動也一放出來，色色俱全，豈不簡乎？朱子説得妙，專直是一箇，翕闢是兩箇。如兩扇門，有閉有開，閉則一無所見，開則無所不有。卻不是開時方逐物造出來，原是一有都有也。

愛惡生於時，遠近生於位，情僞生於德。利害最重，悔吝爲輕，吉凶居其間。「凡易之情，近而不相得，則凶。或害之，悔且吝。」總頂時、位、德而論之。「不相得」者，以惡相攻，以僞相感也。「近而不相得」，則勢必致凶，甚者或至於生害，即輕者亦必「悔且吝」也。以此推之，則近而相得者，必獲吉利可知；遠而相得者，雖未必吉利，其免於凶害亦可知；即遠而不相得者，雖或不免於悔吝，其不至於凶害又可知矣。著語無多，八面周盡，故是聖筆。清植。以上繫辭下傳。

繫辭都是説辭，説卦都是講卦。繫辭中雖有講卦處，意總歸於辭；説卦中雖有説辭處，意總歸於卦。

「參天兩地而倚數」，儒先之説，都不甚明白。蓋以理言，天一地二，地爲天包，豈非三乎？以數言，一數不行，必至三方有數，三三爲九是也。以形象言，隨便點三點，求其心，皆可規而圓之；隨便點兩點，求其角，皆可矩而方之。兼此三説，其義始備。清植。

朱子謂：「圓者徑一圍三，方者徑一圍四。三用其全，四用其半。」其實徑一圍不止三，徑七圍當二十二，且用全、用半之説，又多一轉。看來天數起於一，而實行於三，一是全數，行不去，推至於十百千萬，總是箇一，必以三推之，方可至於無窮。地數卻只須從二起，便可行，又曰：「三一爲三，三三爲九，三九爲二十七，三二十七爲八十一，歸到一上來。」蓋此數是自三歸到一，不是自一數到三。清植。

道即命，德即性，義即理。物所固有者爲理、性、命，人之體之則爲道、德、義。能「和順于道德而理于義」，則能「窮理盡性以至于命」。自記。

「和順于道德而理于義」，謂立卦，「窮理盡性以至于命」，謂繫爻。自記。

「兼三才而兩之」，分陰陽而迭用之，且就「聖人」上説；六畫成卦，六位成章，是就「易」上説。「兼」字語勢側在「兩」字，「分」字語勢側在「迭用」字。自記。

「兼三才而兩之」，是道有變動，故曰爻；「分陰分陽」，是爻有等，故曰物；「迭用柔剛」，是物相雜，故曰文。自記。

參同契「納甲應月候」之説，似先天「八卦方位」；太玄「方州部家」之法，似先天「生卦次第」。故朱子疑希夷、康節之前有傳。自記。

「天地定位」節，與出震之序不符，又與乾、坤六子之次亦異，故邵子以之證明先天，確矣。然須先言水火，乃及雷風，而此反之。下「雷動」節，兩相對舉，又俱先陽卦，後陰卦，不以左右陰陽爲次。爲可疑耳。蓋此章重在「雷動」節，見陰陽次第。此節卦位對偶，原可錯舉。至下一左一右對舉，先陽卦，後陰卦，取其於辭爲順，於左陽右陰之理無礙也。自記。

「數往者順」節，邵子之説，似與朱子異。愚謂此條蓋承上節起下節之意，言八卦方位，若如上文起乾、坤三陽三陰，數至震、巽一陽一陰，是順數也；若起震、巽一陽一陰，數至乾、坤三陽三陰，則是逆數也。論方位相對尊卑之序，須從乾、坤説起。然易圖之意，則是起震、巽，終乾、坤，以著陰陽消息之次，如下文所云也。自記。

「數往」、「知來」，邵子説是「自震至乾，皆已生之卦，爲順；自巽至坤，皆未生之卦，爲逆」。看來此須與「雷動」節合爲一章，而「數往」一節爲過文。天地是三陰三陽底卦，山澤是二陰二陽底卦，風雷便只一陰一陽。自三陰三陽，數至一陰一陽，爲「數往者順」，是結上節。自一陰一陽，數至三陰三陽，爲「知來者逆」，是起下節。「逆數」云何？雷動、風散云云是也。坎、離亦二陰二陽，卻放在雷風之後，聖人之意，以水火爲重。故邵子曰：「乾、坤定上下之位，坎、離列左右之門。」推而至於天地、日月、四時、晝夜，莫不由於是也。又如雷風之例，則須云「日以晅之，雨以潤之」，聖人立文卻不然，不以女先男也。上文山、水居澤、火之先，下文水、火相逮，亦是此意。清植。

「雷動」節，既卦位與上章同，則氣候亦須相應，何以一南一北之風雷，同爲生物之功乎？蓋是兩兩對説。「雷以動之」，動其潛陽也；「風以散之」，散其伏陰也。「雨以潤之」，秋，多雨也；「日以晅之」，春，多陽也。「艮以止之」，是收斂之時；「兑以説之」，是發榮之候。乾居大夏，首出庶物，謂之大君；坤居大冬，息養萬物，謂之慈母。自記。

冬春之際，陽氣將發，故曰「雷以動之」。秋來，則涼風至，日晚暮亦多風。雨潤在西，邵子所謂「秋，多雨」是也；日晅在東，觀朝日尤可見。艮止者，生意止息，以德言也。兑説是生機暢遂，亦以德言。然春夏，則萬物皆蒙潤澤；秋冬，則草木歸根山林，象在其中矣。自記。

雷風皆火之所發，似乎重複，體之於心，二者最大。雷主動，有二義：一奮發有爲，一戰兢惕厲。風主散，人有私欲凝滯，要有箇消散他的道理，即省察克治也。雷即「戒慎恐懼」，風即「謹獨」，是問學中要緊處，故震、巽當頭。問：「澤亦水也，譬之人身，作何分别？」曰：「水主流行，澤主滋潤。人身中周流榮衛，活動筋骨，那沾濕潮潤者，皆水也；其便溺、津液、涕唾，則澤也。水無形，以氣向油漆物上呵之便有水，是從陽氣生出。既生有形質，便是澤。水是初生頭，澤是既生尾。」

至尊以天縱之姿，撫大一統之運，件件俱經講究著落。嘗諭：「西海甚小，不過是一大湖。」退而思之，漢書中明言西水自入西海，而先儒説先天圖，乃有「澤注東南」之論。向疑其爲據中土以立言，大地形勢未必如是。恭繹之下，始知先儒之論，原無差舛也。梅定九亦言：「西洋之水，與中國之海通。」

漢、唐以來，都不識天，多以天爲茫茫蕩蕩，無有知覺，不過胡亂生出人物來，任他升沈顯晦。後來儒者覺得不是，亦只空説有箇理在，不然何以日月星辰萬古不錯，生人生物都有條緒。其實天之形勢大，其運動包羅，人豈能與之同？乃聖人説來，天與人直是一般。説「天聰明」，果然天聰明；説「天有好惡」，果然天有好惡；説「上天震怒」，果然天有震怒；説「皇天眷佑」，果然天有眷佑。人有性，天亦有性，人有心，天亦有心，無絲毫之異。一切風雨雷霆，都是天之材料，而中間有箇主宰謂之帝，各項職掌，無不聽命於帝。其生殺舒斂，氣候一到，無有鉅細，莫不響應。如人一身，其五官百體，皆人之材料，亦各有職掌，而主宰乃心也。拔一根毛髮，心亦知痛，所以謂之天君。聖人説天，並不説他精微奥妙，只在人日用飲食上説盡道理。

先天圖陽生於子，陰生於午。後天圖陽生於亥，陰生於巳。京房火珠林及十二律旋相爲宫，又皆陽生於子，陰生於未。問：「先天圖正也，後天圖陽生亥、陰生巳，何也？」曰：「至子月已成一陽，其實無無陽之時。亥月陽已生，特未成一陽耳。陰亦如此。」問：「陰陽相配，而星術家率言陰生於未，何也？」曰：「此扶陽抑陰意也。然亦實有此理，但觀春夏秋冬雖平分，其實正月物已萌芽，直至九月始彫落，則陽盛陰微極顯然者。論林鍾居丑，應在子月之次，而今居未者，陰陽分對，亦有此理，如日屬陽，夜屬陰也。又如夫婦初娶之時，同牢合巹，本是一體。及至成禮之後，則男正位乎外，女正位乎内，各不相攙。同者所以聯其情，異者所以嚴其分。子午宜對，而起於未者，避陽之衝也。」

後天圖儒先原不曾講明。朱子答袁機仲云：「後天圖思之終不得其解，與其枝離附會，不如闕之以待知者。」可見朱子亦不敢自信。其餘諸儒所説卦位，不過依著震東兑西、離南坎北説過，何曾説出緣故來。當初只有此圖，並無「後天」之名，因邵子傳出先天圖，遂别此爲「後天」。如今因分先天、後天，又以後天爲先天變出來的。多讀些古書者，知道以前原無先天之説，至詆邵、朱爲杜撰。而篤信宋儒者，讀書又從宋截斷，不思漢、唐以來，就説得未必是。然源流在此，不特好處要知道，就是不好處亦要知道。所以讀書貴多，不端是考究，卻是源流，不可不知耳。讀宋以後書者，不知後天即易之本圖，非先有先天而變爲後天也。讀漢、唐以來書者，又不信先天，以先天爲於易經之外以意造出者。二者皆不是。

後天圖，惟項平菴一説近似。項氏以此圖配五行，謂：「震、巽皆木，故居東；離火，故居南；兑、乾皆金，故居西；坎水，故居北。土旺四季，故艮居冬春之交；坤居夏秋之交。木、金、土各二者，以形旺也；水、火各一者，以氣旺也。坤陰土，故在陰地；艮陽土，故在陽地。震陽木，故正東；巽陰木，故近南；兑陰金，故正西；乾陽金，故近北而接乎陽也。」此亦一説。然使當時畫圖之指只如此，亦無甚關係，竊謂此圖理甚大。大抵以四陽卦始終，四陰卦卻置在中間。如人原只是純陽之氣，中間必娶妻而後能生子，至生子又只是純陽之氣。始終只是陽氣，中間卻離陰不得。又如播一種子，所包莫非陽氣，假令此種便自能結果，豈不甚善？到底須生枝、生葉、開花，方能結果。中間許多事，雖是無用底，然卻離他不得。清植。

後天圖把乾位在西北，其義甚深。蓋到子位，一陽來復，天心已動。惟前一位，故者已滅，新者未生，寂然不動。喜怒哀樂未發時，乃天下之大本。已往的渣滓，盡皆消化，方能生生不息。人不特惡念要消，即善事亦要消，不可留滯。如吃飯，到睡時都要消，若留在腹中，便成病。堯舜事業，亦浮雲之過太虛，曰「戰乎乾」者，不戰不能消化。天如此，聖人亦如此，只是聖人有不戰，戰必勝矣。若消化不盡，便是間斷，便息了。過去的留滯，便是未來的將迎。文王得力於此，所以謂之「純」。

後天似與先天相反，然天道人事，脗合甚精。伏羲以動爲陽，静爲陰；文王卻以静爲陽，動爲陰。如人静而無事，將心存在内，卓然精明，此以神明用事，爲陽；有事而動，則形骸用事，爲陰。萬物藏於冬，蠢於春，生成於夏、秋。然冬、春卻是陽生，夏、秋卻是陰生。巽、離、兑、震、坎、艮，各從其類，陽卻隔斷在頭尾，中間夾著陰。如人動念要做一事，不是一心便做得來，畢竟費些力氣做成，方完了這箇念頭。最妙是安頓乾這一位好。這人做事有兩樣：一是倦怠了，打不起精神；一是事已做完，放不下，還攪擾在胸中。這便接不過去，天命就於此斷了，非「於穆不已」也。「戰乎乾」，正是要去此二病。果木地下種子，不是大始，枝上方結之實，乃是大始。所以乾爲木果，在木之果也；艮爲果蓏，則下地之種也。「終日乾乾」，有事之時也；「夕惕若」，正是「戰乎乾」，萬事皆從此始。艮，「萬物之所成終而所成始也」，「所成終」要重讀，而「所成始也」輕讀。積之不厚，則發之無力；藏之不固，則出之易盡。艮，物之所成終也，而成始即在此。

「齊乎巽」，一陰生也，如人形體用事，便理欲不齊，要截斷使歸於齊。「潔齊」者，一毫不罣累，方爲潔，方才齊。人只見地下種子爲始，不知枝上方成形者爲大始，所以謂「天德不可爲首也」。人不知此爲首耳。

乾是由動之静轉灣處，艮是由静之動轉灣處，兑是盛滿時。

常人有常人的八卦：陽是理，陰是欲，震是警動意，坎是閲歷意，艮是歸於静正，巽是私意萌動，離則虚妄，兑則溺矣。聖人有聖人的八卦：陽是誠，陰是明，震爲戒懼，誠之端也，坎則中實，艮則復於静正，而乾也者，「終日乾乾」，夕猶惕若。吾輩睡時心便放逸，聖人猶是惕然，一放則天命不流行矣。中庸注「自戒懼而約之」。約如「約之以禮」之約，非約少，乃約束也；約是約心，不是約戒懼。乾是静動之交過渡處，又是始終貫注處；巽是明之端；離則朗若懸照，無物不見；坤是往不順；兑則和悦，皆中於節矣。朱子「致中和」節注，可謂「達天德」。「致中」便是誠，「致和」便是明。

後天圖包盡天下物事，以人心言之，最易明白。「帝出乎震」，即是人心動處，人心無事時，原自寂然，到有事便動出來。至巽，則所以做事之意已定，故曰「齊」。然必此心乾乾浄浄方能齊，故下文添出「潔」字。「潔」字甚精。離只是明底意思，故曰「相見」，又曰「向明而治」。到得坤，正是做事時節，故曰「致役」。説言乎兑，則事已心休了。乾卦伏羲原放在南邊，此是天的正位；文王卻放在西北，妙處正在此，不可放過。大凡人做事已完，則此心必懈了，不然則昏了。故放一乾卦在此，欲人提醒此心，使常常分明。孔子下一「戰」字最妙，此時不戰，便昏惰了。如人日間做了許多事，到得夜來睡後，便昏昏沈沈，不省覺了。此是不戰之故。必提醒此心，使雖在夢寐，常有清明之氣始得。此一卦是文王最用意處。「勞乎坎」，則休息了。「成言乎艮」，言事至此而始成也。「萬物之所成終而所成始也」，此句甚有力，不可輕抹過。言萬物到此方成，是「萬物之所成終」。然人但知其爲成終，不知其成始者，即在此。其實「萬物之所成終」，即萬物之「所成始也」。「而所成始也」五字，須著眼。清植。

至尊嘗垂諭云：「先、後天圖可說得合否？」奏云：「論理自說得合，理只一箇。只是論其物事，卻是兩箇頭面。」復諭云：「如此則先天是自然的，後天豈不像是安排出來，不自然了麽？」奏云：「據臣愚見想來，凡天下物事，頭一箇都是自然的，至第二箇，便要略加安排。就是先天圖，横圖是自然的，圓圖便略有些安排。如數一二三四五六七八九十，數去何等自然，若用他來算，必定要用一歸、不須歸等法，亦是安排的。聖人『老吾老』，『幼吾幼』，『以及人之老、幼』，一毫無所勉强。但至要做實事，便倒底是他的老幼，不在一家住。這裏便要安排。須是替他制田里，教樹畜，有許多事。豈獨聖人？天地亦然。赤道是自然的，黄道就不能全自然。天包地外，地在天中，兩極爲樞，運動有常，豈有不自然的？到了黄道，便斜挂在赤道上。月與五星，更有些參差。到那行不去時，連天也像不得不略加安排。」遂蒙笑諭云：「所論極當，正是如此。」

後天是帝之各專其職處，先天是神之互爲其根處。帝變化成萬物，神則所以能變化而成萬物也。「神」字專屬先天，前面只是引起。自記。

上章言帝，存乾、坤之位；此章言神，則去乾、坤而專言六子。此理至妙，蓋乾、坤即帝即神也，程子曰：「以主宰言，謂之帝，譬之於人，則心也；以妙用言，謂之神，譬之於人，亦人之神也。」心與神非二物也，然心有主而神無在。故言人之心，則心在腔子裏，可指其處所而言。五事以思與貌言，視聽並列，猶上章以乾、坤與六子並列也。若言心之神，則固難指一處以爲言。如我們静坐於此，忽然有人言觸於吾耳，則耳旋聽之，目旋視之，因辨其聲，亦鑒其貌。彼時將以神爲在耳乎？在目乎？將以辨聲者爲神乎？抑以鑒貌者爲神乎？無在而無不在，故不可以指其處所也。問：「程子之釋『帝』、釋『神』，皆根乾爲義，似於坤無與。」曰：「乾、坤豈是二物？坤即乾中之坤也。分言之則爲乾爲坤；專言帝言神，則坤統是矣。」清植。

足是行動的，於震爲似，艮何以爲指？解者曰「手能止物」。手之用，不止於能止物也。從來解易者，多順著經文，隨便扯一箇道理來解。以爲聖人的話，雖横説竪説，無所不可，而不知非也。指之爲用，比足不同，足一動便離故處，獨指之用不離故處。以静爲動，雖動而不出其位，故艮爲指也。聖人取象，皆取與他物不同處，直是體物工妙。如水取其至實。何以爲至實？以其不盈也。論形之堅實者，無如金石，然都不能比水。如今用土築堤，雖極堅厚，使用夯硪舂之，畢竟陷下些去。五穀入斗斛，雖極堆滿，試摇動之，亦遂陷下。金銀至堅矣，煉之亦有消耗，中有渣滓，即虚處也。惟其盈滿隆起，故得而消陷之。水則取平而已，流而不盈。滿則溢，無不由地中行者。人之學問，自己做出一箇盈滿光景，便是他虚處。無而爲有，虚而爲盈，約而爲泰，難乎有恒矣。

乾爲健，而健之中，始震動以有爲，中習坎而出險，終凝然而能止，皆健也。坤爲順，而順之中，始盤旋而深入，中光明而洞達，終怡然而喜悦，皆順也。總言之，健順而已。分析，則又各有三德焉。以上説卦傳。

河汾以「時之相生」贊序傳，以「旁行不流」贊雜傳，極有見。天下道理，只有相生、相對二義。序傳因經卦之序，流水説去，以明卦卦鈎連，皆有相生之義。雜傳因反對之卦，雙雙發明，以見卦卦配搭，皆有相對之義。如此看易，方覺得活活潑潑，頭頭是道。而占筮者，引伸觸類，能事可畢。夫子如此贊易，後來詮易者，尚多看作板定物事，豈不可歎？清植。序、雜卦傳。

【校勘記】

〔一〕「合」，原作「和」，據朱文公文集卷四九改。

榕村語録卷之十二

書

堯如天，舜便精巧些。堯渾渾樸樸，都全罩在里面，故孔子以「天」贊之；舜命官幾句，都是精要語。後來想惟文王能接堯舜。禹入聖未優，言雖入聖域，尚剛剛的不能有餘也。湯則檢身如不及，改過不吝。武王刀劍、户牖皆有銘，可見不如此警醒，便容有私意，然能克去己私，復還天理，故都稱他是聖人。

漢、唐帝王總有病，才具大一分，更壞一分。漢武雄才大略，儘他本事做來，不過那樣。可知不從學問道理上來，終不濟事。二典之後，有皋陶謨；湯誓之後，有仲虺之誥；高宗中興，有説命；牧誓、武成之後，有洪範、旅獒。後來史家於一代之興，多鋪張豐功盛烈，豈復有此段意思？

古文尚書，道理精確處，聖人不能易。若漢儒能爲此，即謂之經可也。黄梨洲、毛大可輩，掎摭一二可疑之端，輒肆談議，至虞廷十六字亦闢之。學者不深惟義理，徒求之語言文字以定真贋，所謂「信道不篤」也。

班氏言張霸分析廿九篇耳。今書經大全所載諸儒之説異。自記。

尚書蔡傳雖未盡善，亦未有强似他的，較之春秋胡傳爲勝。

二典是兩對文字。堯典先説堯之德，次由身而及於家國，次授時定曆，次辨奸，次用賢。用賢必先辨奸，奸辨而賢用，得舜而堯之事畢矣。舜典「重華」一節，對「放勳」一節；「愼徽」一節，對「克明」一節；「齊七政」至「浚川」，對定曆幾節；制刑流殛，對丹朱三節；命十二牧、九官，對舉舜一節，而舜之事畢矣。

「羲和」四段，只説日星，未及月辰，故下又云「以閏月定四〔二〕時，成歲」。澮澮數語皆透頂，萬世不能易。想堯持籌布算，未必如羲和，至所見之理，羲和不能外。次及用人，人之賢否了然於心，卻不自用，卒試虞舜而以天下付之。是何等識見，何等德量。堯如天，舜如地；堯生之，舜成之；堯始之，舜終之。四凶之誅，治水之成，皆終堯事也。四凶罪不至死，故皆止於流，「象以典刑」一節，即起下文。當日執簡操筆，想皆聖人之徒而名不傳。四岳名亦不傳，自是醇謹老成，休休有容之人，大約才具不及舜禹耳。

古之三公，坐而論道，日變修德，月變修刑，全講變理陰陽，不參瑣務，合同天人。堯典首命羲和，舜典首在璣衡，不在九官、十二牧之内，皆是此義。

解尚書者多不知曆法，「羲和」四段，只就皮毛上説，絶不到其精處。四段中，方位則分東西南北，時序則分春夏秋冬，日晷則分曉午昏夜，雖是大段分來，其職未必不相兼。但以方位當頭，便是測里差之法。蓋日出入，東西迥異，如今四川丑末，在山東已是寅初。故「宅嵎夷」者，測日之最早出在何時刻也；「宅西」者，測日之最晚入在何時刻也。廣州日至之時，日下無景，就彼測之，則知景短至何處。冬至時，就北方測之，則知景長至何處。四面湊籠，便知土中，便是里差法。此是就中國言之，若九州之外，則周髀所言有半年晝、半年夜者。然其理則一也。聖人只爲明得理盡，任後世如何推算，走不出他的範圍。後世雖千巧萬變，推算得密，道理卻不能如他透徹。清植。

向日問梅定九，古人測景，何故不用夏至。當時定九只答以「冬至曆元」而已。近看堯典，惟於夏言「敬致」，冬則不言，可見古人測景，實以夏至爲重。周公土圭之法，亦用夏至。其用冬至者，自太初始耳。清植。

「寅賓出日」、「寅餞納日」，俱説在「平秩東作」、「西成」之上；「敬致，日永星火」、「日短星昴」，卻説在「平秩南訛」、「平在朔易」之下。蓋日出入早晚，四時皆測晷長、晷短，必二至之時，測來方準故也。又於夏言「日永」，於冬不言宵永，而言「日短」者，胷中無景可測也。清植。

孝弟衰於妻子，人情所必至。四岳薦舜云「克諧以孝」，言諧於象，以得當於瞍，而成其孝也。堯曰：「我其試哉，觀厥刑于二女。」二女何試？堯之意，正以舜無妻室，固能孝弟矣，但未知有妻室後何如耳。詩云：「妻子好合，如鼓瑟琴。」始云：「兄弟既翕，和樂且耽。」中庸引爲行遠自邇、登高自卑之喻。蓋父母較之兄弟爲高遠，兄弟較之妻子亦爲高遠，最卑最近者，無如妻子，而道必造端乎此。此二南所以起化於閨闈也。

問：「輯，治也。疑上古未有剖符之事，至舜始創其制。既月之後，諸侯踵至，乃見而頒之。蔡傳以輯爲斂，豈有諸侯未至，而先斂其瑞之理？」曰：「此非大義所關。受終之後，齊七政，類上帝，以治天也；巡狩述職，以治人也；封山濬川，以治地也。三才之事備矣。」清植。

問：「『肇州、封山』一節，蔡注云：『中古之地，但爲九州，禹治水作貢，亦因其舊。及舜即位，始分出幽、并、營三州，而爲十二。至商，又但言九圍，不知何時復合爲九。』按此乃舜攝位時事，正禹敷土之候。所以封山者，爲大水茫茫，用此標識，以便施功耳。所云『濬川』，即指禹治水之事。及禹『任土作貢』，始并爲九，遂相沿以至於商周。蔡傳之説恐未當。」曰：「正是如此。禹貢惟冀州於田賦之後，別敘『恒衛既從，大陸既作』；而青州，有『萊夷作牧』之文。恒衛、大陸，即幽、并之地；萊夷，則營州地也。因禹初并爲九，故别敍恒衛、大陸以存幽、并；而萊夷猶作之牧焉。牧，即『牧伯』之牧，説者不察，故『牧』字殊費解。」清植。

「象以典刑，流宥五刑，鞭作官刑，朴作教刑，金作贖刑。」此是刑罰條例。「眚災肆赦，怙終賊刑」，則用刑權衡也。「贖刑」，只指官、教兩刑，非謂典刑、流宥亦可贖也。其中有誤犯不得已者，則赦之；有所恃以爲惡，强横不服者，則「賊刑」。問：「賊是殺否？」曰：「朱子言，五者皆有，即如提學責秀才，是教刑也。他有强悍之狀，多責他幾板，亦是賊刑。此未嘗明説罪大惡極，如何都用殺？」

問：「九官之命，稷、契、皋陶、夔龍無戒辭者，或因舊職，又皆因有讓之者，而命之也。工虞之官，以和順爲善，故垂益之咨，皆首曰『疇若』，終曰『汝諧』。若，順也；諧，和也。惟禹曰『維時懋哉』，伯夷曰『往欽哉』。蓋治事以勤爲主，掌禮以敬爲先也。皋陶陳謨，於典禮亦曰『同寅協恭，和衷哉』。於命討則曰『政事，懋哉懋哉』。與舜所命禹、伯夷之旨正同。」曰：「看得好。」清植。

聖人説樂，只「詩言志」數語已畢。不拘何人，隨意言其中情，便是詩，但詩句有限。永者，長也，將詩每字扯長些，庶幾悠曼，便是歌。「聲依永」一句，從來説不明白，以爲字字都要合宮、商、角、徵、羽。難道齊景公所作徵招，字字皆徵；角招，字字皆角？必無是理。「聲依永」者，論五聲之調也。詩本有宮、商、角、徵、羽，各調不同，宮，濁極，和平弘大，有君象；商，慷慨激烈，有臣象；角，如宮，但帶流動歡悦之意，是民象；徵，便急促，如打緊板，是事象；羽，更加之瑣細嘈囃而清極矣，是物象。如清廟之詩，自是宮調，確乎難以別調歌之。無衣之詩，自是商調，確乎難以別調歌之。鹿鳴、皇華乃角，大田、甫田乃徵，七月乃羽，此所謂「依」也。凡此皆言人聲，人聲大不宜過宮，細不宜遇羽，必須律以和之。此句卻説字字要合十二律。字無一定，其高下清濁，都有程式以和人聲，今之所謂弓尺等是也。然後「八音克諧」，與人聲皆合，無相奪倫。由是奏之郊廟，則神和矣；播之朝廷、邦國、鄉黨、閭巷，則人和矣。自「歌永言」一路説到樂上，而總以「詩言志」爲根。今之戲都壞在志上，其爲淫邪鄙悖之辭十九，烏能善風俗耶？「予欲聞六律、五聲、八音，在治忽，以出納五言。」漢書引之，卻云：「予欲聞六律、八音、七始，詠以出納五言。」七始，謂宮、商、角、徵、羽、變宮、變徵也；五言，即「詩言志」五調之言也；出納，如邵康節所云「開發收閉」。

問：「今之填詞，都是立定曲牌名，然後案其字數平仄而爲之詞。古人是如何？」曰：「古人是看他的詩，又看他的志。此字宜黄鍾則黄鍾之，此字宜大吕則大吕之，律隨詩，非詩隨律也。少時見土戲，於斷機教子，商輅母怒其子云：『他又説我不是他的親生母。』『母』字，其學徒高聲唱，其師呵之云：『母字大聲便不是，他是不曾成婚的處女，於此字尚含羞澀，低微些方是。』如此之類，卻是從志上斟酌，此謂『聲依永』也。」

「詩言志」，謂心之所之，形之於言也。歌雖有長短，大抵將每字扯長，故謂之「永言」。「聲依永」，蔡傳説偏。聲者，宮、商、角、徵、羽也，歌有全調之五聲，有逐字之五聲，蔡傳少卻全調之五聲，故覺糊塗。蓋詩有合以宮調歌者，有合以商調歌者，有合以角、徵、羽調歌者，如以關雎調歌文王，以無衣調歌采蘋，必不類矣。其逐字音節，恐其過高過下，故以律和之，如今之唱曲，節以檀板、笙簫之類，所謂「律和聲」也。

世得世兄言：「家君謂道心兼未發、已發，人心單指已發，作何解？即如好色生於愛，愛亦出於人性，可云已發乎？」錫曰：「愛者，情也；愛之理，乃性也。謂之人心，則心之動於耳目、口鼻、四肢者耳，如何説得性？若『道心』『道』字，則性也。」黃伯玉曰：「情固善；而人心則危，何也？」錫曰：「人心亦非惡名，雖聖人不能盡去。如好色，人心也，聖人能廢居室之事乎？中乎節，則復於道心矣。故聖人不曰『人心惟惡』、『人心惟邪』，而曰『惟危』。危者，不能自保，恐流於人欲之謂也。七情亦可危者，故是一項。朱子曰『原於性命之正』，自兼未發、已發；曰『生於形氣之私』，自只是已發。」世得曰：「家君意正如此。」

道心微妙而難見，妙猶渺也，因著氣稟物欲隔絶了，故微而難見。不可誇「微」字好。

有人心動而以道心正之者，饑渴而不害心，喜怒而能觀理是也。有道心動而不以人心雜之者，行仁而非要譽，明義而非計功是也。自記。

説尚書者，每著意講「道心」、「人心」等句，自「無稽之言勿聽」以下，便掠將過去。近見得經書一字不可掠過，看得似没要緊，必是自家心裏未曾曉得。「執中」「中」字，朱子偏説在事一邊，看來須兼内外。心裏有箇中，事上各有箇中，皆中也。「無稽之言勿聽」，事必師古也；「弗詢之謀勿庸」，詢、謀僉同也。凡事不可只憑著自家意見蠻斷將去，必稽諸古、驗於今。所以「本諸身」矣，又必「徵諸庶民，考諸三王」，方是停當底道理。以上言心法、治法已盡，下面便言可愛者非君乎？可畏者非民乎？何以可愛非君？「衆非元后何戴」也；何以可畏非民？「后非衆罔與守邦」也。「可願」，向來説作可欲之謂善，看來「可願」即可愛也。「四海困窮」二句，明可畏也，修其可愛而絶其可畏，是雙頂上文説來。清植。

問：「前日聽講『惟口出好興戎』，是因上文『四海困窮，天禄永終』話説狠了，故著此句，意理未能明白。」曰：「譬如我教你當加惠鄉里，勿欺侮人，這是正當道理，你聽得自當感動，即鄉人聽得，亦必其以爲是。倘説你若不加惠鄉里，欺侮人，人必如何害你，雖是理所必至，但常常説，不但不成口氣，勢且長薄俗，生刁風，所謂『興戎』也。『困窮』、『永終』的話，只好説此一句，故曰『朕言不再』。」清植。

益贊禹班師，何故言及當年歷山時事？聖人心情，只要自反自修，絶不敢有一毫是己非人之意。益覺得此役雖伸天討，然罪人之意多，所以推説直到「滿招損」處，而以歷山之事證之。清植。

「一日二日萬幾」，不是説一二日間辦得一萬件事，謂一心之中，須臾萬念耳。幾者，動之微，言凶之先見於此，不謹，則差之念慮，謬以千里矣。其根卻是「逸欲」，故先曰「無教逸欲有邦」，因説到謹幾上來。清植。

大禹治水，何乃及於田賦，所謂「決九川，距四海」者？禹貢所言導某水，入於某海者，皆是至「濬畎澮」。「距川」似未之及，蓋所云「厥土」、「厥田」者是也。此「卑宮室而盡力乎溝洫」也。

水利以溝洫爲主，水勢分則力微，自不能猛横四出。如簾之禦風，將風力梳開，便不能衝飄也。「決九川，距四海；濬畎澮，距川」，是古人著意處。夫子稱禹不曰「盡力川瀆」，乃曰「盡力溝洫」，聖人眼明見周，一語已具治水之要。

謙問：「『出納五言』，是五德之言？是五聲之言？」曰：「作五德之言不免牽强，還是五聲之言。以樂言之，謂之五聲；以詩言之，謂之五言。采列國之詩，是納五言；頒而行之鄉黨、閭巷，是出五言。」之鋭問：「五言是有聲律之言否？」曰：「若説有聲律之言，必有無聲律之言。鄭漁仲説詩三百篇，皆孔子被之管弦，聲調叶者方入選。竟是鄉村人説話。少時見一老樂工，云無有不可以爲樂歌者，只是不能拘句法，若聽他隨便破句，皆可以叶管弦。此是著實話。」

治水先使大水有所歸，後使小水有所入，江、淮、河、漢之水歸於海，凡天下小水入於江、淮、河、漢，而水治矣。通其下流曰「導」，分爲旁支以殺其勢曰「疏」，大要只是不與水争地。但有是水，即與行是水之地，至衆水所匯，地復窪下，不得不潴之爲湖，所謂「九澤既陂」是也。陂是堤堰，惟澤可用。鯀用之於川，所以大壞。禹「濬畎澮」，「盡力乎溝洫」，豈不知開阡陌，去溝遂、澮川之可以多得田？而寧棄之以蓄水，蓋以去水之害，而收水之利也。潘季馴治水，近河兩岸曰堤，堤之外曰縷堤，縷堤之外曰遥堤。不知障之愈固，其怒之蓄也愈甚，及其漲溢潰決，一朝俱盡。惟多爲溝洫，不爲高以扞之，而爲深以行之，逮其漲溢，多道宣泄，無以激之，其力遂軟，其勢遂衰。且入於溝洫，蓄其水可以備旱，取其泥可以糞田。若使河畔爲溝，溝外有縷溝，又其外有遥溝，豈不勝於堤乎？孟子言禹治水，極有次第，曰「掘地而注之海」，所謂「決九川」也；水由江、淮、河、漢而行，所謂「濬畎澮」也。若殷之遷都，乃一時之權，非萬世之經。賈讓三策，上二策只是一事，非判然爲兩也。溝洫之制，唐虞雖或有之，必自禹始備，故孔子云「盡力溝洫」。孟子敘取民之制，亦始夏后氏。蓋禹因治水，隨便疏通，水治而田制亦成，故舜美之曰：「地平天成，六府三事久治，萬世永賴。」後世又稱之曰「神」。問：「云『禹入聖未優』，何也？」曰：「言不及堯舜渾渾淪淪，不可窺測也。禹之克勤克儉，刻厲精鋭，英光有露出來的。然此乃是荀子語。觀孔子以舜禹並稱，又曰『吾無間然』。恐亦未見其有軒輊也。」

洪水爲害時，想沮洳多，舟車俱斷，朝貢亦艱難，故治水成功，悉列貢道。然當時諸侯多被水環，不能兼并，故塗山之會萬國，其後寖相吞噬，至周僅千八百國矣。

舊謂江源出四川，後有言出臨洮者。近年，至尊使人窮探河源，乃知江源亦出崑崙。

二典無弊，夏、殷書便有不純粹字面。如用刑，舜典實在正當，至夏、殷則有曰「予則孥戮汝」，便容有誅及妻子之事。惟文王一以堯舜爲法，故曰：「罪人不孥。」若無琴者，則不琴何消説？

問：「蔡傳釋仲虺之語，以苗、粟喻桀，莠、秕喻湯。不獨引譬失倫，且按其上句文義，先言『我邦』，後言『有夏』；此二句亦先言苗、粟，後言莠、秕，分明是以苗、粟比『我邦』，莠、秕比『有夏』。」曰：「正是如此。」清植。

德主善而後實，善協一而後定。善以事言，德與一以心言，見善則遷，有過則改，「主善爲師」也。「夫子之道，忠恕而已」，「協于克一」也。自記。

問：「盤庚上一篇，所反覆者只是二端：一曰『傲』，一曰『從康』。當時有位者安土重遷，『從康』，其本情也。因此遂唱爲異説，不將王憂民之心播告於衆，致使衆人皆不樂於遷徙，冀以阻撓成謀，則入於『傲』矣。故盤庚稱共政舊人之善，曰：『不匿厥指，王用丕欽。』不敢『傲』也；又曰：『罔有逸言，民用丕變。』不敢『從康』也。因言今日百姓之不肯從遷，非予不恤小民而自荒其德惠也，惟汝不宣揚吾憂民之意而不予惕，以致此耳。然我觀汝情事，固瞭若觀火，不過欲自逸而已。我之遷乃出於不得已，固亦謀之拙者。然實非欲奪汝逸，正欲作汝逸也。『含德』猶『匿指』；『逸』即『逸言』之逸；『若綱在綱』，喻下之從上，對『傲』言也；『若農服田力穡』，喻勤則有功，對『從康』言也。看得如此，不知是否？」曰：「看得好。」清植。

甘盤，商之嚴光乎？爲帝師友而鴻飛冥冥者，當如是耳。种放營田商雒間，其可哉？自記。

周書，如牧誓、大誥、多方、立政、無逸，皆至文；吕刑便覺用氣魄，有鋪張意。周公文字可以分别得出，鴟鴞末章，純用叠句，以例無逸、多士、立政諸篇，可知是周公之作。牧誓想是武王命周公作的，召誥自是召公作，中間有學周公文法處。至旅獒，則與卷阿之詩如出一手。

問：「武王謂文王『大統未集，予小子其承厥志』，如何將此事都推在文王身上？」曰：「若論第一義，天下之人如此其多。天獨命一人爲君，是要他撫安天下之人，倘把天下糟蹋，自然不是天意。孟子所言一些不差，易經亦云『湯武革命，順乎天，應乎人』。但是武王做得來有痕跡，便是英氣；孟子説得來有痕跡，亦是英氣。若是文王，一面三分有二以服事殷，一面又救百姓，修吾方伯連率之職，救得一分是一分。設使文王再享國幾十年，天下歸之，亦必不似武王。聖人力量大，處得妙，所以孔子謂文王有君人之大德，有事君之小心，兩邊都做到。孔子論此事，兩邊都論到。」

武成列爵分土一段，精采斷非後世文人所及。尤有不可及者，既「陳于商郊」，成敗在頃刻，如何説「俟天休命」？聖人臨事更加敬戒，聽天所命，不敢自恃，確然如此。觀大武之「總干山立」，大雅所云「上帝臨汝，無貳爾心」。則作武成者著此一筆，地位已高絶矣。

「歸馬」、「放牛」，牛馬皆出民間，兵至華山之陽，已將入周境，不用兵車，故歸馬於民。牛車載糧糗器具，又前至桃林，已到，故放牛於民。

漢書五行志所云「六十五字，皆雒書本文」，須善看，即謂洪範耳。或指在龜背者，以文害辭也。自記。

有金姓人投予以洪範論，言「王」爲文王，故不稱年而稱「祀」；文王未革命而稱「王」，追稱也。王可追稱，祀獨不可追變乎？或者箕子爲武王言，武王即屬箕子自書之，箕子自己稱祀、稱王皆合，此篇惟箕子能自爲之。如白鹿洞講義，朱子恐記次失本意，因丐子静自録。即中庸「哀公問政」章，亦恐是夫子自記，不然夫子與哀公酬答，豈容携一門人在旁記録耶？武王以十三年伐商，即以是年訪箕子。漢儒因有「九年，大統未集」，又有「父死不葬」之説，遂謂十三年乃蒙文王之年。歐陽公以爲豈有新君即位，而仍舊君年號之理？既云告於文王之墓以行，不葬安得有墓？所謂十三年者，即武王之十三年。歐説爲允。

問「皇極」。曰：「朱子説『樣子』二字，最妙。『太極』是萬物的樣子，『皇極』是萬民的樣子。『立我蒸民，莫匪爾極』；『不識不知，順帝之則』。天是如此，堯亦是如此。」自記。

谷永云：「正五事，建大中，以承天心。」其以「大中」釋「皇極」，則舛；根「皇極」於「五事」而言之，則當矣。自記。

常疑卜筮不過一事，繫辭如何那樣神奇其説。看來古人無事不「用稽疑」，馬必卜，御必卜，葬必卜，遷國必卜，疾病必卜，祭日必卜。蓋人刻刻與神相通，天人合一。後世信邪尚鬼，而敬天尊神之事，反置不講，此陰陽所以不和，而災害所以時至。

漢書天文志云：「月爲風雨，日爲寒温。」「寒温」，即洪範「庶徵」之寒、燠也。此條「冬、夏、風、雨」四字，正對「庶徵」爲説。諸家解者，皆不如此志得洪範本意，所云衡法，如「歲淫玄枵，以害鳥帑」之類。自記。

數十年來，驗得洪範上説「庶徵」，一些不差。雨、暘、寒、燠、風，都起於地，地便不同，此處雨，不妨別處晴，此處燠，不妨別處寒。若是日月，則天下皆同，焉可以爲應在某人某事乎？就是分野亦不確，難道二十八宿只管中國九州，外國便在二十八宿之外不成？惟起於地者各各不同，就如這處生了聖賢帝王，這地方便有一道善氣，與他處無與也。洪範妙在到後來説日月星辰，亦歸到雨、暘、寒、燠、風。「星有好風，星有好雨。」日月之行，則有冬有夏。月之從星，則以風雨。」日月在天，萬方所同，説到寒、煥，便有不同之理。如日行南陸，天下皆寒，此處卻被地上一種昏濁之氣隔了，便不寒；行北陸，天下皆煖，此處卻被地上一種暴戾之氣隔了，便不暖。月離於箕則應風，或此處無風，彼處有風；月離於畢則應雨，或此處無雨，彼處有雨。人在地上，其氣自相感，聖人説話，遠一步不可見的便不説。如漢書中「太乙之初，渾渾茫茫」諸語，他何從而見「太乙之初」乎？

「五曰惡，六曰弱」，即自暴自棄兩樣氣質。

古人卜龜，龜板上以墨畫之，墨不浸入，謂不食墨。焦者，燒焦龜版。犯此二者，不待觀其詞，而已知其不吉。書曰：「乃卜三龜，一習吉。」謂三龜之兆同吉也。至觀其繇辭，而繇辭又吉，故曰「見書，乃并是吉」也。

「周公居東」，或以爲避讒，或以爲東征。斯二者皆有之。朝廷之事，託之太公、召公，既可無誤，且明示天下以無他。又洛陽天下之中，據形勢之勝以制頑叛，實屬兩得。

「考朕昭子刑，乃單文祖德。」「昭子」，謂武王也，武王化家爲國，紀綱法度，燦然具備，故曰「刑」。然考武王之刑，乃所以終文王之德而已。蓋公自任以制禮作樂之事也。清植。

成王以秬鬯二卣饗周公，蓋以祭神之禮尊之也。酒清人渴而不敢飲，肴乾人饑而不敢食，嗅其馨香，如所以敬鬼神者。故古人以爲極尊而不敢當。周公以獻於文武之廟者，以此。燕有安之義焉，有樂之義焉，親之也，醉飽焉可也。故古人辭饗而受燕。祭祀之禮，初獻生，次獻爓，三獻熟。尊親交致之道也，神尸醉飽，獻酬交錯，直以形類相接矣。爓者，沈肉於湯也。

師古於莽傳中注「大不克共上下」數句云：「我恐後嗣子孫大不能恭承天地，絶失先王光大之道，不知受命之難。天所應輔唯在有誠。」其説比蔡傳好。自記。

周公戒成王「罔兼庶獄」，卻又教他「克詰戎兵」，説書者全不炤管。古者兵刑一官，所謂「有司之牧夫」者，内之司寇，外之方伯、連帥是也。周公欲成王使「有司牧夫，克詰戎兵」耳。清植。

問：「君陳『嘉謀嘉猷』一段，豈不是成王教人歸美於己麽？」曰：「此即『汝無面從，退有後言』的反面，是稱道他平日如此，不是教戒他要如此。當面能盡其言，不面從可知。退後又不自居功，説是『我后之德』，其無後言可知。人臣若能如此，豈不是純忠之人？故曰『維良顯哉』。蔡注亦云：『或曰成王舉君陳前歎息以美之也。』原是。」

問：「顧命『無敢昏逾』，昏以心言，逾以事言。下文『自亂于威儀』，所謂動容貌，整思慮，自然生敬者，是以禮制心之學，即『無敢昏』之意。『無冒貢于非幾』，則所謂謹幾慎動者，乃以義制事之學，即『無敢逾』之意。」曰：「正是如此。」清植。

或疑「張皇六師」之語，若不可以告嗣王，此殊是書生之見。師，衆也，不必皆兵，蒐、苗、獮、狩，都是必不可少的。「張皇」不是「張大」意，只是整飭之耳。文王之「大邦畏其力」，豈是全不料理武備？

人即有罪，用刑者只如其罪罪之便是，間有患其人報讐，爲剪草除根之計者，不仁甚矣。吕刑云：「非天不中，惟人在命。天罰不極，庶民罔有令政在于天下。」覺得蔡傳未穩。其意謂在天罰未當極者，而我極之，則傷仁恕之心，干陰陽之和，焉得有令政乎？亦未知句法本應如何斷，只是這説理略長些。

「威」上加一「德」字，「明」上亦加一「德」字，最妙。威不本之於德，便是「作威」；明不本之於德，便是「作聰明」。

問：「孔安國尚書序，朱子嫌其不古，果不似漢人文字耶？」曰：「不似西漢，亦不似魏晉間文字。西漢人於義理不甚曉暢透徹，其筆勢蒙繞見古處，正多是他糊塗處。某卻不敢疑此序。三代以來，惟洙泗另是一體雪白文章，條理分明，安國家法如此，焉知非其筆？」

【校勘記】

〔一〕「定」下原脱「四」字，據尚書正義卷二堯典補。

榕村語録卷之十三

詩

詩經道理，不出齊家、治國、平天下。二南從齊家起，雅則治國平天下，頌則天地位，萬物育，郊焉而天神格，廟焉而人鬼享。然其理不外於修身、齊家，大指如此。至從來説詩的藩籬，有説不通處，須與破除，不然都成挂礙。且如周南、召南，以爲皆被后妃之化之詩，若「漢有游女」、「有女懷春」之類，何以女人都被后妃之化，變成貞潔，而男人被文王之化，尚不免於淫蕩乎？黍離變爲國風而雅亡，難道西周畿内便無風謡？東周賢人君子憂時念亂，不許有雅不成？以頌盡爲周公制作禮樂時作，將成、康顯然名號，皆强爲之辭，豈復可通？大約周南、召南，是分陜時有此篇名，後來仍其名，而附以西周風詩之醇正者。小雅、大雅亦如此。問：「是孔子附的，抑是舊編如此？」曰：「恐舊編便是如此。且只如此分剖，義例放寬些，便不致東擊西撞，動成觸礙。」

大雅自卷阿以上，文、武、成、康之詩，民勞以下，厲、宣、幽之詩。衛武公想是厲王時人，小雅之賓筵，大雅之抑戒，恰好皆在厲王時。名時問：「考衛武公立於宣王時，卒於平王時，史中甚明。恐二詩或是追刺之作。」曰：「幽、平之際，武公恐已不在了。不然王室之亂至此，全不見他勤王？『晉、鄭焉依』，衛密邇於鄭，漠然不相聞問，尚可謂之『睿聖』耶？以理論之，恐古史年代多不可信矣。雲漢、崧高、烝民、韓奕、江漢、常武，宣王之詩；瞻卬、召旻，明明是説幽王，世次一些不亂。小雅自鹿鳴至菁莪，文、武、成、康之詩；六月以下，則宣王詩。節南山至鼓鐘，顯然爲幽、平之詩；乃自楚茨至車舝，復起頭似文、武、成、康之詩。青蠅、賓筵、魚藻，似厲王時詩；黍苗明是宣王詩，白華明是幽王詩，又照前世次另敘一編，是何緣故？前人都不於此致疑。看來豳風是周公營洛時作，所謂『汝往敬哉，兹予其明農哉』。自己要教民以養生之道，恐成王不知稼穡艱難，故作七月之詩，道王業之本，祖宗之事以告之。夫子既存此詩，因將居東時詩附焉，而皆謂之豳風。周禮『祈年於田祖，歗豳雅以樂田畯』；『祭蠟，歗豳頌以息老物』。朱子疑大田、良耜等爲豳雅、豳頌，而未嘗言之詳。今觀小雅楚茨、信南山、甫田、大田，頌載芟、良耜、絲衣，皆言豳事，所謂豳雅、豳頌。其餘則皆東都之詩，如東山、破斧之附七月也。如此則西京之詩，自文、武以及幽、平；東都之詩，亦自文、武以及幽、平，有條有理，各得其所矣。」

鄭康成好以一二字傅會，至周禮言豳風、豳雅、豳頌處，字面都與雅、頌合，卻不將來作證。不特迎寒、迎暑與豳風寒暑之月合，雅中「以御田祖」、「田畯至喜」，恰與「迎田祖」、「樂田畯」合，頌中「胡考之寧」、「胡考之休」恰與「息老物」合。此數詩，周公所作，竟令天下用之，所謂「制禮作樂」也。

詩中顯有證據的，自然爲某人某事，稍涉游移者，便當空之，愈空愈好，何用實以世系姓名爲哉？只是要見其大處。六經皆是言天人相通之理，然猶零碎錯見，惟詩全見此意。國風所言，不過男女飲食之故，雅雖賢人君子所作，所言亦不過此，即三頌中，居歆奏假，洋溢同流，亦總不出此。其言情，情即性也，聖人盡性，徹上徹下，見到至處。我輩此時飲一杯茶，點一盞燈，厮役之侍立，偶然之嚬笑，得其理便是天道，無有間隔。原道見得精，其法、其文、其民、其衣食云云，直至「生則得其情，死則盡其常；郊焉而天神格，廟焉而人鬼饗」。

後代作憂患詩，其歸多是「何以解憂？惟有杜康」。意思便昏冥去。詩則曰：「我日斯邁，而月斯征。夙興夜寐，無忝爾所生。」又云：「人之齊聖，飲酒温克。彼昏不知，壹醉日富。」又云：「如臨于谷，如集于木。」即女子善懷，亦能説出「不忮不求，何用不臧」。緑衣之什，歸於「思古人」，信是王澤未歇。

聖人删詩之意，當就論語中求之。如「素以爲絢」句，某意即在碩人之詩，而夫子去之。素自素，絢自絢，如人天資自天資，學問自學問，豈可説天資高便不用學問不成？正如「雖曰未學，吾必謂之學」；又如「質而已矣，何以文爲」一般。「繪事後素」，亦言繪事必繼素後耳。「禮後乎」，亦言禮必繼忠信之後乎，皆言絢不可抹殺也。推此可以見删詩之意。

天地神人，以至鳥獸草木，總是一箇性情。雎鳩之摯而有别，麟之仁厚，草木之榮落翩反，皆天地之性，萬古不變。月落萬川，處處皆圓，一散爲萬，萬各有一，原自無兩。惟然，故詩中比興用之。

朱子易、詩二經解，大段是了，亦有未細處。如易中取象龍、馬、鷄、牛之類，皆有精理，朱子都略將過去。詩之比興，朱子亦看得無甚關係，而興尤甚。朱子舉「沅有芷兮澧有蘭，思公子兮未敢言」，及「山有木兮木有枝，心悦君兮君不知」，云：「此上下句如何勾連？不過是隨便説出一句，以興下文耳。」其實此二處皆有關合。湘夫人一章，本是托意於舊日僚友，故言芷蘭臭味，原自相同。今乃托根於沅、澧幽閑之間，以興己之踈逖，不得與舊僚爲侣也。所以接云「思公子兮未敢言」。枝以木爲體，木以山爲根，山若不生滋潤，則木必枯；木若不有滋潤，則枝必枯。所以接云「心慌君兮君不知」。詩中興體未有無關合者。清植。

詩傳叶韻已好，尚不如顧寧人考據精確，六經皆可通。如「外禦其侮」，「烝也無戎」，朱傳云：「戎，古皆作汝。『戎雖小子，而式弘大』，戎，汝也。」然於「整我六師，以修我戎」，戎亦讀汝？顧氏則云「戎有二音，兵戎之戎，仍當讀容」，是也。「知子之來之，雜佩以贈之。」「來」與「贈」斷不可叶。某意「能」字古多作「來」音，然才能、相能之能，仍不可讀來，蓋亦有二音也。此「來」字應是「能」字，謂相能也，因漢人傳經口授，訛讀致誤。小雅「無木不萎」，叶「思我小怨」，「萎」與「怨」亦不可叶。古音凡「宛」字，皆讀作「熨」。「彼菀者柳」，菀，即蔚也，讀「熨」便與「萎」叶。「興」字有蒸、侵二韻，「寧莫之懲」，「讒言其興」，蒸韻之「興」也；「載寢載興」，「秩秩德音」，侵韻之「興」也。

童子入塾讀詩經，便當教以古韻。韻之所叶，段落多在其中，兩句一連者自多，但三句一連者亦不少。「申伯番番」章，若兩句一連，便全不叶，惟「番番」叶「嘽嘽」，「翰」與「憲」叶，詞義皆順。「民之未戾」章，亦三句一連，「可」與「歌」叶。頌多不叶韻，大雅近頌，亦多不叶韻。

韓昌黎到底文字結習深，其云：「周詩三百篇，雅麗理訓誥。」又曰：「詩正而葩。」孔子説詩，卻不如此。看「興、觀、羣、怨」，「正墻面而立」，「無以言」，何嘗説到此來？

近看詩經，覺得漢人只逐句解，朱子則逐節解。某今逐篇解，又數篇通部會合解，便看出許多層次聯絡照應來。

問國風次第。曰：「二南風化之首，邶、鄘、衛乃與二南反對者。周以齊家而興，衛以淫亂而亡，且衛即紂之污俗，所謂『殷鑒不遠』也。王風衰弱，亂由褒姒。次於殷之故都，鄭乃畿内之國，王畿之風化可知。王綱頹敗，則霸國興，故次以齊、晉、唐，魏即晉也。霸者再衰，則天下之勢歸於秦，所以删詩録秦風，删書録秦誓。檜風之卒章，傷天下之無王；曹風之卒章，傷天下之無霸。豳風居末者，見變之可復於正也。」問：「此果是夫子當日次第否？」曰：「如今所行者，鄭康成本也。以左傳季札觀樂篇觀之，依稀似是。」

關雎之詩，作太姒思賢自作，其説爲長。内政修治，使夫子正位乎外，一切賓祭，皆無舛失，豈是易事？太姒有見於此，故思所以助君子者。未得，至有寤寐反側之憂；得之，則有琴瑟鐘鼓之樂。從來惟此爲哀不傷，樂不淫，外此未有不淫傷者。蓋螽斯、麟趾之本也。

問：「樛木篇所云『樂只君子』，朱傳謂指后妃，猶言小君内子也。竊意君子仍指文王説。后妃能逮下，如樛木之芘葛藟，以致室家和理，天下化成，則文王膺受多祉矣。文王膺祉，則后妃之福履可知。於禮祝嘏，止及主人而不及主婦，亦以婦從夫故也。若祝后妃而略文王，反覺非體。如此解『君子』二字，不用分疏，意味似尤深長。」曰：「此説亦好。」清植。

朱子把興義都抹卻，便多錯了詩意。野有死麕篇之言「懷春」，非是如俗下所謂「思春」。周禮仲春會男女，不是男會女、女會男，想是男女各爲會。「玄鳥至」，「祠高禖」，即此時也。當春而出，則曰「懷春」耳。「死麕」照「吉士」，「白茅」照「有女」，首章是疑詞，言「死麕」豈「白茅」所包乎，「有女」豈爲「吉士」所誘乎？二章乃洗刷「有女」之詞，言死鹿原在雜木之中，「白茅」固無恙也。末章則申説其如玉，而嘆其不可誘。又如漢廣之詩，全在「喬木」、「錯薪」著意。「喬木」高不可攀，緊對「游女」；「不可休思」，緊對「不可求」。至下「錯薪」，緊照上「喬木」，言「游女」，「喬木」也，豈可與尋常雜亂之人一例看待？彼翹然雜薪，則可得「刈其楚」、「刈其蔞」矣，何不可攀之有？此類只好與「之子」喂馬、喂駒耳，言無能爲役也。其立言藴藉曲折，方好接「漢之廣矣」四句。若但言欲「秣其馬」、欲「秣其駒」，與下文不相粘合。

「喬木」以興「游女」之持身高峻，詩傳中亦有此意。至下「錯薪」，竟説得似實事一般，言貪慕「之子」之甚，故刈薪以飼其馬駒，庶以求悦於「之子」。看來不是。因上文以「喬木」起興，故言「喬木」乃「不可休」耳。若「錯薪」，則可刈之矣。「錯薪」豈「喬木」擬哉？僅可飼「之子」之馬駒而已。不但不可比「之子」，並不得比「之子」之馬，如累降之人，只堪爲僕隸。后世以龍眼爲荔奴，正是此意。清植。

何彼穠矣一詩，言帝女下嫁之事。若是諸侯之女，便應先夫後妻，如韓侯娶妻之類，方是倡隨之常。所謂「齊侯之子」、「衛侯之妻」者，乃是敘其閥閲，非正言嫁娶之比，故不妨先母家而後夫家。此詩先説王姬，見得不同於諸侯；説王姬之車，不説下嫁，而下嫁顯然矣。王姬到底是何世系？下嫁到底是何國？曰：「平王之孫，齊侯之子。」先平王於齊侯，尊王也，所以先著王姬也。齊侯，侯封也，何敢娶於天王？婚姻者，人道之常，不以勢地而隔絶。故曰：「其釣維何？」其「絲伊緡」，畢竟地道也，妻道也，臣道也。乃曰「齊侯之子，平王之孫」，先子於孫，從夫也。春秋於天王嫁女，先曰「築王姬之舘于外」，後曰「王姬歸于齊」，義例即出於此。

「一發五豝」，自是注疏説好。豝雖有五，其發則一而已。方是解網之仁，大易「失前禽」之意。若説「一發而中五豝」，無論無此事，亦不見仁愛之心矣。

邶、鄘詩皆衛事，而仍繫之邶、鄘，説者以爲詩本得之其地。但就中有莊姜詩，卻説不去。或是用邶調、鄘調，因以其調繫之。紂作靡靡之音，大抵皆哀怨悽切。由之瑟，爲「北鄙殺伐之聲」。朝歌而北謂之邶，南謂之鄘，東謂之衛，「北鄙」即邶。子路，衛人也，好此，故鼓之。

谷風篇「毋逝我梁」四句，傳作戒新婦。言毋居我之處，毋行我之事。又自解説，我身且不見容，何暇恤我之後哉？亦説得去。但小弁卒章，亦用此，若如此説，則與上文「君子無易由言，耳屬于垣」，不相連接矣。況「梁」與「笱」，義皆無取。「閲」字尤難説。某意此蓋取譬於魚，以戒後人也。「逝」字、「發」字，皆指魚。「逝」即「悠然而逝」之逝，「發」即「鱣鮪發發」之發。若曰其夫乃無常之人，今雖宴爾，將來恐汝亦逝於我梁，而發於我笱也。前車宜鑒，我不是身親閲歷，暇爲後人憂耶？如此説，即小弁亦可通貫，言我已被讒而逐，後人無蹈吾故轍也。末章如傳説亦好，某謂不如總作「御窮」説。窮冬之時，我蓄旨以御之，至家道好時，便宴新昏而厭棄我，是以我「御窮」也。汝今者驕盈恣肆之狀，盡我勞苦所詒也。不念昔者，我初來汝家之時，是何如景況耶？如此説，與前兩章都有關照。

問：「式微篇，首章曰『故』、曰『中露』，次章曰『躬』、曰『泥中』。蓋失國之初，必有奔走望救之事，所謂『控于大邦』也。及乎救斷望絶，則與其君相守坐困而已。始不辭勞，終無貳志，可不謂忠乎？」曰：「看得好。」清植。

問：「『采唐』諸詩，似可不存。」曰：「我輩選詩，便持此見。聖人所見者大，存此見衛之所以亡。二南之化，以『刑于寡妻』而興；衛之末流，以『子之不淑』而亡，所謂『可以觀』也。」

黍離之詩，若説「宗廟宫室盡爲禾黍」，何以黍總是離離，稷則由苗而穗、而實，難道黍就不苗、不穗、不實乎？此是周既東遷，秦遂西戎，遂盡有西周之地，故詩人過而憂之。黍，五穀之長，喻周也；稷，五穀之亞，喻秦也。彼黍離披不支，稷則有根苗矣，始過之而「中心摇摇」也。秦漸强而大，周之不競如故也，故黍猶離離，稷則不止於苗而穗，不止於穗而實矣；故過之而心憂，不特「如醉」，而且「如噎」也。大凡詩首句不變，而次句不同者，如「有兔爰爰」之類，皆有義旨，不是换韻而已。

東萊以爲「詩無邪」，焉得有淫風？朱子以「放鄭聲」詰之，吕云：「鄭聲淫，非鄭詩淫也。」朱子曰：「未有詩淫而聲不淫者。」本末源流，已一句説盡，但卻亦要知詩自詩，聲自聲，不然虞書何爲説「詩言志」，又説「聲依永」？夫子何爲説「興於詩」，又説「成於樂」？不淫詩亦可以淫聲歌之，淫詩亦可以不淫聲歌之，如旦曲以浄唱，浄曲以旦唱，只是不合情事耳。何以「放鄭聲」不放鄭詩？這卻易知。丑行惡狀，采風者存爲鑒戒，見得淫風便至亂亡。若播之於樂，要人感動此心，卻是何爲？如商臣陳恒等，尋常説話時，何妨舉爲滅倫亂理之戒？若被之管弦，摹寫他如何舉動，是甚意思？聖人之權衡精矣。

詩傳不從注疏之無情理者極多，甚是。但其有情理者應存。如雞鳴，舊注卻好，謂極昏亂之時，而有心中明亮之人，如風雨之候，早晚皆不可知，而雞卻至其時而鳴不已也。蒹葭篇，舊注以蒹葭勁利，喻秦俗强悍。蒹葭而柔以霜露則可用，喻秦俗當澤以周禮。「伊人」即能澤以周禮者。其説雖似太迂，然倒轉來以蒹葭喻秉禮之君子，以霜比秦人之威刑，卻極貼合。恐當時學究相傳，未必全是臆説。賢者不移於風氣，如蒹葭至秋，尚蒼然蔚茂，而秦之悍暴，如霜威摧殘之。此非有獨立不懼、威武不屈之節者不能。此人自在山巔水涯之間，所以上下求之而不能舍。大凡詩起興者，興中即帶比意。取譬於霜，極象秦之嚴急；取譬於風雨，極象鄭之淫昏。

出其東門，舊説亦以爲淫奔，被朱子改正過來。鄭俗雖然不好，既有雞鳴戒旦之作，不許有「出其東門」之人耶？惜乎朱子改之未盡，如風雨、子衿，尚可不以淫解之。

或疑葛屨、蟋蟀，信是勤儉，若山有樞，殊不類。曰：「此正見其儉處。衣裳自宜曳婁，車馬自宜馳驅，惟不肯曳婁、馳驅，故徹底打算到生死之大故，而後決計。其吝嗇之意，言外可掬。」

鳲鳩四章，依舊説，不過是每章换韻。至第二章，尤説不去。難道「淑人君子」之常度，只在帶絲、弁騏乎？此詩須合前後篇觀之。候人之詩，譏德不稱官，賢人在下，故曰「不稱其服」，曰「季女斯饑」。下篇洌泉，亦是此意。推此便得此詩之解。鳩鳩飼子，朝從上下，暮從上下，均平如一。君子之儀亦然。故由其儀之一，知其心之如結也。下三章都承此章説，言君子不是以一例看待爲均平，如此，則賢否不辨，反不均平矣。「鳲鳩在桑」，其子則「在梅」。梅，佳木也。「淑人君子」，則於賢者，其帶之也伊絲矣；帶既絲，則弁之也伊騏矣，大夫之服也。鳲鳩仍在桑，而其子則有在棘者矣。棘，惡木也。君子於不良者，而法度不肯差忒，法度不肯差忒，則足以正四國矣。鳲鳩仍在桑，而其子則有在榛者矣。榛比棘差好，比梅則不及。平等之人也，可以善，可以惡，君子則善其儀法以正之。能「正是國人」，胡不更歷萬年以保其家邦乎？觀「墓門有棘」，則「斧以斯之」，可知爲惡木矣；「墓門有梅」，惜其「有鴞萃止」，可知爲佳木矣。凡上句不换，次句逐章换者，皆有義理，得其理，字眼皆合，意思甚足。下泉亦説得未當，易云：「井冽寒泉，食。」冽，潔也。功足以及物，有何不好？詩意倒是説稂、蕭、蓍皆賤草，而受冽泉之潤，亦「不稱其服」之意。三章俱念周京之盛時，其盛時云何？即末章也。「芃芃黍苗」，非稂、蕭類也，則有陰雨以膏之。四國已被王澤矣，又有郇伯以勞之。此周京之所以念也。「黍苗」與「稂蕭」對，「陰雨」與「下泉」對，詞意顯然。又侯國取喻於地之下泉，王澤取喻於天之膏雨，都妙。

下泉之詩，以稂、蕭爲下泉所浸，譬周衰小國受困。於物理亦不然。泉以潤物爲功，豈陰雨足以膏物，而泉水反以害物之理？直以下泉不溉禾黍而浸稂、蕭，此陰雨之膏黍苗，所以可思也。稂莠，害苗；蕭艾，離騷以喻小人；蓍，亦蓬蒿也，皆惠及小人之謂。若浸黍苗，則佳矣，使膏雨不潤黍苗，何佳之有？反照便見。

七月一篇，凡陽月皆稱日，陰月皆稱月，惟「四月秀葽」一章，本爲推寒候所自始，故獨稱月。見四月雖純陽，而一陰已萌也，與易經中陽卦稱日，陰卦稱月一般。文王家學，是一綫下來的。

問：「七月篇兼用夏、周正，從夏正者，以追敘舊俗，而豳公夏人也。從周正者，是詩作於周公也。」曰：「或是如此。」清植。

大、小雅，若說是以體制分別，看來殊不能分。如桑柔、召旻，若入小雅，恐亦無別。或小雅乃列國君卿、大夫、士君子所作，大雅則王朝卿士之作。衛武公一人之詩，其入小雅者，或在國時所作，入大雅者，則爲周卿士時作。

四牡，父母也；皇華，君臣也；常棣，兄弟也；伐木，朋友也；杕杜，夫婦也。小雅分明以五倫排起。

關雎、鹿鳴、文王、清廟，都是説文王，所謂「四始」也。今看鹿鳴，直似文王自作之詩。「人之好我，示我周行」；「視民不恌，君子是則是傚」，非文王不能爲此語。

「儐爾籩豆」兩節，某意不欲依朱傳説。言不必肆筵設席，但有籩豆可列，便當飲酒爲樂，與兄弟共之。兄弟之不和，吝爾乾餱耳。又言必得妻子同心，兄弟乃得永好無斁。兄弟不相耽樂，妻子間之耳。朋友相與尚不輕絶，何況天性豈反疎薄？必有其由。今欲「宜爾室家」，在乎「樂爾妻孥」，試自究之圖之，豈不誠然乎哉？即「刑于寡妻」，及尚書「我其試哉」之意。如朱傳説「是究是圖」二句，殊無力。

「和樂且孺」、「且湛」，「孺」字、「湛」字，俱下得極妙。兄弟在孩孺時，未有不相善者，只是起居飲食同在一處，故彌親厚。今「儐爾籩豆，飲酒之飫，兄弟既具」，不惟和樂，且如孩孺時之相親矣。兄弟所以不和者，妻子間之也。「妻子好合」，非强合也，必也與吾同調，如琴瑟之相和。吾所敬者，彼亦敬之；吾所愛者，彼亦愛之。則「兄弟既翕」，不惟和樂，且樂之終身不厭矣。如有癖好不能自解一般。

詩即極淡處，都有意思條理，不可忽略看過。如南山有臺，首章説爲「邦家之基」，次章説爲「邦家之光」，至三章「民之父母」，便承「基」字説，惟爲「民之父母」，故爲「邦家之基」也。「德音不已」，便承「光」字説，惟「德音不已」，故爲「邦家之光」也。四章、末章，把「壽」顛向前，而曰「德音是茂」，不止於「不已」也。曰「保艾爾後」，所謂「保我子孫黎民」，不止於「民之父母」也。章法結構，都有血脈義理。又如蓼蕭，首章是説初見時燕語歡洽，以其聲望好也。二章「爲龍爲光」，如今時召客，云「寵臨光降」也。何以有譽處？以「其德不爽，壽考不忘」也。三章則燕飲而見其「豈弟」矣。所謂「其德不爽，壽考不忘」者，於何驗之？以其宜於兄弟友邦，而知其令德壽豈也。末章則賜以車馬也。即露之湑兮，瀼瀼、泥泥、濃濃，皆由淺而深，一毫不亂。

古人説恩情，未有不歸之德者。「湛湛露斯」，言澤之渥也，緊貼「厭厭夜飲」。「匪陽不晞」，言時之久也，緊貼「不醉無歸」。次章「在彼豐草」，露之所聚也，「在宗載考」，飲之所集也。三章「在彼杞棘」，杞美而棘惡，言湛湛之露，無不被之澤。由「顯允君子」，無不令之德，見宴於宗室者，實重其德也。桐樹惟其有實，所以有「離離」之形；君子有「豈弟」之德，所以無不令之儀。見「不醉無歸」者，非沈湎而失度也。詞義都妙。

有人問，古來田獵詩，以何爲第一。某答之以車攻。問者笑云：「又來説道學了。」某云：「敘田獵，孰不鋪張熱鬧？即至結末收歸正論，又顯然發露，意味便短。杜工部觀打魚詩，亦只如此。此詩乃云『蕭蕭馬鳴，悠悠旆旌。徒御不驚，大庖不盈』，宛然『王用三驅，失前禽，邑人不誡』之意。即相隨衆人，皆有綱開三面之仁。至云『之子于征，有聞無聲』，説得逼静。聞遠而聲近，聞次第而聲囂張，聞小而聲大，聞安和而聲疾急，卻不説出仁愛物類，終事肅静字面。而意味深厚，玩味不盡。凡物力之備，射御之精，法度之整齊，人心之歸向，一段虚公有學問之意，無不曲曲傳出。其實『有聞無聲』，豈惟田獵，萬事皆要如此。一有聲便僨事。」

問：「正月卒章，詩所云『佌佌』、『蔌蔌』者，小人也，方安其居而食其禄。獨此下民，天乃夭死而椓喪之，富者猶可僅存，惸獨則可哀甚矣。似無禄之民，其中猶有富者。恐『富人』即指上文『有屋』、『有穀』之小人；『惸獨』乃『天夭是椓』者耳。」曰：「如此説好。」清植。

問：「『匪舌是出，維躬是瘁。』朱傳解云：『非但出諸口，而適以瘁其躬，以下「巧言如流，俾躬處休」例看。』恐『匪舌是出』句，只是找足『不能言』意，猶『巧言如流』句，只是找足『能言』意。」曰：「是如此。」清植。

「各敬爾儀，天命不又」，「又」字妙。一去欲他再來，便不可得。若是修德，便源源而來，觀「保右命之，自天申之」；「申錫無疆」等，可見。

「奕奕寢廟」一章，從來説未明白。説寢廟「大猷」下，忽然説「他人有心」，「躍躍毚兔」，總粘不上。此章是承上章「屢盟」來，推原由於君子之心，不免於曖昧也。以曖昧之心，御機變之巧，斷不能已亂而塈讒。彼此懷疑，「屢盟」何益？試看「奕奕寢廟」，君子之所作也，何等光明正大。「秩秩大猷」，聖人之所定也，何等顯易明白。你看君子聖人如此，似踈闊，不能覺察人情世態之變幻，究之「他人有心」，皆能忖度得之，任如狡兔之跳躍不常，而遇犬未有不獲之者。以險阻焉能知險阻，惟易簡可以知險阻，故易曰：「恒易以知險，恒簡以知阻。」春秋年年盟，年年亂，正坐此耳。凡人遇讒，惟心裏對之以光明，處事只順著正理，憑他如何來，我意中似没有一般，便一點不足以礙其靈臺。「莫予荓蜂，自求辛螫」，蜂來到肌膚上，切莫動他，一動他便一螫。非他要螫你，怕你害他，故螫也。虎不咬嬰兒，不是慈愛嬰兒，知嬰兒不害他耳。佛家亦窺見此意，一人屢無禮於釋迦，釋迦只不應。久之，其人感悟，求釋迦説法。釋迦云：「設若人加禮於我，而我不應，無禮在人乎，在我乎？」其人曰：「自然在我。」釋迦曰：「設若人無禮於我，而我不應，無禮在我乎，抑在人乎？」其人曰：「自然在人。」佛因告之以當風揚塵，適以自糞；持梃擊空，適以自困。最妙。空虛打他不著，徒自困乏而已，彼自然歇了。胸中若有一絲芥蒂，便是機心不盡。列子海鷗之説亦然。某十四五歲陷賊中，見有善拳棒者，人與相持，應手便倒。問其故，對曰：「非我能跌彼，彼自爲跌耳。彼方盡力向前，我只躲過，輕輕一推，他自跕脚不牢矣。」這還是第二等，推之拽之，仍是應之以機。惟教他打不著，他自乏了，爲第一義。所以讒言來時，疑他不好，信他又不好。疑他便是「荓蜂，自求辛螫」；信他便是「肇允彼桃蟲，拚飛惟鳥」。只胸中消化，如太虛一般方好。

蓼莪，如注疏説太粗淺，朱傳善矣，求似有未至者。莪，非以比己美材，謂父母也。言父母本是莪，而我不肖，不能爲莪也，蒿焉而已。然則父母亦枉生我耳。缾小罍大，缾罄乃罍之恥，猶子之不善，貽父母之恥也。鮮民，非孤寡之民，乃寡德之民也。使父母而在，尚可望其提命，今則怙恃俱無，惟有銜恤靡至而已。「父兮生我」章，思父母之恩難報也。南山，生物之方，今則寒風淒其，但見其爲山，而草木無矣。父母既遠，而我受害，復何望其即於善哉？通篇俱作人子自責解，似覺深厚些。

問：「大東三章所云『佻佻公子』，朱傳謂指諸侯之貴臣，亦奔走往來不勝其勞。玩『佻佻』二字，乃是輕薄得意之狀，恐此章『小東大東』四句，是言東人；『佻佻公子』三句，乃指西人。勞逸不均如此，故曰『使我心疚』。」曰：「是如此。」清植。

詩經句讀，要知古韻，又要知上下搭連，不是兩句一斷可爲定例。如楚茨篇，以「執爨踖踖，爲俎孔碩」作一連，「或燔或炙，君婦莫莫」作一連，「爲豆孔庶，爲賓爲客」作一連，下六句作兩讀，都錯了。「燔」、「炙」與「君婦」粘不上，「爲豆」與「賓客」尤難粘。「執爨踖踖」是頭，「爲俎孔碩，或燔或炙」是一連。俎所以載牲體，其中有輕用火燔者，有重用火炙者。「君婦莫莫，爲豆孔庶」是一連。豆乃俎醢之屬，是君婦辦的。「爲賓爲客，獻酬交錯，禮儀卒度」是一連，「笑語卒獲，神保是格」是一連，「報以介福，萬壽攸酢」是一連。「笑語」，如記中「思其笑語」之「笑語」，所謂「愾然如聞其聲」者，指祖宗，不指賓客。祭祀時，賓客如何笑語？惟俎豆具備，賓客齊肅，故祖考歆享，而得其笑語也。又如「天命降監，下民有嚴」，既不僭，亦不濫，都説天命，是一連，「不敢怠遑，命于下國，封建厥福」是一連。「遑」字原不叶韻。「執爨踖踖」章「福」字，若作今韻讀，竟是一句一韻，但古「福」音「偪」，還是以下句爲韻。

公劉去禹之時未遠，又恰是后稷曾孫，故詩曰：「信彼南山，維禹甸之。畇畇原隰，曾孫田之。」以此證楚茨以下四詩爲豳雅尤明。若是作於周世，而卻推溯禹功，未免太闊。清植。

賓筵，毛序以爲刺幽王，朱子從韓詩，以爲悔過。某謂此詩或係悔過，至下魚藻，明是諷王。若是諸侯美天子，身在鎬矣，而曰「王在在鎬」，何也？似是武公居其國而念王，言飲酒亦不妨，只要得「豈樂」、「樂豈」耳。大武樂章，疑不止於武、桓、賚、酌。大明之詩曰：「殷商之旅，其會如林。矢于牧野，惟予侯興。上帝臨女，無貳爾心。」恰似「總干山立」之象。「尚父鷹揚」，所謂「發揚蹈厲，太公之志也」；「會朝清明」，則滅商矣。

「鳶飛戾天，魚躍于淵。」朱子不用前人說，而以爲興無所取義。若以象求之，本乎天者親上，本乎地者親下，文王作於上，人才興於下，亦有意思。凡象之所在，道理即在其中。尚父之鷹，卷阿之鳳，都不可易。

思齊之詩，條理尤極精細。先言生有聖母，又言助有賢妃，似文王之聖，由於二者一般。下文遂言文王非徒藉世德也，能「惠于宗公，神罔怨恫」；非徒資内助也，能「刑于寡妻，至于兄弟，以御于家邦」。惟「刑于寡妻」，以至兄弟，故「在宮」則見其雝雝然；惟「惠于宗公」而無怨恫，故「在廟」則見其肅肅然。其「雝雝在宮〔一〕」也，雖不顯之處，常若有臨之者；其「肅肅在廟」也，雖無有厭射之事，常若有所守焉。其「純而不已」如是。至上有昏暴之君，下有昆夷之難，文王之德望毫無所損。雖無所前聞者，亦合於法；雖不由諫諍者，亦入於善。上節如「戒慎恐懼」之「中」，此節如「發皆中節」之「和」。文王加意作人，所以「成人」、「小子」，「有德」、「有造」，都由純德無斁，始能「譽髦斯士」也。

朱子道理熟，説到聖人敬畏修德處，倍生精采，興會都到。「無然畔援，無然歆羨，誕先登于岸」；「予懷明德，不大聲以色，不長夏以革，不識不知，順帝之則」，都説得深微。但有一説，須與下文帖合方好，不然頭腦太大。此詩下文是伐密、伐崇，未應推説到此。看來只是説文王爲人，不與人輕離易合，亦不歆羨他人所有，所以當紂昏虐之時，人皆淪胥及溺，而文王獨先登岸。登岸既免於溺，又可援手以救人溺，所以密人「侵阮、徂共」，文王不得不救之。若以爲道岸，反覺不甚親切。至崇人，卻與文王有譖害之仇，故言文王不加人以聲色，不長夏以兵革。長於中夏，即方伯也，如九合諸侯，不以兵車之意。「不識不知」，一無私意，應天而動，天討所及，文王不能不順之耳，非報仇也。都與下文一串説來方合。

孟子之説靈臺，乃斷章取義爲惠王言耳，非詩本旨也。文王之什止此，故將敬天、造士最大兩事作末篇。靈臺，所以望雲物之氛祲，察歲時之灾祥，與「欽若」、「授時」之義同。下二章，言立學作樂之事。古者典樂教胄，周禮樂師掌國學之政，辟廱與作樂原是一事。文王最重是造就人才，故緜之詩，終以「疏附」、「先後」、「禦侮」、「奔奏」；棫樸云「周王壽考，遐不作人」；旱麓云「豈弟君子，遐不作人」；恩齊亦以「譽髦斯士」終焉。至有聲美武王，猶以下「無思不服」屬之「鎬京辟廱」。此義在四書、五經中最大，聖人率不作第二義。

「下武」，即上文也。言人見武王以兵滅紂而有天下，以爲武功大矣，不知「下武」者，實我周也。下字甚奇。

雅頌一字都有緣故。有聲篇，文王四章，先稱文王者，著祖考之尊號，實則諸侯而追稱者耳，故終曰「王后」。武王四章，先稱「皇王」者，著其爲天子，非追王之比。卒乃言此之爲武王，以别於成康諸王。

「篤公劉」詩，處處不是居室，「廬旅」亦不是廬其賓旅。因初到豳，且於此處住下，且於此爲廬作客居，且於此商量行事，下方説「于京斯依」可見。「其軍三單」者，諸侯名爲三軍，其實三鄉、三遂，則六軍也。天子名爲六軍，其實六鄉、六遂，則十二軍也。謂之單者，人少，止有三耳。「度其夕陽」，亦不是度山西之田以廣之。豳西多高山，夕陽少，人苦寒，故度其有夕陽之處。斯人不苦寒，「豳居」遂於是而大也。此處若説人家多，並山西而廣之，則侵下「止旅迺密，芮鞫之即」地位矣。人若遷國，便可依此詩營理，即移宅，亦宜彷彿行之。如此讀詩，果然使於四方，自然能專對；授之以政，自然能達。

「价人維藩」一節，注疏決不可從。朱子以「价人」爲大德之人，「大師」爲大衆，是已。「大邦」、「大宗」不難解，難在把「懷德維寧」一句横在中間，下又云「宗子維城」，何不敘宗子於大宗之後？更難在獨將「城」字提唱，而結曰「無俾城壞，無獨斯畏」。朱子依文解去，殊覺參差無倫次。其實只「宗子維城」一句説得合，則自「懷德維寧」以下，一氣順接，而於「价人維藩」四句，亦呼吸緊醒矣。「宗子」，不該説作各宗之宗子，宗子繼宗，即天子也。故以城歸之。藩、垣、屏、翰，皆爲城而設。「价人」、「大師」、「大邦」、「大宗」，皆所以衛宗子也，下字俱妙。「价人」，所謂元勳碩輔，爲國威重，如一層藩籬然。「師」，即「殷之未喪師」之師，國所與立，惟民是賴，如城之有牆然。城之所以立也，大邦諸侯，如樹之以爲障蔽者，故曰「維屏」。大宗强族，如垣牆之楨幹然，藉之以爲羽翼者，故曰「維翰」。此四者，必懷之以德，方可恃之以安。

蓋宗子如城然，無德，則雖有藩、垣、屏、翰，而衆叛親離，其城且壞，而宗子亦孤立矣。故曰無使自喪其輔，致城之壞，以致於獨也，獨斯可畏矣。德即宗子之德，懷即懷諸侯之懷。文從字順，天造地設應如此。

「朋友以譖，不胥以穀。」若照常說，下文「人亦有言」句不甚著力。譖人者以爲特人受其害耳，不知朋友相讒，不特被讒者受害，連讒人者亦不得善。故人亦有言，退者固窮，即進者亦窮，言必至於俱困也。你今日只顧譖人，豈知將來連自己亦動彈不得乎？此須身經之，方見此詩有味。「民之貪亂寧爲荼毒」，不是說他荼毒人，言到得民不堪命，寧不知亂者必死？但忍不過，只得拚死去做。自非萬不獲已，民豈肯輕自犯上作亂以取荼毒乎？

注疏多不可從，然間有好處。「天生蒸民」四句，朱子說：「有耳目便有聰明之則，有父子便有慈孝之則，是乃民所執之常性，故其情無不好此美德者。」本說得好。康成謂物爲性，謂則爲情，言「天生蒸民」，其中實在有箇性。物，如「爲物不二」之物；所謂性，立天下之有也。惟其有此，所以感應於外者，都有箇則。他竟於「物」指出仁義禮智之名，於「則」指出喜怒哀樂之名。惟有「物」，故爲「民之秉彝」；惟有「則」，故未有好而不在此懿德者。某卻從康成說。朱子說下四句，用「況」字轉。康成卻説天亦好德，所以監周而生山甫。亦覺得更加有味。次節説山甫之德業，三節説山甫之職掌。「肅肅王命」二句，承「出納王命」；「邦國若否」二句，承「式是百辟」；「既明且哲」四句，承「王躬是保」。自己不能保身，焉能保王躬？「明哲保身」，非如世俗所謂趨利避害也。孝經言守富、守貴、保禄位，都説與道德學問是一事，何況保身？「柔茹剛吐」節，發明「邦國若否」二句；「德輶如毛」節，發明保身、事君四句。言我亦儀型圖之而莫能舉，惟仲山甫舉之，山甫能舉德，故能補王之闕也。下二節説祖送，即承「賦政于外」二句。「每懷靡及」，説得妙，望其早歸，又照應職掌，無人説他「永懷」。又見山甫身雖在外，乃心罔不在王室。暗結「王躬是保」意，極妙結構。

常武「三事就緒」，朱傳説是「三農」。某初以農工商説，亦不是。凡經中常用字，都要畫一。朱傳解「擇三有事」，謂是「三卿」；於「三事大夫」，又云「三公」。論理都該歸之司空、司徒、司馬方是。國家舉事，必須人役，是司徒所掌；必有政令，是司馬所掌；用度百須，皆出於土地，是司空所掌，總離不得此三項。看牧誓、立政、周官諸篇可見。當時出兵，言今日不須再留，不須再處，凡國家之事，職在司徒、司馬、司空者，已俱就緒，何須再留處而不行耶？冢宰輔養君德，統百官；宗伯掌禮樂。此時用不著，故只舉「三事」。

常武一詩，説盡兵法之要。當時徐方罪浮於楚，自穆王時首先僭號，宣王以其控制江、淮，逼迫青、兖，所以謀之者不可草草。先命樊侯築城於齊，防其北突，命召穆公平淮南之夷，及於江、漢，剪其羽翼，然後自將以伐之。戎陣齊整，先聲奪人，止令其畏服而止。「如雷如霆」，妙甚。只是教人怕，何必將惡人盡數打殺？其疾也如飛翰，其衆也如江、漢，其不可動也如山，其不可禦也如川，其不可絶也緜緜然，其不可亂也翼翼然。令人不可知，又令人不可勝。千古行兵，有加於此者否？所以五經果讀得精細，世間事未有不備者。經都是教人學做事的樣子，没有空語。

思文以上，皆大祭祀之詩，「后稷配天」，更是大典，故在後。臣工、噫嘻，皆祀先農之詩。振鷺初立學宫，祭瞽宗之詩，與豐年、有瞽、潛三篇，皆小祭祀之詩，故彙在一處。雝、載見、有客，皆助祭詩，亦彙在一處。大武，乃舞之樂，故居末。篇次一絲不亂。大雅中，因陳戒而及先公、先王者，亦爲受釐所歌，當即歌於舞入之時。生民是言后稷，亦特居後。下燕父兄，賓尸贈答之詩，都彙在一處。公劉不在七廟之内，又非配天之祖，而其功實大，故又存在後。泂酌、卷阿，召公陳戒之詩，中未説及先公、先王，不歌於受釐之時，故又在後。其篇次亦一毫不亂。

烈文之詩，朱子以爲獻助祭，諸侯之樂歌，以此之「辟公」，與雍之「辟公」例看也。上祀先公以天子之禮，先公亦稱公，「烈文」二字，豈諸侯所敢當？而「錫兹祉福，惠我無疆，子孫保之」，亦非對諸侯之辭。「無競維人，四方其訓之；不顯維德，百辟其刑之」，諸侯尤不敢當也。此爲合祭先公、先王之樂章。太王、文、武以及成、康，各有祭之之詩，祫尤大祭，豈得無詩？

烈文爲祫祭之詩，看第二章尤明。先公有邦而已，至太王、王季、文王，而其功始崇。武王念之，因而易侯爲王，故曰「繼序其皇之」。先公尊於先王，故從「辟公」敘起。功德在人，前王爲盛，故結之曰「前王不忘」。於立言之體亦極稱。清植。

「天作高山」，乃文王祔廟之詩。問：「昊天有成命，亦是成王祔廟，執競是康王祔廟之詩否？」曰：「然。只武王祔廟無詩，想是易侯而王，禮文與他廟異。」鍾旺。

詩之語氣，不可不體會。「我將我享，維羊維牛，維天其右之。」「右」是上，尊之也。「其」字，是不敢必之辭。惟「儀式刑文王之典，日靖四方」，則「伊嘏文王，既右饗之」矣。用一「既」字，便有尊天親祖之意。文王饗，則天亦饗之矣。然不敢恃也，故下復言「畏天之威」，見得文王亦畏天也。文王之詩，言「上天之載，無聲無臭」，惟取法於文王，則萬邦作而信之。此處只言「畏天之威」。因彼是歌文王之德，此乃配上帝之樂，其意理及口氣都妙。時邁亦然。言天其子我乎哉？亦不敢必也。既而曰，想是天實右序我周，爲諸侯之長矣。但看「薄言震之」，而「莫不震疊」，祭百神，而百神享之，信乎王之爲天下君也。今式序諸侯，偃武修文，信王之可保天命也。語氣道理俱足。

執競篇，注疏以爲祀武王之詩，「成康」皆不説是成王、康王。朱子以爲祭武王、成王、康王之詩，是已。但不及文王，何也？此是始祔康王之主於廟，告於考，故及成王；祔於祖，故及武王。孫祔於祖，有告祔之禮，成王入廟，則告文王矣。

振鷺非「二王之後來助祭」之詩。古者，學宫都在西，故曰「西雝」。謂之「雝」，自是辟雝。此是初立學宫，祭樂祖瞽宗之樂章。「我客」，來學之士也，其容修潔，有類於鷺。若以爲「二王之後」，取象亦不類。「在彼無惡」，指客也，「在此無斁」，指君也，所謂「古之人無斁」也。「以永終譽」，所謂「譽髦斯士」也。韓文公做學宫詩，便用「振鷺」，亦一證也。

樂有四節，有瞽一詩，不過幾句，而四節皆備。「有瞽」，升歌之人也；諸樂器及簫管，笙入之具也；「肅雝和鳴，先祖是聽」，間歌之聲也；到得「永觀厥成」，則合樂時矣。何也？舞亦入，故曰「觀」，緊與上「聽」字相應。成，即「六成」、「九成」之成，樂之終也。經文周密如此。

今人多以朱子不用詩序爲疑，據某看來，正恨尚有不盡翻案處耳。如「文王既勤止」，何以見得是大封功臣？論來卻是大賚四海，而共明其伐商之意。只涵泳白文，求其語意通順，道理正當，不拘舊説方好。「文王既勤止」二句，即尚書「我文考文王，克成厥勳，誕膺天命，以撫方夏。大邦畏其力，小邦懷其德，惟九年，大統未集。予小子其承厥志」之意。言文王創造艱難，已有成規，予自當有以成其志。我之爲此，恐人以爲不韙，我周徧思量，不得不出於此。我之往也，惟求天下之安定耳。所以説「無畏。寧爾也，非敵百姓也」。此文王之志也。「時周之命」，言天命在周，「予弗順天，厥罪惟鈞」。「於繹思」，嘆息而謂臣下，宜共繹思之然乎不然乎，即所謂「上帝臨女，毋貳爾心」。大概是初得天下，大賚四海，而白其意如此。一牽住大封功臣，便齟齬不順。

賚與般，其名不可忽略。賚，自是大賚之詩，般即「遊般」之般。武王因般遊至洛邑，見其道里爲天下之中，欲都之。「陟其高山，墮山喬嶽」，所謂「南望三塗，北望嶽鄙」也；「允猶翕河」，所謂「顧瞻有河」也；「裒時之對」，正是四方來朝，道里均也。自酌至般，可以定爲東都祭文、武廟之詩，確不可易。「文王騂牛一，武王騂牛一」，則東都但有文、武二廟可知。

「邪」字，古多作「餘」解，史記、漢書尚如此。「思無邪」，恐是言思之周盡而無餘也。觀上「無疆」、「無期」、「無斁」，都是説思之深的意思。邶之北風，亦作「餘」

解。古人曆法拙，閏月必定在十二月，故曰「閏者，歲之餘；虚者，朔虚也」。言冬月將盡，而歲餘亦將終，比北風、雨雪又急矣。但「思無邪」，從來都説是「邪正」之邪，故詩所亦姑依之，不欲破盡舊解。其實他經説道理學問，至世事人情，容有搜求未盡者，惟詩窮盡事物曲折，情僞變幻，無有遺餘，故曰「思無邪」也。

春秋因有三傳，故抵捂處得失互見。詩自齊、魯、韓氏之説不傳，而毛氏孤行，則無以見諸家之異同，而以序爲經矣。自記。

【校勘記】

〔一〕「宫」，原作「廟」，據毛詩正義卷一六改。

榕村語録卷之十四

三禮

問：「周家制度，是周公手定，孔子卻説文王之文，何也？」曰：「想是文王已有成模，所以説『倬彼雲漢，爲章于天』，『丕顯哉，文王謨』。周公守其學而修之耳。故孔子接文王，周公算在見知裏。」

周禮一書，幸而存，必有發用之時。漢武帝直謂是戰國黷亂不經之書，其後尊信周禮數人皆敗事，所以人益不信。北魏文帝、周武帝、唐太宗略彷彿行之，如均田、府兵之類，皆有其意。文中子之子福時，記唐太宗欲行周禮，魏鄭公曰：「非君不能行，顧臣無素業耳。」此未必確。縱不精熟，如考起來何至全無頭緒？欲治天下，斷非此書不可。

大學，「大」應讀爲太；小學，「小」應讀爲少。周禮「小宗伯」、「小司馬」之類，人皆知讀爲少，卻不知讀「大宗伯」、「大司馬」等爲太。「冢宰」一稱「太宰」，以冢即太也，甚且有稱爲「大冢宰」者，益可笑。

周禮在朝效天，如妃嬪、世婦、御妻，公卿、大夫、元士，皆用三九；在野法地，如井、牧、邱、甸，皆用八四。至國中象人，如比、閭、州、黨，軍、伍、師、旅，皆用伍。

胡五峯以周禮爲劉歆僞作，説太宰豈有管米鹽醯醬之事之理。不知男女飲食，自外言之，即治國平天下之要；自内言之，即格物致知、誠意正心、修身齊家之要。日用間更有何事？

天者，君也；官，猶司也，冢宰所司者，君之事，故曰「天官」。宰者，調和膳羞之名；冢，大也。君德者，萬化之本；而飲食盡道者，又君德之本也。冢宰掌王飲食男女之事，使皆有節度，此體信之道，其爲宰也大矣。君正而推以均四海，不過用水、火、金、木，飲食必時，合男女、頒爵位，必當年德，而萬物自育，天地自位。是調和膳羞，其事至小而實大，其義至近而實遠，以此名官，非喻也，深哉。知孔子「無間於」禹之心，即得周公立冢宰之意。光坡。

某意卷龍袞冕、鷩冕、毳冕，亦當如今補子之類，未必全衣繪之。又絺冕，或即葛爲之。大裘，即黑羔裘也，止可冬至祭天時著，若五月大社，如何著此？鄭康成云「絺冕著祀社稷」。注疏以絺即虞書絺、繡之絺，言「繡粉米於衣也」，未知是否。

地者，民也；司徒所司者，民之事，故曰「地官」。徒，衆也，即民也。司徒掌乂民之食，擾民之性，所謂盡制度品節之詳，極裁成輔相之道也。光坡。

至德以爲道本，道即藝也，是存心以爲致知之本。敏德以爲行本，敏即敦敏、勤敏之敏，在知上説，是格致以爲誠正修齊之本。孝德以知逆惡，是修己以爲治人之本。逆惡，注謂指在己者，非是。蓋知人之逆惡，由家以及國與天下也。知仁聖義中和，中，未發之性也；和，中節之情也，四德皆在其中矣。故後言中和，不復細舉仁義等項。小學先言德行，而後及藝者，如「行有餘力，則以學文」。所謂文，不過是習其器數耳。大學先藝而後德行者，如博文約禮、文行忠信。所謂藝，則窮理格物之事也。

「土圭」之法一段，鄭注恐理之不可通。夏至日道，入赤道北二十四度，北距嵩高弧背九度餘。夏至日道，下直衡岳，晷無影。從嵩高至衡岳，夏至日道圜天之弧背，以弧矢術求弦，得衡岳脱地中弦徑，約九度餘。從陽城至衡岳，地平鳥道，相去約二千五百里。夫止二千五百里，而一則尺五寸，一則無影。是百六十餘里，景已差一寸矣。則鄭注所云千里而差一寸，恐未然也。又鄭注謂景短者，中表之南，千里景短一寸；景長者，中表之北，千里景長一寸。如此，則日下無景，當在極南，萬五千里之外，而衡岳之遠陽城，不能萬五千里昭昭矣。又言景夕者，東表日昳，中表景乃中；景朝者，西表日未中，而中表景已中。如此，則極東之地，日出方及三五尋丈，日景已中；極西之地，日入未及三五尋丈，日景方中。若果地體方平，四際彌天，則信如所云矣。不然如鷄子裹黄之喻，地在天中，不過成形之大耳，彈丸浮寄。四際距天至遠，四際距天之遠若一也，則去日安能有遠近之殊乎？雖日之出也，極東先見，及其入也，極西先昏，然隨其處，各有曉午昏暮。安知日東者，不以吾爲景朝乎？日西者，不以吾爲景夕乎？且北尺有五寸，東西直北一帶中，日景皆如是也。何以定其爲東西之中乎？吾謂日南則景短多暑，謂從此中表而南之地，則當景短之時，盛暑不堪。若今廣州夏時，炎赫倍於他州。蓋景短即夏至，非短於尺有五寸之謂也。日北則景長多寒者，謂從此中表而北之地，則當景長之時，隆寒不堪。若今塞外冬時，凜栗亦倍。蓋景長即冬至，非長於尺有五寸之謂也。日東則景夕多風者，謂從此〔二〕中表而東之地，則景夕之時多風。蓋東地多水，多水則多風。若吾州，午後即海風揚也。風起於夕，故以景夕言之。日西則景朝多陰者，謂從此中表而西之地，則景朝之時多陰。蓋西地多山，多山則雲氣盛。若柳子厚所謂「庸、蜀之南，恒雨少日」是也。陰霾於朝，故以景朝言之。如此，則寒暑陰風，偏而不和，是未得其所求。天地之所合者，地中與天中氣合也。合則四時交，而無多暑、多寒之患；合則風雨會，而無多風；合則陰陽和，而無多陰。何以定之？以驗寒暑陰風於五土，而知惟此爲不偏也。然特就中國九州，而奠其四方之中耳。若論大地之中，當在南戴赤道下之國，則未知其何如也。然則冲和所會，無水旱昆蟲之灾，無凶饑妖孽之疾，兆民之衆，含生之類，莫不阜安，是乃王者之都也。日至之景，尺有五寸，謂之地中者，非謂必日景尺有五寸，乃爲地中，是言地中之處，其景尺有五寸。蓋用以爲標識也。光坡。

鄭康成謂，立八尺之表，惟洛陽、陽城，影一尺五寸，每千里差一寸。陽城之北以漸而長，南以漸而短，短至廣州一萬五千里，則表影全無矣。今考洛陽出北極二十三度有奇，廣州出極三十五度，以成數要之，只差十一度。以今所制營造尺量之，每二百里差一度，止得二千二百里。即以古尺二百五十里差一度算之，亦止得二千七百五十里。安得一萬五千里耶？

陳君舉好巧説，謂孟子與周禮所説百里與五百里，用方算，可以約略扭合；只是周禮説王畿千里中，容得公侯之國多少，此數必不能扭合。奈何建都四面必不能匀，朱子辨永嘉之説是矣。但禹貢分明説甸、侯、綏、要、荒，禹都冀州，北面亦不能有如許地。此事只好活動説，若必要説得的確，恐反傷鑿。

九章二：象也，數也。量法，象也；算法，數也。方田、少廣、商功、勾股，量法也；粟布、差分、均輸、盈朒、方程，算法也。六書二：形也，聲也。指事，一在一上爲上，一在一下爲下之類；象形，全圓中有奇爲日，半缺中有偶爲月之類；會意，人言爲信，止戈爲武之類。三者皆形也。諧聲，如水可爲河，水工爲江之類。轉注，如長本長短之長，轉爲長幼之長；惡本善惡之惡，轉爲好惡之惡；長本長於吾，惡則自可惡之類。假借，如必乃弓帶之謂，因必然聲同，遂取爲必然之用，本非此字，而借爲此字。三者皆聲也。

鄉遂兵多，隱然有强本之意。聖人作事，多少意思都包在内。

鄉遂車制，蓋一族出一兩爲一乘。其三卒，則卒長爲甲士，餘爲步卒。其一卒，則似爲輜重之車也。自記。

朱子疑周禮中「以國服爲息」一條，以爲「此能幾何，而云『凡國之財用取具焉』」。此錯會了經書之指。「取具」莫重看，即「此能幾何」之意也，不過是國之財用亦有取於此耳。

友言：「荆公保甲，非如今之五家相保而已。蓋五家出一甲兵也，所以不能行尤甚。均輸亦斷不可行。如青苗法，令程朱諸君子行之，有何不可？」曰：「天下事大概如此，不得其人，未有不弊之法。如周官一書，但立王畿千里一州之法，他八州置之不問，正是此意。那時王畿之地，有周、召、畢、芮盈於朝宁，恁甚詳密之法，無不可行。至外諸侯，若强之行，有必不能者，但立一榜樣於此，有能彷而行者，天子未嘗不嘉與之。

不然亦止五年之間，察其土地人民，風俗貞淫，在位賢否而已。這是聖人識大體處，若使九州盡如周官，雖聖人有所不能。」

春者，其氣則天地温厚之氣，其時則陰陽適均之時，中和之極也。宗伯掌禮以教民中，掌樂以教民和，故曰「春官」。光坡。

郊祀天地，聖人説得如見，「維天其右之」，竟似天來享。周禮大司樂「一變而致羽物及川澤之示，再變而致臝物及山林之示，三變而致鱗物及丘陵之示，四變而致毛物及墳衍之示，五變而致介物及土示，六變而致象物及天神」。七變，「則天神皆降，可得而禮矣」。八變，「則地示皆出，可得而禮矣」。九變，「則人鬼可得而禮矣」。道理至此，就到盡頭處了。問：「人鬼何以居後？」曰：「天神地示，是現成的。鬼者，歸也，既去了，又要追轉來，豈不難致？天神地示，如日見形、耳聞聲；致人鬼，如記念過的書，已往的事，自有難易。」

問：「以天神、地祇、人鬼三祀所用四聲，謂即上分祀六樂，深得大樂必易之理，可謂神合。然不用商，明見於經，若無射，分祀奏之，於此去之，未有它考。竊意宗廟之『大簇爲徵』，似復上文『天神』之訛也，請並改『大簇爲圜鍾』，何如？」曰：「此説殊有理。」光坡。

龜，象也；筮，數也。求象於兆，求數於變，其法不同。體有百二，卦有六四，其道亦異。蓋卜書之亡久矣，學者因莫之見，遂謂卜筮皆出於易，而援易繫卜筮、蓍龜之言以證之。考之春秋内外傳，先秦古書所舉卜筮之繇，其繫於筮者，皆今周易文也。卜繇别爲言語，絶無隻句與易相似者，豈可溷乎？愚則以爲，卜書，五行也；筮書，陰陽也。洪範曰：「卜五，占用二。」此卜筮之大要也。春秋傳晉卜救鄭，「遇水適火」，而史趙輩皆舉五行克勝之義占之。卜之略例，於此可見。光坡。

「三夢」，舊注亦分三代，其説無據。且下直云「其經運十，其别九十」，不言「皆」，異於前文。則知「夢」一法，「致夢」者，有以致之也，如晝所思爲，夜則成夢，是「致夢」也。「觭」，杜讀爲奇，「奇夢」，亦思爲所致，而詭異不測，樂廣謂夢有想有因，「致夢」、「奇夢」之謂也。咸，感也；陟，升也，精神感而上通，與鬼神合其吉凶，以其無心焉，故謂之咸也。此三者，足以盡夢之變矣。光坡。

世説樂廣説夢，曰想，曰因。想，即日之所爲；因，雖非日之所爲，而有所因，不必正像其事，而因此變幻而成。仍應補其一，曰兆。蓋有全無所因，而吉凶禍福之先見者。周禮「三夢」正如此。「致夢」，即想也；「觭夢」，即因也；偏倚不正，因其類而有旁曲變幻之狀也，曰「咸陟」。咸，感也；陟，通也。精神上通，而其端先見，即兆也。其後

「六夢」，亦當解歸此三類。「正」與「噩」，「咸陟」之類也；「思」與「寤」，「觭夢」之類也；「喜」與「懼」，「致夢」之類也。如鏡然，有正面照見者，有側旁照見者，有我不見，而門外之形影鏡已照見者。

「卜師掌開龜之四兆」，舊注「開出其占書」，而以占者，下占人之事也。卜師所掌，在於作龜，而不在於占龜。所謂「開龜」者，蓋若鑿龜之義云耳；「四兆」者，鑿龜之四方。上篇鄭氏云：「春灼後左，夏灼前左，秋灼前右，冬灼後右。」以正此四兆者，爲得其實。光坡。

「揚火以作龜，致其墨。」墨者，墨其將灼之處，而灼之以致其兆也。書曰「惟洛食」，蓋食墨之謂。卜有龜焦者，有不食墨者，皆不待兆成而知其凶也。夫墨，水也；燋契，火也。火過而陽則焦矣，水過而陰則不食矣。光坡。

龜卜之法不傳，今以周官、書經注疏湊合想之，粗可言者。大概龜之體，猶筮之卦；龜之兆，猶筮之爻；龜之頌，猶筮之詞。卦有六，卜僅三：一五，二廿五，三一百廿五。五，五行也；廿五，五五也；一百廿五，五其廿五也。内除三同，如水水又水，火火又火之類，則去五行之純者，只得一百廿也。其頌千有二百者，如「火珠林」法，每一有甲、乙、丙、丁、戊、己、庚、辛、壬、癸日起，故有一千二百也。此某臆度之説。龜灼視其紋與其烟，紋曲者水，直者火，左斜者木，右斜者金，横者土；烟之蒙者爲木，直上者爲火，交互者爲水，斷續者爲金，成片者爲土。荆乃灼龜之木，「爰契我龜」，契應從鍥，竟是鐵鑽，用明火，未開視卜詞，而即以爲「襲吉」者。蓋方灼而龜即火起，謂之焦；龜版上有墨塗之，墨乾謂之食墨，若不乾，鑽火而滅，謂之不食墨。皆陰陽不合，大凶也，即不卜。若三卜，總無焦、不食墨之狀，即謂之「襲吉」。夫易論奇偶陰陽，卜論五行生尅。至京房，則以卜攙入筮，而以甲乙等日占之，以青龍爲木，白虎爲金，朱雀爲火，玄武爲水，而以勾陳螣蛇爲土，以合六畫。是謂「火珠林」。則古法淆亂矣。古人最重筮，所謂「筮短龜長」者，筮分陰陽，尚渾淪些，至卜分五行，則細微極矣。然五行一陰陽也，未可遽分優劣。龜卜至漢文帝時尚用之，其後遂不見用，亦由孔子贊周易後，而龜遂詘。

古者占夢，必參以天地、陰陽，謂人感天地、陰陽之氣，於是乎有動於機，而形於夢。夫天地之會，陰陽之氣，變化於四時，不可睹也，故察之乎日月星辰，而象見矣。如春秋傳所載趙簡子事。又史記宋元王夢一丈夫，延頸而長頭，衣玄繡之衣而乘輜車，曰：「我爲江使於河，而幕網當吾路。豫且得我，我不能去。王有德義，故來告訴。」召博士衛平問之，平乃援式而起，仰天而視月之光，觀斗所指，定日處鄉。四維已定，八卦相望。視其吉凶，介蟲先見。乃對元王曰：「今時〔二〕壬子，宿在牽牛。河水大會，鬼神相謀。

漢正南北，江河固期，南風新至，江使先來。白雲擁漢，萬物盡萌。斗柄指日，使者當囚。玄服輜車，其名爲黿。王急使人問而求之。」此皆以日月星辰占夢之法也。噩，謂所夢可驚愕。此六夢者，「致夢」、「奇夢」、「咸陟」皆有焉。問王之夢而獻其吉者，則凶者在所修省可知。光坡。

周禮「墓人」〔三〕，爲墓祭之尸，恐是祭土神，非祭墓中之人。自記。

「屋誅」者，所謂「纖剸於甸人」也，蓋公族不刑之於市耳。謂是「門誅」，大非。

尚書「伯禹作司空」，而後契爲司徒，是唐虞之官也。王制司空度地居民，而後司徒修禮明教，是夏殷之官也。洪範四曰司空，五曰司徒，殷官又其著者。帝王皆首司空，而周公獨後之何？蓋與易以艮成終、成始義合也。是故冢宰掌天，司徒掌地，兼總條貫，是二宫者，包乎上下。其外春夏秋冬，各司一事。宗伯以禮樂教，而實由司空之富邦國，生萬民，而後教化行。則自冬而春，貞下起元之義也。禮以節之，樂以和之，政以行之，刑以防之，極其效，不過欲老有所終，幼有所長，黎民不饑不寒，矜寡孤獨廢疾者有養而已。則春生、夏長、秋收以至冬藏之義也。以此爲終，而實王道之始；以此爲始，而要其成何以加茲？深哉，周公之意，豈有異於堯、舜、禹、湯之心乎？光坡。

考工記文字最妙，豈劉歆所能到？人不信周禮，遂將此書推與劉歆。近如閻百詩、黃梨洲輩，並將周禮亦推與劉歆。卑周禮失其平，不覺尊劉歆過其分矣。

古者做車，有輿人，有輪人，各耑其事。輪最重。古輪最圓，外邊皆圓脊，行地不滯。今不圓而外廓，著地之木皆平方，又用鐵，皆岨峿不平，故不穩貼。古一車四馬，然既云「脱驂」，則三馬亦可；又「良馬五之」，則五馬亦可。

西洋人不可謂之奇技淫巧，蓋皆有用之物，如儀器、佩觿、自鳴鐘之類。易經自庖犧没，神農作，神農没，堯舜作。張大其詞，卻説及作舟車、耒耜、杵臼、弧矢之類，可見工之利用極大。周官一本考工記，全説車，輈人〔四〕一篇尤要緊。定九先生云：「中庸説『九經』，必言『來百工』，而車尤難工。車中唯輪最妙，其行地者無多而輕利。」以上周禮。

周樂是四節：一、升歌三終，堂上人歌鹿鳴、四牡、皇皇者華，用琴瑟和之，無他聲；二、笙入三終，堂下笙南陔、白華、華黍，亦無他聲；三、間歌三終，堂上歌魚麗畢，堂下笙由庚，又堂上歌嘉魚畢，堂下笙崇丘，又堂上歌有臺畢，堂下笙由儀；四、合樂三終，堂上歌關雎、葛覃、卷耳，堂下笙鵲巢、采蘩、采蘋，衆樂器齊作，舞亦在此時，而樂終矣。書「戛擊鳴球」一節，恰是如此。「以詠」是升歌，「下管」是笙入，「笙、鏞以間」是間歌。笙，笙鐘、笙磬也，與笙相合者；鏞，鏞鐘、鏞磬也，與人聲相合者。「簫韶九成」是合樂，簫，乃舞者所執，與箾同。問：「王方麓尚書日記，亦如此説。」曰：「正賴此心此理之同。某節分原道，以爲獨見，張長史與某同；解離騷『求女』爲求賢，以爲獨見，而方靈皋與某同。」

問：「古樂舞在何時？」曰：「其在合樂時乎。」問：「合樂時，鵲巢、采蘩、采蘋皆有詞，亦可入笙耶？」曰：「可。但看如今之琴，無詞者固多，然有詞者何嘗不可彈？」問：「作樂時用律否？」曰：「不用。律以制樂器者，所謂『王府則有』也。『律和聲』，亦是推本言之。如製鍾，要中黄鍾之律，即取黄鍾之管以驗其聲。十二律皆然。」問：「八音要合十二律，每音皆有十二器乎？抑一音一器，即可備十二律之聲乎？」曰：「革木二者，如何合十二律？惟鐘磬備十二律之聲，故樂以金石爲宗。絲即一器中可備十二律，竹匏一器中亦略備，土便不能，革木不過用以節之止之耳。」問：「堂上升歌，固用金石矣，不知亦用鼓否？」曰：「用。如今之唱曲板也，如何不用？」問：「升歌之瞽者是幾人？」曰：「二人。」

升歌、笙入、間歌、合樂，四節皆三終，是卿大夫樂。不知天子、諸侯如何？只是以鹿鳴、四牡、皇華；文王、大明、緜；清廟、維天、維清皆三詩觀之，恐亦三終也。大都卿大夫笙入用笙，天子、諸侯則用管。故詩曰「嘒嘒管聲」，書曰「下管鼗鼓」，而享禮曰

「下管象舞」，燕禮曰「下管新宮」也。升歌，只有人聲琴瑟，以鐘磬節之，而他音皆止；笙入，只有笙音，以鐘磬節之，而他音亦止。天子、諸侯於笙入時用管，至間歌、合樂，則仍用笙，不用管。

問：「升歌、笙入、間歌，都有詩章名目，至合樂時舞，不知所舞何詩？」曰：「經無明文。既云合樂，關雎、葛覃、卷耳、鵲巢、采蘋、采蘩，想舞亦應舞此。」

伯叔自期而下，便至小功，無大功。朱子以爲開元禮之誤，非也。喪以期斷，父斬衰三年，祖期年，皆加降之服，惟祖加降爲期。故同祖之伯叔亦期，若同曾祖之伯叔，則本服原止宜五月。自祖至高祖，皆直上。直上者，皆齊衰，但月數不同，不得稱爲緦功。伯叔皆旁列。旁列者，依大功、小功、緦麻而爲服。平常人服十五升布，次而緦麻，次而小功，次而大功，次而齊、斬。八十縷爲一升，以經言也。

古人衣服，吉凶不分顔色，而分粗細。緦麻與錫衰，與常服一樣，皆十五升。錫衰、緦麻，練麻漚洗也。而不練布。常人所用，未織布之先練麻，既織布之後又練布，總欲其熟而白也。

北首、南首，死者稱首不稱面。若稱面，是脚對人，故不可也。自記。

揖，即肅拜，春秋傳「敢肅使者」。自記。以上儀禮。

聖人説「疑思問」，如何禮記又説「疑事毋質」？蓋謂必不能知之事，如四海之外，存而不論者耳。舉之以質，是有意窮人也。「客絜羹，主人辭不能亨；客歠醢，主人辭以窶。」若主人如是爲辭，豈不是羞客？意此二句，是解上文，恐主人愧不能亨及窶也。古人文字簡，「辭」字是解作「避」字。

子夏、子游以文學稱，其爲文簡練琢磨，調法俱備。子夏儀禮傳，高似公、穀，有力量，公、穀皆其門人。子游文雖不可考，以子夏度之，亦可想見。又檀弓篇中，多有推尊子游處，以爲子游之徒，理或然也。檀弓文有姿致，子夏比之，又覺簡質而勁。此便是南北文字分派之始。

古人尚左，兵事、喪事始尚右。「東嚮西嚮，以南方爲上」；「南嚮北嚮，以西方爲上」。此二句難説。古人先祭於室，則拜者西嚮，自以南方爲上。及祭於堂，則拜者北嚮，自以西方爲上。皆尚左也。東嚮、南嚮，並無此行禮之處。或者太祖在室，東嚮矣，而行禮者西嚮，則以南方爲上；太祖在堂，南嚮矣，而行禮者北嚮，則以西方爲上。或問：「古人若盡尚左，則楚人尚左，襟皆左，又似單爲楚人所尚。」曰：「是言軍事應尚右，而楚人仍尚左也。夫子有姊之喪，拱而尚右，可見喪事亦尚右。」

朱子謂申生當辨而走。申生所處，雖未必合於中庸，但不害其爲孝子。此不須論。

曾子易簀，此本小事，不過人送一席，等閒鋪著，有人説此是大夫之席，曾子即易之。臨死時如此，可見聖賢學問精密。如平時有人説，自然亦如此。朱子所謂「不欲爲已甚，而黽勉以受其賜，至死生之際則又有異」者，乃因問者支離，朱子隨所問必辨到是處耳。看書似此類，不必多著語言。

王制當是殷制，故其通篇次敍，恰與洪範「八政」相符。想禹當年錫洛敍疇之後，一切規模制度，都從此出，所以禹貢中山川田賦，數皆用九。殷人承之，因於夏禮所謂「纘禹舊服」者也。則夏制疑亦倣此。直至文王演易，畫出後天圖來，其後周家六官，遂從天地四時起義，非復「八政」四司空、五司徒、六司寇之序矣。然賓、師二者，洪範次於後，而王制居前。王制所以定立國規模，非洪範立教垂訓之比。賓、師乃國事之尤大者，故先之。清植。

每嘗以爲古人四術之教，比之今人經史之學，工夫較省。今思之不然。禮樂二者，條件正多。「不學操縵，不能安絃」，先要將正樂學會了，又要將九夷、八蠻、琵琶、箜篌之類，無所不學，然後能安絃。「不學博依，不能安詩」，先要將正詩學會了，又要將秦、楚、趙、代之歌，民謡、巷謳，無所不曉，然後能安詩。「不學雜服，不能安禮」，要先將正禮學過，又要將一言一動、猥雜瑣碎節目之詳，無所不習，然後安禮。「不興其藝，不能樂學」，學固要志道、據德、依仁，能是矣，又要游藝，如此條目節次，終身固有不能盡者。所謂安者，不曾經過，未免疑惑。如人走路，已知正道，若不將旁路岐徑皆曾走過，有人言從某路走，又比大路好些，心裏未免疑惑。唯走過了，纔知他或險僻，或迂曲，不若正路之坦易。如在道上趕賊，正路趕不上，就知道他定從那一條小路上去了。不然不知也。

日星從天而屬陽，四時，日星所經也；山川從地而屬陰，五行，山川所主也。然五行之氣，實上播乎四時之間，如雷風、雲雨、霜露之感遇聚散，無非山川所鬱。五行之精，地所載之神氣。然皆應天之時，與之同流，故天雖有春夏秋冬之四時，而所以化生萬物者，亦不離乎風雨霜露而已。夫五行播於四時，是天地陰陽之和合也，和合故月生焉。陰精陽氣會於太虛而成象，生之謂也。古今説者，皆謂月在天星日之下，而居地之上，其去地也最近。是月在天地之中，而所以調和斟酌乎陰陽者，故曰「月以爲量」也。其盈也三五，以受陽之施；其闕也三五，以毓陰之孕。光坡。

「天秉陽」一段，是聖人極至之論。朱子以「和而後月生」句爲疑，謂難道陰陽不和，月便不生？然考堯典四仲，亦只説日星不説月，後面纔説「以閏月定四時成歲」，便是將月另説。曆法至近來西洋人愈講得精密，但他只講得曆法，不知曆理。如何比得天地以爲本，四時以爲柄，日星以爲紀，「月以爲量，鬼神以爲徒」，幾句説得精。「月」字亦不與「日星」同説。此皆聖賢實實知道，故如此的確説出。洪範「星有好風，星有好雨。日月之行，則有冬有夏。月之從星，則以風雨」。蔡傳皆作比喻言。其實此數句，班孟堅説得好，班云：「日爲寒温，月爲風雨，人事變於下，天道應於上。」故云：「日月之行，則有冬有夏。月之從星，則以風雨。」星有好風、好雨，亦有好燠、好寒者。「日永星火」，非燠乎？「日短星昴」，非寒乎？下文冬夏，即燠寒也。蔡傳以四「有」字相配，而以「月之從星」二句另説，故差。班孟堅以星好風、好雨另説，而以下文兩「則」字相配，便明白的確。寒温皆日主之，風雨從地起，故月主之。但看潮汐全應月；蛤蚌之類，皆以月之盈虧爲肥瘦；海中颶風起，定在六月十二，卻不應節氣。只是孟堅尚不細膩，「有冬有夏」，如何嵌一「月」字在内。蓋寒燠雖因日之遠近，而月亦有分。月去人最近，如冰輪在頭頂上，故日北陸則殺其暑，南陸則益其寒。所以不單言日行。至風雨，則全是月主之。問：「『人事變於下，天道應於上』，二句何所指？」曰：「此本言庶徵也。日月之行，經歷星之好寒者，則爲冬；倘當寒而燠，是必人事之變。日月之行，經歷星之好燠者，則爲夏；倘當燠而寒，又必人事之變。月從星之好風者，當風而風，與不當風而風；從星之好雨者，當雨而不雨，與不當雨而雨，亦皆人事之變。上言雨暘寒燠風，此言冬即寒，夏即燠，風雨即上風雨。不言暘者，不風雨則皆暘，不必説也。

月在天地陰陽之間，所以説『和而後月生』。説他在天，他去地極近，全管地下的事；説他在地，他又與日星爲類，而名三光。説他是陽，他卻體質全是魄；説他是陰，他卻受日之光，亦能久照。『三五而盈』，從陽也；『三五而闕』，從陰也。」問：「如何是『月以爲量』？」曰：「『以閏月定四時成歲』。以此爲度量，日大暑熱，他以冷氣節宣之；夜至幽，他受陽光照臨之，亦爲之劑量也。」問：「如何是『鬼神以爲徒』？」曰：「如易中水火山澤雷風，皆是天之材料，各有職掌。然使各各不相照顧，豈復成天地？惟中間有帝爲之主宰，便都聯成一箇。所以水火相濟，山澤通氣，屈伸往來，變化流行，皆鬼神也。如國家六曹，各有經管，總是替人主辦事。如耳目鼻口手足，都是人之材料，然有心在，衆皆稟令，便聯成一箇。去此便不成物事，故曰『鬼神以爲徒』。」

「天秉陽」一段極精。以陽屬天，日星從之；陰屬地，曰「竅於山川」，則風雨從之。故十里不同雨，百里不同雷，千里不同風，地之爲也。金木水火土，雖皆從地，然質具於地，而氣行於天，故曰「播於四時」。問：「『和而後月生』，不似先有日星而後有月乎？」曰：「卻不可如此説，特語勢自然如此耳。」

樂記「人生而靜」一段，真是千聖傳心之要典，與虞廷十六字同。「人心」、「道心」四字，渾含精微；「天理」、「人欲」四字，刻畫透露。自記。

七情，不如言喜怒哀樂分屬四時整齊。細思之，亦有理。喜木，怒金，愛火，惡水，各配一行。土有兩，欲在季夏，懼在季冬；水亦有兩，惡與哀也。自記。

惟不忍其忽然而散也，故祭之明日有繹。今人甫祭畢而誠意怠散，不知此理故也。自記。

自漢以來，相沿説諸侯不得祭始祖，大夫不得祭高祖。至程子毅然反之，以爲：「此古禮之散失也，聖人卻不如此。走獸知母而不知父，飛鳥知父母而不知祖，人之所以異於禽獸者此也。喪祭一也，服制五服，而祭不得及四代，於情理不順。所謂『天子七廟，諸侯五，大夫三』，『適士二』，『官師一』者，廟數不同耳。自大夫以下，合併祖考之位，於三廟、二廟、一廟而祭之，非一主占一廟，而不及祖曾、高及始祖也。其等級隆殺，以廟制品物分尊卑貴賤耳。卑賤亦人也，獨禁之不得親其祖，此豈所以令民德歸厚之道？」此語大有識見。所以司馬温公稱其有制禮樂之才，不誣也。朱子亦如此説，若謂大夫便無太祖，詩經何以有「南仲太祖」之稱？朱子先依程子行禮，後復心歉，又止祭四代。然細思程子之説可從。若庶民之家，即茅屋祭其始祖，固自無害於禮法也。

深衣之制，上衣下連裳，邪幅殺縫，蓋省裳也。古時衣短不掩裳，故朝衣與裳相接處，有芾以蔽而聯之。朱子曰：「祭服謂黻，朝服謂韠。」至明武宗時，蔡虚齋爲江右提學，朝寧王。他官皆著芾，虚齋獨不芾，曰：「不可與朝天子同也。」芾，即韍與韠也。古人内著衷衣甚長，外裳、外黼、外朝衣甚短，顯芾與裳也。

「上己」非「上巳」。或謂近代有稱地支者，不知上丁、上辛、上己，皆是天干取柔日。惟爲天干，故一月之内，各有上中下。若地支，則上中下間有不備者矣。

禮記陳澔注，不如鄭康成遠甚。鄭是將全部書讀熟，前後有照應。陳注後忘前，前忘後，都相礙。禮記注疏最好。以上禮記。

【校勘記】

〔一〕「此」字原脱，據上下文補。

〔二〕「今時」，史記龜策列傳作「今昔」。

〔三〕「墓人」，周禮注疏卷二二作「冢人」。

〔四〕「輈人」，原作「輔人」，據考工記改。

榕村語録卷之十五

春秋一

古史書事，月日而已，無以時者，惟魯之舊史名春秋。意者，魯史記事以時歟？自記。

聖人删述六經，都是一以貫之。春秋，游、夏不能贊一詞，直是聖人胸中權衡，絲毫不差，游、夏等下筆，便恐不能不錯，奈何。

觀「筆則筆，削則削，游、夏不能贊一詞」，則知贊易，定禮、樂，游、夏尚能爲助。至春秋，門弟子以爲可存者，夫子卻去之；以爲可去者，卻存之。裁決精到，非游、夏所能與。

孔子作春秋，一筆寫成。所謂「筆則筆，削則削」，兩「則」字，見他快。人情天理，歷代禮文，明白精熟，不假思索。聖人用功卻在大易，看「韋編三絶」可見。

春秋最是難看，無一點文采，不過幾箇字眼，顛倒用得的確，便使萬世之大經大法，燦然具備。微而顯，顯而微，一歸義理之精，無非自然之則。

一部春秋，不過幾箇字换來换去，數之可了。這幾箇字忽如此用，忽不如此用；忽用，忽不用。參互錯綜，遂千變萬化。曲曲折折，精義入神，不可思議，又至穩至當，極合人情。即以此盡天下之事，類萬物之情，通性命之理。

論語有十數章，便是春秋義例。如八佾「雍徹」，「陳恒〔一〕司敗」，「崔子、子文」，「冉子退朝」，「正名」，「爲衛君」之類，不獨大義朗然，即詞語輕重婉直之間，都是義例。如「臧文仲竊位」舉其大，「微生高不直」舉其小皆是。别的經書，都是據理而談，待人以事實之。此經却是現在日用間事，立朝理家，往來酬酢，大經大法，微文小節，經權常變，一舉一動，一名一號，無不本之天理，合乎人情。直是人生要緊切務，斯須不可離者。

孟子曰：「晉之乘，楚之檮杌，魯之春秋，一也。」孔子曰：「其義則丘竊取之矣。」學者緣是，謂夫子周游諸侯之邦，采其國史而作春秋，誤也。如果夫子參采乘、檮杌之文而修春秋，楚文以上，晉獻以前，剪並諸姬，滅翼作晉，其事甚章，夫子何用隱之而没其本乎？荆於莘之役始書，始通也。晉、秦以暨吴、越，凡其入經之先後皆然。推此，則有赴告而後有書，舊史有書而後春秋有筆。不以他史益國史，故事有沿故而遺，其以聞見覈所因，故事又有革舊而審且信也。自記。

春秋一書，直是人生不可須臾離者。凡説夫子竟操二百四十二年南面之權，是非褒貶，怎生峻厲，都是膜外話。夫子不過是該稱君，該稱臣，還你箇本分便是。所以説「必也正名」。當時禮法蕩盡，冠履倒置，聖人不別作一書，即用現成魯史，爲之筆削。君君臣臣，父父子子，各止其所，各得其安。不過不肯一毫苟且假借而已。吾輩作文章，第一件是不要捏造粉飾，有一句説一句。稱乎其人與事，凡稱謂、官爵、名字、年月之類，無一不停當，便是一篇好文字。

春秋字字皆經稱量，又義精仁熟，恰當事理，字面上下增減，變不變，稱名辨物，俱是化工。如陳司敗問昭公知禮，曰「知禮」，爲尊者諱也。及司敗指出娶同姓，輒自引過，所謂「父爲子隱，子爲父隱，直在其中矣」。娶同姓爲非禮，固昭然不没，而臣子之分亦得。此便是春秋義例。又如唐平淮西，前後四年工夫，而韓文公作碑，略之似今日發兵明日即捷者。及後，又有詳敘日月處。淮、蔡内地，聚天下之力，四年而後克之，作文者尚鋪張揚厲，豈不辱國？此等處直學書經不書年月體，一跳便跳過許多年、許多事去，其義則出自春秋。

史書惟春秋當法。年下書時，時下書月，月下書日。有以兩日赴者，則書兩日；有災眚經幾日者，則書某月；有無關輕重者，則不書日。

古書於字句間不能無錯，惟六經無錯處。春秋於本文錯者仍之，卻無奈他何。孔子於子陽曰：「吾知之，此公子陽生也。」子貢云：「既知之，何不改之？」子曰：「如不知何？」孔子問人「如何以報德」，及「如不知何」，都令人不能答。温公作通鑑，自以爲得春秋之遺，而其中不合者無數。如生前即稱謚，此最不可。春秋未經筆削，想亦是如此。邾儀父與隱公盟時，未有爵也，至齊桓公請於王而命之，始稱子。如何於未有爵之先，即以爵稱之？書曰邾儀父，稱其名，得其正矣。問：「春秋若無傳，不幾廢乎？」曰：「惡，是何言也？二百餘年事，不曉得何妨。如今何曾曉得五帝以前事？聖人存其大經大法，以扶世翼教，事蹟固不足論。」

有言某治春秋，於比例上差有工夫。曰：「此最要緊。豈止春秋，凡經書皆然。同中之異，異中之同，不是相比，則道理不能見得確實。況比事屬詞，春秋之教乎？聖人文章，隨處不同。褒與貶不同矣，貶之中亦自不同。有貶至十分者，有九分幾釐者。又不是特意做文章，恰是事理應如此。所以説春秋王道之權衡，是秤量過的，絲毫不差。如今説昌黎文爲六經之文，其道理如何比得六經？而作文之法，卻有六經之意。字不虛下，言有倫次，惟六經爲然。文章要得此意，有當多説者，有當少説者，有當删去不説者，其前後次第，都要安排妥當，最是要緊。」

胡文定解春秋，豈爲無功？只是説夫子那樣嚴刻利害，卻不然。看來純是一片忠厚之心，有一絲合於善，便獎許之恐後，其仁愛至矣。至「託之空言，不如見之行事之深切著明」，皆説作聖人託南面之權，爲見之行事，非也。謂他書託之空言，不若春秋皆是列國實事，有可考證，功罪易見，義理易明耳。史記：「易本隱以之顯，春秋推見至隱。」説者謂春秋由事蹟上推見人之心曲，所謂「誅心」，其實非也。「見」字讀現，與上「顯」字同。易言造化幽微之故，以至於人事；春秋則由事蹟之顯著，而至於精微。句法少一「以」字，不與上對耳。見，即所謂「見之行事」也。陶元亮云：「矻矻魯中叟，彌縫使其淳。」此老學識殊未易到，四書、五經，聖人總欲挽世風之澆漓而還之淳也。

友言：「馮定遠先生云：『人熟讀了春秋，自能做古文。』此言必有來歷。」曰：「某平生即有此論。無論大經大法，即年月、稱謂、序次、體裁，不知春秋，下筆便錯。」

左傳隱公在，公子翬便稱隱公；史記武帝在，便稱武帝，極有名史尚如此。試看字字著落，一毫不差，一毫不假借，除春秋更無有二。

朱子自謂：「此生不敢向春秋問津。」門人問：「何處不能了然？」朱子曰：「即開頭一句『春王正月』，便不能了然。」絶妙，點醒人機鋒。其實春秋明白得「春王正月」，便都明白了；中庸明白得「天命之謂性」；大學明白得「在明明德」；論語明白得「學而時習之」；孟子明白得「王何必曰利？亦有仁義而已矣」，全部便可豁然。易之「元亨利貞」，禮之「毋不敬」亦然。

人起於寅，物生於春。春者，蠢也，言萬物蠢然生動也。若十一月，木凋草枯，謂之發生可乎？春秋書「春王正月」，便見得天序不因王制而改。若是尊王，何不書「王春正月」乎？堯典劈頭説「欽若昊天」，「敬授人時」，可知必以興作人事起頭爲歲首方妥。夫子「行夏之時」，乃是「祖述堯舜」。

問：「周公如何不用夏正，而用周正？」曰：「聖人學問，雖無有二，然各人亦似各有得力處。周家學問，都似在建子著意。文王後天圖，用處在震，而發端則在乾。」

隱無正者，二年以後無正月也；桓無王者，十八年之中，十四年不書王也。正者，諸侯所禀於王；王者，正諸侯者也。下不禀則無正，上不正則無王。桓弑其君，王不討焉，而生死恩逮，是之謂不正而無王；隱終其位，王命四至，而朝聘奔會無一者，是之謂不禀而無正。然則他君異於此歟？曰，一經之始，於二君見義焉耳。春秋書法，見義者，義明則止，其餘以常書。自記。

春秋之初，猶以取邑爲重，故隱四年莒取牟婁，桓十四年宋取牛首皆書，而後則不書。非春秋以爲常事而不書，乃諸侯以爲常事而不告耳。自記。

卒稱其本爵，葬從其僭號。卻有兩説：一世情，一道理。世情者，其國來訃，稱其僭號，我因其訃而記之於我史册中，則我爲政。我爲政，則何必依其僭，直云某爵而已。至葬，則我往其國而會其葬，以彼爲主，吾非天王，安得入其國，對其臣子而貶其君父？殊無賓主之禮。公羊所謂「卒從正，葬從主人」也。以道理言，先正其罪，後紀其實。不書本爵，何以見其實？不著僭號，何以見其僭？前之義例已明，而後隨其常稱，兩相印證，所謂「微而顯」也。此竟是春秋一通例。如弑君之公子，先皆削去屬籍以著其惡，義例明矣。至慶父之後，皆稱公子而不削，亦是此例。見得弑君者竟公子也，則無父無君之罪更甚矣。如吴、楚先書國，後書爵，亦是此例。先儒以爲進之，非也。惟吴、楚之喪，止於其來訃時書其本爵而已，至葬，雖魯君或在，亦不書。蓋葬雖從主人，而斷不可書曰某王，故寧闕之。

近看春秋，見得一片天理人情，只苦來日有限，未能卒業。其中義例紛然，變化錯出，思之皆有妙義。如亂臣賊子，初則削其籍，稱其名，後乃稱其爵，或稱其國，或稱某國人，或稱盜。蓋初則疾惡之至，絶之非其臣子也。既乃並存其爵，若曰此爲其某官，爲其世子，而至爲此事也。史官如董狐、南史者甚少，焉能皆死其官？使弑君之賊，皆如趙盾、崔杼之不能逃其罪，史官既不能死其職，則弑君之賊必秉國鈞，安肯以已行弑訃於諸侯？勢必另舉一人以實之。如魏高貴鄉公之事，司馬昭問陳泰曰：「今日之事，何以處我？」陳泰曰：「惟殺賈充，稍可以謝天下。」昭問其次，曰：「泰言有進於此者，不知其次。」論首惡則昭也，乃誅行刺之成濟而歸獄焉。朱子灼知確見，故書曰：「魏司馬昭弑其主髦。」假使考之不確，既不能無所證據，而以大惡加人，若書其歸獄之人，卻令首謀者漏網，後世將竟不知其爲某某也。夫子於此等，則書曰某國，罪其大臣也；曰某國人，則與謀者多也；曰盜，宦官宫妾之類不足齒數也。不書其名，一以見闕疑之意，一以使後之人不知所主名而推求之，則其人亦不能以歸獄於他人而卸其罪。此等義例，信非聖人不能創。若綱目，則大賢之書，成例一定，依此書之，不敢屢變矣。晉乘相傳前代尚有見者，其書河陽事，竟曰「周襄王出會晉文公」，是誠何語？夫子改曰「天王狩于河陽」，何等嚴正。

稱國人以弑，傳云：「罪累上也。」此義大不穩。春秋中，諸侯之有罪者，莫過於三靈：楚靈、晉靈、陳靈，未嘗書人也，此是大義例。蓋其人當權秉政，或訃不以實；或自己欲掩其罪，而亂指一人以代其辜；或重賂一人以抵其罪，我國何得依之以蔽其奸？然史之闕文，孔子所謹，即明明知爲某人，亦不便竟以其人實之。故作不結之案，曰某國有人弑君，隱然屬之其人。其人時自驚心，後人又將究其人以實之。如有賊犯拏不到，他亂推一人，或買一人來抵罪，官府不肯與他結案，寧可懸以待捕，令他終身不敢出頭露面。所以不學春秋，無以斷事。春秋乃刑書也。今之懸案，即是此例。

論人止就其事蹟，不必鈎深索隱。鈎棘得之，未必不差。如用刑，寧失出，毋失入也。孔子論人，以及春秋書法，皆是如此。春秋如今日檔案則例一般，凡大事須查案定擬。韓文公云：「春秋書王法，不誅其人身。」但得王法不泯便好，何用又推深一層？如今覺得春秋千變萬化，都是平平常常情理。

説春秋莫太高，放平些好，總是人情物理。其中王法森然，一字不可假借，極寬大，極謹嚴，温而厲，威而不猛，變換無端，各當其則。如魯君逆不稱夫人，而曰女，未成禮則爲他邦之女而已，烏在爲我夫人？且以著其父母之國也。及其來則成禮矣，乃曰夫人某氏至自某。周則不然，往即曰逆王后於某國。蓋王者無外，誰非臣妾？天王曰某爲王后，則王后矣，及其來，卻不稱王后，而著其國與姓焉。名已正矣，乃本其所自生，烏得泯其父母之國乎？大法精義，動筆斯在，周詳委至，神化難擬。人取我國之土地不書，諱之也。至濟西則書，後卒歸也。不書則後歸無因，既歸則不必諱矣。戰敗不書，諱之也。至乾時之敗則書，長勺即勝也。

高子來盟，楚屈完來盟，舊說未是。聖人妙盡人情，都是内本國而外他國，内中國而外四裔之意。大凡魯君與諸國之大夫盟，皆不書公，惟書及某盟而已，不肯以我君與諸大夫等也。魯有難而齊輕之，故使高子來。桓公率衆諸侯以臨江、漢，傾天下之力，興問罪之師，而楚子不親出，僅遣屈完來，皆可耻者。故不著其君使之來，若彼國無君而其臣擅來者，非吾之辱也。獨成公於楚師之臨，孟獻子、季文子不敢出，公自出與公子嬰齊盟。書公者，所以著季、孟主憂、王辱之罪。

春秋初，諸侯兄弟多字，蔡叔、蔡季、紀季、許叔之類是也。其後，率稱公子，例已見前也。敘伯叔者，著親親之恩；繫屬籍者，寓上下之等。春秋之初，國命未移，故親親之詞厚。其後也，世卿逾恣，故上下之語嚴。奉君命則曰兄弟而名之，對上之稱也；殺若奔則曰兄弟而名之，存親之實也。叔肹稱公弟於其卒，無列也；季友字於其歸，非對上之稱，且賢之也。無列何以不稱公子？則以爲於時之公子未有不貴者也。自記。

載詞稱「同盟」，而以同盟告，則同盟之矣。其所謂「同尊周」、「同外楚」，或當日在盟諸侯有此意，因加此字於誓詞之上耳。非夫子所加也。自記。

春秋固謹内外、上下之分，然所謹者，大義大法而已。晉、楚國勢之强弱，權籍之去來，於春秋何與？說經者必先去此一病而後可。自記。

觀春秋所書，女以姓而男以氏，則知周禮。自記。

春秋存首月者，一時無事者也。隱、莊三月有事而存首月，爲元年雖不即位，而有朝廟告正之禮。自記。隱公元年。

月而不日，常事耳，則衆紛紛而鑿爲之説。「會戎于潛」，時而不月，乃寂無説焉，何歟？范氏之説又不明也。程子因舊史之説信已。「會」之見書於春秋，於「盟」略，故或時而不月，或月而不日，亦猶侵伐之於戰滅也。自記。隱公二年。

内女嫁爲諸侯夫人，未有書逆者，紀伯姬書逆何？曰：「逆女而在鄰國，則身親之者也，使大夫，非正也。春秋之時，親迎禮廢，紀、魯不敵，猶不身親，餘可知矣。書此示禮之變，餘不悉書也。」「逆不悉書，歸何以書？」曰：「歸者，内辭也；逆者，外辭也，詳内而略外也。其不書歸者，先儒以爲皆有故也，遭出者也。爲諸侯夫人者，書歸不書逆；爲大夫内子者，書逆不書歸。」自記。隱公二年。

求賻不稱使，當喪未君也。「武氏子」，略辭也；「仍叔之子」，詳辭也。何詳於仍叔之子？蒙王命之稱也。自記。隱公三年。

春秋書臣弑君者，州吁始也。書子弑父者，商臣始也。繼弑君者，宋督是也。繼弑父者，蔡般是也。春秋盟會多矣，無言其故者，曰「成宋亂」，爲督也；曰「宋灾」，故爲般也。則曷爲不於州吁、商臣見義乎？曰：「商臣之弑，不責諸侯之誅無父之罪於無王之域，若曰楚之自絶諸夏久矣，諸侯力不加焉，此其可恕者耳。州吁者，蓋屬辭書事而已明也，諸侯之罪已見也。」自記。隱公四年。

州吁者，王不能殺，諸侯不能殺，而使衛人殺之。王不能爲衛立君，諸侯不能請於王爲衛立君，而使衛人立之，故書曰「衛人立晉」。其傷無王法也大，其罪衛人擅立也微。自記。隱公四年。

「邾人、鄭人伐宋」，長邾於鄭者何？春秋之初，未有伯者，故序侵伐，以主兵者爲上；序盟會，以志者爲先。自記。隱公五年。

公、穀皆曰：「春秋之法，君弑賊不討，不書葬，罪臣下也。」此理甚精。然求之全經，多不合者。左氏曰：「不書葬，不成喪也。」蓋有亂臣賊子，貶其君父而不成喪者。有國亂，略於禮而不成喪者，貶其君父而不成喪，欒書、崔杼之葬厲、嚴是也。國亂，略於禮，魯人之葬閔公是也。齊桓公曰：「魯可取乎？」危亂可知，宜乎不成喪也。隱於二者何處也？曰：「殆羽父因其攝，殺其禮，與於貶其君父者云爾。」或曰：「羽父弑者也，豈肯貶公以章其罪？」曰：「不見意如之別昭公於兆域之南者乎？故孔子曰『章夫子之不臣』。」自記。隱公十一年。

王之不稱天，自伐鄭始也。據傳周、鄭交質、交惡，王之失柄甚矣。不行於畿内之邦，朝之卿士，而能遠有乎？或曰：「此如朝於王所，語勢之順也。」曰：「不然。不朝於京師，不朝於方岳，而朝於盟會之處曰所者，失所者也。不稱天，皆微詞也。」其曰「天王狩于河陽」，何也？曰：「於其召也，尊王而没其實，以互諱；於其朝也，退王而寓其實，以交譏。」自記。桓公五年。

以「寔」爲州公者，非也。蓋本稱爲來朝我，而冬先過曹，州公之失於禮也，故書曰「寔來」。寔，是也。冬過曹，而「春正月寔來」，語勢如所謂「西傾因桓是來」。自記。桓公六年。

凡春秋書事繫日矣，其下有不月日而事者，則非復蒙此日，而蒙上之時月也。武父之盟，衛侯晉之卒，兩事適同日，故特兩書日以别之。自記。桓公十二年。

上書突奔、忽歸，此書突入，自是以後，鄭君屢易。忽、亹、儀、突之際，春秋無一書者，或以爲不成君也。夫三君相繼，多歷年所，弑逆大惡也，立君大事也，春秋悉削之，而獨成篡位之突，必不然矣。蓋魯桓黨弑君者，故如宋、如鄭，必列會興師以定其位。當時鄭通赴告，突也，非忽、亹、儀也，故三君之存亡，莫得而書焉。自記。桓公十五年。

公、穀以爲，賊不討而書葬，「仇在外也」，「不責踰國而討于是也」。夫仇有内外，何以謂之不共戴天乎？此條義例，未必春秋意也。自記。桓公十八年。

賵仲子，會成風，一事也；聘桓公，錫桓公命，一事也。皆名冢宰於前，王不稱天於後。胡氏之説當矣。范氏曰：「『天王出居于鄭』，不可最大。『使仍叔之子來聘』，『使家父來求車』，皆不可也。三者皆言『天王』，明非義所存，舊史有詳略耳。夫不幸而有内難，播越出居，義不可厚非。求車、求金，皆小過也，豈得與紊亂三綱之道同日語哉？使仍叔之子，其過不在於使非其人，爲聘桓有罪焉耳。然而所以無貶者，義見前矣。」范氏之説，是未知事同則舉重，義明則以常書之法也。舊史詳略，他當仍而闕也，無端而增削王號，夫子奚重而不更乎？然則伐鄭及朝諸侯於會所，二事於出居甚乎？曰：「於瀆三綱則損，而於出居甚矣。夫交質亂分，交惡起戎，暨乎害禮傷尊而會覲者，皆傷王綱也。自齊桓則汲汲乎定王之位，於出居奚尤哉？冠王於事而不稱天者重，因事言王而不稱天者輕。」自記。莊公元年。

管仲不死，程子「去就輕」之説，是。胡氏以爲「徙義」。事不濟而背之，「徙義」於此時，不亦晚乎？害義之大者。自記。莊公九年。

陳人殺萬，不書。胡氏以爲宋賂而得之，「宋失賊而陳受賂，與魯之共仲同，故春秋不與其討賊也」。其説委曲，未必合於經意。愚謂閔弒、萬奔，書，宋來告也。殺萬、葬閔，不書，宋不告，魯不會也。魯、宋連年不睦，前有管之戰而敗宋師，後有北杏平宋而魯不與。萬嘗獲於魯矣，莊公豢而歸之，其弒也，又以釁魯啓釁。吾想其服刑也，宋將問魯故焉，而因有憾於我也。是故宋不告，魯不會焉爾。共仲之事，則又不然，季子蓋死之而未以討令也，與其酖叔牙同，立後亦同。春秋將同叔牙之例而卒之歟？何以不没其弒也？將書刺而又未以討令也，則有不書其卒，以不殁其弒。疑於奔而不返者，而罪乃章顯。故韓子謂：「孔子之作春秋，深其文辭也。」自記。莊公十二年。

「同盟于幽」始，蓋無王有伯之初也。禮樂征伐自諸侯出，非小故也。我公非諸侯歟？則未知斯盟之爲是邪，非邪，故没之也。其或同、或不同，何也？因其舊焉爾。存乎載書者，或曰同，或不曰同。自記。莊公十六年。

四時無事，則書首月。今以五月首時，何也？昏禮之失，未有甚於莊公者也。娶讎人之女，當喪而圖昏，親納幣以固之，觀社以尸之，丹楹刻桷以飾之，大夫宗婦覿用幣以侈之，禮之失未有甚於莊公者也。周禮仲春會男女，周之四月，夏之二月，昏姻之時也。昏姻之禮不正，義繫月，故去月。昭公娶同姓，義繫時，故去時。自記。莊公二十二年。

畿内之臣不稱使者，皆自來朝聘也。祭公、祭伯來不言朝，朝不可言也。「祭叔來聘」，聘可言也，尊王朝也。自記。莊公二十三年。

「曹殺其大夫」，胡氏曰：「方其交政中華，會盟征伐，雖齊、晉上卿，止録其名。至於見殺，雖曹、莒小國，亦書其官。」愚謂會盟之類，總言諸侯之大夫者，有之矣。見殺者，書官之下未嘗不名也。此何以不名？或曰衆也，或曰無命大夫也，或曰義繫於殺也。專殺大夫，非制也，無罪而殺，尤非義也。蓋殺大夫之罪，不著名者爲上，著名者次之，稱人殺者又次之。削大夫者，殺者幾無罪矣。自記。莊公二十六年。

「如楚」乞師，乞之得不得，未可知之辭也。「告糴于齊」，猶曰如其移之於國中云爾，知桓公之不遏糴也。自記。莊公二十八年。

「季子來歸」，以爲旌其賢，亦可通。然諸侯兄弟，有稱字之例。以君命出入則名之，君前臣名之義也。出奔則亦名之，絶也。非此族也，則字之。自記。閔公元年。

以仲孫、高子爲天子之命大夫，於理爲長。蓋是時齊威首行尊王之事，故請於天子而命之。自記。閔公元年。

以前皆稱荆，外之也。至伐鄭之役舉國號者，將有齊桓膺懲之事，不得復舉州也。欲有其末，先具其本，故變州舉國。自記。僖公元年。

「滅夏陽」，「執虞公」，晉人必將有辭以告於諸侯，故得而書之也。滅虢，滅虞，晉人諱其事而不告，故不得而書之也。自記。僖公二年。

江、黄不與伐楚，管仲明知楚必服，而又恐其就近蹂躪江、黄，或不能救，以速江、黄之禍，故姑令勿與。此與問包茅南征，同一權宜也。自記。僖公三年。

虞、虢之滅，晉人蓋修其祀而不以滅告諸侯也。春秋之作，「其文則史」，不告滅，故不書滅。然實則已滅矣，故夏陽不應書「滅」而書「滅」，又書「晉人執虞公」，比於滅國執其君之例，則兩國亡之實録也。自記。僖公五年。

僖公賢者，凡常事會盟，概不行告至之禮。伐楚、伐鄭，兹兩役也，荆、舒是懲，史克爲之作頌，公蓋自以爲功，而魯人大之也。故獨書「至」，行告至之禮也。自記。僖公六年。

荀息啓伐虞之役，不諫申生之殺，導君不義，陷君不慈，區區擁立孽而殉之，誠哉其匹夫匹婦之諒。孔父、仇牧、荀息，聖人據事書之耳。其死之優劣，攷其事實可見，書法不得而異也。自記。僖公十年。

先儒言，殺里克不以其罪，故不去官，固是。然克自與他弑君之賊不同，雖見殺於惠，國人猶或哀之也。朱子謂克自不當安於奚齊、卓之立，但不可殺之者，庶幾可與權之論乎？自記。僖公十年。

春秋之書「螽」，穀梁子謂：「甚則月，不甚則時。」恐反言之，時當甚於月也。自記。僖公十五年。

六鷁書「是月」，不止嫌與隕石同日而已，如止嫌同日，何不更著其日乎？或者「六鷁退飛」不止一日也。自記。僖公十六年。

「滅項」，公、穀蒙上文，以爲齊人滅之；左氏以爲「公有諸侯之事，未歸而取項」，則魯人滅之也。胡氏例：「内諱滅曰取。」此不諱，公在外也。諱者，臣子所以施於君父。以納三叛人不諱例之，胡氏之説然矣。或曰：「例以『城楚丘』，烏知非齊滅而非也？」曰：「『城楚丘』，義也，且有我在焉，故使如内詞。『滅項』，非義也，如齊滅而非我也者，使如内詞其可乎？」自記。僖公十七年。

蔡服屬於楚舊矣，齊之盟，其非長楚明也。班陳、蔡於楚上，於楚始會盟而正之也。然則鄭何以後？曰：「桓公没，鄭首朝楚，斯役也，其鄭贊之歟？鄭畿内之邦，非陳、蔡隣楚者比也。春秋惡之，故仍其下楚而下之，曰是甘爲服屬者云爾。」自記。僖公十九年。

「梁亡」誰以告，而春秋書之？蓋秦人具其事實以告，且避滅國之名也。實非秦罪，故仍之而書「梁亡」。自記。僖公十九年。

雨不足以沾渥曰「不雨」，純無雨曰「大旱」，猶「無麥禾」與「饑」也。自記。僖公二十一年。

僖之「至自伐齊」，公蓋自以爲功而告至耳。危之説不可施於召陵，久之説不可施於此，故又有罪之説，鑿矣。自記。僖公二十六年。

圍宋之役，楚首序於諸侯之上矣，故君在行而人之也，不與其長諸侯也。公從而會之盟，不諱公何也？没楚即諱公。自記。僖公二十七年。

晉文入國，不見於經，曰不告也。其定王室爲求諸侯動，未有不告者矣，而不書，惡而削之也。以求諸侯故迎王，受田請隧，威取畿内之地，功微而過積矣。自記。僖公二十八年。

歸不言其所自，衛侯鄭言「自楚」，惡其於楚而自乎楚也。自記。僖公二十八年。

元咺復歸於衛，書「自晉」，惡其所自也，倚强國以訟君也。自記。僖公二十八年。

曹伯執不名而歸名，與衛侯同義，皆始疾晉侯之專擅，而終乃本二君即楚去夏之非也。胡氏又蒐「貨筮史」爲義，曲矣。自記。僖公二十八年。

前年書「公朝于王所」，「諸侯遂圍許」。不以王所致而致圍許，猶成十三年「如京師」，會「伐秦」，不以京師致而致伐秦。蓋魯人告至，原以圍許、伐秦耳，非夫子特筆。自記。僖公二十九年。

殽之敗，恐當從左、穀作秦師。三傳經文同異，苟非其義確然不易者，則從二人之言耳。自記。僖公三十三年。

【校勘記】

〔一〕「恒」字疑衍。論語中無「陳恒司敗」一章，似指「陳司敗問」章。

榕村語録卷之十六

春秋二

責當喪以朝禮，晉其狄乎？曰：「晉處父如介葛盧、倪黎來之比耳。」自記。文公二年。

文不書「八月雨」，後時也；僖書「六月雨」，及時也。自記。文公二年。

「躋僖公」，汪氏説斟酌於情理間，極不可易。蓋惟兄弟同廟，而意欲躋僖，故遲遲作主者，議未定也。夫作主，則當告祔於所宜祔矣。今欲以僖繼閔，則當祔莊；欲以僖繼莊，則當祔桓，此所以遲遲而未作主也。及逆祀之計決，然後以主祔桓而不繼閔矣。然不繼閔雖非，而兄弟昭穆同廟，則祔桓未爲失。故作主之時，未有逆祀之形，祔祭之時，亦未見升僖之跡也。必於大祫之際，然後逆而躋之，則新主入廟之後，同堂異室，而僖居閔上，不待言矣。「作僖主」，亦以末録本之義。自記。文公二年。

春秋有稱王去「天」者，王姚江謂偶爾遺落，朱子亦嘗云然。思之不爾。王非天也，加他箇「天」字，見得有一毫不似天處，便不是。天既可以添，便可以去。此等處非孔子手段下不得，故曰「游、夏不能贊一詞」。卻非孔子意爲之，其「祖述堯舜，憲章文武」，無一字無所本。禮記於君之亡，稱天以誄之；周禮太師述王行事，稱天以謚。宜「幽」便曰「幽」，宜「厲」便曰「厲」。厲王之子宣王尚賢，不敢改也。若曰此天之爲也，聖人行事有怕人處，似不近情理，卻確不可易。如子繼大宗，所生父便降服，厭於祖也。魯躋僖於閔，春秋譏之，君父一也。嘉靖身繼大統，便尊興獻於正德之上。試想，正德在時，興獻稱臣否？生稱臣，而死遂踞其上，安乎？所以漢朝幾百年，尊一部皮毛春秋，亦是好的。未必即是聖人之意，然據之以斷事，大樣不走。如光武之父，始終不敢僭帝號，止稱曰南頓君，何等嚴肅。然光武卻似太過，既係中興，追王有何不可？魯閔公既爲君，雖弟，父也；僖公雖爲兄，既曾爲之臣，則子也。雖叔侄猶然。此等事，須與同志考據折衷，有一篇議論，一以聖賢經傳、古人成案、大儒論斷爲準。吾輩在今日爲今人，後人視之便是古人，不悖於禮而定於一，最有功於名教。鄭康成豈必賢於朱子？而朱子議祧僖祖廟時，不記得康成一段議論以爲遺恨。苟得此，其有助豈淺鮮哉。

冬「救江」，而明秋江，滅晉之不能，救江明矣。然若只書「伐楚」，不書「救江」，則無以見其不能救江之意；只書「救江」，則處父之師，實向楚，不向江，故書法如此。

傳謂「王臣行而不書者，責在晉也」。自記。文公三年。

書「晉侯伐秦」於「楚人滅江」之下，見其重於修怨，輕於救患，無攘卻之善也。救江則遣處父，伐秦則身親之，侯伯之職安在哉？於秦、晉往復之間，非褒貶所繫也？自記。文公四年。

孔子曰：「天下有道，則政不在大夫。」趙盾柄政，政始頹於大夫矣。後乃尤而效之，故扈之盟，斥晉大夫而略諸侯，若曰自此，諸侯大夫班矣。自記。文公七年。

書稱「徐戎」，詩稱「徐方」，皆與淮夷、蠻荆並舉。蓋自西周而不服王化，非一日矣，非自夫子夷之也。自記。文公七年。

「壬午，公子遂會晉趙盾」，「乙酉，公子遂會雒戎」，只越三日，其爲以兩事出無疑矣。而不以繼事書，此謹内外之辨，春秋書法也。自記。文公八年。

春秋因事而見義。宋王者，後得自命官，故因司馬殺、司城奔而書官，則知列國之不書者，僭也。其不名，啖氏以爲不失節，或舊史失其名也。其後再書「司馬華孫」，餘則以常書。自記。文公八年。

「毛伯來求金」，不稱使，不但爲未君，直諱求金耳。自記。文公九年。

楚椒以禮來，故爵其君，而著其臣名，書法之宜也。胡氏「漸進」之説，是若漸强而須假以名號，則是夫子畏其强也。自記。文公九年。

惠公仲子，僖公成風，恐皆只是並襚、並賵耳。仲子、成風，自是不當賵、襚，故宰咺名而秦略，其君臣不必特繫之惠、僖而後見也。但僖公之薨已久，不應至是始襚，故孫、胡有是説。自記。文公九年。

自殽之後，秦、晉交兵，是非曲直相半，雖然晉遂不能制楚，而楚以競秦爲之撓也。使夷夏消長於是，則春秋之所惡也。是故於晉之敝於秦，而楚乘間以得諸夏也，則狄秦以見志。其後河曲之戰，又人之，何也？曰：「晉稱人，故人秦。」且深貶者一而不再，凡爲主者書『及』，河曲之戰，不書『晉及』，亦猶惡秦焉耳。」自記。文公十年。

盟王，臣罪也，女栗之盟，獨公與盟，故諱之。自記。文公十年。

春秋之教，所謂「比事」者，以同類之事相例也；所謂「屬辭」者，攷其上下文以見意也。「自正月不雨，至于秋七月」，則無壞道也，而世室屋壞。此屬辭而義見者也。自記。文公十三年。

趙盾悔子雍之迎，而弗克捷菑之納，皆能徙義者也。自記。文公十四年。

「執單伯」，「執子姬」，再舉「齊人」，男女之别，不可並書。自記。文公十四年。

前書「司馬」、「司城」，至「華孫來盟」，乃著其姓，未知何意？或者見殺與奔，義不繫人，來盟之人，則例無不著也。凡來盟不稱使，皆其君未有成命，其臣以權出而行之也。齊高子、楚屈完之例是也。自記。文公十五年。

子叔姬之歸，不書「齊子叔姬」，而曰「子叔姬」，無異於未嫁之詞。則知以叔姬爲舍之母者，非是。三傳於此一事首末，似俱未可信。自記。文公十五年。

諸侯未盟扈之前，「侵我西鄙」，曰「齊人」；盟扈之後，「侵我西鄙」，曰「齊侯」，則見諸侯不討商人弒君之罪。自記。文公十五年。

一歲兩見侵，反汲汲求盟焉，而又不得，於以見魯爲齊弱之效也。不諱者，恥在大夫，且不以商人之侮辱爲恥也。自記。文公十六年。

若果有疾而「不視朔」，春秋何以書哉？穀梁説是，左、公皆未可信。自記。文公十六年。

「毁泉臺」，左氏於事或有之，不如穀梁「緩喪」之義正。「緩喪」，猶云不專意於喪耳。自記。文公十六年。

前此「盟于扈」，此「會于扈」，而書法同，皆以不討齊、宋之弒君也。春秋之初，成宋亂序諸侯，責諸侯也。至是而政在大夫，其聞鄰之有不禮於其君者，豈獨不怒於色而已。於是諸侯雖欲討亂而不成亂，勢且不能，故略之而義已足。自記。文公十七年。

赤亦不地耳，與隱、閔何異？其不日，以其未成君，稍略之，殺於成君者。然或舊史因遇弒不得其日之實耳。自記。文公十八年〔一〕。

婦人嫁曰「歸」，故常事歸寧。則内夫人曰「如」，適外之女曰「來」，不言「歸」也。姜氏無罪，不容於魯而去，言「孫」則非惡，言「如」則不還，故取「歸寧」之「歸」爲義，而變文以書之。自記。文公十八年。

宣公夫人與出姜俱稱「婦」者，皆有姑之詞也。彼諱喪昏，故没夫人，使若不知爲夫人者。此則過有大焉，而不諱其細，故夫人之也。彼書「納幣」，此不書「納幣」，何也？書「納幣」譏在喪也，在喪「納幣」而猶譏之。此書「逆女」於「正月即位」之下，則「納幣」不足譏矣，舉重之義也。自記。宣公元年。

史畏襄仲，不書殺惠伯，則必書其自卒矣。夫子不仍舊史書其自卒，而但削其事，則非卒可知。所謂「諱而不没其實」也。自記。宣公元年。

「楚人侵鄭」，繼「伐陸渾」之後，則是移陸渾之師也。不以繼書「戎、夏」之詞也，戎非鄭比，故又一「子」之，一「人」之。自記。宣公三年〔二〕。

得臣之卒不日，胡氏謂「貶其與仲遂之謀」也，夫不日何足以貶？且不貶仲遂而貶得臣，何也？蓋高固方來，宣公爲之大用嘉禮，雖卿卒不以聞，故不日耳。自記。宣公五年。

仲遂之卒，不稱公子，以爲蒙前文，固也。然實於其歿也名而絶之，如翬於隱之例耳。其或卒，或不卒，不可以爲褒貶。惠伯之不卒，必以爲貶，可乎？名翬於隱朝，則意見矣。其不卒，或舊史失之，非義所在。自記。宣公八年。

春秋書「猶繹」，而檀弓有「卿卒不繹」之言，則仲遂之功罪姑無論矣。所謂「書王法而不誅其人身」者，此類也。又案周官，大臣死有廢祭之文，則不但繹祭也。自記。宣公八年。

殽之役，書「及姜戎」，此與白狄伐秦，不復書「及」，累晉也。連兵結怨，與戎、狄而伐婚姻之國，曰「狄道」也。自秦、晉之兵不解，而荆楚强盛之勢成矣。繼書「滅舒蓼」，亦因事屬詞法。「蓼、六」之蓼，皋陶、庭堅之後也，此則羣舒之一。自記。宣公八年。

内失地不書，我納於彼而非力取，旋復歸者，則書之。濟西田及讙、闡是也。歸讙及闡不言「我」，旋取旋歸之詞也。歸濟西田則遠矣，故言「我」。其取也，何以不言「我」？取不言「我」，而歸言「我」，臣子之詞也。自記。宣公十年。

稱「齊侯使國佐來聘」，其忘哀之罪自見。自記。宣公十年。

楚子縣陳而能悔，入鄭而不取，此所以變而書「入」、書「圍」，各降一等書之也。自記。宣公十二年。

邲之戰以晉及楚者，畢竟是内晉外楚之詞。得臣避晉侯，故稱人，林父不避楚子，故稱名。自記。宣公十二年。

入陳、圍鄭、伐宋，屢書「楚子」者，見累年會盟征伐，中國諸侯皆無復身親之事。政在大夫，宜其不競於楚也。自記。宣公十三年。

朱子曰：「歸父會楚，宋及楚平，春秋責其叛中國而從夷狄耳。罪其貳霸非是，春秋豈率天下諸侯以從三王之罪人哉？」愚謂朱子此言一空衆説之陋。文定猶屢以盟主爲言，皆不足以訓者也。自記。宣公十五年。

滅赤狄、潞氏稱「晉師」，滅甲氏及留吁則稱「人」，前猶粗有名焉耳。於是士會爲太傅，晉焉得有太傅？蓋官制亂矣。自記。宣公十六年。

宣榭之火，周來告也，告則列國猶書，況周乎？經未有斥言周者，此言「成周」何？以王朝宗廟之重。言「宣榭」則疑魯，言「京師」則不親，故舉國號以書，若曰此非異代之榭也。公羊「新周」者，「親周」也，故知程子以「親民」爲「新民」者甚確。自記。宣公十六年。

爲國重民命，舊史書「大有年」，則聖人緣而書之矣。必以爲紀異，可乎？宣公饑饉洊臻，税重而民困，喜「大有年」，則幸而書之矣。何必曰紀異也而後爲志乎？自記。宣公十六年。

肹無列於朝，則「叔」非氏也。「叔」非氏，則是春秋字之也。内兄弟字者二：季子、叔肹是也，皆取貴於春秋者也。友不稱公弟，前以公子之屬書矣。友爲大夫，肹無列也；肹有通恩之美，友有存社稷之功。或謂「友討共仲，而爲之立後，釀成三威之勢」。此非其疵者，管、蔡、霍皆邦其嗣，周公以來未之有改也；田氏六卿比比於世微三威，異姓之卿其不興乎？自記。宣公十七年。

「箴尹克黄」，則君在也，安得與歸父同例？君在則殺之者君也，命可逃乎？君死則殺之者三桓也，可以無死，死傷勇矣。自記。宣公十八年。

一甸之民五百餘家，而出一乘，則七家而一人也。丘出一乘，幾於人盡兵矣。乘有甲士，故云「甲」。自記。成公元年。

齊侯戰敗而窮，求盟者齊侯之志也。然不曰齊侯使國佐來盟者，欲以賂免，非專盟也。不曰國佐及諸侯之大夫盟，而曰「及國佐盟」，以我師存焉，則有内辭矣，且以見實追及而盟之也。自記。成公二年。

凡會外大夫不書「公」，非諱也，存内外君臣之體，蓋史法也。獨會楚公子嬰齊書「公」者，大夫之執國命舊矣，盟會征伐專之屢矣。獨是役也，楚寇臨境，臧孫不行，孟氏請賂，以憂貽君父，而使與强楚之大夫盟。不據事直書，則無以見大夫之罪也。自記。成公二年。

蜀之盟，從楚者十有一國，自成、莊之盛，未有若此者。諸國皆卿大夫，惟公在焉，故「人」之諱也。諱則何爲不没公？繼乎會蜀，深著魯大夫之罪焉耳。荆楚强盛如此，故公之會盟，出於不得已而無足諱。楚、秦在諸侯上，以强大相先也。經仍赴告之文，無所更改，惟蔡、許見削，則左氏疑爲得之。自記。成公二年。

據古廟制，考宫非特作廟也，新之而遷舊主，易以新主焉耳。如是則新主雖未入，亦安得不哭？況新主未入，則舊主在焉，但舊主過期應遷，不可復以其謚名宫耳。如此則尤宜哭也。劉、胡之説，亦未知然否。自記。成公三年。

傷則免牲，死則無牲可免矣，卜日後而免，則曰牛。穀梁凡所謂「亡乎人」者，皆無可奈何之意。自記。成公七年。

伐郯之役，蓋吴始稱王，加兵小國，而又赴告中國以示威也。告至於魯，是以季文子聞而哀之。自記。成公七年。

凡史例有詳略，古史雖不可見，班、馬以後，皆以人之賢否，繁殺其詞也。伯姬有賢行，舊史蓋録之獨詳，故聖人因之。欲厚伯姬，不得不書伯姬之歸，書伯姬之歸，不得不書其始，皆緣末録本之義也。必皆以爲譏非禮，過矣。「媵」微事猶書之，況「納幣」乎？自記。成公八年。

當時晉既通吴，欲以病楚矣，恐非以剡事吴而伐之也。其諸剡事楚，而吴、晉交加以師歟？自記。成公八年。

書「來媵」，程子謂「以見姬之賢」是也。然將以見齊媵之失禮，故先録衛、晉。何言乎失禮？異姓一也，一娶十二女二也。自記。成公八年。

成公十年，公羊經無「冬十月」三字。愚謂三傳皆同，則必有説，如只一傳獨異，必文之缺、字之誤也，不可據以立論。自記。成公十年。

晉徵魯師多矣，至郤錡之來書「乞」者，苟非其同惡，則必以義驅之，然後伯者之令行矣。秦、魯東西遥絶，無惡無義而徵諸侯，患其不至，卑其詞請以私而曰「乞」。自是以後，雖有義舉，沿襲爲之，至晉悼之業成而後一變。自記。成公十三年。

公及諸侯朝王於京師，曠事也。經不書，及諸侯朝王，而後又以「伐秦」致，明本不爲朝王動也。削劉子不書，諱王師也。僖朝王所何如？曰：「以晉文猶能爲王動也，然譎而不正。又召王而會之，竟無可取。故書『天王狩河陽』，以正晉文之失。而僅以朝予魯而不予諸侯也。若書劉子會伐，則須列晉侯上，疑於朝京師，奉王命而伐秦。故没王官，則知此師爲晉動也。又踐土河陽，志朝王而先會後朝，其詞若先會盟而朝者，以責下也。此志伐秦，而先如後伐，其詞若因朝而伐秦者，以存上也。踐土河陽，實與而名不與，此則名與而實不與。」自記。成公十三年。

如傳説，則華元未至晉耳，安得言「自晉歸于宋」？蓋河上已是晉境，故云「自晉」。又魚氏所以復之者，懼其以晉討也。則稱自者，亦著其所自復與。自記。成公十五年。

前伐秦，劉、成二公不書，故王臣會伐，自尹子始。所謂「挾天子以令諸侯」，至是方顯然彰著。自記。成公十六年。

「九月辛丑，用郊。」猶曰「用」，此時以郊云爾。自記。成公十七年。

納寧儀與納魚石，均惡也，二子力不足以自還，故著楚納。魚石實致楚師，而力足以叛，故以自入爲文也。各舉其實而已。自記。成公十八年。

「叔孫豹、鄫世子巫如晉。仲孫蔑、衛孫林父會吳于善道。」二事恰相連，一旅見於晉，一並受命於晉，否則兩事皆造晉，而聽命受命焉者也，是以不書「及」。凡書「及」者，内爲志，必受君之成命以往也，而後書「及」。自記。襄公五年。

魯屢受莒侵伐，前又與之會盟而不校。蓋孟獻子等方柄政，故以釋怨休兵爲事。自記。襄公十年。

城楚丘戍陳，猶有所蒙也，虎牢之戍，上無所蒙，與專内辭無異。與專内辭無異者，其非貶可知。自記。襄公十年。

楚屢救鄭，傳説也，據此以求筆削之意，間有不通而强説者多矣。王仲淹所謂「棄經而任傳」是也。今斷之曰：「傳事或不可盡信。或救而不及則不書，或諸侯惡而削其籍則亦不書也。當是時，楚、鄭方與中國爲敵，其興師伐救之事，不訃可知，但憑列國諸侯在會者之紀載耳。他時楚救，蓋諸侯削之矣。獨此既戍虎牢，則有扼吭拊背之勢，故著楚救以敘功。舊史如此，非義理所繫，因而不改也。」自記。襄公十年。

伐鄭之後始會蕭，魯不以伐鄭致，與僖公從桓伐楚之致殊文者，外楚而内鄭之詞。且雖與屈完盟，不可言「至自會」也。此類疑聖筆所修。自記。襄公十一年。

伐秦之役，左氏曰：「于是齊崔杼、宋華閲、仲江會伐秦。不書，墮也。向之會亦如之，衛北宫括不書于向，書于伐秦，攝也。」夫以墮不名，殊無理，傳不足據。彼謂人者大夫也，名者卿也。人齊、宋、衛，而序蠆之上，不應大夫先卿而爲是説耳。當時之序，主盟者爲之，大較以强弱爲先後，齊世子光先下於附庸矣。後乃列諸侯上，況大夫卿之間哉。自記。襄公十四年。

凡侵、伐、圍無書「同」者，魯爲齊弱，未有若此數年之甚者也。藉晉攄怨，十二國之師，四面環之，魯人盛大其事，而書「同圍」，春秋因之。自記。襄公十八年。

「九月，庚戌朔，日有食之。冬十月，庚辰朔，日有食之」，史官互也。簡策所書非一人，有曰九月者，有曰十月者，有一誤焉。而春秋謹所疑也，兩書之爾。甲戌、己丑「陳侯鮑卒」，蓋此類。自記。襄公二十一年。

「欒盈復入于晉」，不言自齊；「入于曲沃」，不言以叛，著晉過而稍損齊、盈之罪也。齊、盈之罪不見奈何？曰：「書齊『伐晉』於盈入之後，則助叛明矣。下書『晉人殺欒盈』，不曰大夫，則討賊可知。」自記。襄公二十三年。

書「孫林父入于戚」，而曰「以叛」，則罪林父過欒盈矣。謂盈仇范、中行氏，而林父與君敵也。前是未著孫、甯出君之罪，以罪君也。至是一書「弒」，一書「叛」，則前罪亦因以明，所謂「罪大而不可解，惡積而不可掩」。自記。襄公二十六年。

衛成公、獻公，皆出也不名，而復也名之。權衡自應如是，蓋如是而後爲平。自記。襄公二十六年。

剽非正也，而喜以爲君也，是其君也，不得以反正之辭與之也。喜賊也，而衎以爲臣也，是其大夫也，不得以討賊之辭與之也。自記。襄公二十七年。

子札褒貶之説棼如。愚謂春秋於札無褒貶焉耳，褒貶者必於事，於來聘而褒貶其生平，遠矣。札在國，必曰王子札也。其稱於我，亦必其王子札也。春秋所惡於吴、楚而外之者，僭號焉耳。惡之，故夷之而加夷號焉。吴伯爵而子之者是也。故季子以諸侯兄弟之貴，降從術椒之例，夫亦惡乎其號也。或曰：「如楚大夫之稱公子，不亦可乎？」曰：「始通也，楚累而後書。」其累而卒書之何也？曰：「義顯而止。」自記。襄公二十九年。

澶淵之會，宋儒所論當矣。蓋繫此於葬蔡景公之下，而特書「宋災故」，以見其意，則曉然著明矣。或謂：「春秋弑君者多矣，何獨於此特筆乎？」曰：「以世子弑君始於此也。楚頵南蠻也，不可責天下諸侯往而正之也。諸夏之君，自蔡般始。春秋之初，君弑有不葬者，非臣子隱而不成喪，則弑者不以君葬之，否則諸侯猶知其爲弑而不會也。般既無隱痛之心，又不敢不以禮葬以蓋其事，然而諸侯皆往會焉，則不得不以葬書也。書『葬蔡侯』，則諸侯會葬定賊可知矣。書『葬蔡侯』於上，而著以『宋災故』大會於下，比事屬辭，春秋教也，爲此類也。臣弑君而諸侯定之，自宋督始；子弑父而諸國定之，自蔡般始。故兩書所會之故，爲一書之大書特書。」州吁何以不然？曰：「州吁誅，卒不定也。」又書「葬景公」，則我會可知。會其葬，不討其賊，而豹會諸侯大夫以謀宋災，以爲大惡也。故隱内卿而目會故，所以遍非諸侯大夫也。或曰：「隱内卿，内無罪也。伯姬卒於災，於我有哀焉。」自記。襄公三十年。

晉、楚之會兩先晉，皆爲天下諸侯，隱存内外之坊，非於晉、楚有薄厚耳。自記。昭公元年。

莒、魯争鄆日久，春秋書鄆，悉未嘗繫莒也，則意此邑疆界未明。與繹爲邾邑異。自記。昭公元年。

展輿爲弑君者所立，故去疾得繫之國。自記。昭公元年。

觀圍戮齊封徇諸侯，數其弑君之罪，則弑麇之跡，當日必甚秘。以僞赴於諸侯，齊封之對，乃發其私也。春秋嚴亂賊之法，而不輕與人以弑君父之名，傳疑一也，略於蠻方二也。自記。昭公元年。

越惟於伐吴之役書「人」，或謂許伐吴，或謂責諸侯，皆非也。純外越，則是内楚也。越蠻也，楚亦蠻也，子楚於上，則不得號越於下。以後皆號之也。自記。昭公五年。

留有罪，不曰陳留何？目「世子」殺於上，則著「公子」奔於下。自記。昭公八年。

君臣同謀則稱國，此時陳無君也，何以不書招殺？過與招同罪者也，若書招殺，則疑過爲非招之徒而見殺者也。然則何以不書陳人殺過？招實殺過。書殺過，則疑以討賊與招也，不去大夫多矣，里克、甯喜皆是也。自記。昭公八年。

圍惡耳，討賊疑於善也，是以先書「滅陳」，用知志在滅國，則雖討賊非善也。招不去氏，不與楚討之義也。自記。昭公八年。

晉假道鮮虞，遂入昔陽。秋滅肥，冬又滅鮮虞。此與獻之滅虢相類。春秋惡其行詐也，故不書滅肥，猶不言滅虢，書「執虞公」之意也。行詐，狄道也，執虞公時，晉首入經，不得與荆、吴無别。故於伐鮮虞也號之，且繫楚滅陳、蔡伐徐之後，無興滅救患之師，而尤是效，屬事而觀，宜君子所深惡。前此晉執虞公，傳者專責虞公，非經意也。亡國之君甚於公者多矣，何足罪哉？凡執人者與所執者，書法每相配，爲均有罪焉耳。人晉而爵虞，乃上下之稱，賊晉而非責虞，審也。惟滅下陽以虞首惡，則自取亡滅之罪已著。自記。昭公十二年。

兩言「誘」，皆惡楚也。名般，故名虔，使虔與般同罪也，子楚故亦子戎，楚、戎等夷也。自記。昭公十六年。

止非弑君者，因其自狀而書之曰弑君，蓋以戒夫天下後世之爲臣子，而不謹其君父之疾者。三傳之説善矣。然而與凡弑者無異奈何？曰：「春秋世子弑君三：楚商臣、蔡般，立乎其位者也；許止，弗立乎其位者也。此比事而可知者也。許方遷夷，又遷白羽，實楚之縣耳。虔能討三弑以掩其罪，棄疾亦弑君者，豈舍止哉？繫於遷後，此屬詞而可知者也。蓋三傳事實同者，即不得而苟訾其僞。故程氏有斷案之説，歐陽之論果哉。」自記。昭公十九年。

因閏八月，故昭二十年十一月得有辛卯。或言春秋時閏皆十二月，此處卻是閏八月也。自記。昭公二十年。

惠、襄二王之亂，不詳於春秋，不告也。惠不告，故本末俱脱。襄告矣，而其初致亂之由猶不聞也。叔鞅在京師親見聞，故詳焉。自記。昭公十二年。

雞父之役，吴實敗楚師。當日吴、魯姻也，必告，告必以敗楚爲詞，春秋何以諱之乎？於時中國通吴以制楚，陳、蔡、許諸國附楚以敵吴，若書吴敗楚師，疑吴果爲諸夏動者。春秋惡吴甚於楚，故特削楚之敗以外吴也。自記。昭公二十三年。

書「宋公卒于曲棘」，所以發人之疑，問其故，則知以如晉而將納公也。自記。昭公二十五年。

「居于鄆」，與「天王居于狄泉」同文，春秋主魯故也。在他國則復立一君必矣。終昭公之世，意如猶未敢立君也，故時猶稱魯爲秉禮之國。是時夫子年已近强，學徒大進，何忌承父命而稟業焉？曾未聞三家有所咨諏，聖人有所論白，蓋勢不可爲，而不在其位故也。可以見處亂邦之法矣。自記。昭公二十六年。

齊滅譚，楚滅弦，狄滅温，君奔皆不名。吴滅徐，徐子奔則名。竊疑譚、弦、温其國皆不他見，其君之名蓋不可考也。滕、杞之屬，屢與中國盟會，於其告卒也猶多失名，况譚、弦、温也。徐則與三國異，故得其名耳。自記。昭公三十年。

諸小國滅皆不書名者，憐之也。徐子章羽書名，惡其僭王自徐始也。徐稱王在楚前，紛紛毛舉他過以當之，殊無意味。書名所以惡徐，非善楚也。自記。昭公三十年。

「城杞」，晉之私事也；「城成周」之會而書其故，天下之公事也。以此揆之，楚丘、虎牢，蓋亦天下之公事也，故以公事書之，而不目其人耳。公之出亡，惟叔孫氏差爲無譏，故婼繼公書卒，俾考其所以卒而哀其志也，仲孫能率伯命遠「城成周」，而未聞有勤其君之志，與季氏分罪矣。况與陽虎而伐鄆乎？經没不書，定、哀多微辭。自記。昭公三十二年。

【校勘記】

〔一〕「十八」，原作「十九」，據春秋左傳正義改。下條同。

〔二〕「三」，原作「二」，據春秋左傳正義改。

榕村語録卷之十七

春秋三

晉人之執宋仲幾，傳稱「歸于京師」。未嘗不歸於王也，不請專執，故雖歸王不書耳。自記。定公元年。

凡盟必日之，拔之盟，不日而且不月，又夫子當時之事，非遺失也。無亦非魯以大夫盟邾君，故去月日以見慢歟？厥後句繹則如常書。自記。定公三年。

皋鼬之盟不日，亦當時事，非遺失也。著衆志已渙散，怠於禮而略於事矣。自記。定公四年。

許於夷、葉、白羽、容城凡四遷，皆楚令也。如是，則許幾爲楚邑矣，前侵楚之役、皋鼬之盟，猶有「許男」何哉？此時楚以吴故，頗不暇於諸侯。許雖遷白羽，猶不敢違中國之徵召，故楚又遷之以自近歟？自記。定公四年。

劉卷之卒，赴不以日也，其卒前乎此矣。若是此月卒，來赴往會，周、魯之間，其事不應同在一月。自記。定公四年。

柏舉之戰，言救則美在吴，言以則自强雪恥，其美在蔡。自記。定公四年。

「歸粟于蔡」，穀梁子曰：「不言歸之者，專辭也，義邇也〔一〕。」然則城楚丘、戍虎牢，亦豈義邇乎？蓋皆公辭也。春秋所深與也，事無遠邇，惟其公而已。功邇而德遠矣。自記。定公五年。

「于越入吴」，於是楚以秦師敗吴，皆不書，非楚不告也，直春秋略之耳。蓋吴之可貶，在於入郢之日，而不在敗也。自記。定公五年。

鹹之盟不日不月，我不在焉，故略之。沙之盟同。「沙」、「瑣」古蓋同音。自記。定公七年。

以「暨齊平」、「及齊平」兩處事實考之。「暨齊平」之後，我往涖盟，而齊人不報使；「及齊平」之後，兩君好會，而且來返侵田。則「暨」爲强彼，而「及」乃彼我同欲明也。汲汲者，彼此俱汲汲也，暨暨者，彼此俱暨暨也，非以一人言也。辰出奔時，佗、彄蓋爲所牽率也，故曰「暨」。其既則同惡共謀，彼此欲之矣，故及其入蕭，則書「及」。自記。定公十年。

以時卒時葬者，赴既簡略，會亦如之。葬薛襄公是也。自記。定公十二年。

告至則致，成特境内私邑，而且無功，豈亦告至乎？蓋時夫子相魯君，行必告至，不以近而略其禮。叔孫武叔之毁，疑即在此時。蓋讒毁而欲去之，非特無故譏笑也。叔孫毁於内，孟孫據邑阻兵於外，僅一季桓子信之。故孟子、公羊子皆有行焉之言。及其受女樂而無禮於聖人，夫子雖欲不去而不可矣。自記。定公十二年。

蛇淵之築，比蒲之蒐，皆夫子去魯後事。自記。定公十三年。

十三年春，魯有事於郊，膰肉不至，夫子去魯矣。至十四年而無冬，蓋傷王道之不成也。則曷不於十三年去冬？曰：「其春夫子猶在魯也。」故於此年去之，王道無成而不終，不猶之天之歲功不究者乎？自記。定公十四年。

孔子去魯，子貢實從，而「邾子來朝」，子貢有觀焉之事。則知夫子在行，弟子蓋往來其間。自記。定公十五年。

以「八月，庚辰朔」推之，則葬定姒之日，不應在九月。以爲閏九月，則明年四月又有辛巳也。蓋實閏九月也，辛巳爲閏月之朏，計大小盡，明年四月二十八日下辛也。自記。定公十五年。

哀公元年，楚入蔡，而僅書「圍」，吴滅越而削不書，或曰不告也，或曰皆報君父之讎故也。自記。哀公元年。

伐晉之役，以傳考之，我師及鮮虞在焉，不書，諱也。春秋何厚於晉。百餘年來，冠蓋相望於宗周，猶有臣節者晉耳。春秋之外楚，爲僭王也；内晉，爲尊周也。自記。哀公元年。

晉趙鞅帥師納衛世子蒯聵於戚，罪聵也。齊國夏、衛石曼姑帥師圍戚，罪輒也。圍宋彭城者，主晉之辭也，善晉義也。圍戚者，主衛之詞也，誅衛志也。晉義善，則華元無惡矣；衛志惡，則齊夏無善矣。自記。哀公二年。

魯之桓、僖，晉之文、武，蓋皆竊附於祖功宗德之義者。自記。哀公三年。

稱「人」以執諸侯，而諸侯不名而爵，皆下執上之詞，深惡執之者也。晉人執虞公，其盛也，執戎蠻子，其衰也，而皆大惡，故以上下之詞書之。自記。哀公四年。

荼與奚齊同，而不曰君之子，何也？曰：「君之子者，不與奚齊之爲君也，謂其殺世子而立之也。景公者，群公子耳，非申生、奚齊類也。」自記。哀公六年。

歸邾子於後，則不諱獲於前。正如歸濟西、讙、闡於後，則不諱取於前也。自記。哀公七年。

宋滅曹也，而以「入」書，先儒以爲罪曹，誤矣。春秋於諸夏之邦，言滅者，邢、陳、蔡、許是也;不言滅者,紀、虞、虢、曹是也。紀與虞、虢,先儒以爲猶存其祀,安知宋之不存曹祀乎?戰國之時,猶有曹交也。自記。哀公八年。

吴不挾陳以叛楚,何用救哉?陳之禍,吴爲之也,救庸足多乎,此與楚救鄭一耳。蓋争諸侯,非救也。季子自言之矣,文定未免穿鑿。自記。哀公十年。

凡侵伐之類,多書時而已,如國書伐我之事,爲夫子歸國之年,非不詳其月日可知。下伐齊,則書月者,例凡戰必日,不可下有日而上無月也。自記。哀公十一年。

艾陵之戰大捷,魯必告至無疑矣,而經不致者,非削也。是時夫子在魯,君卿有事必咨焉,子貢、冉有之徒時有論建。蓋雖不能遏會吴之役,猶能使知會吴,殘與國之不足榮於廟也,而不告歟?故傳稱季孫勝而懼。自記。哀公十一年。

甸甲不足而丘之,丘賦不足而田之。傳紀季孫使冉有訪於仲尼,而夫子之言曰:「行度于禮,施取于厚,事舉其中,斂從其薄。如此,則丘亦足矣。若不度于禮,而貪冒無厭,雖以田賦,將又不足。」季氏卒不聽,蓋冉子與其謀也。鳴鼓之攻,其此時歟?自記。哀公十二年。

先生常舉耜卿云:「『孟子卒』,襍記明明説『夫人之不命於天子,自魯昭公始也』。可見春秋據實書,而紛紛以爲貶,以爲諱,皆未必然。」近是。哀公十二年。

春者，歲始也，麟者，仁獸也，於歲始而仁獸來，[illegible]至仁之應也。春秋不書秋冬者累累，而此年又止於春，春秋書[illegible]而此年止書時。蓋氣序雖有亂時，而生生之[illegible]行，而天之所以爲天，萬古不可變也。自記。哀公十四年。

五石、六鷁，都謹書甲子，如何春秋以獲麟終篇，卻止書春？又不是遠年之事，豈難咨問而得之？此不得謂之無意矣。或者夫子以此開萬世之太平，所以春秋一書，始於春，終於春也。公羊傳，人都笑其在年月日時上穿鑿，恐怕他有傳受下來。哀公十四年。

春秋周三家，左氏、公羊、穀梁；唐三家，啖助、趙匡、陸淳；宋三家，孫明復、胡安國、張洽。注疏，周禮第一；大全，春秋第一。以下論三傳。

治春秋者，某嘗謂宋三家不如唐三家，唐三家不如漢三家，漢三家不如周三家。其實左、公、穀好，而穀梁尤好。或云：「杜注不免太疏略。」曰：「且寬寬的說在那裏好，穿鑿就不是。如滕降而書『子』，程子謂是因其後服屬於楚。豈有因子孫服屬於楚，而先貶其祖宗之理？且終春秋不見滕有服屬於楚之事，蓋因孟子『滕，小國也，間于齊、楚』而誤耳。文定不安於程子之說，又謂其首朝弒君之賊。不想春秋中，弒君之賊尚不貶其爵，而貶朝弒君者，有是理乎？且貶止其身可矣，因這一朝，遂終春秋而不復，何也？朱子又不安其說，而從程沙隨，謂當時小國之君，因霸主會盟征伐，供億不來，故自貶其爵。但滕降子時，會盟之事尚未多有，況隱十一年，滕、薛來朝，方自崛[illegible]爭長，豈有逾年而即甘自貶之理？惟杜元凱寬寬一句，説爲周所貶，原是。胡文定見[illegible]子不從他，便駁云：『如周尚能削人之爵，則春秋可以不作矣。』夫吳、楚之僭，齊、晉[illegible]横，天子不能問，而所貶者，惟滕、薛、杞諸小國，此春秋所以作也。如門祚衰薄之家，紀綱之僕，尾大不掉，惟汲爨下役，朝笞而夕撈之，適足以啓輕侮而已。且杞及邾，或貶[illegible]封，當時皆請之天子，何獨於滕而不能削降耶？載書曰『無有封而不告』。既有封，[illegible]有貶矣。至春秋之後，晉之三卿，尚不敢自爲諸侯。故綱目書曰：『初命晉大夫魏斯、趙籍、韓虔爲諸侯。』何春秋之初而不能貶滕耶？如不書即位，穀梁所云至精，曰：『不書即位，正也；不書即位，故也；繼故而書即位，與聞乎故也。』即位是朝見於廟，有許多事，世次相及，自然行正禮。若有篡弒不正之故，則先君不正其終，世子焉得行吉禮？有故而又書即位，是即位之人，亦與乎變故之謀。故意欲掩飾其同謀之罪，反行吉禮，若不知然者。此卻終春秋都是如此。先儒又都不從，另出一箇論頭，及難通，又變一箇義例，都不是。』

程子謂公、穀次於左氏。今觀公、穀儘有好處，須如朱子之論方平。自記。

左氏非丘明也。左氏若是孔子同時，如何所紀六卿分晉，已是孔子卒後事？古者左史記言，或者以官爲氏耶？蓋因傳春秋而附以己之見聞。胡文定[illegible]春秋時事不見於經者，明知道是不經赴告，夫子無從而書，又時自忘卻，説此事左傳有之，經何故不書？倒似左傳即魯之春秋原本，爲夫子所據以修者，此最有關係。

左傳不可不讀，其中有許多三代典禮，及二百四十年事蹟。又文章古雅，不讀，覺得看經益無依傍。國語一書，是左傳未經剪裁鍛煉者，想從列國隨便採來。其中如吴、越迴與他國不同，唯魯、周差近，齊一味誇大，晉如今日劇演一般，塗飾點綴。左傳則貫串簡煉，文采斐然。韓氏評以浮夸，亦確不過。

「孛入北斗」，左氏：「叔服曰：『不出七年，宋、齊、晉之君，皆將死亂。』」宋上公，齊、晉侯伯，皆應北斗之象，爲天紀綱也。七者，斗之數。自記。文公十四年。

侵鄭之役，盾不與楚遇，而汲汲於還，蓋君臣之際，疑貳形矣。盾憂内變之將作，而志不存乎諸侯焉耳。自記。宣公二年。

點、綫、面、體，事事離不得。從此點到彼點，便成綫，將此綫規而圓之，便是圓，四折便是方，三折便是三角，都成面。將此面積厚，便成體，體成則天下之象數備矣。左傳「物生而後有象，象而後有滋，滋而後有數」。象即是點，滋即包綫、面、體。「滋」字妙，生生不窮。

鄢陵之筮，似是遇復之明夷，其繇曰：「明夷于南狩，得其大首。」離，南方也，又爲目，爲戈兵，離明見傷，故曰「射其元」，「中厥目」，而「南國蹶」也。傳聞不詳，故史失之耳。自記。成公十六年。

襄之十四年，距夫子生時尚九年，而伯玉，夫子友也，奈何此便從大夫與聞國事乎？據傳崔杼壽亦太多，俱有未可據者。自記。襄公十四年。

伐陳之役，子産不敢深言陳即楚之罪者，鄭亦即楚故也，與齊不敢問楚人僭號滅國同意。王道無諸己而非諸人，春秋諸侯，首尾横決，爲辭令以相諉而已。雖有敬仲、子産，何所措喙焉？自記。襄公二十五年。

季札觀樂，前面都是歌某歌某，後面乃言舞某舞某。蓋魯備六代宫懸，止存舞耳。故韶箾亦言舞。夫子至齊始聞韶音，所以韓文公以「三月」爲「音」字之誤。自記。襄公二十九年。

史趙言：「亥有二首六身，下二如身，是其日數。」蓋今算馬六作ㄥ，亥字下有三ㄥ，而上乃二字。下其二字於旁，則爲‖，亦算馬也。自記（二）。

買朱鉏，「密州」兩字，切音也。莒，夷也，語譯而通。自記。襄公三十一年。

「郯子來朝」，時夫子年二十七，魯禮樂已盡學矣，而又好問好察以廣其智。又兩年，遂適周而窮文、武之道。自記。昭公十七年。

左氏於昭二十二年十二月有「庚戌」。是月癸酉朔，烏得有庚戌乎？自記。昭公二十二年。

公羊傳「自内出者，無匹不行；自外至者，無主不止」。「自内出」，似以祖言，匹者，匹配之匹，祖妣是也。「自外至」，似以神祇言，主者，賓主之主，天祖是也。自記。宣公三年〔三〕。

敬嬴，公羊作「頃熊」，音之訛也。自記。宣公八年。

胡傳誤以叔弓爲叔孫氏。叔弓蓋公弟叔肸之孫。自記。昭公十年。

大全惟春秋最好。永樂命儒臣纂集四書、五經、性理大全，只限七箇月俱成，故當時只得將現成本子略加改换。春秋是用歙人汪克寬所纂，原有條理，所以好。

某平生於易經外，一部書不敢動手。大凡著書，有一字不安便不好。朱子不敢注春秋，便是爲此。其大綱如何不知，不知如何作綱目，只是零碎處不曾透曉得。

孝經

程朱提出學、庸、語、孟，直是功敝天壤，只少一部孝經。孝經道理好到至處，朱子疑其有左傳語。雖未知其言之先後，總當以道理爲主。

聖賢著書都是提尖，如大學一書，欲成天下之人才，同天下之風俗，非此不可。子思時，已有邪説異端，如講老莊、刑名之類，子思見得天下道理平平實實，高者空虚得不是，低者又淺俗得不是，只是「中庸」二字，切近精實，故作此書。至孝經，亦是提出大道理的要領來説。天下道理只是仁義，義又出於仁，義不是冰冷的仁，心之有節制處便是義。道理説到仁，已頂尖了，只是囫圇説箇仁，難道墨子「兼愛」亦算做仁？佛家「慈悲」亦算做仁？仁之道，卻要從孝做起。「親親而仁民，仁民而愛物」，極其至，「通于神明，光于四海」。

五性缺一不可，單拈别的還有病，只是孔子説仁，斷無流弊。仁包四德，是我生最初所得的道理，然猶恐其泛也。孝經又專説一「孝」字，更妙。前人多説孝經文字淺易，不知聖人説話原不要深，只此已足。世上有一種鄉人，止知愛敬其父兄，而惡人、慢人。又一種好虚名者，外事結納，而内薄骨肉，更是無根。由惡人、慢人一種，便有楊子「爲我」一種學問；由不愛親、不敬親一種，便有墨子「兼愛」一種學問。異端不過此二事。孝經儘是精密，此書縱不是夫子自作，必是曾子之徒所記。生吾者父，由父而祖，而曾，而高，而始祖，以及始祖所自出，非天地而何？非天地與吾爲一體而何？所以太極圖下二圈，一箇是天地生人，一箇是父母生人。父母，人之小天地也，吾有一事自覺得好，不必問定知父母喜之，祖宗喜之，即天地亦是喜的。我有此身，父母之心在我，天地祖宗之心亦在我，是以呼吸相通。問：「祖宗年代既遠，未知尚有魂魄否？至天地，卻舉目可見，是現在的祖宗。」曰：「祖宗魂魄原在天地，有我他便未亡，我盛他亦盛，我衰他亦衰。『孝弟之至，通于神明，光于四海』。道理不到此，原未完備。孝道不到愛盡天下人，亦不算完得孝道。中庸由子臣弟友，説到鬼神之德，大孝達孝，直到郊社、禘嘗，説得實實精到。如今説微之顯，都説屈實有屈之理，伸實有伸之理，纏來纏去，都是皮膚語。誠即理也，如心有愧怍，面便發赤，人都知其慚恧；心中快活，便有喜悦之色，人都知其得意。此何以故？其羞愧者，必是理上打不過；其喜悦者，必是理上做得順也。我們誠心果到，祈禱便應，以我有此心，彼亦有此心，故相感。若一有而一無，如何能感？何以能感？此心有此實理也。理便是性，性與祖宗、天地、鬼神一也。有此理，便有此氣，便有此象，如何掩得？往日看中庸此章，殊如贅疣，今見得如無此章，前面位育，後面不顯其德，都無著落。人知此理，便見得暗室屋漏，刻刻有神明臨之。自己知得念頭不好，便是鬼神察你；自己覺得此事無愧，便是鬼神許你。到得暗室屋漏，不欺神明，尚敢欺天下之人而凌虐之乎？故曰『治國如視諸掌』。」問：「不知當日賈誼與漢文帝説鬼神是如何？」曰：「必説不到此，此理到宋儒纔説得明白。」

程朱大段與孔孟若合符節，所謂「先聖後聖，其揆一也」。若微文碎義，安能處處都不差？若使不差，伊川何以亦有不依明道處？朱子何以亦有不依二程處？蓋主於發明道理，不爲人也。即朱子於四書注，至垂絶猶改，可見他亦不以自己所見爲一定不移，何況於人。朱子疑孝經，某便不敢從。孝經所説道理，實在完全。説孝爲「至德要道」，下文「德之本也，教之所由生也」，即解説「至德要道」。五常之性，德也，禮、信、義、智皆統於仁，而仁之最篤處，莫過於孝。這箇根剪不斷的，極殘賊凶暴之人，説到他父母，未有不關心者，所以爲「德之本」。惟其爲本，故謂之「至德」。五達道所以爲教，知愛父母，自然愛兄弟。因是「長幼有序」，便見得上下尊卑之分，宗祧繼嗣之大。四者必賴朋友講明聯絡，教都由此而生，所以爲「要道」。世上原有只知自己父母當愛敬，而不知別人父母亦當愛敬。又有一種人，不愛敬自己父母，轉交結別人。孝經云：「愛親者，不敢惡于人；敬親者，不敢慢于人。」又倒説回來：「不愛其親而愛他人者，謂之悖德；不敬其親而敬他人者，謂之悖禮。」不愛敬別人父母，似無與於己之孝，不知不能及人，便是自己的不足。詩云「孝子不匱」，不匱是取之不窮，用之不竭也。若惡慢於人，畢竟自己之孝有限。程朱極推西銘，不知卻從孝經脱出。如云「事父孝，故事天明；事母孝，故事地察」，是「乾坤，大父母」也；「通于神明」，即「窮神達化，以繼志述事」也；「光于四海」，即「民胞物與」也。又易言天地之心、天地之情，不有性，心、情從何而見？惟孝經云「天地之性」，是最大頭腦，他書都未言及。又孝經書名便好，是道德頂尖處，故以爲經。經非孔子自命也，以其爲孔子所言，而人稱之爲經。至云「吾志在春秋，行在孝經」，自稱孝經，則不可信矣。書名如「易」字，洪範「範」字，大學、中庸，皆妙。若「忠經」便不是，忠已包在孝内。

前儒謂西銘乃原道宗祖，吾謂孝經又西銘宗祖。西銘言人皆知孝父母，而不知孝天地。其實如此等去孝天地，就如此等去孝父母，還是比例相同的意思。若孝經，則即此便是「事父孝，故事天明；事母孝，故事地察」。直上直下，一以貫之。孝經只是推將去，收將來。初由敬愛父母而推之，欲其盡敬愛天下之人，終必盡敬愛天下之人，而後爲敬愛吾父母之盡。如人家在一鄉一邑，雖在家中無失意於父母，苟得罪於鄉邑，令人辱及父母，便是自己有以致之，即爲不敬愛其父母矣。若人人皆敬愛其子，因而歸美於親，咸曰某人生此賢嗣，即是以衆人之敬愛，敬愛其父母矣。至合「萬國之歡心，以事其先王」，亦是此意。所謂「一朝之忿，忘其身以及其親」；「好勇鬭狠，以危父母」，皆是此段話頭的反面。此書開口説「至德要道」，下文「夫孝，德之本也」，即是解「至德」。

仁義禮智皆德也，然「元者，善之長」，仁以親親爲大，仁之實，事親是也，豈非「至德」乎？「教之所由生也」，即是解「要道」。司徒五教：父子、君臣、夫婦、昆弟、朋友，何莫非道？然有父子然後有君臣，有君臣然後有上下，假如父子不立，他教何從而有？故曰「教所由生」，豈非「要道」乎？中庸曰「修道以仁」，「親親爲大」；孟子曰「事親，事之本也」，亦有此意。然無用此意衍成全書者。此書是生人之本，如何可少？朱子疑其中有左傳語，然安知非左氏用孝經耶？如「元者，善之長」數語，左氏亦有之，可云易經襲左傳乎？此書道理至足，不當於語言文字間疑之。

「天地之性，人爲貴。」貴其能盡人道也。蜂蟻之君臣，雎鳩之有別，就其一節，雖人有所不及，然而不貴者，所賦止此，不能推之而盡其道。若夫婦之知能，似與禽獸不能大段差别，然卻限量他不得。一旦要做聖賢，便能做，你卻禁捺他不下。白額虎入市傷三數人，羣起而譟之，以爲罪大惡極。人殺百虎，曾不以爲非，人於此要猛省自己貴重在何處。

【校勘記】

〔一〕「邇」，原作「通」，據春秋穀梁傳注疏卷一九改。

〔二〕此處應補注：「襄公三十年。」

〔三〕「三年」，原作「二年」，據春秋公羊傳注疏卷一五改。

榕村語録卷之十八

宋六子一

滄洲精舍中祠七賢：周子、二程子、張子、邵子、司馬氏、延平，獨延平稱師，即稱謂間亦不苟。後稱六人，則去延平。後稱五賢，並去司馬。當時伊川與邵子終不相合，明道亦説邵子於學全不識。問：「以邵子之虚明精究，何以謂之全不識？」曰：「程子論其學微雜黄老之意，便是不識。邵子若不得朱子表章，恐亦要減色。」問：「論理學，司馬自不如延平，何以六人去延平？」曰：「想是以其氣魄小。聖人的派，胸中是滚熱的，逢著人便要成就。延平口吶，有所得，默默自己進修，人無知者，他亦不求人知。惟其實有所得，脈絡不差，故感召得一箇朱子來。康節從遊者便少，明道責其不授徒，曰：『人都不來學。』明道曰：『堯夫故是悠悠。』」

佛家有經師，有法師，有禪師。經師是深通佛經，與人講解；法師是戒律精嚴，身體力行」，禪師是不立文字，參悟正覺。儒門亦似有此三派。鄭、賈諸公，經師也；東漢諸賢，壁立萬仞，法師也；陸子静、王陽明，禪師也。程朱便是三乘全修，所以成無上正果。

太極圖説、西銘、定性書、好學論四篇，相連看去。太極圖最下兩圈，與太極一樣圓滿，此理未曾暢發，卻得西銘一滚説出。西銘事天功夫實際，即是定性書中「大公」、「順應」二義。然必細分知行始密，又得好學論發之。四篇相足，聖學備矣。清植。

象數可圖，理不可圖也，而周子以圓圈圖之。凡四方、三尖、六角、匾長之形，同其尺寸，實之以物，皆不能滿，惟圓則滿，充實無欠。及至陰陽之中小圈，五行之下小圈，皆即上大圈，如水中之月，即天上之月，本無有二。此下又將氣化、形化作二圓圈，與太極等，直是大手段。人告以身從父母生，即性亦從父母賦，須當守身盡性以爲孝，人都信得及。若告以天地爲吾大父母，必笑爲迂遠矣。惟使他由父母，而推之於父母之父母，累進而直上，溯至厥初生民，非天地之氣化而何？西銘即是此二圈圖説，故曰：「乾稱父，坤稱母。」不謂之祖妣者，祖妣年遠爲鬼，「鬼者，歸也」，歸則不及撫摩恩勤矣。乾坤卻是我大年難老之父母，故曰「日監在兹」，「及爾出往」，「及爾游衍」。至周子，雖言「君子修之」，未嘗言如何修也。試思天地開一大世界，日月升沈，山川融結，卻是爲何？無非爲生人之地。即萬物皆陪客，如菓樹然，枝幹花葉，雖然無數，其歸只是要結實。天地生人，非是要你美衣豐食，驅役萬類，暴殄天物也，要你贊助天地耳。西銘自知化窮神，直説到厚生玉成，所謂「窮理盡性，以至於命」。工夫皆備，又「定之以中正仁義而主静」。何以定？何以静？亦未明言。卻得明道定性書闡之。「所謂定者，動亦定，静亦定」。然「廓然大公」者，仁之所以爲體；「物來順應」者，義之所以爲用。體在於大公，即所謂主静也。但工夫節次尚未詳密，又得伊川好學論補之。其曰「真而静」，静即「主静」之静，真即「無極之真」之真，實本太極圖説以立言。至下文「明諸心，知所養，然後力行以求至」，指出「知」、「行」二字，而塗轍具矣。四書合而首尾完備，代造化而爲言，非偶然也。

程子不請教邵子的數學，邵子亦不請教程子的道學，其所講論都不見，這是公案可疑者。到朱子大開城府，你有一點好處，我便收來，我有一點好處，便思公之於衆，洞然無可疑者。伊川難講話，想是明道還肯説，故邵子云：「伯淳之言條暢。」邵子生平不敢有外道語，儒者到底不敢推出他去。二程有幾段説陰陽天地甚精的，想亦互有資益處。只是前人傳藥不傳火，火候不肯就傳。

二程十五六歲便欲學聖人，朱子廿來歲學仙、學佛，遍參歷扣，其立志之高，才氣之大，自是第一等。然幸得濂溪、延平把他點化得低下來，便脚踏實地，卒有成就。不爾，一向高闊去便狂，狂之不已便至於妄。孔子大聖，只曰：「述而不作，信而好古。」於老彭，且曰「竊比」，何其德盛禮恭耶。王陽明儘有氣，可惜同時無人能點化他，故終入邪魔。至死之前一年，尚作詩云：「影響尚疑朱仲晦，支離羞作鄭康成。」何其妄也。一齊抹倒古人，獨立天壤間，便不是聖人氣象派頭。程子説「吾學有所受」，朱子言必稱延平。陸子靜便從來不説師法何人，似從孔孟以後，千餘年不傳之秘，至子靜出而忽自己得之。即此便見差路。以上總論。

朱子作濂溪祠堂記，直以道統歸之，而以程子爲「見知」。於學、庸兩序及孟子篇末，則但提程氏而不及周子，無不允當。

觀明道贊堯夫異於横渠，贊横渠又異於濂溪，銖兩不差，便知其淵源有自。「昔受學於周茂叔」，「吾學有所受」二語，源流何等分明。自記。

伊川於明道墓表，既以之接孟氏之傳，於横渠則曰：「自孟子後，只有原道一篇，西銘則原道之宗祖也。」又曰：「自孟子後，儒者都無他見識。」或疑程子所以尊濂溪者，反横渠之不如。然其所以表章西銘而不及太極，原有深指，朱子言之悉矣。其評論語次，雖未聞以孟氏以後之統歸之，然孔、顏之樂，乃程子自言授受之要。非其實到仲尼、顏子樂處，豈能開端指示，使學者尋之哉？夫得孔、顏之心，而不得孔孟之道，未之有也。

濂溪之心得者深，明道、横渠之友教者廣，亦猶顔子潛德於孔子之門，孟子修業於戰國之世。故推尊之論，各有攸當，未可執一以疑其二也。如後世多稱孔孟，未聞有以是掩顔子者。推是，可以論伊洛淵源之際矣。自記。

人能將太極圖説、通書句句明白，看四書、五經都有入處。太極圖直發千古所未發，從來人不敢圖理，而周子圖之。天下惟圓者方滿，凡圓物，中間積實便飽滿。如其大而方之，便少。又三角之，更少。此上圈之妙。天下道理俱包在太極内，十分滿足也，若動静不相生，則有息時，而太極亦破。雖分動静，而中圈自若。此第二圈之妙。至下二圈，一是氣化，一是形化，人只知到父母生身，當全而受，全而歸，不知一步步推上去，其初生者爲誰，非氣化而何？既爲氣而生，則乾坤非吾大父母而何？亦當全受全歸。論父母之生，即天地之氣化，此必讀書明理者方知之。若其初之爲氣化，雖愚人而知之也。西銘卻好發明下兩圈之理，周是順流下來，張是逆推上去。某嘗説幾部書相接得妙，張子不知有太極圖，做一篇西銘，恰好接太極圖。大禹未必知有易經，作一篇洪範，恰好接易經。周公做一部周禮，恰好是洪範衍義。

向疑太極圖不如先天之自然，其爲圈爲白黑，爲左右交繫，皆似出於人爲。今思之，始知其妙，妙在最上一圈與下二圈，中間陰陽五行，卻是過脈。大抵天地位，便生草木，後生禽獸，最後生人，人生而天地結種矣。正如木之根而幹，幹而枝，枝而葉，葉而華，華而實，至所結之實，與所由生的種子一般，而木之事畢矣。此圖下圈與上圈，無絲毫欠缺，無絲毫參差，一樣圓滿。見人與天地之性一也。

問：「説太極，畢竟又説無極，何也？」曰：「易有太極，原不須説無極。因老莊諸人，將太極説似形像未分、精氣渾然之時之謂，未免落有朕兆，故加『無極』二字，以明不有朕兆者。這是因時立言，看下言無極之真，不更言太極，可見太極即無極，非有二也。」

「五行之生也，各一其性」，似把太極剖作五片。其實箇箇具足圓滿，請以孝爲太極，喜怒哀樂爲五行觀之。如親有得而吾喜，則孝心全體在喜，不必夾以怒哀而後爲全也。親有疾而吾憂，則孝心全體在憂，不必雜少喜樂而後爲全也。無餘欠，無彼此，皆以此意求之。如生意是太極，春温、夏熱、秋肅、冬寒，無非生也。不但春温時生意全在，即夏熱、秋肅，生意亦全在熱内，全在肅内。至於嚴冬，生意或幾乎息矣，其實冬不冷，春來如何能發生？如人夜問不睡，明日都無精神。是睡似不辦事，實乃辦事之根。天下無性外之物，即虎狼之父子，蜂蟻之君臣，雎鳩之夫婦，他固不能相通，然既有那一件，太極便都全在那一件。向來都將「理」字訓「太極」，還有説不去的，惟以「性」字訓，則皆通矣。

太極圖説言：「生水火木金土，五氣順布，四時行焉。」似説倒了。五行在四時裏面，故火炎於夏，水旺於冬，木生於春，金盛於秋。如周子説，卻像五氣、四時是有了五行後纔有的。大抵賢人的話，便説得極好，比之聖人，到底差得些子。孔子説五行曰：「天秉陽，垂日星；地秉陰，竅于山川。播五行于四時，和而後月生焉。是以三五而盈，三五而闕。」日月星辰，雖皆是懸象物事，然實以日星爲紀。所以日近得來便暑，遠了去便寒。四時俱看星舍，惟山氣起去便成雲，澤氣起去便成雨，卻是地下的事。月雖是懸象，其實一半陰，一半陽。曆家説九天，惟月天最近。炎夏時節，日光當頭晒透下來，所以暑；隆冬時節，日遠了，只剩他一箇冰冷的在上面，所以寒。邵子以夏屬日，冬屬月，朱子説他不是，實卻是如此。至風雨以月爲驗，萬物孕育亦俱以月爲節，孔子言其「三五而盈」，以從陽也；「三五而闕」，以從陰也。故曰：「和而後月生焉。」清植。

太極圖説是從繫傳首章運化出來，然有一處可疑。開首「動而生陽，靜而生陰」，陰陽是指著甚麼？若是指天地，則「動極而靜」、「靜極而動」兩句難説。繫傳只從「天尊地卑」説起，方漸次説向摩蕩上去，便無弊。問：「圖説極精，然看來不如繫傳尚有數處。『五氣順布，四時行焉』二句，既不如禮運『播五行于四時』語意圓渾，而雷霆風雨，日月寒暑，一切天所藉以生生之功用，亦未曾數説得盡。至『化生萬物』，緊頂男女來，便像只從二氣交感説起。又不如『乾知大始，坤作成物，乾以易知，坤以簡能』，是從理上説起。即推本『主静』一層，論理固是，然生出後人許多論議。亦不如繫傳『易簡』二字，只坦白放在那裏，便不用更説『主静』了。」曰：「然。」清植。

巖問：「『與日月合其明』，似是智，如何是禮？」曰：「日月是外明的，火是外明的，三千、三百都是燦著於外的。水是内明的，智是藏在内的，鬼神是幽暗的。『與天地合其德』四句，朱子將第一句配太極，二句配陰陽，三句配五行，四句配男女。但夫子如何知道有太極圖説，不如配仁義禮智有根。如今舉成語以實之。『天地之大德曰生』，故曰仁；禮者，『向明而治』，故曰禮；『義者宜也』，時也，得其序，舒慘合宜，故曰義；鬼神，『善必先知之，不善必先知之』，又曰『幽則有鬼神』，故曰智。」

太極圖説所引「立天之道」、「立地之道」，是應動静、變合、五行、四時等句；引「立人之道」，是應男女善惡、中正仁義等句。又引「原始反終」二句，卻與上意不相粘合。蓋陰陽剛柔，不外仁義。人之道，即天地之道，原見在人道之始，反見在人道之終，便知死生之説，即西銘「存順没寧」之意。至此，方是全受全歸，不爲虚生浪死。死生信是大事，夫子所云「朝聞道，夕死可矣」，是大要緊處。必説到此，纔成全箇人。「寧」

字最妙，只是心中帖然，吾事都畢。

通書四十章，字字純粹，雖無一語闢佛、老，求其一語似佛、老者，亦不可得。

程朱説性命許多話，似還不如通書誠上章爲盡。聖人盡性，而性者自然之實理，故曰「聖人之本」。既云聖人，以在人言，不以在天言。「誠之源」，言在人之實理所從出。如「天命之謂性」，「大哉乾元」，是乾始一點至潔浄、無所爲之心，萬物資之以始者，這就是「誠之源」。云「萬物」，則自聖賢、庸愚，以至昆蟲草木，皆得此理，無有彼此厚薄之異。如天下雨一般，何嘗於江河多些，於溝渠蹄涔少些；於清流處清些，於臭穢處濁些，都是一樣。「乾元」只是生理，至云「乾道」，則有陰陽矣。有陰陽便有變化，錯綜交互，無所不有。「各正性命」，正不對邪，猶云成也。到此，如江河自然得雨多，溝渠蹄涔自然以次少；清流覺得清，穢處覺得濁。然無論大小清濁，皆有此雨。極惡人亦斷不了此理，所謂「純粹至善也」。「繼之者善」，「繼」字妙，説予偏屬天，説受偏屬人，惟「繼」字，恰是天人之間相授受處。如父以家業付子，而子方承受之時，無不善者，及搬到各家便不同，所謂「成之者性也」。所以繫傳緊承上文，言：「仁者見之謂之仁，知者見之謂之知，百姓日用而不知。」以此説「各正性命」最明白。如此講，與「性相近，習相遠」一樣語氣，不必又説「義理之性」與「氣質之性」矣。天道之元亨，即此

「誠之通」，天道之利貞，即此「誠之復」。上言人性，此言天命。朱子以陽繼陰、陰繼陽爲言，則「通」與「誠之源」復，「復」與「誠斯立」復矣。「大哉易也」，是説此理備於易，非取交易、變易之義。「性命之源」，是雙收上文，語氣與太極圖説結句一樣。

「堯舜性之，湯武反之」，「反」即「復」也。「性」、「復」兩字，從孟子來。「或安而行之，擇善而固執之」，「安」、「執」兩字，從中庸來。自記。

「理性命」一章，説得極高，卻有實理。「厥彰厥微」，朱子言：「彰底微底，非靈皆不能明。」某意「微」字是此節眼目，即物上見理。次節眼目在「中」字，即偏處見全。末節眼目在「一」字，即萬中見一。清植。

「聖人之精，畫卦以示；聖人之藴，因卦以發。」程、邵都説不得如此簡當。上句先天也，下句後天也，其精理不可見，則畫卦以示，顯之於象，皆可見矣。既有卦，則天地間事物之理，因卦都發出來。「精」字、「藴」字、「示」字、「發」字、「畫」字、「以」字，無一不穩當恰好。

「易何止五經之源，其天地鬼神之奥乎。」五經所言，盡乎道矣，天地鬼神之奥，豈能外之？「何止」二字，略有語病。清植。

「春秋正王道，明大法，孔子爲後世王者而修也。」淺淺説得甚明白。亂臣賊子都是死人，雖誅他，他亦不知，「所以懼生者於後也」。大法即在王道中，道尚寬，法更嚴切。以上周子。

横渠説明道可比顔子。鄒志完稱曰：「使斯人得志，可使萬物得所。」范淳夫曰：「『不遷怒，不貳過』，惟伯淳能之。」即至强梁如荆公，惟明道與辯論，他便受，亦以忠信許之。使濂溪、明道、朱子得用於世，以視武侯，其細密、敏慎、虚公，俱可信得過，且自然更純。

某以定性書繼西銘後，就其文章觀之，渾渾淪淪，似無下手處，其實包得許多物事。「廓然大公，物來順應」，凡「中和」、「忠恕」、「誠明」、「敬義」，都是此段話頭。「敬以直内，義以方外」，便是下手處。朱子解只順文義詮釋，倒是他自己語録内有一條，説得親切。只是不曾分剖得知行明白，故某又以伊川顔子好學論繼之。其言「知之明則信之篤，信之篤則行之果，行之果則守之固，守之固則居之安，動容周旋中禮，而邪僻之心無自生」，仍歸到敬上，直是有源有委。

明道作定性書，纔二十多歲，未必擬議經書，出語自然吻合。所云「天地之常以其心，普萬物而無心；聖人之常以其情，順萬事而無情」，便與「乾始能以美利利天下，不言所利」一般。人心一有所私，便待親厚的好些，待不親厚的不好些，圖甚麽便用情，無所圖便不用情，如何能普濟萬物，打通人我？惟「乾始」一團好生之心乾乾浄浄，一無所爲，故能醞釀流溢，隨物賦形，自然公普。到得天下皆受其利，他亦不言所利。其初原無所爲，後來自無可言。此「乾始」之心，在人即不忍人之心也。不獨聖人有是心，人皆有之。孟子最形容得親切，見孺子入井，便生惻隱，自家孺子如此，即人家孺子，甚至仇家孺子，亦皆如此。此要救孺子之心，若是爲納交要譽及惡其聲，便有相與者與没相與者不同，人見處與没人見處又不同，救之後畢竟要自暴其德，惟無此意，所以只覺得必要如此，自己那一段不忍之心纔過得去，他無可言者。「天地之常以其心」，即「乾始」也；「普萬物」，即「以美利利天下」也；而「無心」，即「不言所利」也。「聖人之常以其情」，即「乾始」也；「順萬事」，即「以美利利天下」也；而「無情」，即「不言所利」也。他天資高，直見得到此，想亦能行得到此。夫子「不怨天，不尤人，下學而上達，知我者其天乎」，即此心也。古之學者爲己，不爲名，不爲利，闇然無色，淡然無味，寂然無聲，泊然無臭。學者如是，聖人如是。「上天之載」亦如是。

看來好學論稍遜於定性書，以不曾指出「敬以直内」一層工夫也。篇中只言致知力行，所云「正其心，養其性」，只是撮總語。大抵言「知行」，不若言「敬義」工夫較備。

上蔡記明道語：「某學雖有所受，『天理』二字，卻是某拈出來。」朱子改云：「『天理』二字，是某體貼出來。」「體貼」字，便像是程子創造。此二字，樂記中已有，只好説「拈出」。因程子受學濂溪，太極、通書中卻未見此二字，故曰「拈出」。「天理」、「人欲」，這樣字，非洙泗不能如此粘合得妙。理屬天，欲卻從人而有，精當無比。

伊川太方嚴，須是三代方用得他。朱子和平寬大，留心人才，一長必録，如陳同甫粗疎之極，而始終交好。東坡恨伊川，在自己盡力詆毁。伊川如無聞也者，終身一字不及東坡，此東坡所以傷心也。大概洛、蜀分黨，固起於門人，而積釁多開於小處。蘇家父子入都，一時盛名，王荆公藐之曰：「不過戰國之文。」所以蘇氏嗔嫌到底，新法猶是波瀾也。

「忠信」是直内，「修辭立誠」乃是方外之事，明道卻帶直内説來者，誠即是忠信内存實心，必從實事上體當，而誠乃立也。故云：「惟立誠，才有可居之處。」自記。

問：「程子言『器亦道，道亦器』，何謂也？」曰：「此條以『誠』字爲主。以『天』字爲客，忠信進德，即是對越上天。何者？天之所以爲天，誠而已矣。『其體謂之易，其理謂之道，而其用即謂之神』，神不在道之外也。子思言性、道、教。孟子又就中發出『浩然之氣』。氣亦不在性道之外也，故中庸言鬼神，充塞如此，而歸之於誠，則神氣與道之妙合也顯矣。徹上徹下，總一實理而已，豈有他物哉。夫誠也、性也、命也，形而上之道也；天也、神也、氣也，形而下之器也。然亦辨道器之分，不得不如此立言耳。實則道器渾融，何處分別？君子而能存誠，則道在是矣。道在，則異世而同神，何有於古今？殊形而同體，何有於物我？『忠信』、『乾乾』、『天且不違』，蓋爲此爾。程子又曰：『毋不敬，可以對越上帝。』又曰：『誠則無不敬，未能誠則必敬而後誠。』然則事天以存誠爲本，而存誠以居敬爲先。」自記。

問：「『生之謂性〔一〕』，本告子之言，程子乃述之，而曰『性即氣，氣即性』。何也？」曰：「性與生俱生，故其字從心、從生，非生則不名性。生者，氣也，而性在焉。是『性即氣，氣即性』也，辭同而意異，不可以辭害意。」問：「又言『人生氣稟，理有善惡，然不是性中元有此兩物相對而生』。何也？」曰：「言既『生之謂性』，則人生所稟之氣當有善惡。然善惡差殊，非性也，氣也。性即理，理則善而已矣。氣稟用事，而理之具於是者，或過不及焉，善之反爲惡，非其初相對而有也。上節合性與氣言之，此節離性與氣言之也。『理有善惡』，『理』字，行文虛字。」問：「又言『善固性也，惡亦不可不謂之性』。蓋生之謂性，人生而靜以上不容説，才説性時，便已不是性』。何也？」曰：「此申第一節。言『善固性也』，惡雖反焉而悖於性，然『亦不可不謂之性』者。

蓋性者以有生而名，人生之前屬乎天命，自不容説，才説性時，便兼氣質論也。」問：「『凡人説性，只是説「繼之者善」，孟子言人性善是也』。何也？」曰：「此申第二節。繼者，流行繼續之意。『繼之者善』，謂天命流行，無有不善，即元亨利貞之德，太極之緼是也。其理在人，則爲仁義禮智。雖不離乎氣稟，而有不雜氣稟者存。故謂今之言性，乃指其原於天命純粹至善者言之，孟子所謂性善，蓋主此耳。」問：「又以水流就下爲喻，而曰『不可以濁者不謂水』。何也？」曰：「又申第一節。『猶水流而就下』句，與孟子以水之下喻性之善不同，蓋是行文虚句。言天命流行而賦於物，正如水之流行而趨於下也。命之理無不善，及賦於物，則有善有惡；水之流無不清，及趨於下，則有清有濁。清濁皆不可不謂之水，則善惡亦皆不可不謂之性明矣。」問：「又言『水之清，則性之善之謂，不是善與惡在性中兩物相對』。何也？」曰：「此亦以水喻申第二節。蓋澄治之功至，則水復其本清；學問勤，則性復其本善。水之清濁，非從源而有。善與惡之在性本，豈相對而生哉？」問：「又言『自天命以至於教，我無加損』。何也？」曰：「命之於天，循之則爲道，修之則爲教。聖人盡其性，以至盡人性、盡物性，則道教備矣。然豈能有所加損於性哉？無他，性善故也。朱子文集中，有解釋此條注，語類中，與門人講説尤詳，然所分段落似未甚清。又以『繼之者善』爲『就人情動處言之』，蓋因下句引孟子之言，故轉生此解。然伊川固謂孟子言性，是極本窮源之性。則以合諸大傳繼善之旨，又何疑焉？朱子又謂先以水之下喻性，復以水之清喻性，爲譬喻叢雜。亦似非立言本意。」自記。

問：「程子言『學者須先識仁，識得此理，以誠敬存之，不須防檢，不須窮索』。何謂也？」曰：「此條要緊在『識』字、『存』字，識則愈存，故不須防檢；存則愈識，故不須窮索。反身則識矣，誠則存矣。訂頑備言此體，即萬物皆備之存也，以此意存之，則識而存之也。上言訂頑乃仁主體，學者其體此意，令有諸己，體亦識也，有亦存也。識又先於存，故能體，則不患不能守也。然此所言，皆是庶幾於中心安仁之事，學利以下，則防檢窮索又烏可已？」自記。

問：「程子言『學者不必遠求，近取諸身，只明人理，敬而已矣，便是約處』。何也？」曰：「此條合易爻、孟子，及所答横渠定性書，與平日涵養致知之説，而一以貫之。蓋明人理則用行，敬則體立，近思約守，不待遠求。易之直内、方外，即其事也。雖言賢人之事，然敬即閑邪存誠，忠信進德之功；義即言行謹信，修辭存義之業。乾之龍德，亦若是耳，豈有他途哉？其有他途者，穿鑿以害理，繫累以害心也。豈獨聖人，雖天與人，亦只一理。浩然之氣，至大至剛，以直天地正氣，即吾氣也。持志集義，直養無害，則天人一矣。苟爲私心所蔽，則不直不方，而浩然者欿然，何其小也。『無不敬』則内直，『思無邪』則外方，斯二者，傳心之要也。定性書廓然大公，而戒自私之累；物來順應，而惡用智之鑿，即此意。然未直指用力之方。此揭敬義爲言，入德之途可謂明矣。首末先言明理慎思，而後言敬者，識得此理，然後能敬；存敬則天理益明。二者相爲首尾。」自記。

「主一」非寂守此心而已，隨其所在而主夫一焉，坐立、言行，無非是也。「無適」言不去而之他，申「主一」之義耳。自記。

問：「程子言『心是所主處，仁是就事言』。何也？」曰：「事猶理也。心是身之主，仁是心之理，不曰理而曰事者，仁合内外，兼體用，故以事言之，欲其易曉。問者聞仁就事言，故疑是心之用，程子又正之，謂就事見仁則可，謂仁者心之用則不可。仁者，心之所以爲心，一而二，二而一者也。偏言則一事，專言則包四者。故但言心，則專言之仁也。中包四端，猶身之有四體也。故言四體具於身，四端具於心，則可；言四體身之用，四端心之用，則不可。惟其具之，是以用之而已。」問穀種之喻。曰：「以心爲穀種，以仁爲陽氣，則失之遠矣。或人蓋未喻程子之意，而終以用處求仁也。然以穀種喻心，則固已得之，但未明性情之分耳。苟知發處是情，所以發處是性；性是仁，發處是惻隱，則性情之分明，而心在其中矣。此條剖析心性情與仁，極爲精切。」自記。

堯夫問今年雷起甚處，伊川云「起處起」，言從動之端起也。蓋語得要領，與明道「加倍」之對同，故堯夫皆爲之驚愕。自記。

伊川於明堂禮成，不往哭温公，亦以明堂大禮，温公分爲臣子耳，非直爲慶吊不同日也。自記。

「在中」之義，言不著於喜怒哀樂，而在其中間也。中道在事，此「中」字在心，字義雖同而用不同者，體用之分也。季明因「在中」之義未明，故復問其意。程子但以「不」字易「未」字，而便以爲中，蓋即無所倚著之謂。然終不明言，使深思而得之耳。季明因程子言不發是中，故疑中無形體，所以名道。然中和皆以人心之德言之，則中雖無體，而已有象矣，所謂「未發時氣象」是也。程子既言中有形象，則異於泯然無跡者，故季明復以有無聞見爲問。然雖未有聞見，而聞見之理自在，以此揆之，則未有喜怒哀樂，而喜怒哀樂之理自在明矣。季明因謂既以未發爲中，則是惟未發之時可名中耳。程子言中之道貫於動静，「何時而不中」，蓋雖和亦中也。未發之中，乃時中之根本，故程子因問又發此義。季明言固是動静皆中，然觀於未發之前，氣象自别。接事時則心著於事，未必有此氣象矣。殊不知動静時也，静時無著力處，亦無容觀處。有著力之意，有觀之之心，其分皆屬已發，而非未發矣。故觀中者，觀之未發之前，不如觀之已發之際之爲善。程子既正季明求静之失，又見其下一「觀」字，知其於動静之界尚未甚明，故還以静時如何問之。季明謂静時固無物，然自有知覺。然則知覺者，即其所用以觀氣象者也。程子言既有知覺，則屬動而非静矣。如復卦一陽始生，雖朕兆於中，未發露於外，畢竟不可謂之静，乃動之端也。天地之心，動乃可見，中之氣象未發，於何觀哉？問者既聞程子之言，故謂静時氣象，既須於動處觀之，則静中功夫，莫亦須於動處求之否？程子前既有存養於静時之説矣，於動上求静之義，則未嘗及，故亟然其説，而以爲此段工夫最難也。釋氏所謂定，卻物者也，求静於静也；聖人所謂止，因物付物者也，求静於動也。付物則理得而心安，卻物者强遣而已。物之善惡自在，善之惡之之心自存，名爲無累，而所謂物者，隱然凝滯於冥漠之中，非真静也。艮之爲止者，蓋天地生物，理既完足，各正性命，則寂然不動，而有以爲發生之端。故曰：「終萬物、始萬物者，莫盛乎艮。」人心應物，能使事事物物各當其理，則亦寂然不動，而無偏倚留滯之處，欲其不静得乎？程子嘗言：「不專一則不能直遂，不翕聚則不能發散。」蓋動根於静也。此條所言，則又静根於動。動静相循，如環無端，儒者傳心之妙，盡於此矣。朱子養觀記備言此意，然似以復、艮兩卦分未發、已發，故其言曰：「方其未發，必有事焉，是乃所謂静中之知覺，復之所以『見天地之心』也。及其已發，隨事觀省，是乃所謂動上求靜，艮之所以『止其所也』。」細詳程子答問，其舉復卦爲言，正以復「見天地心」之爲動，明既有知覺之非靜耳；明靜時未有知覺，則未發之中不可觀、不可求耳；明未發之中不可觀、不可求，則但當存涵養之意，而於已發之際觀之、求之耳。故言復卦爲靜極而動，艮卦爲動極而靜則可；言復卦爲靜中之動，艮卦爲動中之靜，則於程子之言有毫釐之差矣。就中庸首章論之，養其未發之中，正艮之所以「止其背」也；導其方發之和，正復之所以「見其心」也。且所謂靜中有動者，惺覺之體，似與復見心之意異；所謂動中有靜者，付物之妙，似與艮止背之意異。蓋惺覺又在見心之前，止背又在付物之後。艮靜復動，其大分不可亂也。或者聞程子言中有形象，又言靜無知覺，故以「未發之前」動靜之分請程子決之。程子答以「靜而有物」，則雖知覺未形，而義理渾具，端倪未露，而氣象全呈矣。前言平日涵養便是，至此乃指出「敬」字也。其言敬以「主一」，本兼動靜，因季明之問，故就思慮應事言之，亦動上求靜之意。或因程子言靜非知覺，然雖無見聞，而見聞之理在，故復問「物之過乎前者」，見與不見？程子言若是祭祀之時，或不聞見耳，若平日豈有不聞見者？蓋聞見與視聽不同，未有心於視之、聽之，雖聞見不害其爲未發也。問者更端言主敬之時雖有見聞，莫不當留。此又失於有心求靜之過，而非所以言敬。故程子正之，言豈不曰「非禮勿視，非禮勿聽」乎？惟非禮者則勿之，豈可概弗見、弗聞乎？敬通動靜者也。自記。

在人之性，即所以爲人之理，則在天之理，即天所以爲天之性。性也，理也，一而不二，故原其所自來，則粹然至善而不雜矣。當其寂而無感之先，氣未用事，所謂「人生而靜，天之性也」，亦何不善之有？惟發不中節，然後有惡。是善其本然，惡其後至，故曰：「謂之惡者本非惡，但或過或不及便如此。」自記。

孟子言人之有不善，「非才之罪」，程子義以爲「有不善者，才也」。其説若相反而實相備，且因是以知氣質之説既自孟子發之，蓋所謂才者，即氣稟也。孟子未嘗不言氣稟，但以爲不足以牿人性之善，使其有己百己千之功，則自不至於倍蓰無算之域。惟不能盡其才，而以爲未嘗有才者多，故謂「天之降才爾殊」耳。豈才之罪哉？蓋不歸咎於氣質也。今講家以才爲性之用，如所云「良能」者，故謂「孟子言理不言氣，其説未備」，則失孟子矣。且孟子所言性善，謂人性也。人受天地之中五行之秀以生，故其性獨善。此便是兼氣而言，非指天命醇粹，人物同得之初也。故曰「異於禽獸幾希」，又曰「犬牛之性猶人之性與」。既謂之人，則聖人與我同類者，我與聖人，非如犬馬之與我不同類也。故人類之中，才質雖有高下，不足以牿吾性明矣，故曰性善也。程子兄弟往往以孟子言性皆指天命之初，又以孔子言相近爲氣質，孟子言性善爲極本窮源，皆啓後學之疑。豈知相近之即所謂善乎？夫禽獸與人絶遠，而人與人則相近，堯舜與途人相近，則性誠善矣。豈必窮極本源論之哉？如果窮極其本，則萬物之一源，凡有血氣，皆與無妄，何又曰「異於幾希而違之，不遠是懼」，且曰「犬牛」，曰「犬馬」，推而遠之，惟恐相混焉。程子又曰「才禀於氣」，乃用孟子「才」字而開氣禀之説。其曰「自堯舜至途人一也」，即孟子「堯舜與人同」之説。二子豈不知堯舜之異途人哉？亦言其同類而相近耳。既以相近爲善，則孔孟言性之未嘗有異也，其旨彌顯矣。自記。

問：「程子云『有主則實』，又云『有主則虚』。所謂主者，是性爲主，是心爲主？」曰：「性爲主。」清植。

程子遺書「極爲天地中」一條，言地是渾體，隨人所處，無適非中。若以爲有一定之中，則其邊際必有所窮。以測景之法推之，去中國一萬五千里，應已得地形盡處，何以天地之運彼此無殊？故知地之體勢，高下相因，隨處爲中，無有定在。此條深得周公遺意。自記。

程子遺書中，「日之形似輪似餅」一條，言地無適非中，則無適非日所照。蓋日陽精，非形也。如是形，則似輪似餅，其大有限，其光亦有限矣。且果行於地平三萬里之上，則非中土而處於極東極西者，取日既遠，朝暮必有不照之時，而又安得有此理乎？因引莊子語，以明日爲精氣而非形，又引佛家語，以明舊説之是。舊説，即周髀也。周髀謂地如覆盆，天如蓋笠，日月遶其傍而行。此與佛經之説正同。北極之下，地如覆盆，旁陀四頽，即佛所謂「須彌山」也。程子言：「今曆家謂日只在地平升降出没，不如舊説言周回遶中心者之爲善。」蓋周回環遶，則東之夜即西之晝，南之子即北之午，無所適而不爲精矣。後又申言之，惟其是精而非形，所以到處有光，精神常新，無有微盛。如火光所燃，其能熱物皆然也。精之所在而氣隨之，若人之志一動氣故生，物之理居可知也。自記。

程子遺書「極須爲天地之中」一條，首半言兩極因人視而有低昂，實則南北隱現，隨地遷變。後半言寒暑之氣，亦當隨地遷變，而有冬夏反易之理。蓋極星雖爲天地之中，然大地間，四方上下之遠近，無不適均而相直者。相直，則循環不窮矣。曆法所言極星高下，各就其地所見言耳。然有南極見而北極隱者，可知天地之中，未可以所見定也。天地道里，既不可窮，然測景有三萬里之説，則是南北東西皆一萬五千里也。而中國迤西，萬五千里之遠，於此測日，仍在三萬里中耳。天地之中，果可以一處定乎？此以東西言之，則南北可知矣。下又言寒暑只因向背日耳，不緣地也。高下謂南北，既寒暑因乎南北，則氣候在在推移，各以日之向背遠近而已。漸推漸遠，至於赤道之南，則氣候須正與中國相反。雖未實諸聞見，然總之有冬有夏而已。確有其理也。自記。

問：「遺書言：『氣行滿天地之中，然氣須有精處，故其見如輪如餅。譬之鋪一溜柴薪，從頭燃著，火到處，其光皆一般。氣充塞無所不到，若這上頭得箇意思，便知得生物之理。』此一段如何？」曰：「滿天地間都是氣，而日爲陽氣之精，到處有光。出於地上，地上有光；没於地下，地下有光。如火之著於柴薪，非有一物推之始行也。氣塞滿天地，陽精到處，氣即隨之而聚，便生物。所謂『日無適而不爲精』，至確之論也。」

遺書「言有無則多有字，言無無則多無字，有無與動静同。冬至前天地閉，可謂静矣，而日月星辰亦自運行而不息，謂天無動可乎？但人不識有無動静耳」。此一段亦説得好。説有這箇無，多一箇「有」字；説無這箇無，多一箇「無」字。無即静也，静不是空滅，原都有在那裏，一提起便都在。以形器而言，何嘗無有無？當其思慮時，便是有，思慮不起，便是無。試問無時果竟無乎？任甚麽生平事，原都記在那裏。老子開口便言有無，其所謂無，即吾儒所謂未發也。伊川謂「静中須有物」，極精。雖然未發，豈得謂之無喜怒哀樂乎？天地晝夜，古今死生，即是此理，一箇樣，無一些差。以上程子。

【校勘記】

〔一〕「謂」，原作「爲」，據孟子注疏卷一一告子改。

榕村語録卷之十九

宋六子二

世人於可愛之物，必欲得爲己有，轉眼便屬他人。此身尚不得有，又何者爲吾有？此吾儒至粗道理。佛家卻以此呼呵人，總由愚者多也。康節於此見得最透，程子乃譏其於學全然不識。至横渠，雖譏其力索强探，然謂自孟子後，都無他見識。其所言「爲往聖繼絶學，爲萬世開太平」，都是實話，非屬誇大。若只曉得剥、復、否、泰自然之理數，非人力所得與，便超然自了，何賴於人之立命邪？果見得横渠與康節不同。大抵此心雖要撒脱放下，又要振作扶起，方是聖賢之學。

光坡問：「『存吾順事，没吾寧也』，只説『寧』字，到底是何歸宿？若説不消散，像箇不安寧的；若是消散，又似與常人無别。」曰：「但以人生行事驗之。這事做得不愜心，翻來覆去只在心頭，睡著亦不安帖。若做得妥便放開，明日又好做别事。聖賢生順死安，便是如此，雖似消化，卻是長存的。如喫飯一般，無病時，飲食都消化，腹中一無所有，又好喫那一頓。前此所喫者俱已無存，然穀肉之精液補益血氣，精生氣，氣生神，何嘗不存？若是喫一顆米，存在肚裏，飲一口水，亦存在肚裏，像件件爲我所有，卻飲食不納，氣血日損，形神枯瘠，而日就滅亡矣。」

通書可繼中庸，正蒙可繼孟子，只是正蒙略高些便差。其曰：「神不可致思，存焉可也；化不可助長，順焉可也。」極精。朱子嘗見羣鷄出卵，就中有一艱難者，提他一提，雖然出得容易些，後來竟長不成。以此見助長不得，只有順其氣候而已。人没神彩，是著意强不來的，惟存之久，則神明充足，自有威光。問：「存神即是存心否？」曰：「是。」

佛家何嘗不有所見？他見萬物皆有人性，故云皆有佛性。豈獨禽獸、草木皆有？豈獨草木、土石皆有？既與人同此性，如何殺害他？不殺生，何嘗不是？只是非天下之達道，便行不去。但爲之節制，無故不殺，所全活已多矣。蜂蟻之君臣，不能通之父子；虎狼之父子，不能通之君臣。即鷄彘初生子，如有人傷其子，其母便向前來鬬，曾不怕人，何嘗無父子之親？其子自爲一羣，何嘗無兄弟之好？如何漸大漸不認得，又護自己的子，不知護他鷄豕的子？惟人知道終身慕父母，又知推之他人，「老吾老以及人之老，幼吾幼以及人之幼」，所以異於禽獸。若少則慕父母，知好色則慕少艾，有妻子則慕妻子，仕則慕君，把父母漸漸忘了，便與禽獸何異？所以孟子説：「人所以異於禽獸者幾希。」經書後，果然太極、西銘兩篇極好。西銘是一部孝經縮本，縮得好。太極是一部易經縮本，亦縮得好。孝經是就孝上説全了爲人的道理，西銘是從孝上指點出一箇仁來，知乾坤一大父母，則天下一家，生意流通矣。所以孟子説擴充，説善，推其所爲，即人異於禽獸處。

季方言「不愧屋漏爲無忝，存心養性爲匪懈」兩句，似是一意。諸友方在疑難反覆間，適賓實至，因質之。賓實曰：「『無忝』是蕩滌其邪穢，『匪懈』是充長其天良。易曰『閑邪存其誠』，雖閑邪，正所以存誠。然閑邪止是打疊教乾浄，至乾乾不息於誠，却大有事在。」先生聞之，大以爲然。清植。

有稱「神化」二字，張子言以「仁義」，朱子言以「中和」，可謂實體。曰：「然以愛子言之，只此愛心，一神也。而或飲食之，或教誨之，則一神而兩在也。然飲食此愛也，教誨亦此愛也，均之一愛，所謂兩化而推行於一者。」光坡。

「一故神，兩故化。」如呼吸、語嘿，皆是兩箇。呼來則吸化，吸來則呼化；語來則嘿化，嘿來則語化。其實化即生之根，兩即化也。然呼吸總是一氣，語嘿總是一心，此之謂神。神非太極，太極理也，非神也。雖神亦由於理，然卻有界限。人多將心性混説，以性爲心，將性説成知覺；以心爲性，將心説向虚寂。大抵理、神、氣、形，原有分際。形是至粗的，運於中者氣也，氣之精者神也，神亦由於理。如心之不息，亦理之不息，畢竟説不得心即是理。問："『一故神』，『神』是不測之謂，似非實字。"曰："是實字。妙萬物而爲言，静而無静，動而無動，神也。即説神妙不測，何故不測？亦由於神。"

「所過者化」，如「言出乎身，加乎民，行發乎邇，見乎遠」。「所存者神」，卻是意之所動，人便覺寤；心之所注，人便感應。「見而民莫不敬，言而民莫不信，行而民莫不説」，是「所過者化」。「不見而章，不動而變，無爲而成」，是「所存者神」。張子又不如此解，以「合一不測爲神」，「推行有漸爲化」。化是過去的便要消化。如暑過，熱氣消了，寒便成；寒過，冷氣消了，暑便成。如吃飯然，若先吃的積在肚裏，斷不能再吃，消了前面的，方好吃後面的。又不是消了就没有，卻有在那裏，其精英具存也。陰陽、寒暑，相反而實相成。萬物若不經歷過，必不能成就，如是者何也？原是一箇，不是兩箇，故曰「兩在不測」，又曰「推行於一」。所以知變化之道者，其知神之所爲乎？

翻書人翻性理精義，至「天體物不遺，猶仁體事無不在」，照常解，言有一物，便有一天在裏面作主，如「體物而不可遺」一般。至尊云："「這道理極深微，恐未必是如此。

朕意將此『體』字，作『體恤』、『體貼』的意思說，如何？」地初聞之，未能即領會，再對下文一想，確是如此。若照常說，下引詩就該引「天生蒸民，有物有則」。如何卻引「昊天曰明，及爾出王；昊天曰旦，及爾游衍」，竟是說「無曰高高在上」，「日監在兹」一般？天刻刻在人身上檢點，大雅原是說「敬天之怒，無敢戲豫；敬天之渝，無敢馳驅」。且「體物不遺」，亦未必不是如此說。你說不見不聞，他卻體察萬物而不可遺，使天下之人，「齊明盛服」，如在上，如在左右。下所引詩，亦是言：「相在爾室，尚不愧于屋漏。無曰不顯，莫予云覯。」乃曰：「神之格思，不可度思，矧可射思。」

東銘洗發「君子不重則不威」意，極是要緊。戲言豈徒傷德，且多賈禍。以上張子。

邵易似從太玄悟出，故甚重其書。如元首八十一、策三十六，邵子便說：「卦八八而蓍七七。」自記。

明道謂：「堯夫之數，只是加一倍法。以此知太玄都不濟事。」洵所謂「一言以蔽之」者。又搜根及太玄，是能捉百原底真臟。蓋先天生卦造圖，法全用玄，卻是出藍之青。自記。

朱子尊崇邵子，只是重先天圖。此圖自是有傳授，至他所說易，卻是教外別傳。故明道說他學全不識。有問擊壤集於朱子者，答曰：「比他皇極經世好些。」可見程朱皆不甚尚其所學。大抵孔孟不講的，便可不學。

邵子把天地間物事，都配合作四件，卻是仁義禮智、喜怒哀樂，近裏著己之處，略而不講。所以某於中庸餘論中補之，此卻是天人相關至切至要處。

問：「經世何故分四件？」曰：「原是四件。易經開口説元亨利貞，只是聖人所言皆精髓，邵子所言卻是羽毛鱗甲耳。若再搜根歸到仁義禮智上便更好。」

邵康節「有水園亭活，無風草木閒」二句極好。人心存在這裏，如有源頭活水，無處不靈動。自己心裏不作風波，自然所遇皆安静，所謂「不作風波於世上，自無冰炭到胸中」也。

「隱幾工夫大，揮戈事業卑。」似儒家大言，卻是實事。如漢祖、唐宗，熊虎百萬，開數百年基業，就一時論，視儒生學究，何啻天淵？然周、邵、張、程、朱子，雖寂寞一室，一編研摩，卻道通天地，思入風雲，由今看來，漢、唐事業可能與比否？大抵當前之與後世，似隔壁一般。如鄰家宴享賓客，笙歌樂舞，自其親賓、僕婢觀之，華盛無比，自隔墻人聞之，了不在意。假如有一書生，貧苦不能自存，卻在那裏書聲朗朗，若奏金石，便生羨慕。隔了一壁，身在局外，便各自一好尚。

康節之數，不如程子之理精。張㬎問曰：「理數一也，豈有離理之數，無數之理乎？」曰：「固是。但内外精粗，畢竟有别。如一果子，皮果也，肉果也，心亦果也，畢竟皮肉與心不可説是一般。康節將五行參錯配搭，大而天地人，細而昆蟲、草木，形形色色，無不融貫聯合。要之將以何爲？不過要見得透，得以安静快活，不犯手耳。程子便不須此，只是講理，所謂理者，只是吾身喜怒哀樂與天地通。其性仁義禮智，其道君臣父子，内而天德，外而王道，天地位，萬物育，何等功用，何等精義。便覺數爲皮殼，無所用之。」問：「邵子前知，另有學問否？」曰：「他看得世間物事零碎處，俱絲絲有條理，心又虚明静細，算數又精熟，更以所值時勢參斷，自然不差，非别有奇怪也。」

吴張温爲權所殺，武侯初聞，未知其故。思之數日，曰：「我得之矣。其人清濁太明，善惡太分。」此極有學問語。清濁善惡，胸中豈可不分明？但外面不要見出來。文中子曰：「心跡之判久矣。」此語未必不是，邵子特贊爲造化之言。如「内健而外順」、「内文明而外柔順」、「盛德容貌若愚」，皆是程朱譏之者。以説在答憂疑之後，竟似悲天憫人，都是外面粧幌耳。問：「邵子取之，何意？」曰：「邵子竟是胸中快樂，一毫不挂，看當時政事之得失，賢否之進退，一點浮雲過太虚。其遇禍患而不怡者，如避雺時風雨，不得不然耳，心中實不相關。」

程子不肯窮究邵子易學，朱子謂「孔子便不如此」，極是。邵子謂程子，若學，「須二十年工夫」。此語亦不是。朱子教人，當下便予人一條路，不如此嚇人。

邵子不能文，觀物外篇乃陳瑩中所記。

邵子學問有弊，其立言太誇。程子雖亦有自負語，然卻有著落。如言：「絶學不傳，卻還他有箇絶時。」邵子則曰：「得不謂之至神、至聖者乎。」此語尚虛，或者不是説自己。至謂生於冀方，長於豫方，自號太極，天地尚不足道，這是何説？

邵子惟推留侯、梁公，想他出世，亦近此等作用。至武侯從不提起，及伯温作論排之，始加呵斥。大抵聖人仁智並盡，若智處太多，於道理上太占便宜，便微與聖人隔。看來聖人卻不妨略帶得些呆意。

古人成功後，人便以事傅會之。劉伯温何嘗知明太祖起，已爲之佐，果知之，何苦爲元用，作兩截人？此等即聖人亦不知。只是聖人見理精熟，幾未動必不輕應，人看來若前知耳。惟康節説不得他不前知。如上古廣成子、後世陳希夷輩，皆另有緣故，乃是聖賢中又別出一小支。二程不喜邵子，正是此處。然亦只因見理之後，又以氣機象數推其端倪耳。大抵人世所爲，無非上帝作主，故其機動而事未形者，天已有象也。問：「既是上帝作主，何故有時使世亂而不治？」曰：「試問君有疾，豈君心所欲乎？既有此形體，即有陰陽五行之錯雜。只是當有病時，心之靈明尚在，或病甚時，語言顛倒，手足狂亂，並心之靈明亦失之。然病去而心依舊靈明，心未嘗不欲一刻病去，調養而保復之也。如『文王陟降，在帝左右』，武王乃命於帝庭。既有帝，即有庭，即有左右。天之靈明，何處不在？然必有栖聚之所。如人之靈明，遍體皆是，拔一毛即知痛，到底心在腔子裏。人與天地一箇樣，善言天者，必有驗於人。

嘗疑元、會、運、世之説，如謂自開闢至堯時巳到巳，已歷過數萬年，此數萬年中，人皆昏昧無知識，恐未必然。或曰：「當彼時，人都糊糊塗塗，殊大可厭。」先生曰：「是何言歟？譬如赤子，四五歲以前，雖無識解，卻天機渾全，浩浩落落，無有壞處。視長成後，奸僞萌生，豈不較勝？即以人驗天地，人長成後，所不記憶者，僅四五歲以前事，自六七歲後，便能記憶。今堯舜時事，已自斑斑可考，想彼時去開闢不爲甚遠。人生百歲中，止四五年不明白，豈天地自開闢至混沌，十二萬餘年中，遂有數萬年不明白邪？就是十二萬餘年一番混沌之説，亦大不經。想來小劫數，不過是水旱、疾疫、盜賊蠭起，繼以明主數十年休養，便可復舊。或者經歷萬千年後，遭值大劫，凶荒兵火，重疊並至，竟致人凋物盡，率土爲墟，只零星存得一二於山崖窟穴中，牝牡相生，延綿漸廣，亦未可定。未必到彼時，便天翻地覆，日月山川盡數更换一番也。孔孟程朱只説理，雖似把捉不定，看來倒準。邵子論數，卻未必準。由堯至湯，湯至文，文至孔子，俱五百年，自孔子五百年至光武，又五百年至貞觀，又五百年而生朱子，亦未大差。至堯、湯之間有禹，湯、文之間有武丁，文王至孔子中有宣王；而光武前亦有高祖，貞觀前亦有孔明，朱子前亦有藝祖。自朱子後有洪武，至我朝又五百年。大抵天道三年一小變，五年一大變，故易曰三五以變。看來大概是如此。」

人只要實見得到，某卻見得康節説性理處，比程朱隔一層。其説元、會、運、世，恐未確。問：「以晝夜觀之，或者混沌亦不能無？」曰：「便有，知到幾時是如此？其一代不如一代者，如一年有春夏秋冬一般，到得這一年完，又從春來，亦不可知。總是聖人存而不論的，就不消論。」

康節説：「元、會、運、世，往而不復。」某卻不信。孔子云：「文王既没，文不在兹乎？」自孔子來，其統歸之於下。五代之後，孔孟之學澌滅盡矣，宋興，風氣忽然淳厚，生出許多大儒來。此豈人力所爲？天恐此道遂微，生數公以發之，殆有所待而行也。以上邵子。

明道生平無著作，耑在日用言行間著力，時時處處還他箇道理，以單讀書爲玩物喪志。孔子卻删定贊脩，事事不放過。後來，朱子恰是孔子家法。十八歲成進士，已將韋齋所托三人之學，盡傳將去。不厭其欲，又學於謙開善，後乃歸依延平。生平事事不見他放過，即做古文，宮爵、地名，必書見在；詩用故事，於古名號講究甚悉；至字法，亦有幾年工夫。而孔、孟、周、程之書，皆賴之以明。其居官，凡大小事，毫不厭煩，都有區處，雖幾句文稿，亦覺得理足。周、程、張、邵不得他，恐不能如此烜赫。

韋齋本托孤於劉屏山，劉草堂、胡籍溪三人，其後，草堂以女妻朱子，屏山養朱子以至登第。後來朱子溯淵源，卻單認李延平。延平亦韋齋交好，想因相去遠，故未及相托。朱子年長，記得韋齋嘗稱延平如秋月冰壺，乃往事之。滄洲精舍祀七人：周、程、張、邵、司馬及延平，意可見已。延平受學於羅仲素，仲素受學於楊龜山，朱子於楊、羅皆有微辭，獨延平無間然。

朱子生於尤溪，故小字沈郎。其字從水、從尤，讀如由。因「沈」字不多見，後人遂誤作「沈」，某人所編朱子年譜，亦襲其訛。清植。

問：「學儒多叛而之佛，未聞有僧悔而歸儒者。」曰：「朱子蚤年學仙，又師謙開善，及見延平，疑爲非常人，始暫將舊學擱起，虛心請教。延平只引他向低處去，久之漸見得那邊疎漏，又久之大見其破敗，遂改師延平。此非奪佛而入儒者乎？若失此一豪杰，如何了得？延平奪統之功甚大。朱子因是曾從那邊透過，所以身外之物，俱不足以動之。韓文公便是少此，故見大顛便心折。朱子既從心地上立定根基，又歸於正學，所以妙。」

程子説書，都是將書返之身心，做起工夫，及實有所得，即將心得處説書。所以道理泡透了，融洽會通，觸著即拈出。於書之精蘊，一絲不差，而於本文字義，卻多不管。後賴生一朱子，闡發著實，不然遇不善讀者，便可流爲禪學，有「六經注我」之意矣。孔子教問卻不爾。朱子正是孔子傳派，其於經書躬行心得矣，而解説處，卻字字依文順義，不少走作，纔無弊。

周子從來不闢佛、老，所以人將其太極圖斥爲道家之流。至朱子，一切門外議論都不管，就書論書，力歸正統。

榕村講授内，將揚雄、文中子、邵子語編在一處，他們都有要爬在人頭上的意思。陸子静便不肯在先聖先賢脚底下盤旋。惟朱子只在孔孟脚底下盤旋，是孔子家法。孔子便只在堯、舜、文、周脚底下盤旋，所以云「下學而上達」。孔子只到患難，方説「文王既没，文不在兹」，是實信得及，學者如何學這樣話。門人傳朱子，前面都不虚，只末語後有「作者弗可及已」便是閑話。天地長久，倘又生箇孔子，亦定不得。宰我説夫子賢於堯舜，子貢、有若言自生民以來，未有夫子。看曾子便不同，「江漢以濯之，秋陽以暴之，皜皜乎不可尚」，意味深長。顔子「仰之彌高」數句，又是從自己用功，説夫子善誘。

此等處都好體會。

世有自厲風標，清風高節至不可攀，而無流風餘韵在人間者，無此段關切世道意思故也。敝鄉李文節公，家居十餘年，總只閉門，一人不接見。蔡虚齋便肯教道人，其流風餘思，至今未艾。有言某人及門無人材者，先生曰：「想是不肯講。就是二程夫子，高簡方嚴，多端坐，從之者便有弊。楊、謝都近禪，游定夫竟爲僧。朱子便日日與門人講説，成就了許多人，後來教人都正道，無一箇差路的。」

事必師古方好，若謂自我作祖，前無古，後無今，呵佛駡祖，不掛一義，直是無忌憚。孔子教門，定從古人考來，心心相印，有憑有據，不爾寧闕也。朱子亦然，所以有根有蒂，摇他不動。近人事事苟且，其根都在不信古、不考古耳。

朱子平生篤信好學，守死善道，有道則見，無道則隱，「國有道，不變塞焉；國無道，至死不變」。又留心天下事，大綱細目，無不講究明白，斟酌妥當。

朱子居鄉，待人以誠，接引後學，勤勤懇懇，興社倉以濟人困，建陽風俗皆爲之厚。後來，雖爲侂胄所疾，卒未被禍，身後亦安全。則言忠信，行篤敬之效。

朱子看得明白，總不肯出仕，不得已應命，便辨得生往死歸。所以當官一毫不肯假借，直來直往，行不去便求退，浩然之氣，塞乎天地。亦是宋朝規制、風氣，尚可以進退自由然。今之傅山、李顒終身不出，亦未嘗不聽許他。

朱子經濟之才甚大。二十來歲主同安簿，尚是佐貳，便事事講求，即祀典無不考訂詳明，聞一常人議論有可取者，即筆記之。有鄰邑丞，自言當年奉秦太師量田令，因心未曉了，且不舉行；閉户讀之累日，督促者數至，丞不爲動。及條理分明，乃集同事議之，彼此論駁之間，事益有緒，於是僚屬皆明。又集吏役、耆民，使縱講之，爲之剖析，至吏民皆洞曉，然後舉行。丞不出署，不踰時而功成。當舉行時，他屬有將報竣者，及丞畢役，而他屬尚推敲較正於詔令之合否，奏績迄無有先於丞者。朱子遂記其事，及後自遇此等事，即倣而行之。所謂「聞一善言，若決江河」，自蚤年便任天下之重如此。其論事，酌古準今，無不可見之行。使當時有委任之者，功業當在諸葛忠武之上。

聖賢有似不近人情處。朱子斷妓女，施以嚴刑，判使從良。其實罪不關妓女也，人至今以爲口實。朱子彼時寧過於嚴。孔子將景公梨園子弟付之極刑，太公蒙面而殺妲己，何妨同道。

朱子太極圖注，即以「正義」爲靜而主之，世多以此爲疑。不知朱子晚年將聖賢書義字字落實，如「戒慎」、「恐懼」兩節，初年以靜貫動，言雖紛擾於外，而中有不動者存，又遇物皆成三角。下平列善惡，而上有不可以善言之善；下平列動靜，而上有不可以静言之静。至晚年不安此説，乃將動静劃分，如與人言是有所聞，中間停息時即不聞，即是未發，即是大本。與人相對是有所睹，其不與人對，即不睹，即是未發，即是大本。不然一日之中，未發之時有幾？問：「中間停息時，還須全無念慮方是未發，抑打點説話亦是未發？」曰：「但未出聲，即是未發。如心氣不激不躁，將所言之事，籌畫簡當，皆言中節之本也。推之於行，亦是如此。喜怒哀樂雖皆有未發，最是憂懼哀戚時，覺得萬念灰冷，平生嗜好一時都提不起，故朱子狀『敬』，惟畏近之。可知『戒懼』是歸根復命之學，而『主静』即屬『正義』一邊，爲密切也。」

讀書須返到身上，見得果然如此方好。朱子圖解「五行一陰陽」，五殊二實，無餘欠也。若在物上説，急忙不得明白，返之吾心，則了然矣。五行雖各成一件物事，實在只陰陽二者。如人之性，有仁義禮智信，其實只有仁義。仁是慈愛，似乎不分善惡，一總都愛；無義便愚，義卻有分别。道理不出此二者。禮者仁之發，智者義之藏，三千、三百，是人心中相親相愛發出來的。智非他，即義之分别處斂而入内者。信即理之實也，且如喜怒哀樂，實亦喜怒二者而已。樂者喜所成，哀者怒所深，二者已盡，無復餘欠。「陰陽一太極」，精粗本末，無彼此也，粗中有精，末之起根處便是本，有何彼此？「太極本無極」，「上天之載，無聲臭」也。質固有形，氣亦有形，即神亦不可謂之全無。其昭昭靈靈，能爲光景者猶是也。唯「上天之載，無聲臭」之可言。

太極圖解，美矣，善矣，尚何敢議？略有疑者，「君子脩之吉」，似當兼直內、方外説，朱子只提「敬」字，想是對上「主静」來。惟聖人始可言「主静」，故提「敬」字，使學者有可把捉。但細思，「主静」乃成功，非用功也，用功卻在「無欲」二字。至注「原始反終」處，疑非周子本意。周子引此，或以開一篇西銘之理，乾父坤母，物之始也；存順没寧，物之終也。不足以父乾母坤者，没必不寧。意極懇到，理極深切。朱子以仁義詮釋，乃是從静悟中來。朱子見得塞天地間皆是仁，仁則盎然萬物皆生；遇事截然處便是義，義則止而不動。其説至精，雖未必是周子本意，但此等處殊不可輕議。至西銘解，以「知化」節爲樂天事，「不愧屋漏」節爲畏天事，「惡旨酒」以下，遂都散去。恐未必然。某意欲照孟子盡心章分之。「知化」節，「知天」也；「不愧屋漏」節，「事天」也；下數節，「立命」也。天生人，人承天，所以踐形盡性，莫明切於此，故張子用爲節次。「志」、「事」兩字，是從「天地之塞」、「天地之帥」分頂下來，一爲形，一爲性。形應乎物，故有事；性統於心，故曰志。「不愧屋漏」是事，「存心養性」是志。至「富貴福澤」四句，不善讀者錯會「將」字、「庸」字及注中「所以」字，便以「富貴福澤」，是天故意予我，以使吾之爲善也輕；貧賤憂戚，亦是天故意予我，以使吾之爲志也篤。果爾，天何不盡予人以「富貴福澤」，卻又予人以「貧賤憂戚」？誰是該當爲善輕的？誰是該當爲志篤的？大抵天有正命，因有真心。天將自己至精至妙處，盡數付畀與人，無一些留餘，這是正命。刻刻望人成就一箇人，全受全歸，完他生這人的本意，這是真心。但天以正命予人，不能不假陰陽五行以成形，既有陰陽五行，他便混亂拉雜攙和，以致貧富苦樂，萬有不齊，天亦無可奈何。只是你既「富貴福澤」，天之所喜也，卻不是喜你得以恒舞酣歌，窮侈極欲，「將厚吾之生」，而使之爲善也輕。你既「貧賤憂戚」，天之所矜也，卻不是因你窮相，就不望你成就。乃望你安貧樂道，動心忍性，刻厲獨立，如利刃淬鋒，愈磨愈光。「庸玉成於汝」，而使爲志也篤。「富貴福澤」、「貧賤憂戚」，四字須讀斷，不可將下句連讀，便似天故意以此予人也。問：「若是天故意以此予人，天便不似父母。父母豈有要兒子貧賤憂戚者？如此看，天地真箇與父母一般。」曰：「然。」

朱子處己、處人，何嘗有一語藏匿，人稱其詩、易諸注，曰：「吾之得力略在四書，至詩、易，所得如鷄肋然。」但即此鷄肋已勾了，都在大處見得到。

律曆事，朱子自謂不知，與蔡季通書言之不一而足。瓊山定謂「朱子若不知樂，則十二萬九千六百年無復知樂者矣」，這卻不必。唐虞命官，典樂特推出后夔來。想是禹、臯亦未必精於樂，何害其爲禹、臯？朱子即不知樂，不足以爲病也。

纂書比自著爲難，著書任著己意，隨力量所至。纂書便要知前人的意思，又身分須與他相埒，方可著手。真西山讀書記，門目便極繁亂。就是近思録，亦未停當。至儀禮經傳通解，初欲以儀禮爲經，禮記作傳，無所歸者彙附於後。極好。後乃變例，自分門類，竟作自己之書，欲盡將胸中所有吐出。大凡編書，欲自道其胸中所有，便不妥。

論封建，自班孟堅後，曹冏、陸機、柳宗元輩，各有佳處。某心畢竟歉然，爲其只説到利害，終非聖人心事。封建行，則久於其道，民與相習，不至朝更夕改。又以其國付之，是自己物事，便與之一體。孟堅諸人，俱無有從民人大公處著議論者。及讀朱子之論，則某意仍是第二層。其曰：「封建者，聖人大公無我，達君臣之義於天下者也。」妙極。天子於諸侯爲君臣，諸侯於大夫爲君臣，大夫於家宰亦爲君臣，乃見得君臣爲五倫之一。不然凡人所得有者，只是四倫而已。漢、唐以來諸論，總是欲使天下長久爲吾家物，聖人卻無此意。堯舜當身便以與人，何嘗要久？倒似至今還是堯舜的一般。

韓昌黎從來稱揚雄，而不及董江都，説詩稱建安七子，而不及陶靖節。至東坡，始推獎靖節。而朱子大表章之，至與張留侯並著。數千年人物，須得朱子出而論始定。其心公平，其論精正。如今人都説宋儒刻薄，幾於古無完人，都是未曾細讀朱子書。如馮道，温公以爲仁先管仲，揚雄則更燀赫。此等人，寬之何補？諸葛武侯，排譏者頗多，程朱出而武侯、郭汾陽、陶靖節輩洗雪，與日月争光。即狄梁公爲武氏宰相終身，五王皆身後之事，朱子猶予以復唐之功，何等寬厚。世論悠悠，不足與語。

朱子每事議論都當行，一點不錯。如詩表章陶靖節，文推史、漢、韓、柳之類。宋初有一等猖狂議論，如李泰伯之毁孟子，東坡之呰武王。就是周、程議論，亦似有過高處，張子尤高，邵子竟落數學。朱子出，將過當者一概駁落，其高遠精微者，一裁之以平實，又氣象生得好。

少時只見得朱子好處在零星處，卻不知其大處之妙。如今見得他大處之妙，轉見得他小處有錯。可見知其小處，便不能窺其大，知道大處，便小處都識得。

朱子語類所標門目多不確。論爲學，只當分四項：一曰立志，一曰居敬，一曰窮理，一曰力行。儒先顯然説有此四項，不可偏廢，有合論處，則歸之總論，庶幾稍有條理。又所記皆出門人手，問有錯聽者，有措詞不確者，竟有大相背謬者。

之銳問：「語類有不穩字，可改否？」曰：「説是如此説，如何敢改？某平常説『太極者，本然之妙也；動静者，所乘之機也』。『妙』字似不如『性』字爲穩，細思終是『妙』字好。下面有『各一其性』，如何此處先道出『性』字？『妙』字見得太極不是箇呆板物事，又可聯屬『無極』，且與『誠』字相應。況前已有『誠者，聖人之本，物之終始，而命之道也』。此處不説『性』字何害。」

朱子解書，雖有訛錯處，不礙爲表裏光明。朱子幾於孟子，但偶有滯處。孟子則渾脱瀏浰，如琉璃屏，無絲毫障翳。

明道廿二歲作定性書，伊川十八歲作好學論，已到至處，真天授也。孔子、朱子又不如此。孔子自志學至不踰矩，逐旋精進。朱子少時遍參佛、老，廿餘歲始見延平，三十外已爲人師，尚無卓見，至四十外，始通達，五十外始議論不錯，六十歲自嘆所學始透，至六十五、六歲，又復自云「不徹」。可見其疑而悟，悟後復疑，黑一陣復明一陣，明一陣又黑一陣，乃是日進無疆，自强不息，與天無極。欲立教於萬世者，必須如此。故子貢不曰「天定之爲聖」，而曰「天縱之將聖」。「縱」字妙，言不爲限量，所至無涯。

窮鄉僻壤有一邪説，不知何以數年後便行之天下，信是妖言。此若有憑之者，然亦可見一種下地，必竟出葉開花。若是果有一立德立言，經德不回之人出，必竟有發露之日。某近來頗不信元、會、運、世之説，見得孔子下一大種，至今尚不曾用，難道生周、程、張、朱等，空衍其説，便算了事？夫子當日下種，意不如此。夫子雖不可得，但得朱子那樣人，得志行道足矣。必有這一日。以上朱子。

諸儒

解經在道理上明白融會，漢儒自不及朱子。至制度名物，到底漢去三代未遠，秦所澌滅不盡，尚有當時見行的。即已不存者，猶可因所存者推想而筆之，畢竟還有些實事。不似後來禮壞樂崩，全無形似，學者各以其意杜撰，都是空言。此漢儒所以可貴。

董江都、劉子政學皆醇，其微疵處，是好言災異，必推某事以實之，便有難通處。

董子應五百年而生，班孟堅度其時而爲言，於史遷、董子、劉向、揚雄諸人，皆所指擬。看來似尤屬意於劉，而終不能定。以今觀之，則江都是。

董子不獨深於春秋，亦深於易。其云「道之大，原出於天」，非深於易，安能説得到此？

董子説得好，「到得天行肅殺，已是無物可殺」。試看雪霜嚴寒時，萬物成實皆已收藏過了，只是一片白地，全無所有。一交春，百物發生，天便全是和氣。如人肅然整齊，卻是在無事之時，到得與人相接，卻不可如此。所以明道先生獨坐時如泥塑人，至接物，全是一團和氣。蓋天道是如此，孔子所謂「嚴威儼恪」以事父母，父母亦不安矣。然無事時，此一段肅然整齊，又不可少，所謂敬而後和，肅而後雍，有三冬之閉固，而後有三春之發生也。

春秋繁露自是贋作，江都所著尚多，今不傳耳。然三策已足，何必多？其論性命云「天地之性，人爲貴」；論治道云「陽居大夏，而陰積於空虚不用之處」，皆極精之語。漢書不可少，許多三代遺制在其中。若法言，世間便無此書，亦不爲缺欠。至康成注，卻不可少，無此，三禮無從看起。

鄭康成學問博，其説亦多自造。當時孔北海甚服之，然已謂其多穿鑿矣。

王輔嗣注易時，計年方二十許，後來即以伊川大儒，眼空千古，自非大悖繆者，即不敢駁之。聖賢不忘本始，其厚如此。輔嗣之前，視易或作曆日看，或作讖緯看，言理之竅，開自輔嗣，其功甚大。韓文公雖云非三代、兩漢之書不敢觀，然未見其於經有所發明也。故某嘗竊論，其人終是文章學問，聰明極頂，未嘗思透義理。雖自言「處若忘，行若遺，儼乎其若思，茫乎其若迷」，是所用心，皆在立意造語。似周公之繼日待旦，孔子之不食不寢，而終歸於陳言之務去」，是所用心，皆在立意造語。所讀書，皆是觀其文法，因天資高，遂見到古人作文意思義理上。生來又原自正直，故闢佛、老，立節概，不是單在道理上索求。故其評經，如「奇而法」、「正而葩」、「謹嚴」、「浮誇」等語，雖無一不當，而於諸經究不能有成書。

漢、唐以來，有議論不決者，當以董、韓爲斷。韓子不獨學問文章好，其人亦不說欺人語，生平闢佛、老，只在日用倫常、禮樂文物上說。他豈不能作精微之論？只消如此說，而精微之論已盡在其中。詩、書所言道理、宗派，正是如此。四岳之稱舜也，「父頑，母嚚，象傲，克諧以孝」。益贊之，亦惟曰「號泣于旻天，于父母」，「夔夔齋慄」。禹之自敘，但曰：「啓呱呱而泣，予弗子，惟荒度土功。」舜了不異於人，不過如匹夫匹婦哭泣依戀於父母之前；禹不過是要蓋前人之愆，汲汲皇皇做些事功；即堯之大，至於則天，而堯典所載只尋常事，而其實感天地，格鬼神，至誠大聖，已立人極。老、佛談玄說妙，都是人用不著的，何嘗是道。

韓文公二十來歲數傳道，多一揚雄；三十歲作送文暢序，又少一孟子，都是識見未定。到四十歲作原道，便斬釘截鐵云「軻之死，不得其傳」，卓有定見矣。至與孟尚書書，乃是晚年之作，耑提出孟子，以爲功不在禹下，而自己幾幸續在後，荀、揚半字不提起。學識精進如此。孟子亦然。其先方自以爲當名世之數，自疑自問，到晚年，纔知得孔子便接堯、舜、禹、湯、文王之傳，而已乃孔子之見知也。韓文公原道幾句，開周、程、張、朱之端。周、程、張、朱如日中天，韓公則東有啓明也。千秋萬世，韓公之從祀，再推他不去。

唐時佛教盛行，不得韓公大聲疾呼，再過些年，竟將正教矣。韓公膽氣頗大，當時老子是朝廷祖宗，和尚又是國師，韓公一無顧忌，唾罵無所不至，其氣竟壓得他下。歐陽公亦闢佛，氣便弱。韓公闢佛，雖不若程朱之精，然是先鋒驅除。到程朱，便據有城池矣。

周子通書，三十歲便成。程子易傳，至晚年尚不敢以示人。蓋自寫胸中語尚易，而發明經傳最難。要不失作者之意，不及則漏其本義，過則溢於本文。文須簡，簡須盡。韓文公著述自命，終身注論語不成，真明白人。

柳子厚謂昌黎勝似子雲，此是確論。陳梓云：「想於易義、曆數，昌黎不及子雲？」曰：「子雲曆數，承襲漢曆，都是錯的。昌黎易學，雖不知如何，但如『奇而法』，及諍臣論所引釋，皆深知易者。又如『春秋謹嚴』，及『春秋書王法，不誅其人身』等語，便見其精於春秋。春秋之作，是孔子爲萬世人倫起見，絶不關那幾箇人，只要大經大法常存天壤便是了。至所貶斥之人，其死已久，有何誅殛？後人呆將這幾箇人窮其本末，搜求毫毛，不直一笑。」

韓文公説他要做官，他並不曾入伾文黨；説他不能耐貧，亦不見他受誰不義之財。兩諫佛骨，使庭湊，曾無一毫虧折，至其文字中所見道理，直如日星河岳，千古推仰。將數百年尊尚之佛教，一旦出孤力以麾斥之，是何等見識。

人不近小人是大端，韓文公生平與當時權要、奸邪，臭味不投，絶不沾染。歐陽公生平幫靠，都是韓、范一邊，直至濮議，方與司馬温公異。歐陽公既自説不曾讀過儀禮，如何便議大禮？後來張孚敬竟用之，而興獻之主直入太廟，壓武宗之上。此千古未有之事，而永叔爲之倡，但永叔止議尊以帝號，未謂便可入主也。孚敬因此將永叔從祀孔廟，可笑。

伊川謂退之卻倒學了。大要韓子是理義與文章兼營，非如歐、蘇專以文章爲事。即曾子固，想亦是將此事略入思議，其梁書目録序，非曾用心者，安得有此？鍾旺。

司馬文正言忠信，行篤敬，終身無失，學者翕然服之。只是聰明睿知少不足耳。上蔡見識高明，説得精彩，想要打起精神，説高一層出來。故有「程門醉人」之誚。鍾旺。

龜山終日坐在門限上，或説是門前石上，不是門閾。大約性情寬緩，看他劾王介甫，卻摘其鼂鷟章解可見。鍾旺。

以虚心與立志並言，北溪所見自是。心最要虚，方能容受得許多義理。不虚，則中自壅塞了，一切嘉言善行，皆格不入。鍾旺。

朱子後儒者，真西山、許魯齋氣象最好。真醇正，許篤實。鍾旺。

朱子之後，語録無有過於許魯齋者。魯齋説理大有警醒處，他語録不過二三十張，近閩中所刻，卻將幾條好的删去，可笑。

魯齋不曾全見朱子各樣好書，卻是躬行精到，其見理已到透處。陸稼書不得謂其不壁立萬仞，某督學至靈壽，見其生徒文字荒謬，問陸，則羣瞪目如隔世人。古人到一處，憑他地方荒僻，人才鮮少，必定淘沙揀金，有些教澤。陸在靈壽七年，行取入都，何至使本治毫無流風餘思？魯齋做幾年祭酒，後來人才便多出其門。

河南懷慶府出韓文公，又出許魯齋，山川靈秀，非他可比。人以龍門出子長，又出文中子，又出薛文清爲盛，較之河南，未爲過也。韓子勝子長，魯齋可兼文中子、薛文清。

胡云峯在元時，極爲有名儒者，説書專用巧，彼此鈎搭，如今人做巧搭時文一般。最有可喜處，亦有可厭處。

文中子是要擬論語，故東説一段，西説一段。薛文清讀書記，何故亦不以類成編？論、孟是門人彙集，亦略以類相從，間有相因而附者。若自己作書，自然要有條理。

吾鄉蔡虚齋、林次崖、陳紫峯先生，於四書、易經皆有數十年工夫，近來節改者多，久便磨滅。某嘗欲去其支蔓，存其簡要，爲一帙書而未暇。

宋末有善相者，一朝臣引至閣中，歷相諸公。出云：「首座極顯，末座節不可言。」

首座乃留夢炎，末座則文山先生也。聞留子孫以遺像求題於蔡虚齋，題云：「狀元兼宰相，屈身事讐胡。遺容猶左衽，畫工是董狐。」前輩直氣如此。文集中又載一僧人以三教圖求題，虚齋題云：「三人行，必有我師焉，擇其善者而從之。」又曰：「自生民以來，未有孔子也。」觀此，則留題當有之。

昌黎論一事，便一事透徹，此人煞有用。明朝人學問、事功都不透，想是讀書不專之過。只有蔡虚齋專精四書、易經，而年只五十七，又貧不能多得書，如朱子語類都不曾見，故到底不明白「理氣」二字。然薦廿餘人於王三原，皆有成就，識寧王必反，便拂衣歸，已不是無用人。

榕村語録卷之二十

諸子

管子「士鄉十五」。士鄉，即農也。朱子謂：「若民皆爲士，則無農，故鄉止十五。」非也。工商之子俱不許出仕，惟農之子得爲士，故謂之「士鄉」。

管子有「畏威如疾」之言，未必脱略，規矩定須精嚴，但根本曠闕耳。自記。

管子云：「一年之計樹穀，十年之計樹木，百年之計樹人。」句句都好，若再加一句「千年之計樹德」更完全。問：「管子不解道此，想即是他器小處？」曰：「然。他見處只到得樹人而止。」

武經七書，孫子外，餘者皆僞。子書如天禄閣，乃明代蘇州一秀才所作，何友具知其名姓。

自漢以來，荀、揚都與孟子並稱，惟韓文公斷爲「擇焉不精，語焉不詳」。至司馬温公、邵康節，又推尊揚雄，幾在孟子之上。後來一被程子點落，而人翕然信之者，實見得到也。

見得性善，則人我一也，便能感化人，成就人，故曰盡己性，則能盡人、物性。荀卿當日聲勢大於孟子，孟子日漸尊崇，荀卿日就消歇。至今孟子爲吾教宗祖，而擯荀卿如路人別派以此。

荀子文字，比揚子還條暢。其論事甚精采，但説性惡太可厭。

董江都後，韓昌黎前，惟法言、中論、中説三書表表，中多名言。

揚子仕莽固可罪，但法言中殊有可採。且當其時，遂知推尊孟子，亦必有見。未可以其人而廢其書。鍾旺。

太玄中顯然頌莽功德，所云「漢公」，分明是安漢公，温公注云：「公與功同。」不知下面「阿衡」字如何解得去，豈漢天子之功如阿衡耶？注書若此等最不可，朱子斷無此病。

王氏盛時，天下皆知其將變。梅福幺麽遠吏，尚知逃避，揚子雲自謂心通造化，獨濡滯不去。看來亦非全爲利禄，特以京師聞見廣，好讀書，觀於外夷來朝，必細問其土俗風物可見。又其人呆，見莽謙恭下士，即實以爲周公。到後來，事已決裂，便是怕死，不復敢與之異。

司馬文正謂揚雄過於孟子，曾、王又推服之，以爲箕子。至程朱出，而論始定。其實揚雄罪過，不必到事莽，就是作太玄，將羲、文、周、孔一齊都做了，罪已不容於誅。王荆公罪過，亦不必到行新法，只以春秋爲「斷爛朝報」而廢之，罪亦已不容於誅。這都是心病，可見其無忌憚。

偶看譚子化書，極有名理，第説到盡頭處，只説得神氣。惟孔子，説天地，便説他的德。揚子雲著太玄，思入風雲，實亦只説到神氣而止。皇極經世盡精妙，程子謂其「洩漏天機」，尚不離此窠臼。聖人言道只説理，言天地只説德。

洪範「五福」首「壽」，偉長中論中有説：「一係得之於天者，一係得之於王澤者。得之王澤，是帝王養育出來的。」此段議論極好。子書自法言、中説之外，如中論、申鑒，儘有好語。

文中子説「公旦爲周」一段甚精。周公之風雨綢繆，似欲使子孫相繼，天下永遠屬之我家，跡近於私。不知世無賢聖，既不可行堯舜之事，若子孫之世及者，又不爲啓沃輔翼，使稱其位，則害及於人矣。故曰：「安家者，所以寧天下也；存我者，所以厚蒼生也。」人心、道心，本在一區，要人簡别。後世便是寧天下者，所以安家也；厚蒼生者，所以存我也。周公謂宗社安而天下安，子孫存而百姓治，有何不好？若是子孫不賢，不如速亡。故遷都之議曰：「洛邑之地，四達而平，使有德易以興，無德易以衰。」即如人家子孫，果能繼述祖宗之志事，便使科名接踵，豈非好事？若罔上賊下，惟利是視，要他富貴何用？倒不如使他貧賤困苦，既不至害人，或者動心忍性，反有向善之機。道理原是如此，此條比韓子對禹問，説得更詳盡。

中説「問聖人有憂」一段，程子譏其「心跡之判」一句果然有弊，只是曲爲彌縫。亦自有説。如天有陰晴，倘或淫太，何嘗不洛嘆憂苦，祈禱紛紜？至其上一層太虚穆清，有何雨晴？天下皆憂，聖人亦憂；天下皆疑，聖人亦疑。至於樂天知命，窮理盡性，有何憂疑？如此説，亦未爲悖謬也。

文中子謂「天統元氣，地統元形，人統元識」，邵子宗之。不善讀者，便謂天地只是形氣，惟人有知識，是天地無知識也。連「人者，天地之心」一語，都錯會了。謂天之心全在人，如天之視聽全在人之視聽。其實人之視聽，皆天之視聽，人之心，即天之心，非天無心，惟人有心也。

朱子於文中子推許不小，荀、揚不足比，即韓文公尚不如其懇惻而有條理，此是何等地位。只是世人將他與揚雄並斥者，爲其僭擬夫子也。

文中子元經是假的，中説内有幾條假的。

文中子鼓蕩之什，門人皆沾襟；象山白鹿洞講義利，聞者多揮涕。何以能爾？想他皆有許大精彩，聳動得人。鍾旺。

陸子静才本大，其爲荆門州，至境内無賊，路不拾遺。又明敏於事，造一城，估計五十萬人者，他用五千人，尅日而就。若不死，便大用，必有可觀。故朱子謂「渡江以來，惟我與子静八字著脚，做著己工夫」。子静亦稱朱子爲「泰山喬嶽」，於立社倉法，劾唐仲友，皆稱之不遺餘力。使子静爲相，必用朱子；朱子爲相，必用子静。若論學術道理，就使子静成掀天事業，到底朱子是，子静不是。

陸子静要人把心地打掃潔浄，若一肚子𤇆糟，讀書亦不相干。但只空空的無一點物事在内，終日江、漢濯，秋陽暴，濯暴些甚麽？畢竟朱子有把捉，孔子家法是如此。

問：「陸金谿不喜人説性，其意云何？」曰：「想是厭性中分仁、義、禮、智、信許多條項。但無奈性實心虚，心只空蕩蕩底，言性則道理鑿鑿實實，心方有憑據。」鍾旺。

陸子静只在吾道上説得過些，王陽明方可謂之「詖淫邪遁」，子静只是賢知之過。

或言：「朱子與陳同甫書，其理易明，似無容深辨。」曰：「是第一皮義利關頭，速須痛與截斷。」鍾旺。

姚江所編朱子晚年定論一書，羅整菴細查年分與辨，姚江詞屈，乃曰：「當時在留都，學者爭鬧，不得已以此權教一言虛誑，他皆無用。」天下後世如整菴者豈少？知此之爲權教，無不疑爲權教矣，誰肯從之？

明儒無及宋儒者，即姚江亦不如象山遠甚。象山是要仁義忠信，乾乾浄浄，只是學術不是。姚江便有權詐習氣，直是奸雄，故作用錯處多。問：「可方張乖崖否？」曰：「不止，自當突過。合曹操、荀文若爲一，庶其似之。」

張浄峯極不服姚江，年廿五時，親至其家與辨論。浄峯曰：「如何言『明明德，在親民』？」姚江曰：「欲明吾孝之德，在親吾之親；欲明吾忠之德，在親吾之君。」浄峯曰：「如此只説得『明明德』省察一邊，不可以該存養一邊。」姚江笑而不答。浄峯遂大喜，以爲難倒姚江，其文集中，首載此條。不知到得親親、親君，存養已在内，如何説該不得？特爲姚江所不屑辨耳。當日只應就文義折之。大學云：「大學之道，在明明德，在親民。」未嘗言明明德之道，在親民也。且即其言而反之，言欲親吾之親，在明吾德之孝，有何不可？即此便可窮之。姚江又分首節爲生安，次節爲學利，三節爲困勉。佛家有上、中、下三根，姚江處處提闡，可笑。

姚江才氣好，事起倉卒，驅市人而戰，若使當風塵時，正未可測。問：「使他爲相何如？」曰：「使不得。用其偏見私説，廢蔑古人成法，害不可勝言。」友云：「最可惡者，末年附會永嘉議禮，希望起用。」曰：「這卻是懸斷誅心，未免深文，或者他見解即是如此，亦未可定。只是殺遲仲容降賊三百人於宴席，卻是爲何？嘗問施靖海以處置降兵之法，渠謂有老板成法，任他多少，編入吾軍伍中可也。降賊即慮其反覆，殲厥渠魁足矣，盡數勦戮，可謂忍心害理。至桂萼輩深嫉其學，彈章詆毁，極其不堪，此卻不可爲據。」

泗水之戰，雖屬僥倖，然人氣不動，便有勝理。陽明撫贛命下，季明德聞之，知其必立功業，人問之，曰：「某觸之不動。」孫北海承澤，極惡陽明學術，嘗舉陽明與學徒講論，其夫人忽鬧出，掀其几案，抛其書帙，曰「諸君勿信此老厮誑」，因枚數其平居奸私事。門人竊窺陽明，顔色和霽，如不聞者。久之夫人入，陽明徐整書案，復理前論，若無中間一段事者。以爲非人情。某曰：「恐即此已足以擒寧王矣。」北海爲失笑。北海又時舉正德實録中，人參陽明與寧王交通，及閨門穢事，某曰：「吾輩評其學術不正，只論學術可已，此等謗誣，恐不足憑。賢豪豈能免此？」

所惡於姚江者，爲其以四書、六經皆是閒賬，直指人心，立地成佛耳。其流毒無窮，王龍溪已不像樣，萬曆以後，鬼怪百出，姚江作俑也。讀書人不思經義，株守傳注，字字膠執，牽經合傳，甚至並傳意亦失之。姚江因厭薄此等，故反其道以治之。不思此等固陋處，但就其説以破之足矣，何至大決藩籬而不顧耶？

道釋

孔子之教，自與天壤相敝，除是不以君爲君，不以父爲父，孔子之教便無用處。欲壞孔子之教，先破君父之説。佛氏不隨世法，是無君；父母反拜，是無父。此乃出來欲壞孔子之教者，而卒之忠孝根心，如何壞得。楊止無君，墨止無父，而佛氏兼之。此事前人闢之已盡，吾儒但當自反，把我們這邊做得好。

孔子教弟子，只以仁爲宗，又復發揮孝道，都是從根上説，正與佛家對針。佛氏無根，故先從父母妻子上斷絶，一路差去。

孟子敘道統，曰見知、聞知。道豈不貴行？而云知者，正派要緊。如領路人，領差了，行更有害，當下不覺，到歸宿處便大壞。

楊、墨被孟子指著病痛深切處，曰：「無父無君，是禽獸也。」故其書遂無傳。范蔚宗西域傳贊、宋景文李霨傳贊，皆是搜佛之根，其人其書，多是中國人假托增飾。有憑有據，並不與他耑辨道理，所以中其膏肓。

莊、老滅教，佛滅道，禪滅性，其所見一耳。議論則以漸而深入。自記。

佛氏善言心，老氏善言氣，都説得精。吾儒言性，他那兩件便都包在裏面。

佛以心法觀天地，老謂開口氣便泄，皆吾儒所當資取者。

問：「桃源中了無文物，不幾於禽獸之食息乎？」曰：「彼中有純氣，自有人倫。淳樸恩愛，與禽獸别，若有文物，純氣便有發散之意。」問：「有人豈能不争？無主焉能和輯？」曰：「若争，便是純氣將散矣。文物固是氣之發露，然氣既漓，又須以此維持之。如人受參芪之補，便是元氣有虧，然元氣已損，又須以此補之。老子曰：『聖人不死，大盗不止。』不知世既生盗，聖人雖死，又焉能止？老子所云，説了一截，脱了一截。」

老子生十有三，死十有三，出生入死十有三。「有」字不是「又」字，解者都指出十三種以實之。如周禮息偽十有二，亦枚舉以實之，支離牽强不可通。十有三者，十分中有三分，實三分三，去零數耳。十有二者，十分中有二分，亦二分半，去零數耳。必有寢衣長一身有半，不欲露體耳，非齋服也。半此身之長，短衣也。朱子謂長視身而又得半，亦太不便矣。三分天下有二，幸而有其字，不然亦將謂三分之外又有二分乎？

老子惟「貴大患若身」難解。只是生於憂患之意，易所謂「貞疾，恒不死」也。

「寵辱若驚」者，以寵來辱我，故若驚大患來，便貴之若愛其身者。以爲有此，便可不放逸怠傲，以至於死也。卻是愛其身，不是要害其身。然又不是以平常之養身、奉身者爲愛，又要不有其身，所謂「外其身而身存」也。聖人看得道理熟，平平常常説出來，他們窺見些子，便以爲秘妙，又做奇文字楦出精彩來。

道德經雖亦有意理，某卻不甘爲之發明。初意欲與參同契、離騷爲三奇書合刻，今看來非二書匹也。如「道可道，非常道；名可名，非常名」，聲口總不正。又如「將欲取之，必姑與之」，總流爲機權陰謀口角。若參同契便無此惡態。陰符經撮道德五千言爲三段，不是没見解人。握機經亦是傳古陣法者，非泛作，大約是戰國鬼谷子之流。

「爲善無近名，爲惡無近刑，緣督以爲經。」「爲惡」兩字太險，豈教人惡亦可爲，但莫近刑乎？嘗與澤州陳先生論此，以爲「爲善得無近名乎？爲惡得無近刑乎？只是緣督以爲經」，澤州大喜。數日後，又得一解云：「爲善何必即有近名，湮没者不少；爲惡何必即有近刑，漏網者亦多。不因名而爲善，不畏刑而不爲惡，只是緣督以爲經耳。」澤州又大喜，以爲更好。

至尊常諭：「朕看參同契，恐俱是説人身上的話，未必是説別項。」地奏曰：「臣向來正是如此説。如陰符説『絶利一源，用師十倍』，『絶利』，是將諸般利欲都斷絶了，只在源頭上專一用工，便如『用師十倍』。『三反晝夜，用師萬倍』，是説工夫不斷，刻刻相續，便如『用師萬倍』。」復蒙諭云：「正是如此。」又奏：「臣有一親戚好道家説，臣嘗問之云：『鐵亦好物，可以定子午，道家總不貴重，只説丹、砂、鉛、汞。豈以其爲鑪鼎之用，烹煉大藥，可以服食耶？』他應曰：『然。』臣曰：『以愚觀之，殊不爾。』蓋銅鐵煉到底，只是銅鐵，惟砂裏有金，鉛裏有銀，都非從外覓得，可以煉出寶來。以喻人血肉之軀，有至寶存焉，天之明命在其中，可以煉得出來，只是要不斷火。如所謂『必有事焉，勿正，勿忘，勿助長』也。」又蒙諭云：「如此方是他本意。」因説「絶利一源」「源」字好，不然便向別瓦礫中尋寶，如何能得？但須「三反晝夜」，不斷工夫方好。「絶利一源」，吾儒之「持敬」也；「三反晝夜」，吾儒之「集義」也。時甲午四月十六日。

某因參同契悟得易經道理。參同契只説一身，其實一身即天地。凡陰皆魄也，凡陽皆魂也，陰以陽爲本，陽以陰爲基。天之神氣，包乎地外，然離地便散漫無歸，卻要貫注地中，以成歲功。地若不資天之神氣，便成頑塊，何能生物？如人之形體，不禀命於心之神明，則五官百骸，皆不得所。然心神若不宅此形體，何以爲寄托之地？故魂守魄，即魄拘魂，初無二候。

「乾坤合撰，天地同符」。但看世間凡氣所貫，皆天也，地在天中，初非截然天爲一物，地爲一物也。説易者皆以乾爲君，坤爲臣，即以君臣論，君要留心臣民，所謂「天道下濟」也，亢則有悔矣；臣要一心王室，所謂「承天時行」也，否則有咎矣。其理亦是如此。參同契以人身言乾坤，則神魂其乾也，體魄其坤也。神不得形，何所附麗？故爲「游魂」；形不得神，何所作爲？故爲「滯魄」。惟刻刻相守，合而爲一，形即神，神即形，則「丹還」矣。此即「天地交泰，水火既濟」之理。從來説易者，卻不曾説到。又發明出先天圖位，故知其傳授必有端緒。

參同契取象龍虎，是竊用周易龍馬而變其號。龍取變化飛騰，卻潛藏於淵，以譬人心騖八極，一收便在腔子裏，是魂也。虎伏於山林，人不能見，然一嘯風生，卻威猛不過，是魄也。但馬比虎更覺穩妙，馬本是乾，而坤爲牝馬，如牡馬行到那裏，牝馬亦行到那裏。本是一物，但有牝牡之分更精。

參同契向日分章段頗不錯，今又見得明白些，其警發於吾身心者甚切。大約先黑，方白、方黄，而終於紅，是謂之丹。日之出也，先紅而白、而黄、而黑。人與草木之生也亦然。而道家工夫反之，所謂「順則爲人，逆則成仙」也。他的黑，是收視反聽不説話，將耳目口三寶閉塞了，直使形如槁木，心如死灰。久之，黑中生出明來，便是白，所謂「虚室生白」。到得「魂守魄」，「魄拘魂」，魂不游而魄不昧，便是黄。後來一團純陽真火，陰邪之氣都燒化了，所謂「童顔」是也。這便是紅，紅則丹成矣。吾儒工夫亦然。以中庸言之，「戒懼」，黑也；「慎獨」，白也；「致中和」，黄也；至「天地位，萬物育」，紅也。佛家工夫亦同。其云「發大願力」，即吾儒之「立志」；其云「悟」，即吾儒之「致知」；其云「脩」，即吾儒之「力行」。明儒説三教源頭本同，但工夫各别，卻反説了。工夫卻同，只是源頭不同。發願力同，爲甚麽發願力便不同？吾儒是大公的，從天地萬物道理上起見。道家卻只爲一己，只要神氣常存。佛家看這箇猶粗，只要此心光明，照徹乾坤，亦是爲一己。不特佛、老，就是市井人，亦必先發願要做財主，方講求取利之法，然後經營力作。所以「元亨利貞」四字，夫子作四項説，極當。亨與貞都是同的，元與利卻不同。佛、老與百工技藝，俱有做到亨通之時，只是問他大不大耳；俱有守之而不變處，只是問他宜不宜耳。吾儒便大、便宜，所以五性最重仁義。問：「道家如此用工，果能使此身常存否？」曰：「亦不知如何，想必神氣久長些。他並不是糊糊塗塗做神仙，他儘千思萬想，天地陰陽，萬物變化，人身形神，都要知其故。亦不是尋常人。」問：「『魄拘魂』，『魂守魄』，如何用工？」想亦不過定心。心不放，則魂魄俱安矣。」曰：「『魂守魄』，即『魄拘魂』，無兩層。心定自是主宰，亦要明魂魄之理。」問：「他亦千思萬想，豈不耗心氣？」曰：「他所思想者，即是他的事，不是游思妄想。如一想魂，即如見自己的魂；一想魄，即如見自己的魄，與尋常思想不同。若是心如頑石，只像勞山上人，嬾久神氣足，不須飲食。年歲長遠，一無所知，不過如土石、龜、鶴耳，有何足取？」問：「他只説黑白黃赤，是水金土火，何爲不説青？」曰：「想是怕人戀住生氣。他結末卻説丹成後，須要在人世立功，功行圓滿，方能升天。吾儒將仁放在頭上，他將仁放在尾上。」

參同契道理，就是吾儒亦用得著一半。其要在慎言語，節飲食，懲忿窒欲而已。慎言語與懲忿爲一邊事，懼耗氣也；節飲食與窒欲爲一邊事，懼損精也。至那一半成仙事，卻用不著。如孫、吴兵法，亦有一半用得著。整行陣，嚴紀律，衛民保境，是所用也。其説得疑鬼疑神處，便爲吾儒所不道。

參同不取銅、鐵之類，而取丹、砂、鉛、汞者，取其中有至寶，以喻人軀殼中有至寶耳。丹，朱砂也，中有白金。砂，即披砂見金之砂，中有黃金。鉛、汞中皆有白金。四者不加淘洗烹煉，不過是丹、砂、鉛、汞，一加淘洗烹鍊，便有至寶。人不去修鍊，不過是一皮囊，與草木朽腐，一經修煉，便可成聖賢。豈非至寶？問：「『還丹』何義？」曰：「丹原非一件物事，不過是赤色。謂之『還丹』者，初丹，後不丹，復歸於丹，故曰還。人初生本紅，故曰赤子，後長大漸白，由白而黄，死而黑。凡草木之芽，先紅，後青白，後黄落，後枯黑。日初出紅，後白，晚黄，夜黑。仙家當人紅白時，他只守黑，所謂『玄之又玄，衆妙之門』。到得人死時，他活起來；人黑時，他亮起來。一直復還嬰兒之赤，故謂之『還丹』。」

參同契言甚簡易，其言天地陰陽，即吾身之陰陽也；其言黄老清静而天下治，如吾身之虚静，水火調伏而壽命長也。其下手工夫，不過「魂守魄」、「魄拘魂」。魂者，靈明動作，但任其浮馳，則爲「游魂」；魄者，寂嘿堅定，但任其昏頽，則爲「滯魄」。當魂放逸時，須把心捉來，不許妄爲紛雜，是爲「魄拘魂」；魂爲魄所拘，則魂常精明不散，而魄亦不頽然昏惰，是爲「魂守魄」。問：「參同契之説易，與吾儒合否？」曰：「彼不過仍漢儒之言耳。漢儒言易，以六十四卦配合年月日時、七十二候、二十四氣，雖逐日之陰晴，皆爲豫定。又不是推得一年，便可印板鑿定，明年又有活法。又參之以人事，如人事變易，象亦應之。參同之言易，仍是如此。」問：「修煉工夫，何以與此相應？」曰：「有死子午，有活子午。死子午者，天之子午也。自子至午爲陽，宜飲食動作；自午至子爲陰，宜閉户守中。活子午者，吾身之子午也。但倦怠時，是子也，便宜吐氣運行，不使冥昧；覺得有放逸蕩散意思，是午也，便宜收視反聽，寂然不動。」問：「與七十二候、二十四氣有相應處否？」曰：「亦相應。到那節氣換時，比常時工夫又加謹。若後來道家『爐丹』及『守庚申』諸説，皆誕漫不經，參同無是也。妙在與吾儒説工夫處，都是一樣。即佛家亦是如此。大約三教工夫，都是從收放心做起，而吾儒看得一草一木，遂生得所，無一不與我性分相關。佛、道兩家，連自己父子、兄弟、夫婦，亦視爲膜外。此處道理大不相同。」

參同契首尾武，中間文，與吾儒工夫一樣。初時立志，要勇猛直前，及末後直達天德，竿頭更進，又要武。中間勿忘、勿助，卻要文。

道家從漢便分兩路，魏伯陽修心性，張道陵講符法。佛教兼此兩種。大約釋道二教，其初亦是隱居修道人，因他枯槁清寂，巖居穴處，恐招異物之害，故學些術法以禦之。及其苗裔欲爲表章，遂説玄説怪，張皇附會，無所不有，卻失了他本來面目。

「致命遂志」，致吾之禍福壽夭於命，而必求遂吾志也。如「致其身」，亦是利害生死，悉置度外，非以殞身爲致也。古人説「命」字，都是指天命，今以屬人，如身字一般。經書中無是也。此想起於道家，道家以心之靈明、元神謂之性，身之元精、元氣不死者謂之命，「修性」、「修命」是兩樣工夫，兩者俱進，是性命雙修。「命」字屬人矣。問：「『修命』者，務一切不管，心死而後氣足。倘『修性』，則必窮理致知，苦思勞心，豈不有礙於『修命』之説？」曰：「觀參同契説『千周萬遍』，可見窮理致知他都有。只是窮他『修性』、『修命』之理，致他『修性』、『修命』之知耳。如此焉得有礙於『修命』乎？」

某深信得人有長存之理，萬物之生人爲貴，草木有數千年不死者，禽獸亦有千年者，豈人之壽止於百年乎？蓋人之不死者，在神明，而不在形骸。聞山左勞山、湖廣武當山，皆有數百年不死之人，不飲食，不水火，身輕體健，如鳥獸然，躡峻跳澗，如履平地。然此乃道家所賤，彼言修煉，亦重神氣，不貴此也。由此觀之，聖賢自有長存不敝者，神明耳。

李文節閉户多年，做一部百鍊草，許多軟調，不見精采，何也？友曰：「他只在那里鍊自己的。若讀前人書，而鍊之便佳。」先生曰：「是可知道家修煉無用。」

陰符經著語太險，不如參同平易渾穆。其書只虛説在這裏，隨人用，用他修道亦可，用他行兵亦可，用他治國亦可。分那一段是説道，那一段是説兵，那一段是説治國，便呆了。只是以陰爲主，便露殺機，乃黄老之指，非聖賢之道也。

陰符者，以陰爲符，得陰則可以招呼羣有，指揮如意，即陽亦爲用矣。殺機正其所取，猶吾儒言克己之意。故曰：「天發殺機，移星易宿；地發殺機，龍蛇起陸；人發殺機，天地反覆。」都是説殺之爲用大，今人都解作殺機不好，大失作者之旨。

傅奕闢佛，語亦諦當，但卻篤信老子。至戒子孫，猶以道教當從，與聖人之書當讀並舉。不知佛氏即脱胎於老子，故韓子原道、新唐書李蔚傳贊，皆從老子説起。佛精於老，禪又精於佛，其實禪學何嘗是西域來？就是中國人替他粧點，李蔚傳贊最説得透。朱子釋氏論，文筆雖不古，精當第一。

闢佛幾篇名文，該彙在一處：范蔚宗西域傳贊，傅奕表，韓子原道、佛骨表、與孟簡書，宋景文李蔚傳贊，朱子釋氏論。佛氏無所逃匿矣。

四十二章經，是佛家原文，儘有名理。如「磨麪驢，身雖行道，心道不行」；「無禮來犯者」；如「對風揚塵，持梃擊空」，皆是妙論。次之佛遺教經。他皆中國人傅會爲之。

佛子從西來，不立文字，直指人心，清浄虚無，一切皆空。其視世儒馳逐於功名富貴，緣飾於名跡語言，直與衆生一道看。所以高明之士被其煽誘，湛溺而不返，只覺得他的是，不知吾儒原是如此。但既有了滌去己私這一邊，又要有推以及人那一邊纔好。聖人之道，本末兼該，物我一體，平平正正，萬古不磨。直到周、程、張、朱，此理纔説明，把向來推與佛教那一邊的道理，都收回來，所以其功大。

人心、道心，本在一區。愛，私也，我必自愛其親，乃知人皆愛其親，推其愛親之心以及人，則公矣。貨財，利也，我必自資於貨財，乃知人各資於貨財，推其資於貨財之心而不相奪，則義矣。佛家弊病在斷截此心，事皆無根，焉能有物？

譬喻最難。佛家説："「心性之體，如明鏡一般，物來必現，隨物見形。」然鏡内空空的，一無所有，冷冰冰全無生意。惟程子「心如穀種」一喻，極妙。蓋穀種内，根荄、枝葉、花實，無所不全，而其中一點生理則仁也。心屬火，仁屬木，是滚熱發生的，與金之寒冷不類，所以鏡取譬不得。凡陽一邊都煖，陰一邊都冷，佛家以鏡喻心性，所以斷絶身累，齊向空滅，好説鬼神，厭煩人事。

「息心」不是人心當息，道心不當息。喜怒哀樂未發之時，亦「息心」也。朱子云："「有滅息之息，而後有生息之息。」甚妙。寒冬閉藏，來春發生之氣，全在此時蓄養。就是禪家，亦破枯禪，云："「不可有惡心，不可有善心，亦不可無記，無記竟枯滅矣。」但他所不欲枯滅者，心之神明。吾儒所云不可枯滅者，天命之性也。佛家不是一概滅絶其心。朱子説告子「冥然無覺，悍然不顧」，究其歸自是如此。他做工夫，亦不如此。

儒者心安理得，静亦定，動亦定，各止其所。佛家忍心害理，强行割截把捉，豈獨空爲頑空？即明亦是頑明。

問：「佛教説不去，行不去，如人盡從他，一世人類便絶。」曰：「他原説不要人盡不婚娶，就是這樣亦説不去。聖人教人，是自己行了教人行。如説婚娶是好道理，他就該從人。若説是不好道理，如何又教人行？天地間無此道理教法。」

和尚説來説去，總是爲自己。吾儒講的事，都是世上用得著的。即此便分公私。

釋氏之「發大願力」，是吾儒之「立志」也；「要常惺惺」，是吾儒之「主敬」也；「遍參歷扣」，是吾儒之「致知」也；「戒律精嚴」，是吾儒之「力行」也。但他之立志、致知、力行，都是他的事，與吾儒絶不相似。凡吾儒之所宜有事者，他都以爲大戒。如人從父母而生，故篤愛之。他便不認父母，是斷愛根，揀極難處一刀兩斷。他以爲人之愛，都是生於習染，即愛父母，亦是私心，不過貪其乳哺鞠養之惠而已。假如自幼無知時，養於他姓，受其鞠育，亦便愛之，可見都是有緣之愛。不若從無我中，發大慈悲，普度人天，方是無根之愛，其愛也真而大。孔孟卻説世上豈有無根之人，即從根上愛起。吾儒與釋氏不同處本易見，不知前輩何以都説不透，見得只是不分明。

釋氏説「三寶」，亦説得好。如我們古來有堯、舜、禹、湯、文、武、周、孔，以爲宗仰，便是「皈依佛」；聖人留下幾部經，孜孜誦法，便是「皈依法」；有周、程、張、朱幾箇儒先視爲榜樣，便是「皈依僧」。

佛家輪迴之説，即循環始終之理，亦無足怪。只是説得呆了，便不可信。春夏之發生，都是冬間閉藏之氣；人記得書多，便會做文章；窮得理明，便論理不錯；平素更事久，臨事便諳練；喫飯多，精神便强旺。受之於内的，即是發之於外的。只説得不呆，便不妨。

嘗問僧鋭峯曰：「輪迴之説，無乃誕幻？」僧曰：「此有何奇？不必遠求。佛法觀天地，只以心法觀之。生死如晝夜，晝夜相循環；心之起滅無時，其起者即其滅者，豈有二耶？」又問：「人有惡，變爲禽獸；禽獸有善，又變爲人。信乎？」曰：「有此理，便有此事。但看人一日之間，念慮起伏，幾番爲人，幾番爲禽獸矣。」輪迴之説，以是思之，覺得此説殊有理。如我們起一善念，便覺光明正大，不獨念頭是人，耳目口體無一非人。他人看亦如此。若起一惡念，不獨念頭是禽獸，耳目口體無一非禽獸。造化在我，何必閻王。又問：「做工夫，以知識爲先乎？修行爲先乎？」曰：「『發大願力』爲先。」問：「假如識見不到，修行不到，空有大願力可乎？」曰：「也好。菩薩不是一樣，有初地菩薩，便是他願力既堅，雖功夫未到亦不妨。既有此願力，識見纔是真識見，修行纔是真修行。」問：「願力發來多不能久，是如何？」曰：「此有二病：一爲從前不曾用功，覺得今日難從半路做起；一爲力小圖大，恐後來工夫不能接續。須得此願發時，從前種種，譬如昨日死；從後種種，譬如今日生。前後都要截斷。」問羅漢與菩薩分別。曰：「羅漢見人不善，發嗔怒心；菩薩見人不善，發悲憫心。」問所存心。曰：「亦不存於善，亦不存於惡，又不是昏然不醒。」此便似吾儒未發之中。又嘗舉公案，有人自許心能做得主了，僧曰：「醒時做得主，夢時做得主否？」其人曰：「也做得主。」僧曰：「有夢時做得主，無夢時做得主否？」其人便不敢自許。凡此皆彼教中之至精至粹語。

佛家説心亦好，只是上不能通諸性，下不能通諸事。須知心如此，乃是實理如此，又要把此事處得當，方好。

佛家以佛爲「轉輪王」，蓋以心轉宇宙，實有此理。孟子云塞乎天地之間。人意思到那裏，氣即到那裏，不然如何充得？

林次崖存疑闢陽明數段，卻不中其要害。他的病根，在「無善無惡心之體」。但觀有道君子，於事物未交寂然端坐時，滿腔無非善意，通身都是善氣，豈得云無善？若無善，此等氣象從何處來？問：「佛家説『無善無惡』、『善知識』，氣象何如？」曰：「一看莊肅，細看冰冷，固無惡狀，了無善容。即與其『無善無惡』相應也。」

或言佛教能使人外形骸，見危致命。然唐人多溺於佛，卻沈没聲利，不見其清廉節義者多於後世。及朱子之學興，殉節者皆視死如歸，宋、明以返，可以觀矣。

聖人說「經綸大經」，是一段「肫肫其仁」所發，實是從化育中出來的。聖人所言所行，都是爲此。吾輩聞有人呼風唤雨，卻不生景仰心，聞得忠臣孝子，可師可法，便心悦誠服。即此便見得天地之心，亦是如此。左慈、周顛仙、冷謙，殺亦殺他不死，岳武穆被秦檜一殺便死。然今卻不羡慕左慈、周顛仙、冷謙，而景仰武穆。左慈果是手段大，何不除了曹操，别推箇賢臣輔漢？顛仙亦不能除陳友諒，終須洪武動兵。可知此種毫無所用。就是畫一道符，誦幾句呪，拘得鬼來，亦只是未散呆魂。問：「符呪何以能拘鬼？」曰：「朱子説得好，『公既信佛，鬼即公輩，如何不信？』今有一異狀之僧，便傾城往觀，施舍駢雜。這些人死了，如魂魄不散，自然還是如此。須知幽明、人鬼一也，看得極平常，方是道理。高一邊的人，説世無鬼；低一邊的人，説是事皆鬼爲政。聖人説道理，因拈『中庸』二字，最妙。」

漢時，六經皆有緯書，光武因「劉秀爲天子」一言，便尊爲聖經。桓譚言其不足信，輒罪其非聖。直至隋文帝始燒除之。聖人極數知來，不過推之以理，如寒往暑來，乃感應之必然者。痴人以爲，聖人於後世某一箇人姓張、姓李，名甲、名乙，皆知之，不直一噱。聖人之訓曰：「將興致祥，將亡致孽。」確然實理實事。遇灾異則恐懼修省，不此之務，而耑以禳報爲事，至終日在吉凶上作無益算計，勢必爲鬼物所愚，有當凶而反致祥者矣。

陰陽雜術，某閱歷多矣，何嘗有驗？即有驗者，亦是説得多了，偶然撞著耳。惟聖人之教，一以人事爲主，你學字會寫字，學文章會做文章，如人喫飯會飽，不喫會餓一般，何等切實。大約人之精神魄力甚大，雖偏僻之學，逼出一段光怪，亦能驚動人。子雲作太玄，口中吐出白鳳，劉更生喜言神怪，藜火老人感之而至。若聖賢平正學問，卻無是也，蓋其氣已與日星河嶽合矣。

友言：「明太祖曾遣人向天竺求經。又各王分封，皆以一僧傅之，姚廣孝則燕王傅也。」先生曰：「洪武亦不是信佛。大抵人不能無所畏，當其分争時，匹夫匹婦皆吾敵。至天下一統，無外患可虞，欲保社稷，長子孫，便懼鬼神。思以邀福而除禍，未有不爲僧道所愚者。自非聖人，斷不能免夾雜念頭。惟聖人胸中瞭亮，道理看得透，知到我即天，天即我，坦然做去，有何畏懼？」

鄧文潔説他不要學聖賢，亦不要學天地，不知要學甚麽？其刻苦至終日跪庭中，石上漬血斑斕，到底不見他怎樣超妙。王鳳州、季明德輩，後來做出文字，都通不去，所謂「自詖而淫，而邪，而遁，必至於窮而後已也」。

朱方旦初至京，傾動一時。猗氏衛先生在朝班，極詆之，適史子修聯坐，色殊不懌，猗氏並責之。子修曰：「我非孟浪信從其教者，彼實能起死人而生之，雖欲不信從得乎？」猗氏詢其詳，子修曰：「吾妻病已三年，委牀待斃。聞朱至，往叩之，朱曰：『俟吾察其命盡與否，君姑還，余即至。』某問：『先生能遽來耶？』朱曰：『不須余來，病者自知。』是夜，妻竟安卧，又聞室中有異香。至鷄鳴時，妻欠伸而覺曰：『汗透矣。』索衣易之，勸其少間，妻曰：『我愈矣。適夢至一公廨，有大官命吏檢簿，須臾吏白曰：「史鶴齡妻壽限未盡，但灾厄甚重。」忽聞屏后有人曰：「既壽限未盡，令其夫婦皈依道教，以禳解其灾可乎？」大官起立拱諾，曰：「受朱先生教。」因命余歸。』遂蹶然而起。」猗氏聞言悚然，遂與子修俱詣朱。朱曰：「余閉目見諸賢聖，開目見天，注想既久，自然與天及賢聖同歸。公輩讀書而不知其何義，『顧諟天之明命』，非此之謂耶？」猗氏遂亦大服，嘗邀某同往修謁。某先索方旦所著書觀之，得其中説、質言二種。書中別字無數，想來天上無不識字的神仙，遂堅辭不往。後方旦被罪，行刑於湖廣市曹，監斬者即其弟子王新命也。將斬前一日，尚慰其弟子曰：「毋怖，明日午時，當有赦至。」其怪誕至此。問：「當史家求禱時，何以能然？」曰：「妖術本不足論，但以吾道推之，何妨如是？當其清修苦行，或者鬼神亦甘爲所驅役，逮至奉儗王侯，驕淫過度，則鬼神棄之矣。至所云『注想』，亦有可取。我輩平生何嘗注想一件事，都是悠悠忽忽，老死而已。用志不分，乃凝於神，有能晝夜不忘，念念不舍者，吾未之見也。」

有行取官許三禮者，放言高論，開口便説人莫要錯了路頭，一大聖，一大賢，一大儒。環極魏先生者，冲虚君子也，聞其言，爲所悚動，乃謂某曰：「余不能測其學問高深，君當一見之。」及見頃，三禮言其宗旨云云，某問之曰：「所謂大聖者，必孔子也。若大賢，則顔子，大儒，則程朱也。」三禮曰：「然。」某曰：「程朱去孔子千五百年，不能得師，或至錯了路頭。顔子親見孔子，孔子何不指以大聖路頭，任其錯走？豈顔子天姿僅可以賢，抑孔子秘而不宣耶？」三禮無以應。翌日，爲環極述之，環極深爲稱嘆。久之，某入朝班，猶聞三禮向人稱説云云，可見其糊塗一世。

人言語不近情理，都是言妖。今見得佛、老果不足辨，雖不曾細讀其書，但既不是我們的道理，便不是。此道理外，更無道理。曹武惠兵已過江，南唐始焚卻佛經，曰：「今而知舍周公、孔子之道，無足以治天下者。」二氏説玄説妙，我們治天下，著他一點便害事。

榕村語録卷之二十一

史

古時史官當其職，以死守之。馬、班雖不及古，至今讀其書，於漢何嘗肯輕假借？明太祖見修元史，有醜詆的，悉令改訂。雖是盛德事，要非古義。此是爲天地間存一公案，既付之其人，隨彼舉職，不須更行監制。

某四十年紀不喜看史，以閱歷世故未深故也。頃看通鑑，甚易爲力，衹以身經者多。看他處得如何，有處得高出吾輩者，有反不及者。須是四書這一邊先看得有箇底子，看史方有益。如無一些把柄，便讀盡廿一史，道理都不著實。

看史、漢、三國傳紀，必須以類相從，長者短者，分者合者，詳者略者，有以此人事蹟列彼傳中者。又如稱名爵，年月日時，或載或不載之類，皆要講其體例緣故。總之，要先治春秋，纔有根本。某常説做理學文字，不能離學、庸、論、孟、易經；學古文，不能離尚書；學記事，不能離春秋；學詩，不能離三百篇。五經是各樣文字的根本。

四漢史內〔一〕，但是有名人傳，俱應檢抄熟看，長人學問。不單取其好處，就其不是處亦可爲鑑。

史書總是公修便壞。古者以此爲耑家學，馬、班皆父子相續而成，就是歐陽公、宋景文，亦聽其自出手筆。當修史時，朝廷但資廩給而已。唐書中，歐陽公所任惟志，其餘盡係景文作。景文拙於序事，書成，送與歐公改訂，歐公以其前輩辭之。看來新唐書到底不算好。

作史不是易事。史、漢二書，俱父子相繼，尚未及成。史記中或書「沛公」，或書「高祖」，稱謂俱不一。朱子謂因未成書，不曾一例改正是也。漢書又經大家補得許多，方成。清植。

左傳中有先王典制，亦有小道鄙説，有君子格言，亦有小人謬論，大略可與史記並稱而已。凡稱「仲尼曰」者，多不確。如趙盾越境乃免，殊不爲當。史記載伯夷叩馬事，歐、王皆辨其妄，亦有理。二老久受養於西伯，何至叩馬時，乃似初識？又前云武王告於文王之墓，載主而行，後卻云父死不葬。不葬安得有墓？潁濱譏子長「淺陋不學，疎略輕信」，朱子以其言爲當。子長時，古文尚書、周禮、左傳俱未出，子長所見但國語耳。至孟堅時，古文尚書、周禮、左傳皆出，而劉向父子從内府得許多秘書，孟堅亦得觀之。其識見筆力，又能運鑄諸書，只是文字骨氣，雄健處遜子長耳，實則學問之醇，識見之卓，殆有過之。

某未領鄉薦時，曾將左傳分類編纂，言禮者一處，言樂者一處，言兵者一處，言卜筮者一處，嘉言善行一處。如此容易記。未及編成，以人事而廢。昔蘇子容記得史熟，東坡問之，答曰：「吾曾將某年某月下，將事繫之，編得一次。復將事下繫以某年某月，又編得一次。編來編去，遂熟。」東坡曰：「吾何嘗不如此下工夫？畢竟公記得。」大概欲史熟，須如此。

凡文字不可走了樣子。史記創一箇樣，後來史書便依他。敘記諸文，韓昌黎創一箇樣，後來亦便依他。其初創爲者，都非常人，若後來不是此等人，生要創爲，便不成樣子。太史公文字，似不如昌黎一字不可增減，然其不如處，正是好似他處。太史公無意寫出，昌黎有意裁剪也。韓文力去排偶，太史公卻似隨筆寫下，自不排偶。常有三四件事，一筆寫去，自然各樣句調。班史便煉作幾句相對。太史公與昌黎，覺有天人之别。

班馬史贊，議論亦多不錯。班固揚雄贊，褒貶俱當。司馬項羽贊，突以重瞳，爲舜「苗裔」，殊無脈理。至結末，論自不刊。

司馬子長筆力，周衰諸子不及也。其文渾渾噩噩，結搆處大，人莫知所措置。昌黎較周密，論筆氣，到底史公高。班孟堅得劉向、揚雄、班彪諸人講貫議論，意理自較完備，筆力卻不及史公。

史記大都剪裁別人的多，就是當代列傳，恐亦有底稿。自著者，只有諸侯王年表諸篇，卻便見他筆力。傳贊一兩行，有説得不是的，亦有没甚意味的。班孟堅文多排語，至如禮樂志等，便不用排，豈讓子長？所以老蘇云："遷、固之雄剛。"

問："人言漢書爲史書正體，看來畢竟史記爲正。史是紀事之書，史記自己不肯多著議論，如周紀，前引書，中入左傳，後入戰國策，剪裁其文而已，此正體也。至伯夷傳，人動云變體。列傳爲太史公創體，豈有自創一體，開頭一篇，即用變體者？其所謂傳，即據舊傳文而云然也，前後著議論而已。"曰："極是。宋史不好，便是坐此，有許多好文字不入，卻自己填上許多話。但史記，於賈誼不録治安策，董子不録天人三策，卻不如班史爲善。"

史記議論誠有翩躚處，然其志歸於尊孔子。謂"先黄老而後六經"，其自序作書之意，何不祖述黄老耶？

朱子謂"史記强似漢書"，果然。近來因輯樂律，見漢書律曆志，許多没要緊語，如

「鍾，種也」，「陽氣種種」然而生也〔二〕，竟是混語。史記要去他一箇閑字亦難，字字都是骨子。

漢書節人文字多未工，如治安策，中間項款皆不清。太史公秦楚之際月表，「以德若彼，用力若此，蓋一統若斯之難也」，孟堅節作「以德若彼，以力若此，其艱難也」。「其艱難也」四字，總承上兩句，與史記原不甚異。但使讀者連「以力」句讀，意指便混，不若史記明快。又孟堅歸重在秦以暴故失之易，而漢興之速。史公卻歸重前代以封建故得之難，秦以郡縣故失之易。漢興以來諸侯年表，言因封地太闊，以致僭逆，其後分封子弟，始得强幹弱枝，歸於「以仁義爲本」。可見史公胸中大有見解。只是游俠、貨殖之類，皆崇獎之，以此讓孟堅出一頭地。班氏父子兄弟，自成一家學，天官、律曆，乃出大家之手。友曰：「史記列游俠、貨殖，或亦有見。見得先王法制盡廢，將來兼併吞噬，不在上而在下，則俠猾爭攘者出而持世矣。」曰：「如此宜露其意以抑遏之，反焉之揚其波，無是理也。」

孟堅文字雖不如子長雄健，然識見醇正，議論皆是。韓文公絕不見提起，想以其勦襲揚、劉議論耳。文公果不勦襲，然孟堅正未可輕。其評論二劉及董仲舒、揚子雲諸人皆精當，戰國文字之氣習、識議，至孟堅始變盡。子長亦非戰國文字，其高視闊步，中有斷處，而穿田過脈，皆有針綫，高出左、國之上。但議論多是戰國耳。

漢書乃孟堅湊籠劉、揚諸家而成者，殊可觀。十志惟天文、五行穿鑿，餘俱典實淵茂。

後世情僞之變，無所不有。讀史乃練達人情之學。左傳尚不能備後世情僞，若漢書則幾備矣。

「爲天下除殘去賊，宜縞素爲資」，留侯之謀於漢高，此爲第一。自記。

陸象山有武帝優於文帝論，以爲拊髀之歎，不如輪臺之哀，至謂：「二帝三王之心，吾於武帝見之。」使帝誠存二帝三王之心，平生所願皆宜自訟，何時貳師喪敗爲可悔，雖悔而猶有恥諱之意哉？推其詞指當見之。以此便爲優於文帝之決，欲窺堯、禹用心，亦好奇之論。自記。

漢書於孝平后下云：「安漢公太傅大司馬莽女也。」此只宜用「莽女也」三字。自記。

婁敬言周公營洛，是「欲令以德致人，不欲阻險，令後世驕奢虐民」。見解直是儒者，能知聖人之心，豈辨士乎？至贊和親之策，而曰：「冒頓在，固爲子婿；死，即外孫爲單于，豈敢與大父抗禮？」則失之迂矣。既知冒頓之殺父，何謂其不敢與外祖抗也？自記。

史稱「良多病，未嘗特將」，非也。良之智慮深長，固如是耳。自記。

賈子所云「糾纏」者，言糾之急則轉亦急，翻覆久而後定也。應説未盡。自記。

鼂錯欲教太子以術數，此等議論皆戰國、亡秦之餘酷。習俗溺人，故雖以文帝天資粹美，而不能辨也。以錯爲太子家令，顧反以賈生傅梁王，豈不輕重失宜之甚？自記。

李廣蘇建傳贊，「心」字與隣叶，非是。班史中如此類極多，古韻至漢時已差謬。自記。

韋玄成傳中諸奏，宜與郊祀志相聯綴，以備一代之議，以應古者郊廟之本文，不當於韋傳見之。蓋作者文重思繁，未及釐正耳。自記。

劉更生之獻鴻寶苑秘書，乃少賤好奇，不足爲更生累。自記。

李尋傳「日將旦，清風發」一段，乃有師授之言。左傳中有「明夷之謙」一段，可參看。自記。

谷永黑龍之對，俱是爲異姓游説。漢以火德王，如何更以黑龍爲同姓？至攻至尊之惡，固是爲王氏蔽護，然充成帝之行即微王氏，能久安乎？春秋深探其本，而反自貴者始，雖有伊尹、周公，不得舍此而彼是攻也。永則可議矣，庸可謂此言之非是乎？劉子政懇懇於同異姓之間，而格心之論無聞，亦缺事也。自記。

揚雄贊以序爲論，瑕瑜不相覆，極妙贊體。自記。

酷吏傳贊於甫刑「報虐以威」之意，不可不揭爲世鑒也，惜未之及。自記。

貨殖傳「貪賈三之，廉賈五之」二句，孟説似未是。貪賈以十計而三之，謂得十之三分餘也。廉賈以十計而五之，謂息十之二也。自記。

西域傳中「天篤」，天竺也，即身毒。明帝迎佛在前，班傳曾不一及，故知其事本微，後人張大之。其云日所出、日所入之理，史中未明，蓋未通周髀之説耳。自記。

孟堅西域傳贊，立論如彼，而定遠竪功西海，白首僅還。豈其家庭平昔議論，漫相乖剌耶？故自古功名之會，違厥素心者多矣。西域諸種何辜？而仲升積年薙獮之。唐王龍標箜篌引發此意。自記。

漢書敘傳中，「窮達有命，吉凶由人」二句，精極。若以爲窮達由人，吉凶有命，則大謬矣。自記。

敘傳中，律曆志贊可謂潔浄精微。自記。

漢書十志，天文乃曹大家所補，五行多荒誕之説，郊祀敘漢武事太繁，然三敘亦精，餘七志俱好。自記。

房中歌云：「簫勺羣慝。」簫勺，即消爍也。晉灼謂「簫，舜樂。勺，周樂」者，非是。又云：「安其所，樂終産。樂終産，世繼緒。」「所」字與「緒」字叶，兩「産」字相叶。又云「澤弘大」，「大」字恐「久」字之訛。下文「德施大」者，弘也；「世曼壽」者，久也。「久」字便與「保」、「壽」叶。自記。

禮樂志循首迄末，議論純粹，孟堅儒術之文。自記。

刑法志因井田而制軍賦一段，當採以補周官小司徒之章。自記。

漢文除肉刑，而張蒼等於「當斬右趾」者，忽進以死刑。求輕反重，議事鹵莽至此。自記。

漢書食貨志云：「有賦有税。税，謂公田什一及工商衡虞之入。賦，共車馬甲兵士徒之役，充實府庫賜予之用。税，給郊社宗廟百神之祀，天子奉養百官禄食庶事之費。」康成注周官甚差，得此正之。又云：「約法省禁，輕田租，什五而税一，量吏禄，度官用，以賦於民。而山川園池市肆租税之入，自天子以至封君湯沐邑，皆各爲私奉養，不領於天子之經費。」此漢家致太平根本也，猶有古者公天下之心焉。自記。

所云律曆志者，因曆法用黄鍾起筭，故前半説律，爲後半算曆張本也。後行四分曆，便不與律相干。史記分爲二，何嘗合來？後世修史者不察，遂俱云律曆志，豈不可笑？自記。

「黄鍾之宫」，另爲一管，非十二律中之黄鍾也。與京房之準、梁帝之通正相似。長亦九寸，而以三分之法穴其旁吹之，若今簫篴之類。可據以爲準，而定諸律，故六律、六吕，此管皆可以生之，而爲律本也。月令十二月皆有所中之律，中央律中「黄鍾之宫」，蓋謂此耳。緣今吕覽錯互「三、九」二字，讀者遂不得其解，而妄爲之説，紛拏喧豗，千餘年於此矣。只細讀漢志自見。自記。

律曆志言丑未居其衝，乃陰陽之要妙，諸術莫不用之。自記。

漢志云：「玉衡杓建，天之綱也；日月初躔〔三〕，星之紀也。綱紀之交，以原始造設，合樂用焉。律吕唱和，以育生成化，歌奏用焉。指顧取象，然後陰陽萬物，靡不條鬯該成。」蓋日在子則斗建丑，日在丑則斗建子，日在午則斗建未，日在未則斗建午。「綱紀之交」，謂子丑午未之際也。周官大司樂分六樂而序之者，是律吕唱和，一歌一奏，分祭之樂也。下條「圜鍾爲宫」，乃「黄鍾」之誤。用黄鍾祀天，林鍾祭地，是以「綱紀之交」，爲陰陽之首，大祭之樂也。此條文義至深，莫得其意。又曰：「此段説樂至精，蓋周官祭祀，天神、地祇、人鬼，用三統之律爲宫，而四望從天，山川從地，祖妣同饗，故云『合樂』。其樂，天用黄鍾，地用林鍾。今周禮天作『圜鍾』者，與宗廟之文互也。想班氏爲志時，尚未差失。『綱紀之交』，謂斗建與日躔相遇交互處，乃子丑午未之間也。其時陰陽初生，造化萬物，故人祀天地則用之。其餘分祭，則天地、四望、山川、先妣先祖，各有歌奏。如奏黄鍾則歌大吕，奏太簇則歌應鍾。以其合辰之律，相爲唱和；因其陰陽終始生成，以取義類。此則分祭之所用也。二祭皆因依法象，使陰陽萬物條鬯該成者也。」自記。

律曆志「嘉量」一條，與周官考工㮚氏章，今所據以定黄鍾。知其以積實爲主，而不紛紛於圍徑之誤者，賴有此耳，故皆曰「聲中黄鍾」。自記。

律曆志以權屬水，衡屬火，矩屬金，規屬木，繩屬中央。須云木規金矩，水準火繩，而土爲權衡，以生四者，乃與篇首之義相應。自記。

律曆志云：「壽王候課，比三年下。」只言其曆最疎，課最下也。顔注以爲「下獄」者非。自記。

太初法，至朔同日爲章，交蝕一終爲會，分盡日首爲統，統首日名復於甲子爲元。其日法，以八十一爲分，又十九之，以一千五百三十九爲小分，以三百六十五日又小分三百八十五者，爲日周天之數。以二十九日又小分三百一十七者，爲月會日之數。十二會不盡歲氣，而閏餘生焉。十九年七閏，則氣朔分齊，是爲一章。然每月合朔，不在周道之交，則會而不蝕。曆法，五月二十三分月之二十，而一近交，凡一百三十五月。而一當交，當交則蝕分盡。章之日月，雖會於冬至，而不當交。積二十七章，然後朔日冬至，交會分窮，故謂之會。以日法計之，一歲全日之外，小分三百八十五。比之四分曆法而稍贏，蓋侵小分四之一也。章會至朔之分，不在日首，積之一千五百三十九年，恰贏小分三百八十五。其明年景復，則去酉入子，而冬至交會，起於日首而無餘分矣，故爲一統也。然甲子者，日名之始，必氣朔肇於此日，乃得曆本。故初統而得甲子，次統而得甲辰，三統而得甲申。三統既盡，復值甲子朔夜半冬至。揚子雲所謂「章會統元，與鐲俱没，則後元之端也」。三統曆，劉歆因太初而作者。又云：「所謂去酉入子者，四年而景一復。」初年冬至在子，次年冬至在卯，三年冬至在午，四年冬至在酉，第五年始又復於子。今一千五百三十九年，則四年之數未盡，是冬至當在酉也。然有日分所贏之小分四之一者，積至此時，恰贏小分三百八十五滿四分日之數，則冬至已不在酉而在子矣。自記。

黄帝得寶鼎、神策。神策，即蓍策也。此一段傳聞，只是黄帝作曆事耳。黄帝得策作曆，正與取竹造律同一符應，卿自不解。自記。

子長於武帝時事多不諱，故論史必推史、漢，不獨文章佳，以其出於直也。文中子以三國志爲勝兩漢。看來魏、吴有底本，便多文飾，不能簡實。惟蜀志則承祚自爲之，字字不虚。

作史全要簡潔，蜀志後主二年，終歲止八字，曰：「勸農殖穀，閉關息民。」只此的是良史才。

魏、吴二志，皆有底稿，不能盡如承祚意。至蜀，不立史官，反得盡己之意，筆則筆，削則削。如張嶷傳載其與費禕書，戒其太簡易，恐有奸人不測之禍。又與吴諸葛恪書，戒其根本不清，但欲立功於外，恐爲人所圖。後來皆應。只此二書，便顯出其人，他不足論，何等有識。關侯傳，載關侯爲曹操所得，操使張遼説降。關侯曰：「吾極知曹公待我厚，然吾受劉將軍厚恩，誓以共死，不可背之。吾終不留，吾要當立效以報曹公乃去。」遼報曹公，曹公義之。只此一段，三人身分皆見。

蜀志最好，魏、吴二志俱不如，吴志尤虚華。只是蜀志亦有太簡處，裴注斷不可少。問：「三國志於曹操未建國之先，雖稱『太祖』，至爲魏公則稱『公』，爲魏王則稱『王』；曹丕未篡時亦只稱『王』，明其爲漢王公也。至吴，則未稱帝之先只書名。惟先主始終稱『先主』。似承祚意中，已將蜀作正統，如朱子之見。」曰：「亦未知其意果何如。或者承祚是蜀遺臣，故書法稍别。然此書爲文中子所推重，不爲無故。」清植。

隋書天文志極好。唐書天文志是張燕公筆，詞采太勝。

沈約所作宋書，其志中説天體處，最詳明。

韓文公順宗實録，質實得經意。無虚詞，無遺事，方是實録。彼正不屑學史、漢，人反以爲訾議，何也？

唐鑑議論，及新唐書論贊，朱子俱稱之。今看來，敘事不及史、漢，至論贊，兩漢後未見其匹，比五代史尚覺差勝。

五代史無人物事蹟，底子不好，故覺得闇然無色。

通鑑從韓、趙、魏爲諸侯起，朱子雖有詩譏之，言履霜堅冰，其來已久，不到此時，王靈始下替。然又稱他不直接春秋，留空一段，是不敢僭妄處。左傳終於智伯之滅，而通鑑接此，自居於傳，卻有體。史記雖多可議，亦自有意思結構。如世家始泰伯，列傳始伯夷，貴讓也。即尚書首二典，詩首文王，春秋始隱公之意。

通鑑於己所不喜者，並其人削之，如屈平是也。於己所疑者，輒删去之，如隆中對是也。昔人評孔子作春秋，「録毫發之善」；温公作通鑑，掩日月之光。指屈平也。

通鑑遺漏者甚多。如關侯對張遼數語，全載不過四五行，便精采動人，義氣凜然，何必剪裁？武侯拔三千户而歸，賓僚都賀，武侯愀然不樂，謂「普天之下，莫非漢民，使之困於豺狼，皆亮之罪」。那一段氣象、議論甚好。孫權下令，稱武侯「信感陰陽，誠動天地」。雖是異國之語，都應登載，何爲削去？若斟酌裁減，再查閲廿一史，增入要緊處，别成一部小鑑，狠好。惜年老無工夫，奈何？

錫言：「某門人陳大章最熟通鑑，檢得其中踈誤處，便作一篇文字辨駁之。聞其師謂之曰：『不消如此，只注其下云應作如何足矣。宇宙間幾部大書，譬如祖父遺訓，萬一偶誤，只好説我當日記得是如此。若侃侃辨證，便非立言之體。』」先生曰：「正是如此。今人讀程朱書，於其道理精純處毫不理會，至於地名、人名、制度偶然踈舛，便當作天來大事，狂呼大叫，累幅不休。雖説得是，亦令人厭，所謂辭有體要也。」

春秋是當日史書全本提綱耳，不然僅存此，教人如何看？綱目似亦不必加目，只云「通鑑提綱」，即以通鑑爲目，何等好。如今目覺看不得，某意當編一小鑑，全要簡，如夫子删書，不妨架空多少年無一字。但須識見大，又博學，方可做此事。友云：「通鑑如許大部，而隆中語卻不全載，殊不是。」曰：「正是。若編小鑑，如天人策、出師表之類，須立例在前，云爲世傳誦者不載，不然恐太多。」

千古選書，如易、書、詩、春秋，各具一體裁，爲萬代文章之祖。朱子不安於文中子、司馬温公之所謂統者，而修綱目。止綱爲朱子所定，目便付之門人，多欠商量。所輯小學，許白云雖極稱之，但恐其中忽載一段極古雅經傳，忽載一段常言俗語，義理何嘗不佳，論體裁未免雜。

綱目尚少剪裁。春秋好在没要緊事，删削一空。存其大經大法而已，多無爲也。

文中子於南北朝奪統歸北，亦有意思。晉雖篡弑，然既一統，其子孫播遷江東，中國衣冠文物在焉，得不以爲正統乎？宋、齊、梁、陳相繼篡奪，年代復促。晉滅，恰值元魏興於北，修明禮樂，慨然欲復古制。春秋之法，中國用夷禮則夷之，夷進於中國則中國之，天意無中外也。後分爲東西，高齊無復人道，宇文能整理，則以正統予周。隋恰好承周之後。此以人事體貼天意，頗亦有見。至朱子則一總細注於下，不分正閏，萬代可行，自更簡易正大。若其次則文中子也。通鑑不妥當，不及文中子多矣。

舊唐書把張曲江、杜工部、韓文公傳，都説得不成體面，所以有新唐書之修。然新唐書亦爲武后立紀，何耶？綱目於三國時，以統歸蜀；於武后時，書帝在某處，已是眼高千古。前五代，王仲淹以統歸北，歐陽公又欲奪以歸南。至後五代，有言南唐爲唐後者，歐陽公以爲無據，反以晉、漢相篡爲正統。雖有予之以統，正所以著其罪之説，畢竟牽强。温公因之，大約都認做天有一綫的統串下來一般。朱子始創分注之例，妙絶。天至此時，亦未嘗有所專屬矣。至「熒惑守心，惟魏應之」，無論灾祥之説不確，即果爾，亦是天氣，非天心天理也。

通鑑有狠不妥處，如以曹氏爲正統，卻書「諸葛亮入寇」。其立例，但篡得共主位者，便爲正統，起自他處者，則爲賊。文中子於五代時，忽奪此與彼，忽奪彼與此，只爲每年要存一年號，便没擺布，朱子忽想一例，只書甲子，分注其下。雖聖人復起，不能易矣。

綱目大體，已無可議。只有秦家十餘年，竟當準王莽例黜之，班孟堅所云「餘分閏位」也。其年數既不多於莽，而莽罪在漢一代，秦惡毒流萬世，復浮於莽。若以秦時無他姓爲主，莽時亦無他姓爲主也，不過以莽後仍爲漢，秦後不爲周耳。實即以漢繼周，有何不可？

綱目於楚、漢之際五年間分注，先楚而後漢，似不可依。楚、漢並起，漢先入關，仁暴復異，自當先漢。

因論吕后事，曰：「後儒偏固之論，最是廢后事，斷定以爲不可，如譏光武廢郭后是也。假使當時高祖廢吕后，未見吕后之惡，后儒亦必譏之如光武矣。出妻，聖人所不禁，至如『國本』之説，亦不盡然，要當視其本如何。秦始皇外扶蘇而内胡亥，隋文帝廢勇立廣，善惡顛倒，此自不可。若如漢武立孝昭，有何不是？天下大事，果然太子狠不好，卻説萬萬動不得，難道舉祖宗之天下而喪之，其可乎？此類須有斟酌。光武之過，不在廢后，在不任三公，而柄歸臺閣；不先六經，而篤信讖緯。一壞政事，一壞名教。此論，俗人以爲迂闊，其實切近。後來明帝遂求佛教。魏伯陽之參同，張道陵之道術，都起於東漢，光武焉得辭貽謀之過。」

後世必謂太子换不得，皇后廢不得，似覺太執。只是换得不當，廢得不當，便不可。此處當兼賢否論，不全以嫡長論也。如昌邑不道，則宗社爲重，霍子孟尚可廢立，何況君父。堯舜人倫之至，欲爲天下得人，竟舍己子立他人。他人尚可，何況己子擇賢而立。光武廢郭后詔云：「宫闈之内，若見鷹鸇〔四〕。」果爾，如何可爲后？方正學譏之云：「糟糠之妻尚如此，貧賤之交可知矣。」「羊裘老子早知幾，爲向桐江釣烟水。」他一生迂拘不能成事的本領，盡見於此。嚴子陵一段極有趣的事，被他説得冰冷無味。試看權文公詩「能使薄者淳，持此報故人」，識見議論，豈不比正學較高？范文正云：「非先生無以見光武之大，非光武無以成先生之高。」雖略夸張，卻是實事。

問：「漢孝獻廢時，蜀人誤傳已崩，先主謚爲孝愍。綱目既以統予蜀，帝謚似應以蜀爲正。」曰：「想因蜀是謚於生前，故姑仍通鑑。或是朱子偶失檢點，亦未可定。」清植。

綱目是非褒貶，雖稍嚴些，然大要不差。以某之意，如曹操、司馬懿，倒底不曾正名。即依律固是死罪，但死之中，亦要分别，與王莽、朱温不同。莽、温自應立斬，操、懿還可秋後處決否？

古今言莽、操，若以孔子援情定罪，畢竟操少别，倒底不曾篡。雖曰「苟天命在我，吾其爲周文王」，然比莽身爲之，則差矣。若使操後接以陳思，終守臣節，則操豈至被此名哉？

某於朱、程議論，有不敢附和者二條。程子論管仲與魏鄭公不同，恐未然。桓與糾俱是奔竄，管仲隨子糾，非奉先君命也，不過急時合夥，原算不得君臣。魏鄭公所輔者太子，上尚有高祖，受高祖命輔之。建成死，太宗召之，鄭公神色自若。太宗責之，鄭公曰：「太子若聽徵言，豈有今日之事？」其分不過至此而止。若高祖命他輔太宗，他即輔之，有一君無二君。管仲尊攘之功，與貞觀之治，亦差不多。貞觀之治，鄭公之力爲多。若以功準過，二人相彷，不得優管而劣魏。朱子進狄梁公而斥荀文若。武氏立周廟，改唐年號，梁公爲之宰相，徒以中宗尚在，勤勤以姑母曉譬，薦五王成身後功，遂謂「反周爲唐」。至荀文若，初佐曹操，削平禍亂，操未遽有逆謀也。及欲加九錫，文若即憤恚至死，未見得有共謀篡弑之端。若不論跡而誅心，心亦何據之有？且後來魏受漢禪，功臣配享，無文若在內，則魏之外文若明甚，何所憑而謂之「漢賊」哉？只好責備他「不識人」、「不見幾」。孔明謂曹操「挾天子以令諸侯」；周公瑾謂操「雖漢相，實漢賊」。英雄識人，預先見得甚明。程子責揚子雲不能見幾，法言中尚謂王莽爲周公。不責以死，而責以「不識人」，便無詞矣。只是程朱到此等處，見得明，把得定，處得是。伊川一見哲宗，便有去志。朱子於寧宗亦然。如此立身，方可責備人。

梁公與姚、宋皆事武后，武易國號，廢唐廟，已是移祚。諸公俯首爲臣，豈逆知有五王在後耶？君子論人須恕，後既成事，諸公賢者，足明無他。荀文若猶爲漢臣，未爲魏臣，至自戕其生以求免於大惡，其志亦可悲矣。而朱子罪之不已，謂其爲唐衡壻。文若方二歲，唐衡已死，則結親乃其父爲之，何以爲文若罪哉？自記。

近看續綱目，令人悶絶。「續綱目」三字就不妥，何不續春秋？綱目正不易續，寧各自爲一部書可也。綱目之有發明，後人爲之。商素庵輩自作而自發明之，又贊曰「續綱目作而亂臣賊子懼」，豈不令人破口。況其議論刺謬，尤不可言。陳洪進值五代亂，盜據漳、泉二州，宋已平海宇，洪進獻二州地，正與錢鏐同，而尤之曰：「春秋重死守社稷，故貶之。」春秋諸國，受之天子，傳之先君，洪進之地，誰予之、誰傳之耶？此例一開，是必欲使爲賊者，雖已四海清平，尚負固拒命，殺人盈城盈野，力窮勢盡，而後就縛，始爲合春秋之義耶？

宋史應重爲之，三百餘年人物，實過前代，卻蕪蔓若此，豈不可惜？作史要有剪裁，我輩生在後代，便要依傍彼時人品學問之可信者。如朱子語類、文集、言行録，極是要緊書。某自幼聞得長老言，朱子説秦檜有中興之功，岳武穆强横，即任之果專，亦恐不能成功。及後讀朱子書，何嘗有此？此乃瓊山乖異之説也。朱子到浙東，即檄毁秦檜祠，門人問：「中興諸人，有在岳侯上者否？」朱子尋思有間，曰：「次第無人。」如此痛惡推服，乃以瓊山之論加之，何妄誕至此？但是朱子有褒貶過，便當依他。只有張德遠，卻要斟酌。魏延、楊儀，不過有才，武侯尚終身愛護。南渡人物，以李忠定、岳武穆爲最，德遠乃彈劾忠定，與武穆亦嘗有隙，卻是爲何？班史有可爲萬世法者，史記内不必改的，漢書即全用之。今如要傳濂溪、明道、伊川，豈能加於朱子？有不備者，論贊中增之可耳。言行録成，朱子悔之，曰：「黄魯直孝行敦篤，惜未入。」然存此語，已與入同。

友言：「某觀宋史亦易修，只把幾箇大人物、大奸惡作主。其餘不關於國勢綱常者，都附其下，數語而足。略有聲欬者，便多幾句，不必盡立傳。」曰：「如此，便省許多閑話。只揀其關係萬古綱常者，記在那裏，豈不乾净。人間之史，便是天地紀簿。如人有得意事，提起足以悦心，大不如意事，提起足以警醒，便勾了。宋史儒林外，又有道學。揚子雲云：『周公、孔子，一儒也。』不知道學如何又在儒外？」友曰：「董江都在漢另立傳，不混在儒林内。倘修宋史，周、程、張、朱當彷此例。」曰：「然。就是史、漢立些名目，原不古，可傳者傳之，何以名目爲？」友曰：「歸震川云：『人嫌宋史太多，吾尚嫌其太少。』爲其事實多所遺漏也。今人因此竟謂宋史尚宜增添，直是痴人前不可説夢。又人謂五代史太少。某卻謂其太多。五代原無人物，何必立許多傳。以某看來，如綱領分明，宋史亦不難修。」曰：「此元不是易事，真箇明有人非，幽有鬼責。只是宋史前面人物，朱子都秤量過，便可據以爲準。如邵康節傳，便用明道志；周子傳，便用朱子狀。此類不必另做，不備者，贊内補之可也。史遷書已不滿於文中子，謂其『記繁而志寡』。只看唐虞之書，所存幾何，想爲夫子所删甚多。故史不須繁也。」

凡律算等書，當直截説明本旨，不可牽扯陰陽五行、八卦配搭。豈必無理，但無益於本義，都成閑話。

古來史書不可盡信。某今有一法，若修後來之史，只據人之可信者信之。如程朱心平理明，其褒貶自當不錯。再據其人自著之書，如姚江自有文集，破敗百出，未有自誣之理。想春秋、戰國時，異説自是無數，孔孟一舉删之。秦漢間邪説亦多，太史公於不雅馴者，删去許多，尚有好奇之論。班孟堅始淘汰歸純，可以爲法。

欲搜廿一史中，取其有關於修齊治平之要者，彷東萊大事記爲一編；又搜歷代典制沿革，及後世如何可以通行者，略彷通考各著爲論，爲一編。但恐無此歲月耳。

【校勘記】

〔一〕「四」字，四庫本作「兩」。以作者有佚著四漢文目，「四」字似無誤。

〔二〕漢書律曆志作「陽氣施種於黄泉，孳萌萬物」。

〔三〕「躔」，原作「纏」，據漢書律曆志改。

〔四〕「若見」，原作「有若」，據後漢書郭皇后傳改。

榕村語録卷之二十二

歷代

舜葬蒼梧，是廣西已入版圖；禹會塗山，是浙東已入版圖。不知宣王中興，赫聲濯靈，何以淮、徐即呼爲戎、夷；江南、湖廣，春秋時皆擯爲荆吴，非我族類？大抵諸侯各君其國，天子有道則來朝，否則職貢不至，聲教遂阻。定九先生曰：「觀武丁朝諸侯有天下，可見武丁未出，諸侯不可得而朝也。」總之，王畿雖爲萬國繫屬，而各國卻委其自治，聖人公天下之心原是如此。

武王取商，不聞商家有死難之人。當時箕子、膠鬲以下，自然尚有其人，因武王處得好，大家便相安。並不見膠鬲出爲周用，周亦不曾强膠鬲使爲己用。這便是兩盡其道。

管仲器小，且不須推説到正心修德，致主王道上去。假令孔子請討陳恒，魯從其請，斷無奪齊國土之事，不過誅其罪人，置君而去。至義聲滿天下，自然四方仰而待命，如文王之世矣。孟子之以齊王，亦是以齊之地，行政救民，使天下歸心耳。斷不是要奪周家天下而有之也。古者方伯專征，或天子以所征之地賞功則可受；又或要荒之外，蠢動暴害者，取之可也。古公初時國甚小，後來便大，想是多得西戎之地耳。斷没有聖賢利人之有，而攘而據之之事。管仲便是又滅幾箇小國，駁雜不純。

問：「使孔子爲君、爲相，亦如堯、舜、周公足矣。」曰：「只怕比周公更渾然無跡些。孔子乾净無比，事事穩，又收得好。雖曰『危邦不入』，他卻曾入；『亂邦不居』，他卻曾居。所謂『磨而不磷，涅而不緇』；『江、漢以濯之，秋陽以暴之』。」

商鞅開阡陌，可見以前阡陌尚存。三代田制，如何急忙變得盡，直至鞅始無遺。又人之爲兵，亦鞅爲之，信是千古罪人。不過要變換新法，奪人相位，就做出此等事。商鞅、李斯當不得位時，好讀不正之書，著不正議論。及得志，便惡燄滔天。所以讀書要正當，莫著怪僻之論，有此一段怪論，便恐有發作時。

孟子言「好善優于天下」，大學之「一箇臣」，便是此二字注脚，有此二字，無所不有。蕭何與高祖同起豐沛，良、平皆後進，高祖任用之，何無幾微不平之意。自己老老實實的管糧餉，又薦一韓信，賴以成功，故功爲諸臣冠。

人但知焚書者李斯，不知蕭何不爲無罪。何原是吏，故從入關，止知收圖籍，爲錢糧兵馬計，經書皆置不問。至項羽一炬，乃盡澌滅。秦人所禁，禁其行於民間者耳，所謂「王府則有」者，固在也。

韓信之敗，就在聞酈生下齊，自恥不如，遂襲而取之。功必欲自己出，敗之根也。韓信等之善將，如蛛之結網，蜂之釀蜜，他的偏長是天生的。亦有學問，他學問於這一路，偏容易，偏在行。

程朱身分高，又見得到，直眼大如箕。三代下所推者，不過幾人：董江都、諸葛武侯、文中子、韓文公，餘則稱陸敬輿、郭汾陽。如韓魏公，則曰「間氣」，范文正，則曰「才氣老成」。

某看漢儒中，如江都、武侯，實在做得事來，次之便算賈長沙、劉更生、班孟堅。孟堅一部漢書，何所不有，議論又得要領，後人議其品行，似屬過苛。當日竇憲出征，朝廷命固從之，豈得不行？既與同行，憲得功而歸，要他做篇文字，豈得不作？更生峭直忠鯁，但略傷急躁。長沙不及董、葛醇正，夾雜霸道。

漢文以長沙傅梁王，以鼂錯傅太子，可謂誤於擇師。

客言：「王莽未篡時，覺得天下無他伶俐。既篡位，一日呆似一日。」曰：「便是。古人說得好，欺天者天亦欺之，罔人者人亦罔之。穆穆之天，未必做此伎倆，鬼神便有許多駁襍的來弄你。」

鉅鹿、昆陽皆以少勝衆。項羽一戰而驕，諸侯膝行而前，氣燄太露。光武一味收斂，伯升爲更始所殺，夜間淚濕枕席，平居卻不露聲色，便是成事氣量。

古來高隱人，不盡是忘世，多是志願極大，見不能然，遂決意不臣人。武侯不立史官，他自看得功業不上眼，故不屑記。如不遇先主，自然高隱終身，孫、曹豈足掛眼。嚴子陵便是看得光武未能十分像意，所以不肯出。即邵康節先生，亦是英霸之資。

耿、鄧輩贊光武，以弘濟艱難，不過保全天下之人身。子陵高風峻節，不污新莽，亦不臣光武，乃能激厲天下之人心。東漢末，宦禍、黨錮頻興，而赴仁蹈義者，視死如歸，子陵之力也。於易「蠱者，事也」，故皆曰「幹」，至上獨曰「不事王侯，志可則也」，蓋所幹者更大，不可謂非事也。定九先生曰：「孟子答士何事，曰『尚志』，正是此義。」

弔嚴子陵詩文，以權文公、范文正公爲絶唱。權詩直説到風尚爲淳，而曰：「焉用佐天子，持此報故人。」高闊純粹，又是實事。范記兩邊説得到，一邊高，一邊大，包涵甚遠。明太祖著論，乃曰：「子陵若在，難乎免於今之世。」殊欠度量。王姚江自以驅馳王事，而以荷簣譏之。意亦褊淺。

方正學作子陵詩極可厭。古今君臣惟此最飄灑，是一段佳話，有何放不過，定要説得掃興至此，況郭后又安知其無可廢之道？友云：「其實麗華卻是糟糠，郭后反是後來所立。」至吕東萊以宋弘語爲諷郭后事，宋弘薨於建武六年，廢郭后乃十七年事〔二〕，安得預爲諷耶？古人亦有憒憒時。

漢宣綜核名實，雖小康，竟弄成一名法天下。至孝明，始鋭意興復禮樂，雖止皮毛，然已能使人尚名節。可見禮樂之功大。

鄧伯道事，小學採之，其實有過處。弟子固要保全，己子縱不能兩顧，聽他追隨不上，萬一得活，亦不可知。何必縛在樹上，使賊戕之？郭巨之子，必不得已只好聽他饑斃，埋之殊屬害理。這都是漢、晉人好名之弊。

客氣用事，好名作威，其人必不可與共事。李元禮爲司隸校尉，宦官之弟已避入柱中，便當住手，乘此以懾羣小足矣。何必破柱殺之，以致激變。武侯事事嚴肅，卻又肯放過，所以妙。

漢之高、文、武、宣、明、章諸帝，天分皆不及先主。先主遺命幾句，語似平常，而所見甚高。「勿以善小而不爲，勿以惡小而爲之」，是何等胸次識解。高、文、武、宣諸君，都用不得武侯，即唐太宗好自見聰明，亦未必用得。

項羽精采，最是沈船破釜，能斷而行，所以成破秦之功。其無用之狀，全見於鴻門之宴。非謂卿子冠軍與高祖皆宜殺，只於適合機宜與不中機宜處，見其大概耳。項羽起手殺太守，便規模不好。昭烈舉事卻有度，不輕殺人，其於督郵也，鞭之而已。口不離仁義之言，遺詔數語，老靠決斷。

先主不忍東征之舉，後來武侯收拾，便如人遭瀕死大病，雖已痊可，元氣終未能復。假令當年能忍，姑與吴和，俟曹操死後，以先主之英偉，加武侯之幹濟，據河、渭上流以争天下，必大得志。人不能如聖人之大公，便須堅忍。一能堅忍，成就便不可量。孟子以太王配勾踐，總押在畏天上説，銖兩不差。

帝王總以知人爲要。昭烈論學問文采，智謀勇略，俱不及曹操，當時陳元龍、鄭康成輩，皆推重之，可見他認得人，得王霸之要。又名義正，得一武侯，增多少氣燄。後來又肯讀書，至遺詔，乃己筆，在漢詔中爲第一。大約大英雄，未有不學問者。

孟子言：「行一不義、殺一不辜而得天下，不爲。」故曰：「善戰者服上刑，連諸侯者次之，辟草萊、任土地者次之。」辟草萊、任土地有何妨？爲其惟導世主以富强，勢必至奪民之利而歸之上也。其論獨夫，直推到天生民而立之君，原是爲民來，都是透頂議論。近來讀史，將此意一觀，覺得三代下不堪著眼。曹操之惡，不消到暗移神器，誅戮忠良。只看他報陶謙之讐，將徐州鷄犬不留。一陶謙耳，徐州之人何辜？這便是賊盜所

爲。昭烈逃至長坂，已是臨危，尚不忍棄百姓。武侯便有孟子家法。朱子論其拔三千户
而歸，云：「是皆歸命於漢者，不爾恐魏人屠之，非因街亭之敗，欲以此遮當其罪。」其
論確矣。武侯之外，如郭令公、范文正公、司馬温公，皆實有孟子之意。但武侯做得來尤
一毫不苟，能令司馬懿老奸宿猾不敢動手，爲儒者吐氣。不然那一輩盜賊，以爲儒者竟
無用，但空言誇大耳。

曹操挾天子以令諸侯，名目甚正，當時天下士翕然歸之，逆節並未萌也。武侯不往
而反南遷，静中已窺見其底裏矣。當時形勢人物，俱看得了了於中，本意拚得終身不出。
及見先主帝室之胄，赤心白意，可與共事，方肯委身。此其出處合於聖賢者。

三代後，武侯是箇小周公，朱子是箇小孔子，具體而微。武侯才大器宏，通身絶無火
氣，雖以伊川之刻覈，每與周公同舉，亦尊之至矣。

近世惟朱子八面打開，光明洞達，無一點黑暗處可以起人疑惑。武侯亦是如此。其
求救於吴，而曰：「若事之不濟，此乃天也，安能復爲之下。」此是實話，出於至誠，若如
戰國策士之掉口舌，權亦黠獪，豈能受其揶揄？法正一飯之恩必酬，睚眦之怨必報，人以
爲言，武侯曰：「主公之在公安，進退狼跋，孝直爲之輔翼，令翱翔不可復制，如何使不
得行其意。」武侯立法甚嚴，自律極謹，而權於人情，又極寬明，是爲情面，即直説無復遮

護。人説陳壽與武侯有仇，故説他「奇謀爲短」，不知此句卻是武侯功臣。九合諸侯，不以兵車，管仲即不用奇謀，何況武侯。武侯行兵，竟是太公、方叔之遺。孫吴一片詭詐，成何局面。妙在武侯又不迂闊，口中亦不説不用奇謀，只似引繩墨，切事情，而所行都是直接三代之事。如今尋武侯一點黑暗處亦没有。

武侯有手段，後人以司馬温公比之。温公是箇好人，才具焉能比武侯？當時曹操雖死，謀臣猛將尚多，兵經百鍊，三分天下有其二。武侯用彈丸之蜀，三五年間，魏人慄慄，應舉者都不應舉，以待蜀漢之至，是何聲勢。觀所以治蜀，一事不苟，惟取益州一節，被人議論。朱子到此，亦嘆息云：「便是後代聖賢難做。」武侯本意倒要先主受劉表之讓，當時若受了荆州，荆、益相連，劉璋闇弱，聲罪西征，何等光明正大。後來據荆襲益，畢竟虧理。只因先主爲主，武侯未必把持得住，如東征之役，亦不能止，君臣之際難言之矣。武侯去既去不得，不取益州又無站脚處，奈何？

昭烈之取蜀，武侯不設一謀，不著一語，然隆中之對，未嘗不以此爲言。大概武侯即取蜀，亦必有道，不肯不光明正大耳。

朱子謂「漢、唐來，做事密者惟武侯，猶未免有疎處」。不知朱子説他疎處安在，豈以荆州單付關侯，及用馬謖之類耶？關侯與先主如骨肉，必不容他人監押，荆州之任，又非關侯不可。馬謖雖敗，更見衆整。武侯軍見前面敗而不動，所以魏人謂之「動如風，止如山」。

吴臨川言：「不聞聖人之道，雖德行如司馬文正，才略如諸葛忠武，亦未足以興禮樂。」此是宋人習氣語。錫曰：「文中子云：『孔明無死，禮樂有興。』然横渠有云：『若不聞性與天道，而欲制禮作樂者末矣。』然則武侯能聞性與天道乎？」曰：「禪家有悟而修者，有修而悟者。湯、武反之，亦是勉勉不已，功夫純熟，透到性天上來。武侯不是粗節豪傑，看他一言一動，毫不苟且，安知其不直透上一層？若李忠定，便疎節闊目，饒使才略大，極其能事，不過做到恢復，使天下富强而止。禮樂要無私無我，至誠大公，本之躬行心得之餘，薰蒸流溢，人人皆信而從之，合下便『郊焉而格，廟焉而饗』。不是但考核制度，頒行天下，即算得數。禮樂不是闊遠事，自日用行習，家庭微曖，何處不是？能興禮樂之人，須時時事事，無一不合禮樂。又須詳考古來因革之變，紀數音節源流之故，審時度務，合於變通損益之宜。博學詳説，至精至當，方可見之設施。」

後世用兵，都不能出孫、吴之外，惟武侯脱去此窠臼。管仲伐楚，不問僭王之罪，而尋摘至小不可考校之事，朱子謂是不肯殘民之意。樂毅威力本可下齊，其不進，或亦有此意。故文中子許夏侯泰初「善發其藴」。武侯自比管、樂，必當有見。武侯節制之師，法令嚴明，其兵與渭濱之民雜處，而若不知，是何等調度？文中子云：「孔明不死，禮樂有興。」今以臆度之，若興禮樂，恐武侯不及朱子考求得精細。然就其設施，凡廬舍供饋，井竈溷厠，皆井然有法，已是禮；内外和輯，上下安服，遠近感動，已是樂。即以意爲之，必不大差。

武侯，同時人無不服，身後人無不服，雖讐敵如魏、吴亦無不服。先主目空一世，計見武侯時，年已四十餘，武侯纔二十六歲，一見便傾倒。世謂陳壽與武侯有隙而貶之，大謬。陳壽進諸葛文集表，前説「管、蕭之亞」者，漢人眼孔耳。後面比之召公，又謂「以佚道使」，「以生道殺」，尚有何不足。如今想他不及聖人，卻不在據荆取益，倒是勸進表。雖非出其手，畢竟武侯爲首，中間塡許多讖緯。若是程朱，斷有斟酌。又手寫申、韓以授後主。申、韓有何佳處？此則聖人不爲也。豈所謂「天民之未粹」者，亦近之乎？

立朝與僚屬同事，最不可露出我是正人的意思，害事最大。東吴張温被罪而死，武侯聞之，疑訝不得其故。久之曰：「我得之矣，清濁太明。」此便是武侯大處。不如此，不能用人，不能成事。

時務隨事不同。春秋書楚爲「子」，假令孔子厄陳、蔡時，楚子發兵救之，圍既解而延見，畢竟不得稱他爲「子」。孫權稱帝，正是漢賊，孔明不討而稱賀，此類正可參想。

問：「程朱自然都做得事。當時伊川若交付他西夏，朱子交付他恢復，未知能如武侯否？」曰：「朱子自然做得來，只是像武侯不像武侯，未可知。」問：「伊川畢竟如何？」曰：「須是從人主，以至宫中、府中，一切都依他整理一番，他纔做，不然便罷。若是從劉先主，先主略不依他，他自然即回隆中去了。武侯既被先主折節下賢，從他出來，不大差，亦便隨分做了。聖人中如周公，既有聖人之德，又通身才藝，自是不同。若伊、吕，想其作用亦未必遠過武侯。管仲才大，又有學問，只是較之武侯，卻許多不如。非是説他必然繼周而王，纔算功烈不卑，只『尊攘』二字，他便做得有限。桓公四十年中，並不見朝王一次，至以天下諸侯臨楚，不過數説他兩件没要緊事。雖朱子替他原情，有『不肯殘民』之説，終是不能制楚之命纔如此。武侯亦賀孫權即位，卻是事機當然，必如此方好并力於魏。魏滅，不怕吴不服，與管仲不同。」

孔明有巧思，木牛流馬亦是想出來的。脚用四小輪，容易行動，棧道路窄，車大難行，牛馬卻步窄，前用一人牽動，其後十數俱可牽連而行。

静中工夫，惟閒時可用。孔明自廿六歲出來，日倥偬於戎馬之間，曾無刻暇，而曰：「學須静也，才須學也。」想他天資高，時時將心提起，用著實落工夫來。

朋友要取直諒，自己受益，不受盡言者，始於予智，終於至愚。夫子稱舜好問好察，不必賢智之言，始足聽也。耕問奴，織問婢，他所素習，必勝於我。武侯天資高，曰「廣諮詢」，曰「聞過必改，而無吝色」，曰「吾心如秤，不能爲物作輕重」。故功雖未成，而信格神明，勢傾天下，當時稱服，了無異詞，後世傳誦，久而彌光。

武侯以區區之蜀，能抗衡於吴、魏者，得人之力也。「宫中、府中須一體，不宜内外異法。親賢臣，遠小人」，不過淡淡數語，實則千古治亂之經。故可與伊訓、説命相表裏。

徐元直説：「俗儒不知世務，識時務者爲俊傑。」武侯云：「劉繇、王朗，各據州郡，論安言議，動引聖人。今歲不戰，明年不征，使孫策坐大，遂據江東。」正所謂「俗儒」也。

朱子謂陳羣「爲賊佐命」，詞嚴而義正。荀攸自應入此例。彧雖爲操謀主，至與操謀篡必無其事。彧之侍中，原是漢官，未嘗仕操。操建國稱魏，則彧死而後操爲之。彧阻董昭以致殺身一節，亦自可取。若其婚於宦官，則彧方二歲，其父爲之耳。彧之罪，當從末減。鍾旺。

龐士元論人才，不肯求全責備，這箇心胸，便可以稱「鳳雛」。

蜀漢雖小，年數不多，卻有可觀。人物之盛，亦不止一武侯。即如關侯對張遼言：

「吾極知曹公待我厚，但吾受劉將軍厚恩，誓以共死，不可悖之。吾終不留，吾要當立效以報曹公乃去。」何等磊落。趙子龍不受第宅，曰：「霍去病尚曰『匈奴未滅，何以家爲』，漢室未復，無所用此。」又謂「漢賊曹操，非孫權」。都中義理。張翼德釋嚴顔，奉之上坐而受教，何等風誼。受劉子初之侮慢而不怒，何等氣度。至後尚有蔣公琰、費文偉，即姜伯約亦有意思。朱子以正統歸之，允當。「熒惑守心」之説，渺茫不可知，惟以人道大義爲定，方是正理。魏之人物，惟曹子建耳，仲達輩不足道也。江東人物，惟周公瑾，次魯子敬，餘不足道也。

趙雲、張嶷不獨有將略，其見事明決，持重老成，實古重臣之選。

問：「管幼安名望甚重，果是何如？」曰：「其人未免雜些黄老氣，本傳中載他一篇文字，細檢便見。」清植。

司馬懿有功於魏甚大，其耐得定處，便是他的本領，便是高手。

作事要箇底子。如行兵，古人有幾句不可易的説話，若「頓兵堅城之下」，「置之死地而後生」，「窮寇勿追」之類，至「兩軍相抗哀者勝」，則又片言居要矣。鄧艾已至蜀，是死兵，自宜堅壁清野，勿與交鋒。諸葛瞻遽與之戰，全不知乃翁兵法者。

知人任人，是人君大事。取人以身，從根本做下來者頗少。如苻堅淫昏無比，爲用王景略，便能立國。唐武宗任李德裕，亦有效。只是錯的狠多，所以知人是難事。

唐太宗天資英發，若有人引他到正路上，便當他不起。因爲他只學得駕馭人之法，雖聳動得外國人聞其崩而剺面，終不是「至誠動物」也。凡人處事，都不消自己暴白，只這點心，萬古人皆知之。

唐太宗事事料理過，又承蘇綽之後，所以治效爲三代以下所僅見。但大根本已錯了，又所謂「敷求哲人，俾輔於爾後嗣」者，絶不加意，所以再傳而有武氏之禍。

立言最要謹慎。魏鄭公、顔魯公，爲人忠亮節義如此。魯公爲文，往往雜於浮屠之説；鄭公作李密墓誌，感密舊恩，猶之可也，更稱贊楊素，極其推高，豈非失言。鍾旺。

商、周之際，除夷、齊外，微、箕且就武王之封，商容亦受武王之表。書録微子，易繫明夷，詩歌白馬，孔子亦曰「殷有三仁」，總量其心之無他，而一於仁也。是心非可假托，而人遂信之也。皎日霽月，萬夫皆見。狄梁公親相武后，反唐又身後事，而儒者諒其爲唐。蓋當日無可退休之勢，只得委蛇以圖濟。又自下位以至爲相，皆有清惠及民，故經世所推者，子房、梁公而已。大抵天生民而立之司牧，非徒以榮之，將使助天而生養斯民也。苟以救民爲心，雖湯、武之放伐，大易以爲順天應人；管仲之事讐，聖人以爲仁。孟子曰：「民爲貴，社稷次之。」所見精矣。

遇時勢極難處，只有一無依傍，聽天順理，不作主意而已。施將軍説：「飄洋遇風者，只有砍倒大桅，隨風所吹，或得近岸，不爾無不覆者。」郭汾陽善用此法，拋置生死於度外，倒得身名俱泰。當時若欲萬全，久無汾陽矣。此理周易説盡。

汾陽純忠無私，然才具略短，不得臨淮相助，恐難成功。郭、李素不相睦，及郭爲帥，李乃自縛請罪。郭鷩謝之曰：「王室多難，豈修私怨時耶？」遂兩相交契。此等處，實高人數等。易傳以孔明與周公並舉，而以汾陽次之，果非等閑。

唐人設科，有「學窺孔、顔」、「道侔伊、吕」等目。終唐之世，惟張曲江中伊、吕科，孔、顔一科，竟爲虛設。紱問：「『窺』字，不爲十分深造如韓退之，還可充得此科否？」曰：「退之果能窺見，然終是狂，不是孔、顔底氣象。」有問，又曰：「若將退之充孔、顔科，陸忠宣充伊、吕科，亦還去得。忠宣儘有經緯。」清植。

易言「有親則可久」，即盛德至善不能忘之意。大凡久而不忘者，須是德至誠感人，纔能久而不忘。宋時，有書生弔仁宗詩云：「桑麻不擾歲常登，邊將無功吏不能。四十二年如夢覺，春風吹淚過昭陵。」「吏」下著「不能」二字妙，寫出含容寬厚，與漢武非武健嚴酷，惡能勝任者，不啻逕庭。此亦是「有親可久」，但不能「有功可大」耳。當時賢奸迭進，用人無常，安能立功？如何不受西夏的氣？總是明白要緊。既有誠心，又要明善。所以程朱説格致那樣鄭重，看來如鳥雙翼，缺一不可。

顔魯公忠義强直，至死不變。陸子静推唐有三人：顔魯公、杜子美、陸宣公，而韓文公不與焉。朱子爲王梅溪作序，所推剛者五人：漢之武侯，唐之杜工部、魯公，宋之范文正公及梅溪。其人爲朱、陸所稱，豈偶然哉？問：「文正聲價，竟在韓魏公上。」曰：「天地間，最重是成就人材。宋之道學，派是文正開的，其心量光明廣大。歐陽公亦喜汲引後進，然近於詞章意思多。文正則理學氣節、奇才異能，無不兼收，所以聲光烜赫。」

富鄭公、文潞公，看來不過是有學問的老實端正一邊人。范文正事業不必勝人，而爲第一流者，功在推獎人才，故陳止齋謂「百年用其餘」也。王荆舒人品何嘗不高，而罪不可赦者，以其摧殘人才也。要造就當下人才，要培養後來人才。武侯不得培養工夫，且造就當下的，忠厚者用其德，技勇者用其才，所以能建功立事。

伊尹云：「匹夫匹婦，不獲自盡，民主罔與成厥功。」天地間道理是公共的，人説不妥，到底有些毛病。所以武侯只要人攻其短，不是故意如此。他高明，直見得事理無盡，非一人之見，便能至當不易。裁斷雖是一人，衆議必要周盡。竟是「以能問不能，以多問寡；有若無，實若虚」的本領。此卻是聖賢窮理治事根本。王荆公只爲少卻這段意思，便萬事瓦裂。武侯在草廬，見龐德公便拜，身爲將相，見許司徒亦拜，此是何等意度。

王荆公於韓、富諸公，皆視之若無有，日對明道先生，猶謂其「言如上壁，兩目不見人」，如何成事？凡做事，與人商量有好處。推與衆人，即是與人爲善之意。

荆公變科舉之制亦是，如何將孔子所定之經，竟欲重加去取？去儀禮，又去春秋，至詆爲「斷爛朝報」，而自己作三經新義，盡廢前人之説，幾幾欲奪孔子之席，狂妄孰甚焉。論理如此，其見之事可知。程朱雖疵駁前人，惟至漢而止，然漢人有片言之善，何嘗不録。如「望道而未之見」，漢儒解作見殷之天命未改，賢人尚多，望太平而未之見。温公至據以疑孟子。此等不辨，是護漢儒而疎孔孟矣。事有同行而異情者，此類是也。

王介甫若治一郡，比東坡强。介甫事事留心，實欲立事。東坡輕財重義，清廉高闊，文采風流，至民生政務，不似介甫有實心。

宋神宗之用荆公，明建文之用正學，皆非前代所有，惜其敗事，令儒者短氣。建文時，本無人。神宗對著明道，寧宗對著朱子，而嘆無人，其然，豈其然乎？

神宗升遐時，邵伯温問明道曰：「時事將如何？」曰：「司馬君實、吕晦叔相矣。」曰：「果相如何？」曰：「君實擔當不曉事，晦叔曉事不擔當。以熙、豐之人，除熙、豐之政，以漸則可，不然衣冠之禍未艾。」後一一如其言。然朱子謂明道「爲之則可，不然君子小人亦難雜然並處」，大約明道卻能如此。孫盛稱諸葛「威略，能撿衛異端」。撿者，知也；衛者，行也；略，撿也；威，衛也。惟「知、仁、勇」全，而「至誠」者能之。

李忠定每用輒效，次第井然，只是略急些。竟是一粗武侯。武穆歸來時，風色已可見，入作樞密，何如且韜晦自全。如王沂公之於丁謂，徐文真之於嚴嵩，忍耐以待其變。大抵君子欲攻小人，則小人之黨必固，不如且放鬆，其黨必自相攻擊，乃可相機而動。

古今兩大恨：秋風五丈原，一也；金牌十二道，二也。一天爲之，一人爲之。武侯正命猶可，武穆直枉死牢獄，且並其子戮於市曹。然至今，三尺童子莫不知尊武侯、武穆，亦莫不切齒秦檜。人心即是天心，可知及身之事，乃氣數之雜耳。敝鄉蔡京子孫，都認作忠惠公子孫；吕惠卿子孫，俱不肯認惠卿爲祖。有子孫而滅絶，然則天之性其可違乎？

門人問：「中興將帥，還有在岳侯上者否？」朱子凝神良久曰：「次第無人。」所貴於聖賢者，以其言可信，使人物事蹟，千載下據以得其實耳。武穆死時，朱子已廿餘歲，豈有見聞不確者？邱瓊山説秦檜有存宋之功，武穆不死，亦未必能平金人。後人錯記，或指作朱子語，可笑之甚。

張德遠爲宋齊愈劾去李忠定，齊愈何人也？乃首出張邦昌姓名，擁戴邦昌者。自是忠定終於不起，而宋祚遂終於臨安。後又不喜武穆，全是私意。雖朱子爲作行狀，不敢謂非徇南軒情面也。問：「此亦可見南軒差處。父既官至將相，功罪須付之史官，與士大夫公論，何用粉飾表暴？」曰：「然。程子於大中，朱子於韋齋，毫無溢美。大中當承平之世，不汲汲仕進，一見茂叔，即知爲非常人，遣子從學，是何等人品。韋齋獨先排擊秦檜，是何等氣節。而其子不多稱焉。蓋如此，然後人信之，若裝點些無實之事，人便非笑。然則非自非笑其父也，一間耳。禹言『四凶』舉其三，諱父惡也，道理不過如是而止。是非者，天下之公，非可以私情移也。」錫曰：「此事流弊甚遠。馴至於今，守身誠身都不講，甚至供養俱不周，惟於親死之後，架空撰爲志狀，或經營入鄉賢祠，便以爲孝子尊親之至。以致學宮之內，儈伍叢雜，賢者恥與爲列。廼知道理一錯，其弊有不可言者。」先生曰：「然。魏公後亦復薦忠定，魏公得罪，忠定亦救之。大抵魏公尚是正經人，但糊塗太甚耳。」

張魏公平生只管誤事，朱子每多恕詞，或以南軒之故。呂舜徒仕張邦昌，則不可訓。雖以東萊力爲廻護，亦不得不直其辭。鍾旺。

胡康侯以秦檜爲王佐，這病就見在春秋傳上。論古人不著古人，則看今人亦不著今人矣。大約知人從虚公窮理上來的，便不差。亦是天分居多，各人眼神不同。又單講辦事而不論根本，便易錯。

薦賢育才，上聖之美節。王荆公見得人皆不己若，得位行政，總不得賢能之力，便是規模器局小。規模器局小，則才亦小矣。先主從不識武侯，聽徐元直語，就懇切求見，屈躬三顧，卒收其效。荆公聞濂溪名，一再相訪而不得見，遂忿然不復往。胡文定提舉湖北時，謝上蔡爲應城令，文定因行部欲往謁，先之以書，上蔡不報。文定未至其縣，即止從人，入境徒步往見。上蔡見之於公堂，坐定，文定見兩旁隸人如木雕，遂稟學焉。文定之視荆公，其賢遠矣。

南宋不可與東晉並論者，以有朱子，遂增重十倍。孔明之在蜀亦然。以知聖賢之益人國者在千古，其一時之裨助，猶淺之乎爲見也。

相傳文文山初中狀元，一相者潛至朝堂瞰歸，語人曰：「在某處立者大貴，在末座年少大凶。」在某處立者，乃留夢炎，末座即文山也。後留果爲兩朝宰相，而文殺死。有人薦一日者於陸子静，子静問曰：「齊景公有馬千駟，算得出不？」曰：「算得。」「夷、齊餓死首陽，算得出不？」曰：「算得。」「齊景公卻死之日民無稱，夷、齊卻民到於今稱之，算得出不？」其人無以答。

三綱五常整頓起來，便天地日月亦覺添許多清明。明太祖知得此意，故靖難時，忠烈之臣極多。至亡國，猶忠義如林。一統太平二百餘年，宫闈間極乾浄，可見此是天地之心。

人材之興，端由學校，太學爲四方觀瞻，尤屬要緊。洪武雖不讀書，卻能以此爲急務。每日下學，聽諸生講誦，即偶不至，亦令畫工暗圖師弟子作何營幹。諸生有歸省者，必賜之表裏。至廩氣居處之細，件件理會周到，迄今勒石學宫者猶可考。直恁專一誠切，故雖經永樂及魏忠賢之摧殘，而節義滚出。大率培養之力居多。珣。

元時，人多恒舞酣歌，不事生産。明太祖於中街立高樓，令卒偵望其上，聞有絃管飲博者，即縛至，倒懸樓上，飲水三日而死。雖立法太嚴，然所以激厲頽靡處，志氣規模果不尋常，竟有「一人横行，武王恥之」之意。不然天下已定，習俗已久，何苦使偷惰者反有故元寬大之思。但使聖人處之，必當有道，不至如此過於苛急耳。

古君臣相與，其善者都是榜樣。如留侯與高帝，忠武與昭烈，鄭公與文皇皆好。方正學年方廿餘被薦到京，太祖命宗伯陪宴於禮部，乃白衣據上座，以師道自居。太祖令畫工暗圖其像，曰：「斯人何傲，吾不能用，留爲子孫光輔太平。」遂送伴蜀王。是皆可爲榜樣，惜後僨事，遂減聲價。

方正學就所著文字，便有許多糊塗處。當時皆以爲曠世一見之人，國家留爲伊、周者，後用起來，當靖難時，著著都錯。這就是他學問有病。才高意廣，好説大話，實用處便少。只要自己位置一箇，古人便不是。但看武侯，何嘗有絲毫要做伊、周，不過當下且做得不至敗亡，踏踏實實，做一件是一件，無暇高自期許。後來人卻以伊、周許之。

客有論宋代人材優於他代，明卻人材少，想因太平年久，英華散了，所以不生人。先生曰：「亦是靖難時摧殘太甚，上帝怒而不生。秦始皇把幾箇讀書人坑了，直至國亡，無一人爲死者。只有一東陵侯，後來亦爲蕭相國諸公門客。就是新莽、隋煬，皆有死節人，獨秦無之。」

洪武起自農家，只教人力田讀書，深惡貪污，卻博得士大夫知廉恥。嘉靖以前，無攜宦貲歸家營産者。蔡虚齋既登第，不求仕，惟在開元寺授徒。一日爲其母畫像，母久不出，虚齋往請，母曰：「汝成進士十年，我尚不得一新布衣，不欲出見客也。」虚齋大傷之，即赴選。在任心動，告歸，不久而父逝。後又貧，不能自給，求得南京部司，以去鄉近也。到任又心動，復告歸，其母亦不久即逝，人以爲孝感。虚齋提學江西，寄四金以周其寡表嫂，丁寧告誡，萬勿浪費。當時人雖窮，卻窮得熱鬧。如春天樹木，何嘗盡有花葉，覺得有生意；冬天何嘗無寒花，覺得枯索。蓋樹木亦要小草來幫襯，便有氣色。百姓細民，乃士大夫之小草也。

有明一代學問，凡前人説過的話，便不屑説，卻要另出意解。鄭世子、韓大司馬、楊椒山講樂，一無承受，直接虞舜；王陽明講學，便似從孔子後，到他方明白。孔子像豫知後來有這般人，所以説「述而不作，信而好古」。以此定人之學問，百不一失。有所承受，一路考訂來者，便是。作而不述，不信而好古者，便不是。

季本明德初讀律吕新書不了徹，乃扁舟請教於章楓山。楓山曰：「此是絶學，吾友程篁墩無書不讀，亦不能知。」明德歸而求之，卻明白了，著幾篇論，極乾浄。

黄石齋就擒時，門人多相隨，石齋一再辭之，曰：「我爲大臣，義宜死，諸君無爲也。」猶不去，石齋乃曰：「諸君踐土食毛，義亦可死，但未食禄，亦可以無死。今與諸君訣，甘殉難者止，否則各有父母妻子，毋爲冒不測也。」衆乃泣别，惟七人願從：江西四人，福建三人。是時遭逢仁恕，令前代遺臣梗不服者，得請方行刑，毋許專殺。由是石齋師徒皆下獄以待。石齋入獄即絶粒，大帥憂其蚤斃也，百方進食飲，皆不顧。乃募漳人之賈於江寧者，至獄以鄉情相慰藉，猶不食。於是邀與游於市，扶攜以出，入飯肆，强之不可，乃入酒肆，共酌以獻。石齋曰：「酒以合歡，今鄉井相聚，小飲可乎，但必毋過三爵。」衆皆喜諾，遂飲三爵。更一肆，則又三爵。以此，閲數日不至於斃。及就義之晨，二官入謁，拜如儀，曰：「爲公送喜。」石齋曰：「吾國破君亡，何喜之有？」二官曰：「已得請，許公就義矣。」石齋笑曰：「是誠可喜，但汝輩安能解此。」因歷數二官之家世閥閲也，而呵其罪。二官皆浹背趨去，不敢仰視。頃之，石齋乘小車出，七人從。中途，石齋返顧後車，七人者皆無人色，石齋笑曰：「怖乎？毋庸。忍一刻即千秋矣。」七人皆應曰：「然。」比至西華門，石齋忽墜車下。一指揮趨進掖之，且慰曰：「毋恐。」石齋瞋目叱之曰：「是何言歟？天下豈有畏死黄道周哉？此地爲輦路所經，吾不可以乘而過，因絶食足弱，下而致仆，吾何恐哉？」指揮愕然易容，因跪曰：「此地萬人瞻仰，公又困憊，即就大事可乎？」石齋四顧曰：「善。」遂命布席。南向拜訖，一老僕請以數字貽家，石齋躊躇曰：「無可言者。」固請，乃裂衣襟，嚙指血，書曰：「綱常萬古，節義千秋。天地知我，家人無憂。」七人者亦血書一幅，云：「師存與存，師亡與亡。」石齋體故昂藏，立而受刑，又義風凜凜，行刑者手慄，刃下不殊。行刑者大悸，急跪曰：「公坐。」石齋頸已中刃，血淋漓，猶頷之曰：「可。」乃坐而受刑焉。其時大帥亦閩人也，大書牌云：「僞閣部黄某首」，巡示沿江。一兵以他首易，而匣藏之古墓中。後數年，石齋子至江寧求遺骸，有以兵事告者，其子詣之。兵人款至浹月，乃與到古墓，取匣開視，面尚如生，遂以歸葬。

石齋雖當時用之，恐無益於亂亡，救亂須有體有用之人。石齋每於晚食後，始排書案，及漏下，雙眸炯炯，手不停披。服役者令繙書帙給使令，皆不得閒。至四鼓，僕從憊甚，乃就枕。其夫人善書畫，書法甚與石齋類。

徐偉長中論，有一段論行不及知處，不爲無理，若看得透，便大概不錯。明代士大夫如黄石齋輩，煉出一股不怕死風氣，名節果厲。第其批鱗捋鬚，九死不迴者，都不能將所争之事，於君國果否有益，盤算箇明白。大概都是意見意氣上相競耳，行有餘而知不足，其病卻大。

某聞郭蒯菴棻言，黄石齋濃眉高顴，面帶風霜，温體仁方持朝綱，開口輒呼「温賊」。明自正、嘉以前，程子全書、朱子文集、語類，尚未盛行，學者所讀，只是大全及性理而已。而其時，士風質實，雖或膚淺，卻少背戾。嘉靖後，一派務高，遂釀成明末那樣風氣。鍾旺。

宋家一代，風流篤厚，臣子表奏，率從君身上直詞批糾，毫不委婉，曾無被誅者。韓侂胄雖怒，諸賢流竄耳。沈繼祖請殺朱子，朱子得朝報，不語而散行庭中，既而曰：「我這頭，且暫戴在這裏。」移時，又曰：「自古聖人不曾被人殺死。」聖人果無被殺者，就是大賢，亦只比干一人，是路窮了方如此。伊川晚年便謝遣生徒，曰：「各尊所聞，各行所知，足矣，不必及吾門也。」漢之黨錮，明之東林，多太過，便是要以死求名，聖賢無此法門。

東漢之末，東林之盛，是處士橫議，遥執朝權，競勝不止，故致顛覆。孔子當昭公被逐之時，韜光斂鍔，閉門讀書，如不聞也者。及老而居衛，適當出公拒父，此何等事，而孔子受其公養，住五六年，亦置之不論。安卿曰：「於此見聖人之作用。」曰：「論作用便差，要看出聖人未嘗不在利害上斟酌，究歸於中庸不可易的道理。又要看出他謹嚴，一絲不走處方好。虚説卻不得力。季氏逐昭公，孔子未嘗食君之禄，分所不屬，何爲多事？孟子曰：『鄉鄰有鬭者，被髮纓冠而往救之，則惑也，雖閉户可也。』以常情論，似大決絶，然細思之，道理卻顛撲不破。鄉鄰本非至親，往救而不力，則詐；往救而力，則代鄉鄰而與鬭者爲讐，或致被辱傷生以危父母，皆不可知。即不然，如今律例，鬭毆殺人，在旁不救者，亦有不應問擬，就是牽連作人命干證，亦屬無謂。『雖閉户可也』，的確應如此。夫子居衛，其初不過住歇店，其君知之，送些柴米，受之可也。使出公能委國以聽，夫子自有正名一番設施。既不見用，何爲以局外之人爲不入耳之計？夫子當日不税冕而行，已與魯絶，不便自歸。至老，欲還鄉，惟衛與魯近，只得居衛。彼時地位道理，止當如此，故曰『聖之時』。」

孟子說「伯夷隘」，非是說惡人之朝應立，惡人應與之言。他當殷、周之際，並無職守，優游西山，亦可卒歲。乃見得世非黄、農，便過不得。朱子平生不肯出來，一過分水嶺，便爲生往死歸之計，直與君相争執到底。及罷而歸，便讀書會友，不問朝政。假若看得一片武夷山仍住不得，除非是死，儘可不必。魏忠賢之禍，諸賢赴湯蹈火，自是忠烈。但韜晦些以存此身，未始不可。易經「以杞包瓜」，道理甚好。瓜乃易腐之物，豈能耐杞？小人兇惡已甚，自然敗在眼前。及其敗而吾輩在，國尚有人。直弄得到後來，元兇已去，無人可用，而國之受害酷矣，亦「伯夷隘」之流風也。

【校勘記】

〔一〕原作「十五」，據後漢書光武帝紀、郭后傳改。

榕村語録卷之二十三

學一

陳北溪論工夫節目一條，蓋朱門學的也。朱子千言萬語，只此數事。然所謂「虛心」者，又初不外乎「立志」而已。若張子所謂「大其心以體天下之物」，邵子所謂「翫心高明」者，如是而志豈有不立，而心豈有不虛者乎？雖然，此非朱子之言也。立志居敬，即中庸之「尊德性」也；致知力行，即中庸之「道問學」也。廣大高明，蓋立志之事；涵泳敦篤，蓋居敬之事。知行則錯綜乎其中。精微知新，致知之事。中庸崇禮，則力行之事也。古聖之書，莫備於中庸；近賢之説，莫備於朱子。若周子之誠幾德、乾損益，程子之涵養進學、居敬窮理，以溯夫古訓之制心、制事，直内、方外，中和、誠明之指，雖語有繁殺，義有偏全，先聖後聖，其揆一耳。近世於敬、知行之説，頗有能言之者，往往未免於判然兩事，截然二時之差。故或頑心絶物以爲存養，曰我將以爲知之基；或泛涉博攬以爲致知，曰我將以爲行之地。而不知古人之精義、集義，初非二事；直內、方外，本非二時也。自記。

學問須將大頭腦處通透方得。姚江主先行後知，虛齋、次崖則主先知後行；姚江引「尊德性」節爲宗指，蔡、林求其説而不得，乃謂先知後行者用功之序，先行後知者成德之序。不思注中明説「聖人示人入德之方，莫詳於此」，安在其爲成德乎？不知敬在知行之先，貫於知行之後，朱子已經説明。佛家所謂「主人翁惺惺著」者，他連父母妻子都不顧，忠孝之事都不行，何況其他。而惺惺自若，豈亦力行乎？有此，然後讀書窮理便是致知，身體實踐便是力行。若無此爲根本，致知力行都做不來。只是致知亦是存心，力行亦是存心，存心工夫亦不離乎此耳。

當年曾夢大兒向某屈指云：「一指活，二指拙，三指存中心，四指言詮明，五指思議絶。」後來舉問鋭峯僧，渠云：「禪家並未有此成語。」細思此卻是幾箇關頭，「活」是源頭活水之謂；「拙」是用心於內、剛毅木訥之意；「存中心」者，主人惺惺之旨；三者皆要緊事。至「言詮明」，則默而識之的光景；「思議絶」，則過此以往的境界矣。「拙」字甚妙，凡有廉恥，不苟爲世俗事，皆拙也。

看語類門目，便見得朱門無大賢。問：「勉齋在內否？」曰：「不在內。但他的中庸説，亦絶不得朱子之意。他説首章只説戒慎，是以敬爲主，未及知行，後説到不明不行，纔是知行工夫。如此是單主敬，便就已天地位、萬物育了，知行盡可不用，何須更説知行。且苦纏住生安、學利、困勉説，甚無味。至謂『正是教人莫要學生安，那是人學不到的』，尤爲不確。後人不善讀朱子書者，竟像主敬了幾年纔致知，致知了幾年纔力行。難道主敬時，遇事來便推開不管，曰我尚未致知。如此使得麽？知行何嘗無先後，但不是這樣分先後。如目與足然，於今行路，眼看著路，脚纔好走，一邊看，一邊走，兩相須，兩不相妨。豈有先看幾日路，不干脚事；到走路，又不干眼事之理。」

吾學大綱有三：一曰存實心，二曰明實理，三曰行實事。高忠憲、劉蕺山，都是明季學問，不佛不儒。常州惲遜菴，亦是如此。錫曰：「昔高齋業師，曾與忠憲門人丹陽周季純爲友，言周能端坐竟日，心了不動，只是夜間熟睡時，尚有囈語，其語甚或不免有鄙瑣處。」曰：「這尚是和尚之粗淺者。吾鄉有僧天問，坐空山中十餘載，蛇虎皆與馴習。小兒曾往訪之，云其言多鄙俚，不過是尋常因果之説而已。大概團聚心靈，精氣相守，便可以有光怪。又所處既久，與異物親，便與異物爲化。此乃狐媚妖螭之能事，原無足怪。其荒誕處，至謂『三千大千世界，百萬人天，皆在座下』。天且爲之下，則父母反拜不足言矣。人爲天所生，爲父母所出，乃是根本，他卻要踞其上。聖人之道，便從孝弟做起，終則與天地一般，或有助天地所不及處，故曰『參』、『贊』。此理徹上徹下，同流並運，乾坤即毀，而此理不滅。道理至此已極。若説到空處，上下四旁，往古來今，各無窮極，何處是邊際？故惟聖人之道謂之中庸，過此即爲隱怪。此是實理，此是實心，此是實事。即淺即深，即粗即精，無大無小，無内無外。

朱子嘗言「始學須静坐」，又言「不可偏求之静」。當合兩條之指而深思之，其義始備。自記。

聖人論學，先要「忠信」，無此便諸事無根。然既有實心爲本，倘不博學考問，推廣擴充到盡處，孔子亦放他作第二等人。如「宗族稱孝」、「鄉黨稱弟」，爲士之次。

國手於棋，亦終身之事。他刻刻不能離棋，可見一藝成名，也要至誠無息。若有一日放得下，便非第一流的本事。堯舜已將天下讓與人，自然尚是「勅天之命，惟時惟幾」，一息尚存，此志不容少懈。人的學問，總要不斷，這是一點真源。有源之物，便會大。陸子静於此卻有所得，故云：「易簡工夫終久大，支離事業竟浮沈。」但只是真源不息矣，又有他水來會，豈不更好？到得衆水合流，不得謂此水非他本來水也。子静正苦打作兩截，非合外内之道。

某爲詩文，只略見得從心源理路上説，雖舊日所讀書，大都忘了，就所記的，還能驅使得動。這便是自家一點本領，不爾不能驅使他。只是有這點本領，又要記得多，有得運用更好。敝鄉西面高山上有一泉，源僅如汗，一滴一點，稍遠便成細渠，半里外成溝，里許便成瀑布，飛洒岩下，聲聞數里。山上並無他水來會，不知何以自己會大。想他既是真源，便能呼噏一山潤澤生氣。安卿曰：「不止一山之氣，就是霧露雲漢之氣，他都收納得來。」先生曰：「然。只是有此真源，再有他水來會更好。有他水來會，而我卻無真源，如有客無主，所謂『溝澮皆盈，涸可立待』。若謂我只求真源，便可流注不窮，斷不要别水來會，這卻是偏，乃陸王之見也。程門問經史中許多話，伊川總不答，良久曰：『某學問卻是無中生有。』明道於史書上纖細事，皆能記得，門人訝其博識，明道曰：『我若求記，便不能記。』二程非禪學，卻用禪機。」錫曰：「此便是孔子所云『一貫』。」曰：「然。」安卿曰：「此還是一，未説到貫。」曰：「本是一，到生有，就是貫了。」

源泉一勺耳，及其漸遠漸大，便成江河。問：「一貫之義似此。」曰：「然。有了源頭，愈多愈好。江水一路來，無限諸水會之，然只成其爲江，不聞品江水者，以爲此中雜某某之水也。河水一路來，無限諸水會之，然只成其爲河，不聞品河水者，以爲此中雜某某之水也。有源頭的物事，他物入其中，皆成自己的物事。」

仙家明日成仙，今日尚不知，總是要工夫不歇。如鷄抱子，呆呆的只抱在那裏，火候一刻不到，不能得他出來。朱子六十歲上，自嘆假如五十九歲死，竟不聞道矣。後五六年，仍嘆與道無分。門人援前言以問曰：「想是爲不得行道而發。」朱子曰：「非也，就是眼前道理尚遠耳。」汝楫曰：「然則下學何時窺見津涯？」曰：「此仙家所謂『大丹』也，然『小丹』亦不可不結。想來顔、曾、思、孟，有顔、曾、思、孟之丹，周、程、張、朱，有周、程、張、朱之丹，如董、韓，亦有董、韓之丹。成得無上天仙固好，不爾，就是地仙，亦强似虚生浪死。」

地中有木升，山上有水漸，蓋陽氣方盛，一出而不可遏。及形已成，則長便難。觀筍與竹可見。學問亦然。其初便是凡俗與聖賢關頭，一變迥然不同，及至充實美大，則難矣。

爲學須步步踏著階梯，得尺主尺，得寸主寸。朱子言子静門徒仰視霄漢，此當爲戒。鍾旺。以上總論。

夫子十五志學，便是志到「從心所欲，不踰矩」田地。二程十四五歲便鋭然欲學聖人，便是要學到二程田地。立志成德，一以貫之。然下學之功，亦有因師友學問，而心漸開明，志漸恢廓者。趨向亦一步進一步也，要在勉力不已。鍾旺。

震象傳曰：「君子以恐懼修省。」一經震動，便惕然畏謹起來，斯爲立志。而萬行都從此出，風霆流行，庶物露生，是何氣象。鍾旺。

精神大於身，極是要緊。每見人之神周於體者，必加精警。然志立則神日生，要在提撕之力。鍾旺。

凡人一藝之精，必有幾年高興，若迷溺其中，見得有趣方能精。如先存一别有遠大，何必在此駐足之意，斷不精矣。某人别件都能領略，只是文章不進，每自云，只要求得心裹明白，明白後自然説得出，便是辭達。此即是他心病。文章如何能達？卻也要剪裁，有材料，不然「言之無文，行之不遠」。藝文如此，況於聖賢之學。非有一段毅然專致之誠，安能有得。

學者要有千古自命之意，所以韓文公云：「譽之則以爲憂，毁之則以爲喜。」然此亦是狂者之語，若聖賢，卻只要自慊於心，合於理而已。中庸説得渾厚，云「百世以俟聖人而不惑」，可見聖賢只是自己精進檢點，没工夫計較到人的毁譽。然卻有一層「徵諸庶民」的道理。蓋論到全體，必俟聖人始可不惑，若零零星星湊籠將來，則合衆人之公，便是一聖人。公等試看我們文字，心裹有一分疑，看者便有一分疑，若説得確，看者亦便洞達。聖人所以説「徵諸庶民」，韓公卻不曾見到這一層。

達磨一老癯，對著壁坐了九年，幾奪吾儒之席。胡安定在泰山讀書十餘年，其後學徒之盛遍天下。伊川於周子猶呼其字，獨安定必曰先生。凡人有十年著緊工夫，其聲光氣燄斷然不同。

鋭峯僧議論極有好處，常説偈云：「學道必須鐵漢，用力心頭便判。直證無上菩提，一切是非莫管。」此彼學所謂「發大願力」，即吾儒之「立志」也。願力發得大，即悟亦悟得快，脩亦脩得到。朱子有云：「書不記，熟讀可記；義不精，細思可精。惟有志不立，直是無著力處。」即是此意。之鋭。

道理是公共的，不是一己的。舜之居深山之中，與木石居，與鹿豕游，於野人之中，聞一善言，見一善行，若決江河，沛然莫之能禦。難道野人勝似大舜不成？白香山詩，令老嫗讀之，老嫗説不好便改。全要解得此意，道理原是天地間公共的。

人心虚則明，明則虚，虚以受善，便可到明。惟其真知，自然服善。學問之事，以道爲主，不當論年齒之大小，官爵之尊卑。王陽明尚有古義，當日泰州王心齋方廿餘歲，陽明已封伯，心齋見之，抗賓主禮，譚三日而心齋服，四拜爲師。後數日，心齋又不服，陽明於是還之四拜，仍爲賓主。後心齋又大服，乃復拜爲師。吾鄉張浄峯諫武宗，在午門外晒五日，罷歸，過謁陽明。浄峯年亦廿餘，相見亦抗賓主禮，數日卒不服，陽明亦聽之。王荆公見司馬温公爲吕公所作墓誌，譏切新法，人謂司馬禍不可測。荆公乃以粘於屏風，歎美不已，曰：「此西漢之文也。」某向作「學而時習之」文，有友爲塗乙數次，某皆即時改定，每改一次，畢竟覺得好些。最後復問之曰：「尚有宜改處否？」友曰：「似宜拈出『性』字。蓋時習説，朋來樂，凡學皆是如此，提出『性』字，方是吾儒之學。」故註曰「人性皆善」。又曰：「復其初，拈出此字，則次節以善及人，三節成德之名，皆有著落。」如此議論，實爲精透，非再四講切，不聞此義也。又常作進呈詩文，稿成，同鄉諸君觀之，紛然指摘。諸君不必盡善詩文也，然因所指摘改之，便覺視舊較佳。可見作者自己不明，旁觀比自己不同，合衆人之見，比一己之見又不同，所以虚心要緊。

世間有才的人，多見得自己身分高，輒敢横下斷語。即如三蘇，才氣蓋代，有許多開天闢地論頭，自以爲高出千古，今觀之都未確。無論千秋萬世，中原有人，就是你現在一言一行，至平常人心裏不服，便是你有不穩貼處。人心都有此同然之理故也。舜知之，故好問察邇言。

人説王荆公剛愎，此猶其次。所見原不曾透徹明白，人明便虚，虚纔能受。某人答子書云：「汝所云，不爲無見。我所行，一毫不差。」凡事只見得自己不差，便會錯悮。武侯周諮博訪，只要人箴其過，所以人稱其「聞過必改，而無吝色」。同朝，某便推服魏環極先生，人有所辨駁，他卻閉目細聽，於是處便點頭，有疑處即張目問幾句，仍復閉目。

及人盡其詞，乃歎曰：「是事都要與人細細商量。」便欣然有喜色。其次便是湯潛菴、陸稼書。某人常示某以稼書所批時文，某駁其批語有未合處，其人以告，稼書深以爲然，次日即以所記大學相質。其説儘有好處，如説格物，主「物即身心意知、家國天下，格即格此」，極是。但又云「程子一草一木也須格之説，是旁意，非正意」，卻疎脱。某駁之云：「草木豈在家國天下之外耶？」」問：「稼書先生細心讀書，如何還爾疎漏？」曰：「思路不圓，他拘縛在一字一句上，不能見到四面八方去。只看得道理在書册内，耳目之前，都似看不見的一般。」問：「思何以不圓？」曰：「思不出其位。『切問而近思』，思在近處方得力。」問：「稼書先生所思自不外馳，何以不圓？」曰：「正坐不能近。草木即在天下之中，豈非耳目前事？他不能見，卻思到别處去，愈思愈遠矣。即如人問『自天子以至於庶人，壹是皆以修身爲本』，庶人如何有新民之責？朱子曰：『異日爲士大夫，豈無新民之責？』某意不必如此説。庶人自有家，『刑于寡妻，至于兄弟』，訓子以義方，即外而和睦鄰里，皆新民也。人以爲近處容易明白，不知舍近而求遠，斷無明白之日。遠處不明白，卻要就近處思想。譬如天地鬼神，高深幽微，無論見得未必是，即是了亦難信。惟就自己身上體貼，合著的便是，合不著的便不是。萬物皆備於我，天地鬼神不可通之理，都要從人身上體貼方親切。」

某在涿州病發時，公私之事俱不在心。惟讀書一生，到底不曾透亮，糊糊塗塗虛過此生，此念纏攪不已。乃知「朝聞夕死」一章，喫緊喚醒人也。人生功名富貴，過去輒了。子孫昌熾，固有定數，若加意營謀，必更得禍敗。只於我生道理明白透徹。有可信心處，少少許便足。當下能到一箇是處，是要緊事。以上論立志、虛心。

靜以養敬之原，存義之本，動以觀敬之發，著義之施。若有義而無敬，有敬而無義，皆不足以體動靜之神，而通性情之德。然以敬言之，動處熟，則靜處愈斂，而終以斂者爲之根；以義言之，動時當理，則靜時愈有所存，而終以存者爲之地。況敬義夾持之後，則止而止，行而行，靜亦定，動亦定，是時雖有動靜，而心則一於靜而已。此大易「艮背」之學，周子「主靜」、程子「定性」之微意也。自記。

「毋不敬」是持養，「思無邪」是謹獨。

存養之功，蓋取諸乾，説卦曰：「戰乎乾。」終日欽欽，如對大敵，非戰則無以爲存也。天德流行，純亦不已，非健則無以爲養也。省察克治之功，蓋取諸巽，説卦曰：「齊乎巽。」巽者，入也，非入則無以爲察也；齊者，斷也，非齊則無以爲克也。清植。

涵養是築城鑿池，省察是詰奸禦暴。自記。

靜而存養，動而省察，打作兩截，是黄洵饒、饒雙峯語，朱子無是也。居敬以窮理云者，猶言用心以讀書。又如教人出力以挑擔，雖有内外，卻是一事。

義以爲質，禮以行之。又曰：「以義制事，以禮制心。」蓋由乎中而應乎外，制於外以養其中也。自記。

敬是在内的，義之根雖在内，但此時說不得義。若敬，則嚴、恭、寅、畏時說得敬，省察時亦說得敬，作事時亦說得敬。中和、誠明、忠恕皆然。保合、太和，中内原有，但未發時說不得和。至中，則在未發爲不偏不倚，已發爲無過不及。中雖心亦無偏，但主性一邊說。忠雖實理亦在，卻主心一邊說。

凡爲學，只在日用喜怒哀樂上用功。中即大本，和即達道。夫子許顔子好學，不是終日講求四代禮樂，卻說「不遷怒，不貳過」。濂溪、明道終身無疾言遽色，是何等工夫。邵伯温出仕，伊川謂之曰：「打人自一板以上皆立案。」蓋有案，則其罪有等，不得乘以吾之意，及乘以吾之氣矣。人之爲學，從此脚踏實地，所謂「易簡而天下之理得」。

自孔孟後，心學不講，漢、唐儒者，雖讀儒書，只以讖緯、文詞爲事，講到經濟、氣節而止，將孔子合外内之道遺卻一邊，全不從天命之性、自己心上下工夫。所以佛家窺見此意，從内裏打疊，便將來提唱叫喚，人都從風而靡。孔子未嘗將「心」字作話說，然說孝、說弟，「執事敬，與人忠」，「言忠信，行篤敬」，何處不是說心。到得立則見其參於前，在輿則見其倚於衡，竟似養成一箇嬰兒，隨處現形一般。此學不講，便無是處。從何處説起，這卻不難。將要説話時，覺得放易，便收住；覺得神氣飛揚，便斂入身裏來。不過言語容貌之間，時時整頓，久之自然熟了，就心存不放，形神不相離。豈可忽過？

忠信有在根本上説者，如「主忠信」之類；有在一事上説者，如事君以忠、交友以信之類。事君之忠，主事説。臣事君，不是爲爵禄，是要辦事。此事不是一己的，亦不是君的，是天地間當做的事。人看此事是公共的，所以不盡心者多。如今把作自己當做的，便忠。交友之信，主言説。相與朋友，是要勸善規過。其尊不如君臣，其親不如父子兄弟，易得不信。

忠信算不得兩件，亦算不得一件。如人有心本淳厚，偶然説話不循其事理，略浮漫點染些，便不是信。又有説話一絲不肯假借，卻或爲俠氣，或欲要譽，未必皆出於忠。是信有自忠出之信，有不自忠出之信，忠卻没有兩箇。至恕，乃如心之謂，亦没有兩箇。恕無作寬恕解者，作寬恕解，想是起於可以情恕之説。此句尚未礙理。至以恕己之心恕人，便斷然不可。難道自己不要做聖賢，便亦不以聖賢之道望人不成？「恕」字中無此義。故大學説：「有諸己而後求諸人，無諸己而後非諸人。」求諸人、非諸人皆不可少，必須有諸己、無諸己耳，須是兩面都到。

忠信若都在心上説。忠略在前，幾已動而事未形，此事既我所當行，若不極其量，有一毫隱匿留餘，便覺有過不得的意思，這是忠。信略在後，意已著事而理有定，此理分明是如此，若不循其分，有一毫夾雜乖離，便覺有去不得的意思，這是信。

「存」、「養」二字，本出孟子。孟子曰「苟得其養，無物不長」，「操則存，舍則亡」。又曰：「存其心，養其性。」蓋「人心惟危」，存者所以使之安；「道心惟微」，養者所以使之著。是孟子本指。惟存，爲收斂寧静之意；若養，則當致其滋培充擴之功矣。程朱引來，卻俱用爲收斂寧静之名，而於理實不相悖。蓋心性是一是二，未有不存其心而能養其性者，亦未有能養其性而心有不存者。故心上亦可用「養」字，「養心莫善於寡欲」是也；性上亦可用「存」字，「成性存存」是也。要之心性俱是本原工夫，若言心學而只著「存」字，不幾釋、老之空虚乎？清植。

程子提出「敬」字，便是救苦救難第一丹頭。敬則神存，不敬則神亡。神存則生，神亡則死。

敬説「唤醒」二字最好，一唤醒起來，便是東方日出氣象。鍾旺。

朱子説「敬」字，是「畏」字意，如見父母畏父母，見兄長畏兄長，見朋友畏朋友，退然如不自勝，惟恐得罪一般。孔子説顔子好學，首曰「不遷怒」。定性書説「廓然大公，物來順應」，許多大道理，歸於怒之時忘情而觀理。易說「懲忿」在「窒慾」之先，損者之樂，驕樂居首。曾子、孟子俱有泰山巖巖氣象，自是浩然之氣養得如此。然曾子「戰戰兢兢」，臨深履薄，「動容貌，斯遠暴慢」。又曰「有若無，實若虛」，而後乃曰「可以託六尺之孤，寄百里之命，臨大節而不可奪」。「敬」字要仔細理論。問：「稱顏子好學，何以首及於怒？」曰：「怒最易發而難制，故大學說『正心』，亦先說『忿懥』。『不貳過』，一切窒慾事，都包在裏面。」

羅整菴、蔡虛齋留心朱子之學，然於天命、誠意諸章注，都不曾講透。他以存心、持敬爲力行工夫，不知存心只是提起此心，不要昏去，原無多事，如何謂之力行？戒謹不睹，恐懼不聞，有何事可行？

「敬」字從理上發出，心和氣平，就是俗語一箇「怕」字，故恭人曰温温，德隅曰抑抑。近人錯會，多作有意矜厲。就是果然壁立萬仞，亦是泰而驕，威而猛，與敬本旨相反矣。有意矜厲，是從氣上做工夫，既不心和氣平，如何能中節？東漢人謂之氣節，其節自氣中出，不從理上來。故曰「一變至道」，正須變也。劉念臺、黄石齋，豈非君子？惜其工夫都用在氣上。

「敬」字被後人講不明白，做來形狀可畏。湯潛菴、陸稼書皆中此病，竟有不近人情之意，令人望而去之。敬是怕人，不是要人怕我。如見大賓，如承大祭，無聚寡，無小大，無敢慢，戰戰兢兢，臨深履薄，還是自己怕人，還是要人怕己？至於敬人者人恒敬之，自然儼然人望而畏，威可畏而儀可象。

人若閒散度日，過後未免悔恨，惟用工讀書，便心無不安處。可見人只是求心安爲主。佛家云：「我視禪定如須彌柱。」心非須彌柱，心安處便是須彌柱也。你看這不過一些子，卻頂天立地是這箇。

黄石齋云「人無今古」，最妙。如有人凡事淳厚，不肯苟且欺人，便是古人。如今寫一本書，刻一本書，一毫不肯潦草，這就是古人之書。問：「有因官事磨得細心者，只是怕心常存，心便細了。」曰：「怕便不好。須是不盡心自過不去，務要工緻周到，心裏纔安帖方好。」

和尚家參禪，亦是要心歸一，故意説一句極没理的話，要你在這上尋求，想來想去，别的念頭都斷了。人心本自靈明，逼到歸一時，光彩忽發，别見得一箇境界。他們得此方好用功，不是到此就住。從此遍參歷扣，直追無上菩提。陰符經曰：「絶利一源，用師十倍。」是這一層工夫。至「三返晝夜，用師萬倍」，即參同契所謂「千周粲彬彬，萬遍將可覩」，乃是思之精熟。若心無那一段歸一内力，卻不能思，要思，心散去了，亦不中用。

「省察」「省」字，是從「三省」處用來字面，然曾子之省，是事已之後，迴頭盤筭。程朱引來，卻是作當幾點檢語。省察言下便包克治，故朱子於學、庸兩處「慎獨」注，一則曰「務決去而求必得」，一則曰「遏人欲於將萌」，非徒點檢一番已也。省之之精，則知無不敵；克之之勇，則行無不力。故省察內，便包得致知力行工夫。朱子所謂「自謹獨而精之，以至於應物之處無少差謬。而無適不然」。應物而無差謬，非致知力行者能之乎？故陳北溪所舉學的，只説居敬、致知力行，不及省察，正以致知力行，即省察之實也。清植。

榕村語録卷之二十四

學二

聖人首聰明睿智，大學先格物致知，人總以明白爲主。若心裏不明白，則剛爲暴，仁爲懦，勇爲亂，許多好字面，俱可變壞。孔子聖之至，亦是始條理與他聖異。兩漢人物儘好，然底裏病痛，只坐有些不明白。不明白，縱使天姿純粹，只做到兩漢之功業、節義而止，不能復向上。

記問之學，不能心得，都不濟事。得之於心，就是不得工夫讀書，亦日日進，禁他不得。「逝者如斯夫，不舍晝夜。」他心道流行，所謂「源頭活水」也。

讀書只要心裏明白，便是「源頭活水」。崑崙一脈，處處貫注，放乎四海。有本者如是。

老來見得讀書，只要心裏一點明白，除此都是無用。若著一部書，天下家傳户誦，心裏卻暗暗曉得有不妥處，更是爲累。揚子雲配享孔子，王荆公位在孟子上，卻有賢聖在後，到底無用。佛家心裏亦有亮處，吾儒亮在理上，不知他亮在甚麽地方。然他卻見到這一點受用，不要人知。雖是同聲相應，同氣相求，有人信向，亦不可少，只是本人若注意在此，便没有底子了。

讀書博學强記，日有程課，數十年不間斷，當年吴下顧亭林，今四舍弟耜卿，皆曾下此工夫。亭林十三經盡皆背誦，每年用三箇月温理，餘月用以知新，其議論簡要有裁剪，未見其匹。耜卿亦能背誦十三經，而略通其義，可不謂賢乎？但記誦所以爲思索，思索所以爲體認，體認所以爲涵養也。若以思索、體認、涵養爲記誦帶出來的工夫，而以記誦爲第一義，便大差。必以義理爲先，開卷便求全體大用所在，至於義理融透浹洽，自然能記，即偶然忘記亦無害。程朱亦然。

治參同契者，皆以爲有外丹。某謂即有外丹，亦須内丹就，方能服得外丹，不然消化他不得。内丹就一團陽氣，如火之然，不拘金石，皆能消化，方有益。即如穀食，須是脾氣好，方能成精液，長氣血。若不消化，便都成病。讀書亦然，須要融洽，不然撑腸拄肚，便爲害。

前歲爲一友作時文序，彼時隨筆寫出，偶然翻閲篇中，有語云：「學求自得，則視傳世末也。」此語古人卻未曾説。想人身後，若全無知覺，則千秋萬歲名，寂寞身後事，要他傳何用？若是有知，生前浪得名，所作的不成物事，急忙不得消滅，更覺得苦。

今人作文字及選文字，都要多，某卻另一癖性，只要少。又人都要傳世，某只要愜心方快活。

刻板印書如此便當，何漢、唐人都想不到？然因此流布得廣，反將書本看得容易，不以爲寶。人須有求明道理滚熱的心，如渴饑到十二分，滴水顆米，俱如甘露，如仙丹，立刻便要吞在肚裏。那有不消融滋益精氣之理？

賓實讀書，一切詩文曆算，都不甚留心，惟四書、五經中這點性命之理，講切思索，直似胎包中帶來的一般。此之謂「法嗣」。當時徐立齋、韓元少，每見輒問某，近又讀何異書。人好讀異書，便是大病。書有何異？四書、五經，如饑食渴飲、祖宗父母一般，終身相對，豈有厭時？不爾便是異端。和尚家不必説他道理偏駁，只丢了父母，别去認箇師父；丢了兄弟，别去認箇師兄、師弟。人只一本，彼有二本，便不是人。

倫兒欲以二三年工夫，學會算學，再回頭來耑心於經書道理。其意以算學有盡，而經旨無窮也。不知經旨雖淵微，都是根本語，至易至簡。曆數之類，卻款項繁雜，難以遽罄。試觀一顆樹，還是根本多些，還是枝葉多些？況人要精於六藝，尤須以經書道理爲根柢，則用力雖勤，而即末見本，自有從容悦心之樂。不然勉强先從繁雜處入，恐致心病。敝鄉有一秀才，於石齋先生三易洞璣極意殫精，必求其解，遂至失心，正坐此也。

看得四書淡而無味，就有些明白，亦以爲不足奇。所以高者談性命，卑者工詞賦。豈知四書中，青紅碧緑，何所不有，其味至味也。不知其味者，保得他講的性命必不是性命，學的詞賦必不成詞賦。

自漢以來的學問，務博而不精，聖賢無是也。太公只一卷丹書，箕子只一篇洪範，朱子讀一部大學，難道别的道理文字，他都不曉？然得力只在此。某嘗謂，學問先要有約的做根，再泛濫諸家，廣收博採。原亦不離約的，臨了仍在約的上歸根復命。如草木然，初下地，原是種子，始有根有幹，有花有葉，臨了仍結種。到結了種，雖小小的，而根幹花葉，無數精華，都收在裏面。

讀書不專是要博，須是湊成一堆。某十八九時，經書外，纔看一部性理。聞長老援古證今，茫不知其端。然覺得其言間有不聯續處，又有違礙道理處，當時思其受病之根，爲之説曰：「天上繁星萬有一千五百二十，若湊起來，比月還大。只因月是團圞一物，所以月光比星大别。又如百十燈火，因散開了，反不如一火把之光。」昔有人力格數人，問之，渠云：「力兼二人，便敵得十人；兼三四人，則三四十人不足道也。」以此，見得須是合并，若散開，終是不濟事。荀子云：「合二十五人之智，智於堯、禹。」只平常人合湊起來，便比得堯、禹，而堯、禹不多見者，以其散爲二十五人也。

看書要逐條想一遍，不但爲書，且將此心磨得可用。不然遇大事，此心用不入，便做不來。

人須要用心，但用過心，不獨悟過好，只疑過亦好；不但記得好，就不記得亦好。中有箇根子，便有時會發動。

讀書以心爲本，心不在，雖勤無益。佛家所謂「如磨面麵驢，身雖行道，心道不行」是也。心裏通透一點，便爲功甚大。心爲諸事之根，然諸事又自有根，諸事之根，所謂「派頭」也。文不學史、漢、韓、柳，字不學鍾、王、顔、柳，理學不宗周、程、張、朱，雖終身專精何益。

無味處致思，至於羣疑並興，是超凡入聖關頭。自記。

程子云：「只是思便無邪，重在『思』字。」亦説得好。邪蕩之行，可悦者一時，而禍害無窮。鄘風〔一〕鶉之奔奔，便接定之方中，其禍至敗國亡家，可不戒哉。問：「如此是懲創逸志分數多。」曰：「好處豈不用思？思吾之性情何以不如古人之厚，吾之行事何以不如古人之當，其處上處下，處常處變，內外大小，都有道理，如何不思？思卻到無邪方是。」

問：「讀書如何方有益？」曰：「且未説到躬行，只要實在通一經，便有些爲己之意。要通一經，須將那一經注疏細看，再將大全細看。莫先存一駁他的心，亦莫先存一向他的心。虚公其心，就文論理，覺得那一説是，或兩説都不是，我不妨另有一意。看來看去，務求穩當，磨到熟後，便可名此一經。當日虚齋只將易經如此做得一番工夫，後來天下傳其蒙引，曰：『欲易明，問蔡清。』故某作重修虚齋祠堂記曰：『自宋以後，得漢人窮經之意者，惟虚齋先生一人。』」

有人説十三經、廿一史皆看過，只是不記得。總是他立意要看完經史，便不能記。何也？爲其泛也。非切己要讀，如何能記？天下書原讀不盡，虚齋云：「欲爲一代經綸手，須讀數篇要緊書。」書讀要緊者方好。文中子云：「不廣求故得，不雜學故明。」某自己驗之，確是如此。孔子説得極平常，都是自己有得之言，説一箇「温故」，説一箇「時習」。可見不温、不習，便無處得「説」與「知新」。

京江張先生曾有對句云：「天下有讀不盡書，總非學問；心頭無打不過事，便是聖賢。」因戲謂曰：「若作『天下無讀不盡書，總非學問；心頭有打不過事，便近聖賢』，何如？」先生頷之。清植。

讀書要有記性，記性難强。某謂要練記性，須用精熟一部書之法。不拘大書、小書，能將這部爛熟，字字解得道理透明，諸家説俱能辨其是非高下，此一部便是根，可以觸悟他書。如領兵十萬，一樣看待，便不得一兵之力；如交朋友，全無親疎厚薄，便不得一友之助。領兵必有幾百親丁、死士，交友必有一二意氣肝膽，便此外皆可得用。何也？我所親者，又有所親，因類相感，無不通徹。只是這部書，卻要實是丹頭，方可通得去。倘熟一部没要緊的書，便没用。如領兵，卻親待一夥極作奸犯科的兵；交友，卻結交一班無賴的友，如何聯屬得來？

若是要有所得，精熟一部經書，盡可用之不盡。若要醞釀深厚，畢竟是多讀多通方得，「沈浸濃鬱」四字最妙。

讀書不透，多亦無益，然亦未有不多而能透者。

人無所得，雖讀得三通，高談博辨，證佐紛羅，其歸如搦冰然。初非不盈把，漸搦漸消，至於無有。所以讀書以實得爲主。

學問之道，最怕那地方派斷。如李中孚，幼爲孝子，長爲高士，半世讀書，所著論多未諦當，以關中派斷故也。所以孟子見得透，甚重見知。

讀書要搜根，搜得根便不會忘。將那一部書分類纂過，又隨章劄記，復全部串解，得其主意，便記得。某向看三角法，過而輒忘，後得其一綫穿下之根，便再不忘。某於河圖、洛書，搜得其根，放下空空洞洞，一提起千頭萬緒，無不了然。孔明當日獨觀大意，今人解作草略，便不是。大意者，即精英根源也。杜工部讀書難字過，便不屑記難字。如揚子雲，乃是要採其精英。

某少時好看難書，如樂書、曆書之類。即看易，亦是將圖畫來畫去，求其變化巧合處。於太極圖，不看其上下三空圈，卻揀那有黑有白、相交相繫處，東扯西牽，配搭得來，便得意，覺得朱子注無甚意味。及入館，幸遇德子諤、徐善長兩先生，辛未後，又得張長史、楊賓實。他們往復疑問，俱是從道理根源上尋求。因此想出見頭來，再去看朱子書，方有滋味，有精采。

某年十八，手纂性理一部；十九，手纂四書一部；二十，手纂易經一部。凡某家某家如何説，皆一一能記，至今以爲根基。不然雖閒時熟思，從何思起。

某先年只喜看有道理的書，近年方不擇書。看詩，便覺詩裏有許多理；看史，便覺史裏有許多理。如此方好讀書，而惜乎已老矣。朱子自廿來歲便是如此，所以無量精進。

「讀書千遍，其意自見。」某初讀參同契，了無入處，用此法試之，熟後遂見得其中自有條理。初讀大司樂亦然。用此法，又有入處，乃知此言果丹訣也。人做大司成，只糾合有志讀經者，且不要管他别樣。只教他將一部經，一面讀，一面想，用功到千遍，再問他所得便好。

有言不好讀經，而好史者。曰：「此不過是心粗，不耐細看道理。其看史，亦只於没要緊處看取耳。到後來粗浮無比，安能區别是非，措之於用？」

學問須是熟，梅定九於曆算，四十年工夫尚不能熟。讀書不熟，終不得力。魏伯陽所謂「千周萬遍」也。

讀書著不得一點爲人的心，著此便斷根，雖孜孜窮年，無益也。梅定九筆算，乾净有條理，信成耑家之學。可見學無内外，終日談身心性命，意卻要人知我，不妨是爲人。曆算詞章之屬，務欲心通，有以自樂，不妨是爲己。總在心中發念處分别。某十七八歲時，於正蒙、觀物，有幾處不明白，到省試時，坐肩輿中，崎嶇登頓，一思輒竟日。子弟生性廓落不妨，但當有耑心之處便好。大凡一技之精，皆未有全爲爲人起見者。

讀書要見得自己有新意，高出前人處。卻不可執定此意，以爲至當不易。亦有此意初見甚確，久之覺得前人老老實實的一句，已似有此意。到得後來，確乎見得他那一句渾厚無弊，包得我的意思，足卻不可易，便到是處。

讀書人且要如和尚家，先記得六根十八戒，要緊的幾箇公案。四書、五經中條款，數説不出，卻説我留心根本，此不過空疎之別名耳。只是地名、人名，瑣瑣碎碎，記得許多，卻不必。即如孟子，五箇人倒忘了三箇，都不妨。若如大學中八條目，中庸中九經，忘了一件，如何是箇學者？

後代書更多，讀不盡，事更多，亦知不盡。莫若就我所能爲、所能知者，求箇著實。據所見者寫出來，再看所寫者，可能如意中所見否。若不差，便存著，不必定想傳世。如此甚簡易，近於爲己。

朱子曾説，有著碁高手人向國手從學，國手終年不教一語，只令看他與人著。其人問故，國手曰：「但是高著，你都曉得，令你看著者，要你知道低著耳。」此語最妙，他那規矩準繩，平平無奇處，正是妙處，困倒英雄。所謂低者，正是高之根。

讀書只贊其文字好，何益？須將作者之意發明出來，及考訂其本之同異，文義之是否，字字不放過，方算得看過這部書。

今耑門之學甚少，古來官制、田賦、冠服、地里之類，皆無精詳可據之書。此等必實實考究得源源本本，確有條貫方好。不然隨便著作，有何關係？如浙中萬氏禮學，極有佳處，但多是自己做主意，所引經史，只據來證吾此說，不管對面反面，尚有別義。如問官事，要偏在原告，便只取原告干證，不管被告干證；要偏在被告，便只取被告干證，不管原告干證，如此豈能歸於至是？

讀古人書詩，不將全部五七遍過，遽欲選他的，大都是强作解事。讀到五七遍，略能上口，辭意俱已明白，方纔見得他出。即如見一朋友，不是談到五七次，如何知其爲人？

朱子譏永嘉學問，説王道，不説孔子，只説文中子；説霸道，不説管仲，只説王猛。其實不尋到源頭，連這半截亦不識得盡。即講周、程、張、朱，不尋到孔孟，亦不能盡周、程、張、朱。既不見其疎漏處，定亦不知其精到處。

古法之壞，不壞於無知者，而壞於一知半解者。十分中曉得九分，那一分不解，不肯闕疑，定臆造以求合。承訛襲謬，久且不知其非，而古法之真益晦。聖人云「多聞闕疑」，萬古讀書人，不可易此。

程子傳聖學，功甚大，但往往以絶學爲言，卻起後來菲薄前賢、自我作古一輩人流弊。夫子自云「信而好古」，「好古敏求」。子貢答公孫朝，何難説不由師傳，默契道體，卻説「文武之道，未墜於地，在人」。尤妙在説賢不賢、識大識小，「莫不有文武之道，夫子焉不學？而亦何常師之有？」立言多少穩實，與夫子平日所言一般。大抵風俗人心之壞，皆起於讀聖賢書，不信聖賢。某幼時，曾聞耆老云：「孔子之書，不過是立教如此，非是要人認以爲實。」豈不是痴人説夢？明末人都是此見，風氣雖嘉靖以後方壞，卻是從陽明開此一派。

明代人讀書不細，大害事。王陽明爲王守溪作傳，最表章他的性説。性説中引孔子語，云：「心之神明謂之性，以爲吾止以孔子爲斷。」不知原文乃「謂之聖」，非「謂之性」也。記不確，又不去查，落筆便成笑話。明道因濂溪教他尋孔、顔樂處，晚年欲作樂書。朱子曾笑云：「不知樂如何作書。」謂樂在心，作不得書耳。性理中載此語，恐人讀作「禮樂」之「樂」，乃於「樂」字下，旁注「洛」字。書生不看小註，於問樂策，往往答云：「明道常欲作書。」是讀爲「禮樂」之樂矣。常州錢啓莘，又錯以旁註「洛」字爲正文，因費許多心力，著一部洛書，皆畫作龜文，繫之以詞，以竟明道未竟之志，豈非説夢？此殊有關係，非止文義少差而已。

明人讀書不及唐宋人。汝楫問曰：「病在何處？」曰：「前半截，以爲程朱果高於漢、唐，遂不讀漢、唐人書，又不能讀透宋人書。後半截，知讀漢、唐書，卻只獵取一點詞采，爲文字之用，與義理不相干。」

許魯齋云：「學問到有朱子，已經都説明，只力行就是了。」此語似是而非，恰像人已無不明白，只欠得力行。其實不能明白者儘多，乍見似顯淺，人人與知，卻中間難理會處無限。只當云熟講深思而力行之，方無弊。且如堯舜以來之道，至文武已無不明備，周公又仰而思之，夜以繼日，何爲也？易經，文、周闡發已明，孔子又「韋編三絕」，何爲也？說是前人說明，亦要我在身心上實實體會親切方好。近人不是想翻程朱之案，便謂程朱發明已盡，不必措意。都不是。申公曰：「爲政不在多言，顧力行何如。」語雖結實，亦未詳盡，不講明如何行得。夫子拈一「信而好古」爲宗，就中又開出許多方法。如所謂「闕疑」，「闕」殆擇善而從，不是見古不論是非，一概深信不疑也。

人於書有一見便曉者，天下之棄材也。須是積累而進，温故知新，方能牢固。問：「這樣人若肯加功，豈不更勝？」曰：「便是他不肯加功。如富貴家兒，生來便有得用，他看錢物，天然不愛惜。惟辛勤成家，便一草一木，愛之護之。讀書從勤苦中得些滋味，自然不肯放下。往往見人家子弟，一見便曉者，多無成就。有人自訟其過，生平所讀書，不甚愛惜。此是大病。又有人自訟其過，生平好讀新書，不喜讀舊書。亦是大病。」

人略略知道有所不爲，便出衆。若再講求學問，有些淵源，便不可測，必有成就。

某嘗以曆論質於猗氏衛先生，猗氏以示顧寧人，寧人曰：「曆之是否，吾不能知。論文字，則元人之文也。」某曰：「以先生之博學，何謂不能知曆？」寧人曰：「吾於經史，雖略能記誦，其實都是零碎工夫。至律曆、禮樂之類，整片稽考，便不耐心。此是大病，今悔之而已老矣。」一梅定九了然於心，了然於手，卻不能了然於口。寧人則善談論，其自訟處，實讀書要訣也。

出門之功甚大，閉户用功，何嘗不好，到底出門聞見廣。使某不見顧寧人、梅定九，如何得知音韵、曆算之詳。佛門中「遍參歷扣」，最是妙義。豈必高明人，就是尋常人，亦有一知半解。

凡瓜菓時候未到，縱將他煮爛，他終是生。人只知春生、夏長、秋收之爲功，不知成物卻全在冬。五穀至秋已成矣，若當下便將來下地作種，終是不好，畢竟收過冬，生意纔足。人見其已入倉囷，以爲既死，不知他生意在内，自己收縮堅固，以完其性。可知貞下起元之理，一絲不錯。凡學問工夫，火候未到時，勉强爲之，終是欠缺。

讀書已是見得如此，卻須放在那裏，久之寫出方好。不但錯處須候其開悟，即是處亦須候其爛熟，爛熟後，向人解説，聽者不待吾言之畢，而已自領悟。到此時候，一筆寫出，自然枝葉渣滓盡去，不消多著言語，而義旨朗然矣。此境非可强致，程子自言十七八歲時，見得如是，至今仍見得如是，卻意味自别。正是此意。

學聚、問辨下，著一句「寬以居之」，大妙。如用武火將物煮熟，卻要用慢火煨，滋味纔入，方得他爛。以上致知。

人總以言行爲要，凡一生之吉凶禍福，功業之大小成敗，皆於是定之。行者，人之禮也；言者，人之樂也。

人取益改過，自視宜小；容人納諫，自視宜大。「以能問於不能，以多問於寡；有若無，實若虛」，何其小也。「犯而不校」，何其大也。不學人，往往與之相反。

人須是立心寬大，若褊急，縱使耿介特立，亦是自了漢，不能成大人物。要有陶熔人一團熱氣，方是聖賢的派。

做官人不要貪逸樂，人乃得逸樂。武侯澹泊明志，食少事繁，把身子都拋開了做。佛家以大地黄金布施，不爲希罕，須將身子布施，方是大布施。即是此意。他又推而上之，至虛空無我，不有其心，更是大布施。吾儒卻不然，到了不私其身，鞠躬盡瘁，自然連上一層都有了。

人心一味熱不得，一味冷亦不得。如關切人，便爲之營私，大不是。去了此病，卻又一點不照顧人，連分人以財，教人以善都没有。須要乾乾浄浄，卻又滿腔子都是仁厚相愛之意方好。

風氣淳厚便太平。聰明才智，多是天生的，至厚道，可以學得，大家都學厚道，便成風氣。有人問程子，古人對姑叱狗，炊藜羹不熟，便至出妻，何過耶？曰：「古人厚道，不可淺測，寧自己落些不是，必有宜出而不忍顯言者。所謂出妻令其可嫁，絶友令其可交。」此段説得甚好。東漢人多近古，便是勉焉厚道耳。

問：「小學以恩怨分明，爲非有德者之言。怨不必分明，恩上分明何害？」曰：「病在『分明』二字上。如人有恩於我，分數到那裏，我報他亦止到那裏，便是無情。如我有恩於人，亦論分數責報，豈不大差？且使其人有恩於我，而其人卻非好人，我明説報他，倘我有權勢，他竟倚以作威虐，將若之何？只是遇他的事，於理不甚違礙，有可周全處，周全之，便是了，不必使他知。」

世間事變幻多端，吾輩遇之，卻要反觀自己。自己身心上有此，此事便是有根的；自己身心上無此，此事便是無根的。無根便可視之如無有矣。機心最不可用，他來害我，我又生法去害他，便兵連禍結而不可解。卻消化了不有在胸中，猶非第一義。須是反到自己身上，追尋出我必有所以致之之處，求所以善處之方，纔爲有益。

人當大驚懼時，切不可就處置事，此時非本心之正。若以事機不可緩，因旁言亂聽，急忙應之，十件十錯。某自經鄭寇、耿逆之變，身嘗試之。當鄭寇猖獗時，欲招某出，某不應，遂致怒，聲言欲禍予家。彼時若一言稍靡，便貽名節之羞；若過抗，便可殃及父母。某只不動聲色。至數日後，有王友者，問某作何計，某曰：「僕不過一窮百姓，彼若欲得而甘心者，遣一役來，牽之而去，即與見面矣。」友曰：「招之不見，牽之而見，可乎？」某曰：「招之無可見之理，牽之便有可見之義。何也？招之而見，不爲殿下臣，必爲座上客。牽之而見，則爲簿下囚矣。」友曰：「見面奈何？」某曰：「若能以禮待，則從容告以實情，僕非明之臣子，而實我朝之詞臣也。倘爲不才，便不足用，如以爲賢，未有賢而失節者。彼於明家失節之人，皆殺之、流之，則僕之不宜爲用明矣。如慮僕有別圖生變者，請侍老父老母，攜妻子，傍城而居，教童蒙度日可已。若彼赫然而怒，發淡水洋，亦命也。」王友爲之稱善。其後竟得瓦全。倘倉卒應之，則心氣驚惶，思慮未能周到，剛柔緩急之間，皆足以僨事致禍矣。

當年某家貧賤時，被光棍衙役設計陷害，至辱及父母。及後寇亂，某起鄉兵保護鄉里，迎請大師。當時地方大吏皆仰重，生殺可以自由，有勸某閑事報復者，某皆不應。此輩若積惡不悛，自有天道，不必參以人爲。團結鄉兵，是爲鄉里，爲朝廷，藉此遂攙入一分報復私忿的意思，便覺羞不可當。

當年有友謂某曰：「亂後長許多見識。」某扣之，曰：「平時極相厚者，皆掉臂不顧，踈慢不堪。此世果是佛家所云魑魅世界，看破虛幻，無復有情？」某應之曰：「果爾，則是我於斯世，先爲疎慢以待人矣。豈是處世中正之道？惟當思吾平日所以感之者，恐未必誠，未必合理。苟誠而合理，則彼自負恩，亦不足校。凡極不得意時，吾心中必有事焉，則有所以處之。如人久在亮處行，忽入暗處，一物不見。彼時狂躁無益，惟合目静坐，再一開眼，則虚室生白，不須願外。」

告狀者雖無直辭，然被訟者追尋受訟之由，畢竟有自己一點不是處，故自反是切實受用。若他人不是，與我何干？於禽獸又何難焉？

人貧窮時，有求志一段自己的快樂；貴盛時，卻有臨深履薄一層自己的受用。無此，便人生亦没意味。且如此，方可不窮，若是窮了，便不是易。

當事只要作退一步想，便自安詳審慎；如一味誇詡將去，必敗之道。鍾旺。

飛鳥遺之音，不宜上宜下，急唤其回頭。事每要回頭看。鍾旺。

聖賢只論當下，任千駟萬鍾，總不易吾此一刻一念之安。不與人論人非，論鬼責，這便是到頂要義。過去未來，皆所不計。

事到當頭時，惟有義所當爲者便爲之，不要思前算後。某當海氛擾攘之際，事勢甚危，想來别無巧法，只有義所當爲，力所能爲，進前做將去，幸得免難。鍾旺。

鋭峯僧云：「截斷做。」最是。如今我們行一件事，説一句話，且求這件事、這句話有當於理，莫管後來時勢之有無翻覆。無論料不到，即料得到，亦無益。未有拋了當下的道理，卻去預管後來者。

以氣加人，不惟累德，亦必害事。鍾旺。

委蛇遷就，固非君子之道。然苟徒恃義理之正，一任激烈做去，以致僨事，甚且貽患無窮，祇是爲血氣所驅耳。推其極，亦是一己之私，非出於天下之公也。鍾旺。

凡奸邪成黨時，切勿過激。彼既成黨，釁將自作，急之，彼反合勢；緩之，則自相攻擊必矣。乘其敝而去之，則事半而功倍。看史鑑中處此者，或得或失，無非天意。

人於既往事，便如根本；將來事，便如枝葉。如當下富貴，便忘卻窮時情狀，只覺得應該享用，便是忘本，枝葉必不茂盛，將來享用亦必有限。然不忘又有分別，不忘而知止知足是也；若怕將來再窮，便貪財厚蓄，以爲備豫之計，便爲大錯。

人能公其利，便自受其利。如山之出雲，本以爲雨，及雨下，出雲之山亦被其澤，此自然之理勢。若施一小利，即懷望報之心，一著計較，便索然沒趣。

人能勉强便好。六家叔少時，聞人家有不祥事，便有喜色，某規之曰：「叔父何爲倖人之灾，樂人之禍？」叔父頷之。自後便强爲咨嗟，或作愁苦酸悽不可忍耐之狀。其始未必即出於實心，到後來，便習而成性。他如今福禄壽考，甲於一族，若那意不變，便非享福之相。又人有一長，刻刻要施展，亦是大病。如喫得一物，卻不消化存在肚裏，豈不爲害？所以顔子「有若無，實若虛」，謂之「亞聖」。

客有云：「學者以治生爲急，父母日受饑寒，卻杜門不出，而曰『我以立品』。此邀名之事，殊闊於情實。」先生曰：「此乃佞以自文其説，事通賄之失，而便其私者。此等須論道理，若合道理的經營奉養，則即此便是立品的切要事，不是兩件。若非道非分，則無營求之理。父母雖不免凍餓，有招之行竊者，從之可乎？」

夢中，遇極凶險事，只心不動，便不能爲怪。推之日間，亦當如此。凡變故猝乘，只心不動，當不能爲害。問：「心不動，自當有箇道理出。」曰：「固是。且不必説到此，只以神之應感論之，亦自不爽。」又曰：「此須是涵養得到，不然亦當忍教不動。」

天下做得事來者，多是不要做的人，急躁便易敗。張子房於高祖之欲廢惠帝，武侯於先主之東征，都暫且由他。蓋事到無可奈何時，只得放寬，以俟其機。不知天意如何，且聽天處分。若是天要如是，人有何本事？不然必有轉機，乘其機而用之可也。古人當此，是窮了只得用此法。某當年值耿、鄭之亂，曾用此，頗有濟。耿逆初平時，諸當道行事，殊失民心，某憂甚，知且再亂。或勸某進書言於親王，某念彼時雖進一書，如以小石投大海，何用？姑且由他。如天意有在，或反生出好機栝來。未幾，白頭賊聚夥萬數，劉國軒攻圍漳、泉，親王歸路已斷。於是督撫提鎮，一齊束手。某乃團聚鄉兵，使三舍弟引巡撫吴興祚兵，吴表弟引將軍拉哈達兵，自山並進，遂解泉州之圍。於時親王以下，皆視某爲干城，而姚熙之得某一字，立刻施行。凡諸苛酷弊事，以次銷革。王荆公詩：「漢業存亡俯仰中，留侯當此每從容。」最妙。不知當日宋業未嘗存亡俯仰，荆公何以那樣不從容？

人必靠定道理不走作，至風波來，方可言命。只是賢路崎嶇時，須委婉些方是。立朝柄政者，苟非大賢，與之交好比附，未有不爲所累。故仕宦以孤立爲安身，的是名言。

人只當存至誠心。禍患之來，如何可定，天便來替你解救，是誰力量敵得過天？方正學論此一段甚好。

受暮夜金更不好，卻之亦是常事，何故楊關西便傳爲美談？可見東漢雖風尚名節，而受暮夜金者尚多。立品不真，自古而然。

奸惡黷貨之人，竟似他終無死日。不知這罪過是要帶去的，人生須是刻刻辦著死時不罣礙。如做官的人，刻刻恐怕有贜款，日日造一交盤册子，打算去官時，落得乾浄走路纔好。

朱子云：「自古未嘗有被人殺死的聖人。」以聖人都是一團好生意思故也。賢者則有嚴氣正性，嫉惡如讐者矣，此便有殺機。佛家云：「羅漢見惡人，生嗔惡；菩薩見惡人，生憫度。」羅漢與菩薩，只差這綫路，即是此意。

狀貌雄偉人，須要現出善象，無意中流露一點仁愛渾厚意思，便有福，所謂心象也。若一味剛强快利，便多没没而死。某閲人，如此者甚多。

聖人不廢肉食。禽獸食草木，人又食禽獸，以其尊於萬物，而備有萬物之精英故也。若禽獸食人，則爲變異矣。只是不可貪饕，須存遠庖厨之心。

父兄教子弟以權術，莫要説實話，畢竟即先在父兄身上學起。子弟懷利以相接，是無所不爲之根，而其端在於詐。

有痛詆人惡者，先生曰：「子親見其事耶？」曰：「得之傳聞。」曰：「就使親見其事，立言固自有體。夫子惡稱人之惡，子貢惡訐以爲直，正爲此耳，況傳聞乎？」鍾旺。

人有不是處，雖子弟僮僕，且莫罵破他。某督學時，屬僚有無禮者，某並未嘗面質責，及他知悔來謝，某則慰而勵之，他便相安了。賓實督學時，教諸生極其至誠懇切，只是當面駡他不通，他便難堪。某當時只與他透講書理，他這一邊明白，那一邊不是處，自然知道，何須罵破？所以「隱惡」二字最妙。不但是要存心長厚，亦是留他改過之路，好使人自新。

陽明云：「人有過，不可又加功去文飾其過。如一句話説錯，已是錯了，又添一句去塗飾，是兩句錯了。恐塗飾不工，又添一句去彌縫，是三句錯了。何若改向好處，十句話有後來九句是，那一句不是，人亦諒之矣。何必展轉回護，徒然增其破敗？」最爲高明。

「不誠無物」，此理最奇。人説話纔著些假，不但當時人不信，即千百世後，人一見便知之。如諸贋書之類是也。可見此理無形影，無聲色，充塞遍滿，斯須不可離。之鋭。

古之聖賢，都亦隨時。孔子於弟子皆呼名，孟子七篇，便無對面呼名者。程子當面稱賢，背面呼名。至朱子，背面亦稱字。以上言行。

【校勘記】

〔一〕「鄘風」，原作「衛風」，據毛詩正義卷三改。

榕村語録卷之二十五

性命

汝楫問："胸前心之舍，天心亦必有舍？"曰："與人一般。人醒時，其神在心，睡時，其神在腎。天之心，上在北極，下在地心。"又問："春夏陽也，心在上；秋冬陰也，心在下。與人醒時、睡時相配如何？"曰："春夏氣發於上，秋冬斂陽地中，推説皆通。其實何處非心？人遍身皆心，一毛一發皆心也。天亦是如此。"

賦性，譬如誥勑開載職事；福善禍淫，譬如考職黜陟。此首尾兩頭，皆是正命，中間許多稟受，則皆所謂氣數之命。自記。

"命"字最上一層，是"天命之謂性"，純以理言。中一層，是陰陽五行，便自不同，是以氣言。後一層，卻以人自感召爲主，又以理言。合而言之，總是一理。中間氣數之不同，孟子説得妙："君子不謂命也。"如朝廷命官，予之勑書，令盡職守，是君之正命。

後來三考黜陟，亦是吾君正命。至中間僚友齮齕異同，到底算不得君之正命。以君命譬天命，最明切易曉。給這勑書是命，領這勑書是性。「繼之者善」，在方給之初；「成之者性」，在既領之後。鍾旺。

聖賢説義理，即兼利害。朱子深譏左傳好夾著利害説，其實降衷之命，與吉凶禍福之命一也，二之則不是。所以「見乎蓍龜，動乎四體」；「惠迪吉，從逆凶」，福善禍淫，無不兼説。

問：「人常有未生時，先見朕兆，如曹操未生，便知梁、沛之間有真人出之類，此何理也？」曰：「天地生人，如人做事一般。其有關係者尤所著意，未做那事，先動那念，便有象了。」問：「有至微之人，不過富貴幾年，未生之前，亦先見朕兆，難道亦是天地著意所生之人？」曰：「此等人是他後來自家墜落了，想天地初生他，其意不止如是。所以詩、書言命，只言後天之命，『立命』二字最妙。命可以自我立的，作善降祥，作不善降殃。『惠迪吉，從逆凶』；『道善則得之，不善則失之』；『宜民宜人，受禄於天，保佑命之，自天申之』，都是説此等命。天生成有一定的命，到得後來變化，其理又進一層，連天亦不知其然。果有天初生人，本來是極好的，後來自家鑿喪，至滅其算，削其籍；有生來命本平常，因自家積德累仁，至於增其福壽，名升帝庭。」問：「天地至神，如何後來變化，天亦不知？」曰：「心是人所自有的，人尚不能捉定自己的心，天如何能知？所以佛家説『轉輪王』是心，那機一轉，大地山河都隨他轉。」

天地以生物爲心，而其聚精會神又在人，所以太極圖上面的，都是爲下面兩圈而設。不知天地，但觀人。人一生經營勞碌，只是要兒孫好。問：「人是有知的，固如此。至草木無知，其生枝、生幹、生葉、生華，歸結只是結子，天地之心全見矣。」曰：「然。草木之生，色香臭味，有絶奇者；禽獸蟲魚中，羽毛鱗甲亦有絶奇者。人乃裸蟲之長，毫無文彩，而天地之全理寄焉。如果實穀種一般，其幹枝葉華皆好看，結成子便一些文彩没有，其好處都包在内。」問：「實必有殼包住，衣錦尚絅，亦是如此。可見爲己之學，即是天道。」曰：「孔子教門，便是收歸到裏面來，這箇生發無窮。堯、舜、禹、湯、文、武之澤，都不如孔子，其子孫之福禄，亦與天地終極，爲是故也。佛氏『圓滿』二字最妙。圓始滿，滿始圓，草木之實，其圓滿者，乃生氣之所歸也。種先圓，勾萌甲折便不圓，到得結實又圓。」問：「如喜怒哀樂未發是圓的，發便不圓，到得和仍是圓。」曰：「然。」

「人爲天地之心」，果然。人多錯會，某亦讀之累年始解。謂「人爲天地之心」，反一語便可謂天地爲人之皮殼。故愚誕之輩，至有疑天地爲無知者，即從此起也。「人爲天地之心」，乃謂天地之精神命脈皆在人耳。禽獸草木，皆得天地之性，而不能全，惟人得之最全，故曰：「天地之性，人爲貴。」貴者，貴於他物也。猶之父母生子，父母之精神命脈皆在兒子，非謂父母爲兒子之皮殼也。就如一身之中，説人之神氣爲天，體魄爲地，知識爲人，便不是。只好説魂之靈屬天，魄之靈屬地。周子、張子便説得不錯。周子以人之應萬事，配天地之生萬物，極是。張子説：「乾稱父，坤稱母，予兹藐焉，乃混然中處。」又極是。

王陽明説萬物一體處，言：「見赤子入井，惻然救之，是赤子一體也。見禽獸被傷，欲活之，是禽獸一體也。見草木摧折，欲護之，是草木一體也。見磚瓦傾欹，欲全之，是磚瓦一體也。」又翻轉來説，瓦石，所愛也，使有草木萌櫱，屈抑其下，則不惜擲瓦石而出之，覺心安而理得也。草木，所愛也，使畜牧無資，則不惜芟草木而用之，又覺心安而理得也。禽獸，所愛也，值賓祭則殺而饗之，又覺心安而理得也。至人，尤所愛也，一簞食，一豆羹，得之則生，弗得則死，有路人與吾之父兄並在前，舍路人而活父兄，又覺心安而理得也。此皆非安排而後有者。」論皆極精。某復因其説而推之，瓦石無害於人，即觸之不過傷肌而已。草木則有腐腸爛胃，毒人至死者。草木生於肥土而不驕，生於瘠土而不求，雖有毒草，人不食之，不能爲灾也。禽獸得食則争，其尤悍鷙者，搏噬踶嚙，無所不至矣。禽獸一飽而止，過而輒忘。人則蠅頭之利，不肯相讓。盈千累萬，不自知止，百年將盡，竟不少休，睚眦之怨，没身不解，以致相讐相殺，興戈起戎，害遍生民，辜及朽骨。視草木、禽獸之惡，千萬倍矣。似乎荀子之言不爲過。不知天以全副本領予人，原千萬倍於物，所以以不善用之，其機智才力，亦千萬倍於物。且如瓦石，止是供人之用。至草木，則能滋益天和，培助元氣，瓦石不能也。禽獸中，如鷄犬之鳴吠，牛馬之致遠，其尤靈者，如蜂蟻、鴻雁之類，草木不及也。至於人，自身而家而國而天下，實能修齊治平，則財成輔相，上下咸若，直至參贊位育，彌綸天地，雖天亦不能限量他。草木、禽獸能之乎？

草木，本在下，末在上。禽獸横生。惟人，頭向上，如天之圓；足在下，如地之方。清氣升上，濁氣降下，與天地同。看來有天地，不久便有人。邵康節謂「天地空閒許多年，始生人物」，未必然。唐、虞去洪荒亦未必太遠。

指節可以觀天，掌文可以察地。大抵天地之數，至五而全，河圖、洛書，皆以五居中。人手足五指，得天地全數。然大拇指與四指不同，止兩節，又虚而不用。數十二支，不用拇指。中指長，應夏；小指短，應冬；食指、無名指一般，應春、秋。後掌高處，應山起西北；注水於中窪處，必定從食指邊洩去，應澤注東南。至右手方位已變，而西北東南不異。故曰：「天地之性，人爲貴。」禽獸便不如此。

天地生氣無處不到，石蟹在海能走，石燕在洞能飛，出則爲石，此石中所生之禽獸也。汙潦之水，蛆蠓生焉；糞壤之内，蜣蜹化焉。生其中，食其中，便肖其形，便同其性。牛馬草食，穀食，虎狼肉食，不能相兼也。人無不宜，是稟天地之氣全也。氣全者，以其理全也。虎狼之父子，蜂蟻之君臣，何嘗不倍篤於人，而他則不知。（以上論命。）

性之不明也，虚齋、整菴欲「於氣之曲折處見性」，姚江以「昭昭靈靈」言之，皆難以口舌争。須知氣不過運動，神不過知覺，而所發之理乃性也。如見孺子入井而惻隱，能惻隱者，氣也，知惻隱者，神也。而惻惻然發於不自覺，動於不得不然，此處非氣、非神，乃情之正而性之真也。程子稱形而上、下，爲截斷分明。朱子言「太極陰陽當離合觀」，可謂精切。光坡。

「性」字自孔孟後，惟董江都「明於天性，知自貴於物」數句説得好。自後汩於佛、老，都是以「氣質」爲性，以「心之靈明」爲性。至韓文公，既以仁義禮智信爲性，卻又疑孟子性善之説，難道有不好的仁義禮智信麽？直到程朱出來，把「性」字説一箇透。程朱後，又糊塗了。伊川説：「性即理也。」蔡虚齋、羅整菴輩，著實參想，以爲天地之氣，若偏於陰，偏於陽，便不是理。陰了又陽，陽了又陰，陰陽得中，便是理。已經説得近傍，卻還隔一層。爲甚麽陰了又陽，陽了又陰？這是天地不能自已，萬古不易，極純極粹，至好的一箇性，連天地亦不知其所以然。只是不如此，便過不得。此生理也，生理卻在心裏，所以程子説：「心如穀種。」因爲性如此，所以動而陽，陽是好的；静而陰，陰亦是好的。春夏之生長，固是生物；秋冬之肅殺，亦是生物。人得之以爲性，亦是如此。萬古剪不斷，連人亦不知其何故。只是如此便安，不如此便不安。聖人愛人固是生人，殺人亦是生人。此處看得明白，憑你横説竪説，道理都不錯。知道這道理，天地間那一箇物類，那一件事情，是不與我相關涉的？知道這箇，卻説他是「氣質」不得，説他是「心之靈明」不得。

善固本之性，惡亦必尋其根。朱子謂「陽主生，陰主殺」，「主」字覺得太重。如形體陰也，心思陽也，豈有形體主於爲惡之理？然惡卻從形體而生。故人以心思爲主，而貫徹形體，則形體亦善。以形體爲主，而役使天君，則心思亦惡。善出於心，惡亦出於心。如君命官，盡忠效職，乃君命也；枉法行私，非君命也。然盡忠效職，固憑君命以行事；即枉法行私，何嘗不假君命以作威？畢竟盡忠效職者，君命之本然；枉法行私，非君命之本然也。如此看「惡」字有根，而亦不礙於本性之善矣。

知好善惡惡之爲性，原不錯，但要知何以能知好善與惡惡。必我有善，而彼之善與我之善合，故好之；彼之惡與我之善不合，故惡之。其所以合不合者，非我有極善之性，何以能然？程子以穀種喻性，便是，穀種裏面是有的。釋氏以鏡喻性，便非，明鏡裏面是無的。穀種是熱的，明鏡是冷的。以善言性，便盡天下人物，皆視爲一體，痛癢相關，公其所有而已不勞，一團和樂之象。以知覺言性，便以己爲明，視人爲暗，自智而愚人，尊己而卑人，私其所有而欲分以度人，必有隔閡之象。所以性善之説明，便見得天下之人皆有性善。「老吾老，以及人之老；幼吾幼，以及人之幼」，養之教之，歡欣和厚。佛教以衆生迷妄，思欲度脱，不知上老老，他便知孝；上長長，他便知弟，何嘗迷妄？總之，聖賢仁愛是熱的，佛家慈悲是冷的。如告子之「不動心」是死的，孟子之「不動心」是活的。活的便是熱的，死的便是冷的。至尊因説：「新制律管分寸與古合，以羊頭山黍實之，亦是一千二百。裝緊自然多幾顆，鬆些自然少幾顆，大概是一千二百。就如説性善，難道箇箇都是一樣？是大概人性都善，不甚相遠耳。」這一句説性善甚精到。

問：「性只在心内否？」曰：「通身全是性，毛竅中都是性，但最中光亮發見處是心耳。」問：「光明只是心，不是性。」曰：「然。」問：「心如穀種，何處是性？」曰：「穀種生處尚不是性，所以生之萬古不變者爲性。性本無形，如大麥萬古是大麥，小麥萬古是小麥。不是性如此，如何不會變？有性，所以有許多物事。若没有這箇不會變、不肯住的，如何有這許多物事？所以云性立天下之有。」

人與天地本是一箇，其分界處只在一軀殼。而百凡雕斲隔離之患，皆從此生。聖人所以説克己，己私克去得盡，則踐形盡性，我便是天，即中庸所云「至聖」、「至誠」也。人物皆稟此理以生，吾渾身都是天理，而人物自化。又加之在己有學問，處物有法度，則存神過化而贊天地，夫何疑？

姚江以一段靈明者爲性，雖少近裏，然所見乃心而非性也。心便有别，但看聲色臭味，平時多少耽著，至遇疾病，便生厭惡；遇患難，便不復思想。惟孝弟忠信，則坎壈之中，轉見誠篤。至於生死利害，更生精采。故知人心、道心，確然兩箇。可見義理之性，不以形骸而生，自不與形骸俱斃。嗜欲之性，皆因形骸而有，自與形骸俱亡。此處認得確，發言行事，大段不出定盤星矣。

王陽明格竹子的性，乃格其葉何以三，心何以空，他木皆通直，他何以有節。不知此形器也，非性也。雖細説，亦各有緣故。如鱗屬木，水生木，故鱗如波紋。禽屬火，木生火，故羽如木葉，而食栖於樹。獸屬金，土生金，故毛似草，而深藏於巖谷。介屬水，金生水，故殼似金石之堅。裸蟲是人屬土，故居於平地。分屬五行，卻不是他的性。惟孔子説得盡，「繼之者善也，成之者性也」。天命本至善，人物承繼來無不善，及至成形便有不同。今欲求物之性，總離不了五倫。不特虎狼父子，蜂蟻君臣，雎鳩夫婦，即草木亦然。以類叢生，是其朋友也；有牝牡，是其夫婦也。移樹必是花開時。問其故，曰：

「樹最護花，欲結子也，是其父子也。其不能全者，形器限之也。其不能斷者，同一性善也。天地與人共此一性，所以萬古不易，萬古不息。」

王守溪許多時文，都看不出他的底裏，到做性論，便露出馬脚。蓋以金水喻性，全是佛家語也。性是熱的物事，不是冷的物事，是屬陽，不是屬陰。論人性，當以木火喻之。如草木之實，其中原具有根幹、枝葉、花實，及一得土氣，而根幹、枝葉、花實都出其中。性便是如此，木火屬發生，金水屬收藏。如晝夜然，吾儒所説性是白日事，佛家所説性是夜間事。聖賢説「四德」便説元，説「五常」便説仁，元足以統亨利貞，仁足以統禮義智。佛家卻不道元而道貞，不道仁而道智，都落空了。

人物皆有五性，其參合之中和者爲人，偏駁者爲物，至甚偏駁之後，則美者亦亡矣。人之中有賢不肖，理亦如是。自記。以上論性。

仁智相連，仁收進來便是智，智發出去便是仁。禮義相連，禮是燦然有文，若不停當，如何謂之禮？而停當恰好處，便是義。信流行於四者之内，而位次乃在禮義之中，極有理。禮都排在外面，若無實心以爲之本，便是詐僞。惟有實心，故一歸於實事，而合於義也。

「五常」，「仁」可以統「四德」，生意無不貫也。「信」可以統「四德」，誠心無不存也。「智」可以統「四德」。收住「四德」，又貞下起元也。

數中，一、三、五可以做主；五行，水、木、土可以作主；五氣，冬、春、中可以做主；五性，智、仁、信可以做主。禮義卻做不得主。

「仁」爲四端之首，故中庸云「肫肫其仁」；「智」能成始成終，故中庸始之以「聰明睿智」，而終之以「文理密察」。自記。

聖人不輕説死，惟到仁曰「殺身成仁」，信曰「自古有死」。雖死而生之理存，勇士不忘喪其元，終非其至者，但謂之勇士而已。

問：「程子屢駁『以愛爲仁』之説，『愛者仁之用』，而非即仁也？」曰：「朱子仁説已辨此。既曰『愛者仁之用』，獨不可反其説曰『仁者愛之體乎』？」問：「鷄雛之説云何？」曰：「全在那一點嫩處。如嬰兒依戀父母，那一點真心，乃最初之心也。大舜做出多少事業，其根本卻是大孝，終身慕父母，『五十而慕』。」

覺固不可以言仁，亦不可以言智。覺者，心也；仁智者，性也。在天地，覺譬則神，仁智是生物、藏物之理。自記。

人心中只有一團生理，發出來便是愛。愛不可即謂之仁，然其理則仁也。爲甚麽又説「公則仁」？大概人不能全其仁者，只是爲私欲所蔽隔，克去己私，仁心自在。「公」

字有工夫，「愛」字無工夫，公便愛心自然流出。如一片土地，但不使瓦石壓占，自會生草。若强恕，則在公與仁之先，惟不能仁，故用强恕耳。然無忠，做恕不出；纔説恕，忠便在内。

智是兩箇，而暗藏在内的。夫婦是兩類，又躲在人不見處的。以此推之，北是幽暗之方，黑是幽暗之色。水外闇，冬閉藏，貞則收斂堅固。憂懼亦是隱隱在内盤算的。腎亦兩箇，藏而不露，無不如此。

機智是無用的，聖人未嘗不有在胸中，卻不拏出來用。所以董子説：「陽居大夏，以生育長養爲事；陰居大冬，卻積於空虚不用之處。」聖人用底只是仁、禮，義、智是藏在内的。義猶半用，智全不用，若拏出來用，便害事。如人多端籠絡我，架詞作勢，我只以老實應之。他句句虚，我句句實，自然他通身伎倆都没用處。你若再以機變應之，益發多出事來，必敗之道也。只是義、智卻是内裏必要有的，不是可以無的。

後世君子，於「四德」中耑用一智，些小利害，即便百般趨避。問：「所用恐亦非正經的智。」曰：「就是正經的智，亦用不得。智本是藏在内的，不可以用。豈獨智，即義亦半用半不用。如事不當做，則不做便了，若張揚表暴，便有病。故用義，便有東漢末流黨錮之禍；用智，便流於詐僞奸巧之歸。三代以上，專用仁、禮。」問：「『文理密察』，是用智否?」曰:「全在内。『寬裕温柔』也是他,『齊莊中正』也是他,『發强剛毅』也是他,其本位卻是『文理密察』。」又問:「『舉錯』是用智否?」曰:「説到『舉錯』,已交付與義矣。智所以成始成終,仁之惻隱,義之羞惡,禮之辭讓,只是一樣。獨是非有兩類,是處管仁禮,非處管羞惡。」以上論五常。

性無所不在,情亦無所不在,心亦無所不在。求之五行之位,則性之全體屬水,心之光明屬火,情之萌芽屬木。

心者性之郛廓。心如物之皮殼,性是皮殼中包裹的,故言心必合性言,方是本來的心。鍾旺。

萬物皆天,萬事皆心。心是易知,事是簡能。自記。

知識者人心,是非者道心。自記。

「心統性情」,形生神發後,便著如此説。若論自來,須先説性,而後及心,心亦性之所生也。及有此心,則性具於中,感物而動,而情生焉。又曰:「『心亦性之所生』,此句甚險,然理卻如此。有一團要發見的意思,便是生理。」

火在人爲心,在天爲日。日之所及而物生,心之所到而事始。

人通身皆心也,心所不能通處,便不是正理,若是理之所在,心無不通。豈止一身,凡天地、日月、星辰之可窺測，往古來今之可推求者，皆是心之所到。通天地古今，止是一心。汝楫問：「朱子云：『心者，神明升降之舍。』妙甚。平時只説作心是神明之所栖止，不知『升降』二字是活動的。如眼鏡之照日光，不是定在一處，正側轉動間，光亦隨之而移。」曰：「然。」

汝楫問：「血肉之心即心乎？」曰：「此心之室，週身皆心也。」

當年與德子謂、徐善長所言皆錯。其時於一切天理人欲，都從動静分看，便不是。陰與陽都是好的，如何説陽善陰惡？陽氣也，陰形也，氣非理也，然氣與理近。猶之心非性也，然心與性近。一切欲心都從形體上生來，如鼻欲聞好香，口要喫好味之類，凡此非即惡也。中節仍是善，惟過則惡耳。虞廷説「道心」，是從天理而發者，説「人心」，是從形體而發者。饑渴之於飲食，是人心也；嘑蹴不受，則仍道心也。人心、道心，大體、小體，都從此分别。能中節，則人心與道心一矣。以上論心。

性有仁、義、禮、智，發則爲惻隱、羞惡、辭讓、是非。情亦然，愛欲惡懼，其根也，發則爲喜怒哀樂。愛發爲喜，欲發爲樂，惡發爲怒，懼發爲哀。言七情者，除卻「樂」字耳，以配元亨利貞，春夏秋冬，循環不已，無非是者。喜尚無弊，到得樂，便手舞足蹈，易至於過。樂與怒不相涉，何以樂必變怒？但看樂之時，心滿意足，氣易驕盈，覺得少不如意，便不快活。無論不當怒而怒，就是怒得有理，然忍著不怒何妨？試問此時設在患難中，亦有此盛氣否？怒之後如何轉爲哀？凡怒過未有不悔者。如漢武窮兵黷武，天下困苦，晚年輪臺之詔，何其哀切。至哀便有好消息來，蓋隆冬閉塞時，春意已萌動矣。由喜至樂，由怒至哀，皆不妨，最是由樂至怒這一節不好。歸根復命，總在一「懼」字，「懼」貫始終便都好。一部易經，全以「懼」字爲用神，爲丹頭，以「懼」始，以「懼」終，而每爻皆有當爻之位的道理。懼，誠也；爻位，明也。以誠貫明，易道也。

情之發，有有次第的，有隨感而發的。有次第者，如元亨利貞；隨感而發者，如水火金木。所謂其發之也仁，其裁之也義，其行之也中，其處之也正，分明是有次第。然即其隨感而發者，惻隱是初動的，辭讓是著見的，羞惡是收轉的，是非是包藏的。雖因事迭見，而亦未嘗無次第也。自記。

惻隱、辭讓、羞惡、是非，與喜怒哀樂，皆情也。惻隱便是喜之正氣，辭讓便是樂之正氣，羞惡便是怒之正氣，是非便是憂之正氣。憂又有惻隱意，蓋北方原有二氣，人能憂則惻隱之心生矣。自記。

喜怒哀樂，固以「懼」字爲丹頭，又想土寄旺於四時，喜怒哀樂，應有一「平」字象土。天道之變，以漸而至，春至夏，夏至秋，秋至冬，無今日大熱，明日大寒之事。畢竟以漸而變，是平也。寅卯辰，辰爲土；巳午未，未爲土；申酉戌，戌爲土；亥子丑，丑爲土。土氣沖和，和平下來，漸漸而變。喜至樂，怒至哀，尚以類相從，其勢順。惟樂變怒，哀變喜，若太驟。故營陽王哀樂過人，其哭之慘戚，便哀感行路，方退而歡笑如常。朱子謂是「不恒其德」。孔子是日哭則不歌，正是此意。當其樂，樂得平些，移時怒，怒亦輕些，此理勢之必然。懼與平亦有分别，懼剛而平柔，懼清而平濁。懼屬智、屬水，平屬信、屬土。平是轉彎處，懼是起頭處，天不可説懼，「健」字便是懼。喜變樂，怒變哀，固須平，樂變怒，哀變喜，尤須平。四時如此，五行亦如此。金生水，木生火，可不用土。水生木，離土不得。火生土，土生金，必用土纔生出金來。汝楫説：「平即思也，洪範配土。」先生大以爲然。

虚齋蒙引中，畫喜怒哀樂，中間著箇「思」字，甚好。總是收轉念頭，無處放心。便是聖人希天，都離不了此意。

喜怒哀樂歸到仁義禮智，便無弊。以仁喜，以禮樂，以義怒，以智哀，有何弊病？喜怒哀樂通乎仁義禮智，又通乎元亨利貞，便達天德。下驗之吉凶悔吝，人道無餘矣。

問：「中庸自喜怒哀樂起，直到位育，正是此意。」曰：「然。」

聖人之心，喜怒哀懼都有，但中節耳。如子畏於匡、莞爾而笑、無君皇皇、微服過宋之類。吕原明在太學，因胡安定見伊川顔子好學論，曰：「真儒出矣。」遂首先禮拜伊川。後來卻學佛，一日馬行壞橋，墮水幾死，及起，卻自咎曰：「墮橋便墮橋，何爲心動？」從此便在這上頭加工。這便異端，不是吾儒正道。問：「使孟子際此，亦動心否？」曰：「不動便是告子矣。孟子死心塌地服孔子，就在『可以仕則仕，可以止則止，可以久則久，可以速則速』這幾箇『則』字，終身摹倣不能到。」

怒最易發而難制，只是理不明，若明白時，自然有節。天下事只要明白。貞下起元，先有智而後有仁，若是智不足，便仁也差了。

怒後即自己不悔，勢亦必歸到哀上來，此天地陰陽自然之理，倘用别的來接，接不上。果接之以喜樂，這就窮了，有死之道。

無憂患時作憂患想，亦可以忘怒。問：「程子只説觀理之是非，倘理當怒者自然該怒，何爲又想憂患以平之？」曰：「先要忘了，纔會隨事觀理。謂之忘怒，是怒已平了，是土。怒之發也如火，於時自加一段收斂退藏之意，便是以水濟火。以水濟火，則怒忘矣。但看水一澄便有泥，火一撲滅便有灰，皆成土。」汝楫云：「『懲窒』二字是訣。」曰：「又以明爲主，看破他的機關，懲窒亦易爲力。」

天道元亨利貞，賦而爲仁義禮智，發而爲喜怒哀樂，著事爲吉吝凶悔，成效爲治盛亂衰，皆相配。喜樂怒哀發見於外，卻是愛欲惡懼爲之根。不愛何喜？不欲何樂？不惡何怒？不懼何哀？哀即憂也。大概喜、哀無甚病，病全在樂、怒上。樂便驕滿，驕滿易生怒。到得哀，便有向好消息。「懼」字是回斡造化的金丹，喜樂怒時，能懼便不過，懼便是「禮儀三百，威儀三千」之根，懼便有和樂生。所以程子云：「肅則雍。」人君遇水旱兵荒則懼，然必無事時，從心中發出大懼方好。凡人遇事，精神散亂，粗厲浮動，便不中用。惟懼，便思量處之之道，至主意定，則不爲他端所惑矣。終日欽欽，若對大敵，到得金鼓齊鳴，決幾兩陣，卻意思安閒，如不欲戰。治亂都是天運，然亦不容無別。治由乎天而成乎人，亂由乎人而成乎天。天無不治之理，推其根由乎天，而經綸締造以成之，則治矣。情欲利害，推其根由乎人，人事壞，天感之而沴氣作，夭札灾厲至，則亂矣。懼者致治保邦之要，聖人諄切言之，道理要緊處原無多，聖人丹頭在此。佛爲「轉輪王」，以心轉乾坤也，懼即是轉輪法。凡看人亦當以此爲訣，其人無故知所惕懼，或有所觸而警動非常，便是爲善之人，有道之器。

元亨利貞，配春夏秋冬、仁義禮智、喜怒哀樂、吉凶悔吝，前人原如此説，至配禮樂兵刑，而七情中又添出「樂」字爲八，是某方如此説。禮所以飾喜，樂所以飾樂，兵出於怒，所謂「一怒而安天下之民」。刑歸於哀，所謂「哀矜欽恤」。内有愛，外始有喜；内有欲，外始有樂；内有惡，外始有怒；内有懼，外始有哀。聖人説顔子好學，卻説「不遷怒」。程子定性書，亦云「忘怒」、「觀理」。蓋喜樂，治之象；怒哀，則亂之象。故聖賢於此兢兢。然根源卻不在怒，而在樂變怒上。當樂之時，便要留意也，丹頭卻在「懼」字。當樂之時，便提醒，一提醒，自然不過。由喜而樂，由樂而怒，由怒而哀，由哀而復喜，其過度處皆用思，所謂「土寄旺於四時」也。學者用工，卻在喜怒哀樂上，喜樂怒哀治，而天下平矣。「天地位，萬物育」，不是空話，是實事。老吾老，幼吾幼，以及人之老幼；一怒而安天下之民；哀矜鰥寡；樂以天下；何嘗不是實事，不單是空講道理。每年勾囚，但看成案，都是樂與怒上死的，鬬毆讐謀也，盜劫淫欲也，不曾有喜與哀便致極刑者。邵子皇極經世，遇物皆成四片，卻不曾如此配得。以上論情。

榕村語録卷之二十六

理氣

太極，天之性；帝，天之心。

先有理而後有氣，有明一代，雖極純儒，亦不明此理。蔡虚齋謂：「天地間二氣滚作一團，其不亂處即是理。」羅整菴謂「理即氣之轉折處，如春轉到夏，夏轉到秋，自古及今，何嘗有一毫差錯，此便是理」。某初讀其書，只覺得不帖然，不知其病在何處。及讀薛文清讀書録，有「性即氣之最好處」，頗賞其語而未暢。至五十一歲後，忽悟得三説之差，總是理氣先後不分明耳。先有理而後有氣，不是今日有了理，明日纔有氣。如形而上者爲道，形而下者爲器，豈判然分作兩截？只是論等級，畢竟道屬上，器屬下；論層次，畢竟理在先，氣在後。理能生氣，氣不能生理。大凡道理不明白處，即以人身驗之。如人之歡欣暴厲者氣也，但未有漠然無喜而忽歡忻，恬然無怒而忽暴厲之事。何以有喜？以有仁之理故也。何以有怒？以有義之理故也。喜中乎仁之節，則喜得其理矣；怒中乎義之節，則怒得其理矣。是未發之先，此理本自充滿堅實於中，故及其已發，自有條理。明乎此，則知天地雖氣化遷流，萬端雜糅，亦有不能自主之時，卻有萬古不變的一箇性在。惟其如此，所以人雖物欲陷溺，氣質昏蔽，「惟狂克念作聖」。天下雖大，而君子以爲篤恭可平；世雖大亂，而聖賢以爲反手可治。即謂氣滚作一團，其不亂者即理，到底有所以不亂者在。謂氣流行不已，其轉折處即理，到底有所以轉折者在。蔡、羅之説，但説到發而中節之和，不曾見得未發之中。誠也、中也、太極也，即性也。誠者，性之實理；中者，性之不偏不倚、無過不及。有未發之不偏不倚，而後有已發之無過不及。極者，造化之樞紐，品彙之根柢。樞紐，自其生物之旋運有主處言，如户之闔闢無端，而扉柱不移，故運行不已，而其生不窮也。根柢，自所生之物歸根復命處言，如草木之種入地，幹、枝、華、葉，而結果如種，故物之形，千態萬狀，而無一不全其天也。又曰：「極者，至極之義，即樞紐之説。標準之名，即根柢之説。見到此，便覺得聖賢儒先所言，無一處不合。」

理氣固不可分作兩截，然豈得謂無先後？如有仁之理，一感於事，便有温和之氣。有義之理，一感於事，便有果決之氣。

虛齋理氣性命，説得全不是。門人於其身後，翻出他自記一篇，欲將太極圖説動而陽、静而陰之「本體」，改作「全體」，不知一改「全體」，便鶻突了。蓋從頭便有此太極也，人物尚有性，豈天地之大而無性？太極者，天地之性也。有太極，便不能無陰陽，一直流出，毫無虛假，毫無間斷。若本源上明白，雖虛齋之説，亦説得通。但須知有太極自有陰陽，不可説從陰陽始見太極。如説由情見性，未始不可，但須知有性斯有情，斷不可説惟有情，乃可從此見性也。有太極自有陰陽，與因陰陽而見太極，是大關頭，由彼説，竟有以氣爲性之病。張長史於某極有益，長史初登第，自言在監中試無欲故静題，他論中有一段，言：「禪定便説静故無欲，此論大妙。静故無欲者，勉强要静也；無欲故静者，自然而静也。」一日，某問之曰：「理是何物？可是萬事萬物有當然而不可易，即見得有自然而不容已者否？」曰：「看來卻須倒轉來。有自然而不容已的，故有當然而不可易的。」此言殊有味，如人忠孝之心，有一段不可解處，是自然不容已，纔有陳善閉邪，視無形，聽無聲，種種當然之事。與其從氣上説理於此見，不如從理上説氣於此出爲是。又一日因講「爲物不貳」，復問之曰：「爲物的是甚麽？生物的又是甚麽？」曰：「其爲物的，就是其生物的。」某曰：「這不是向日所説有自然而不容已的，故有當然而不可易的麽？」曰：「便是。」

蔡虚齋分别理氣不清，直認氣爲理，固不是。又或離氣以言理，謂：「未有天地之先，天地既壞之後，理依然在。」亦不須推説到此。鍾旺。

程子言「性即理也」，今當言理即性也。不知性之即理，則以習爲性，而混於善惡；以空爲性，而入於虚無。不知理之即性，則求高深之理，而差於日用；溺泛濫之理，而昧於本源。性即理也，是天命之無妄也；理即性也，是萬物之皆備也。

理即性也，實實有箇本體在，即乾之元，而人之性也。有此，便不得不動，不得不静。故朱子解「太極」曰：「即陰陽，而指其本體不雜乎陰陽而爲言。」極精。程朱説來，若合符節。此外惟真西山有些意思，餘不能也。

汝楫問：「『性即理也』，理可是條理否？」曰：「是條理。孔子曰『窮理盡性以至于命』；『和順于道德，而理于義』；『順性命之理，謂之理』，都是在事物上説。君臣、父子、夫婦、昆弟、朋友，不相紊亂，這是理。然此理，不是到事物上纔有。性即有仁義禮智，不可混矣。命即有陰陽五行，不可亂矣。『順性命之理』，説得最好。性命皆理也。程子説『性即理也』，是因人把『性』字説空了，故指點此句。其實在事物爲理，人之所秉爲性，天之所降爲命。命本以天言，性本以人言，理本以事物言。道亦理也，但理以事物條理言，道以人所行之路言。然又曰『形而上者謂之道』，曰『天道』，曰『天理』，曰『天心』，皆是借用字眼。其曰『天德』，亦借用字眼。德本以得之於己言，故曰：『行道而有得於心，謂之德。』其曰『天命』，亦借用『臣受君之命』的『命』字。其實『命』字仍非本源，天有天之性，若没有緣故，命箇甚麽？程子兄弟，一生只把這幾箇字眼想得分明，説得確當，如曰『在物爲理』，『處物爲義』，皆至精。言理始於孔子，言性始於成湯，曰：『惟皇上帝，降衷于下民，若有恒性。』將『命』字作賦予於人之理言，始於劉子，曰：『人受天地之中以生，謂之命。』以前言命，多作天之曆數言。」

理須活看。如陽善陰惡，若説陽是生氣，陰是殺氣，生氣善，殺氣惡，如此天何爲用此殺氣？豈有意欲殺乎，有陽不能無陰，猶之有陰不能無陽也，豈有善必須有惡乎？蓋天陽也，地陰也，人之心神陽也，形體陰也。人心本無不善，即形體亦非不善，特不善皆起於形體耳。從其大體爲大人，從其小體爲小人。耳欲姦聲，目欲淫色，四肢安於惰慢，以饑渴之害爲心害，何者不生於形體？若天君泰然，百體從令，則惟有一善而已。不見有不善，惟有一陽而已，不見有陰也。如君豈可無臣？父豈可無子？夫豈可無妻？然若臣不禀君之令，子不從父之教，妻不受夫之節制，便不好。若臣能盡職，子能承教，妻能宜家，但見君父及夫之好處而已，雖各分些功名，而不專其美也。此方説得通。以上理氣。

天的大意只是生人，如草木的大意只是結子。既欲結子繁多，勢必先爲地步，不得不有根株枝榦，又必有陪生者，不得不有葉。至結子時，千顆萬顆，無不與種子相肖。雖其中有秕細不成實者，亦無不與種子相肖。天要生人，不得不闢世界以爲之地步，又必生物以陪之。人生雖至萬億，無不與天相肖，故皆能心天之心，行天之道，盡其性以盡人物之性，真與天一般。何則？以天亦只此性，而人全得之故也。其中即有庸愚昏惡之人，如秕細不成之實，然其性亦無不與天肖也。物雖不能自外此性，要不能如人之全，以限於氣類之偏蔽故也。見得天人同一性，自能節節皆通。佛家任他虛空粉碎，靈光照徹，總不離乎氣。吾儒平平常常，下學上達，而所見無非理。氣有滅時，理無毁時，故謂之「至誠」。誠者，實也。

某見得一箇道理，頗有關係。老子、淮南子、邵康節都説天地未有以前，渾渾沌沌，動静不分，及到有動静，纔有天地人物。即張横渠，亦説「坱然太虛，升降飛揚」，清而浮者爲陽，濁而降者爲陰。連太極圖説亦不離此意。某讀易，覺得孔子從不説到天地之先。繫傳説「天尊地卑」，然後説到「剛柔相摩，八卦相盪」。又云：「乾坤毁，則無以見易。易不可見，則乾坤或幾乎息。」都是從天地説起。蓋六合之外，存而不論。無稽之言，無復證據者，聖人便不言。康節謂「過午運後，天地日就消滅，聖人不復生」，亦未必然。恐天地本無壞時，就有大劫數，不過一經大亂，人物幾乎滅盡，便像初開闢一般。雖不敢執定此説，然如堯舜這様人，忽生出一箇來，亦定不得。堯舜不過是箇至好的人，最平常，一點不奇怪，再生幾箇好人一幫，便是唐虞。有何異？

看天似無心，然從事事物物體貼來，覺得處處都似算計過一番。如黄道、赤道不同極，常疑何不同極，省得步算多少周折。細想，若同一極，必有百年只見半日、半月之處，惟略一差互，便隱見盈虧都均齊矣。

呼如春夏，便是内外之氣皆充盈也。吸如秋冬，便是内外之氣皆揫斂也。但充盈卻是内虚，揫斂卻是内實耳。自記。

分野之説，荒誕無理，雖祖沖之約略言之，亦大段不的確。以左傳中兩處觀之，似是分封時，以某星賜某人，使其國有水旱疾疫，得而祭禳之。未必以此分疆畫界也。

某舊以地雖是天之渣滓，因天氣旋轉，地在中間，又爲精氣之會。今看來，「精氣之會」四字未完確。蓋是天之精氣凝實處，天凝實在中間，故萬物象之。凝實俱在中間。自記。

中國不可言地之中，惟可言得天地之中氣。當黄道下處，日直到頂上，其熱太劇。當赤道下處，一歲兩春夏秋冬，立春、春分爲春夏，立夏、夏至爲秋冬，立秋、秋分又爲春夏，立冬、冬至又爲秋冬。惟中國寒暑晝夜適均而不過，所以形骸端整，文物盛備。

語云：「百川東注。」某嘗疑中國不過居地數十分之一，西邊之水西流者甚多，如何據此以論大地？其實地雖似圓毬，亦似有上下一般，西北沙漠之外，無非高山曠野，即西流之水，皆是有岸的。不似東南之海，無有邊際。蓋東南如血脈所注之處，古人語終不錯。

地至圓，無有上下，周遭人皆戴天履地，無有偏側倒置。錫曰：「此蓋地大之故，如蟻行於鷄卵之下，但見其大，不見其倒。」曰：「固是。亦由人與地本相粘聯，如蝨行承塵上，有時失足墮地，不見有人墮向天。本乎天者親上，本乎地者親下，既有形質，不能離地矣。」

朱子言：「自大庾嶺之北，水皆北流，南高北下。嶺南，水皆南流，北高南下。故浙江冬寒夏熱。」向嘗笑其語，以爲何處不是冬寒夏熱，故語類四纂削去此語。其實應存，蓋冬更寒而夏加熱也。有嶺爲背，夏則南風不到，故加熱。冬則北風無遮，故更寒。浙、閩相去，直算不過四五百里，如何浙江大雪，而嶺南便少？爲此故也。

繹史云：「天地之精華爲四時，有四時而後有五行。水之精爲月，火之精爲日。」又云：「天皇十三箇頭，地皇十一箇頭，人皇九箇頭。」大可笑。四時乃因日而有，日傍近氣温爲春，在頭上大熱爲夏，稍遠便涼爲秋，大遠便冷爲冬。據周髀經及西洋人説，則半年寒、半年暑者有之，一年有兩春夏秋冬者有之。與中國對過的地方，中國的南極，是他的北極，中國的北極，是他的南極。中國寒，他卻暑，中國暑，他卻寒。如此倒説先有寒暑，後有日月，可乎？所以聖人萬古之師，一切幽渺荒唐之説，删去浄盡。説理氣只從天地説起，又只説現在的，至天地以前，天地之終，都不説。删書斷自唐虞，以前就有文字，孔子都不存。不似他家從混沌之始，懸空揣度，以啟後來編通鑑者荒唐幽怪之謬。就是天地之初，或有神怪事，亦不必記，只該就有條理處記起。

問：「寒暑之節，可驗陰陽之消長。而論寒暑，乃以去日遠近之故，則是地形爲之與陰陽之氣不相干矣。」曰：「君以日與天爲二乎？日即天之心，即天之目。心目到處，便是神氣流行。心目不到處，便是神氣休息。大浪山之北，我之冬至，即彼之夏至，我之夏至，即彼之冬至。然彼之冬至，猶我之冬至，彼之夏至，猶我之夏至，無二理也。」

問：「日行南陸便寒，行北陸便暑。間有一年不寒，又有一處獨寒者，何故？」曰：「人事爲之也。雨暘寒燠風，隨人所偏之氣勝，便能感召。其中又以爲一方之主者，所召之氣爲多。」

日似有面背一般。朝似面相向，故色紅而暖。既中而昃，似面已掉轉，故色淡而漸寒。不爾，夜氣久而日初出，應寒，何以暖？日氣蒸至半日，臨晚應暖，何以寒？且果實東照者先紅，西照者尚青。向舉以問梅定九，梅云：「想果實受露，朝日烘入，則滋液浹洽而先紅。西日則露乾久矣，故有異。」未知是否。以上天地。

至誠之心，無一事可離得。如五行都是土，土氣流行，無有不貫，「土旺四季」之説，出於京房耳。問：「何以謂之旺於四季？」曰：「以其交際處尤爲易見耳。天之氣化，還難遽曉，至存乎人者，可以類推。如喜樂怒哀，是木火金水也，土何在？思是也。喜之過而樂，到將樂時思一思，便喜不至過分。樂之極而怒，到將怒時思一思，便樂不至過分。怒哀亦然。發而皆中節謂之和，和氣即土氣。從來言五行者有三：文王後天圖，土有艮、坤；月令、吕覽，土在中央；京房則『土旺四季』。旺四季者，是於交際處見；在中央者，是播五行於四時，若不將季夏屬土，便止有四行矣。至文王之説，於理尤長。單水如何生得木，單火如何生得金？畢竟須土。若金生水，木生火，可不須土。他如納甲之説，五行既不依生之次第，又不依行之次第。然今星命地形家，皆用之。納音之説，尤無理。」

天地一歲生生之氣，於木驗之。水火金土，亦自爲消息虚盈，但不如木之著耳。是亦木包四行之證。緣此，可見五行内，木得生氣之全也。自記。

人有問木何以長於五行者，朱子以生氣答之，極是而未盡。蓋具五行之全德者，無如木。始發生，繼暢茂，又繼而收斂，又繼而閉藏，由閉藏又復發生。如仁之貫「五常」，元之貫「四德」也。

火外明内闇，水外闇内明。火照人影在外，水照人影在内。大都外明者必須内闇，所謂「外精明而内渾厚」也；外闇者必須内明，所謂「内文明而外柔順」也。

水在地中，有陽氣推蕩他，方會敷散潤澤。如人身有血，陽氣盛方能晬然見於面，不爾便不華血色，面帶青黄黑氣。

土氣原流貫於五行之始終，而發見卻於辰未戌丑。到此節一節，纔度過去。以上五行。

夫子「不語」怪神，不説有，亦不説無。又説「敬而遠之」，不説正神，亦不説邪神。到得「敬而遠之」，即神鬼亦都爲民用。務民之義，至於「天地位，萬物育」，不特山川社稷各效其職，即「郵表畷」猫虎之類，都有職事。年豐則祀之，否則八蠟不通以罰之。一「不語」，一「敬而遠」，竟是鍛煉鬼神之法。聖門賢者信是留心，一云「子不語怪力亂神」，一云「子罕言利與命與仁」，一云「子所雅言，詩、書、執禮」。嗚呼，盡之矣。

問：「人感天似比感人較易。」曰：「自然是如此。天者吾之父母也，人者吾之同類相與也。」

問：「天無心而成化，果然無心否？」曰：「以爲無心，連人亦可謂之無心；以爲有心，連天亦可謂之有心。人在天地間，不過偶然氣聚，能蓄多少靈光，尚然有知覺，何況天地。即父慈子孝，君仁臣忠，兄友弟恭，夫倡婦隨，亦是感應自然之理。不得謂之有心，然謂之無心可乎？山川之陰氣，升而爲雲，天以陽氣壓下，遂成雨，亦升降自然之理。然便有雲師、風伯、雷公、電母運行於其中，既過便都不知歸於何所。天地總是一氣塞滿，有氣便有象，有象便有神。」

天原發微中言鬼神云：「天地無空處，如一窪之水，蟲魚生焉；糞壤之内，蛆蚓生焉。以及冰至寒也，而有雪蛆、雪蠶、冰蠶之屬。火至熱也，而有火鼠之類。由此觀之，至微者氣也，而氣之中有物；至寂者虛也，而虛之中亦有物。氣與虛而鬼神居焉。」推而論之，卻有此理。人但因其平生之立心行事，死而以類相從，憑依感觸而有託焉。或清明剛正，與明神合而爲神；或幽暗乖戾，與鬼怪合而爲鬼。佛家説人死後，看一點亮處行，好人亮處入人神道，惡人亮處入畜生道，亦是此理。

鬼神嗜好與人一般，此理詩中言之最詳。禮始於飲食，詩從夫婦居室説起，便以此事其祖考，以此賽其田祖，以此而社，以此而郊。問：「想因神亦人之游魂，其生時習於此，故神魂亦如此。」曰：「天豈亦人爲之，而曰『上帝居歆』何也？不須倒看，人飲食之性從何來？」

「先天而天不違，後天而奉天時。」天且不違，而況於人乎，況於鬼神乎？分明説鬼神在天地之外，安得謂鬼神無職事？但鬼神亦須人幫，如勾龍配土神，后稷配穀神，不獨是功德在人，亦因他這一件精通，便就是這物事之主。問：「有邪曲不正之鬼神否？」曰：「有。邵子曰：『幽暗巖厓生鬼魅。』這一種喜禍惡福，喜亂惡治，喜暗惡明，喜邪惡正，一番亂，他一番出現。如王章亂而盜賊猖獗，即平時亦有王法管不到處，姦還時作也。」

問：「離騷言『扣帝閽』之類，想古時便有與神鬼相通之術。」曰：「觀尚書『乃命重黎，絶地天通』，可見堯舜之前，地天相通，至堯舜絶之，乃不相通。佛家説静多荒唐話，亦怪他不得，他那裏原相通，非全掉謊也。只是中庸之道，乃天地之經，此道明，一切鬼神皆服。故絶他他就不敢通，遠他他亦不敢怨。」

鬼神與人不是兩箇，我人也，吾之祖父則鬼神矣。謂不與我一體可乎？推而上之，則「厥初生民」非天地所生而何？同爲天地所生，皆是一氣，故自古忠臣、孝子、聖賢、豪杰之有靈而爲神者，皆與吾一體矣。只是聖人説得妙，「敬鬼神而遠之」，不敬不是，不遠又不是。故爲之禮以裁制之，應存者存，應革者革，各以其分，則陰陽和而灾沴息。

人總是一心，此心與鬼神本是一氣，故天地古今無復間隔。如今關壯繆之神，禱祈多應，豈果有壯繆之奔馳於天下哉？壯繆之義氣，本在天地，人心自有其義氣，心皆向之，則壯繆之神所憑也。人讀易經，若於天地萬物求之都隔，只於心求之，則伏羲、文王、周公、孔子都是我。

人有大好事，終身不忘，有大可愧恥事，亦終身不忘，其忘者，都是平常没要緊者耳。然亦不可謂不存在那裏，偶然觸發，卻又記起。天地間無此物，無此影象，有此物，便有此影象。況如堯、舜、禹、湯、文、武、周、孔之神，乃是天地生平得意事，如何忘得？只是王莽、董卓、李林甫、秦檜之徒，亦與天壤同敝，是天地大不得意事。桓温乃是别有肺腸，遺臭萬年，有何好處？如今喫一香物，惟恐不噯氣；悮喫臭物，惟恐噯氣。臭氣噴出，如何過得。

先時重伍子胥，後重朱虚侯，今乃重關壯繆。只因其人當日死時，有一段鬱結處，人人爲之鬱結。以人之鬱結，合之神之鬱結，自然兩相感通。至於鬱結之久，非祭賽祠廟、鼓樂祝祈之盛，不足以宣洩其氣，故致香火之盛。迨鬱結之氣漸平，則香火亦漸減。理自如此，皆人心爲之。

程朱説道理極精，至説鬼神，猶有未盡處。朱子説：「人形既銷亡，還有甚麽存於天地間？」此卻小差。即以人心與事驗之，當其心與事相合時，居然有此事。至事過後，未嘗想要記此事，然已有在心裏。到久後偶然題起，又記得。就是全忘了，到底有一影子。未事之先，心爲形，事爲影；既事之後，事爲形，心爲影。天地既生過這一箇形，就是過去了，亦有此一箇影。大約以心法觀之極確，一念便是萬事，旦夕即是百年，百年即是千古。問：「草木禽獸，亦天地所生也，豈既銷化後，亦有影乎？」曰：「其靈異者，尚能爲物怪；至尋常者，如人於没要緊事，隨過便銷，銷過亦無矣。大概取精多而用物宏者，其存爲多。」

人有不安於心者，此事常記得不忘。若做得合理，便帖然放下。人死爲厲，此必有不安也。聖賢死則與天地泯然同流，無不安也。非無也，其理與天地合，天地存則聖賢亦存。張子云：「没吾寧也。」「寧」字見到至處。

至而伸者爲神，反而歸者爲鬼，是解釋鬼、神字義。人發動於外者爲神，藏記於内者爲鬼，統言之只是神，别言之卻有鬼神之分。先儒解何以唤作鬼，是反而歸的；何以唤作神，是至而伸的。

或疑人死爲鬼，使古來靈魂都在，豈不塞滿世界？此卻不然。如人讀過的書，做過的事，説過的話，雖多年還記得，何嘗見塞滿胸腹？鬼亦有消去的，只是存者自不少。又人有已忘的事，追思復記起來者。如鬼神，你不問他，似是無的，及誠心求之，便又有應。物類形骸長而神理短，人則形骸短而神理長。草木如松柏之類，有千年者，龜鶴亦久而不死。人則不能。然人雖死而神理常存，物類則不能。此最易知。以尋常日用間驗之，如人做一器皿，不破毁他，他便常在。倘一破毁，即不復有矣。若作一文字，雖毁去，還可記誦起來，神理存也。況大而至於道德，本於心性，萬古常留，誰得而滅之？雖草木禽獸，久暫不同類，人之靈蠢亦不同類，然大段如此。

祖考精神，便是自家精神，上蔡之言盡矣。其曰「自家要有便有，要無便無」，卻説得稍脱了。人心上有，天地間便是有了。故明道説無説有之語最圓活，而朱子一言以斷之曰「有」。鍾旺。

朱子事事體貼過，能知鬼神情狀。一日論鬼怪事，深詆佛法之非，有人曰：「信有之。」朱子曰：「公見否？」其人曰：「曾見有鬼爲祟，但聞寺鐘一扣，則鬼一伏。」朱子曰：「大抵鬼亦公輩所爲，生時如此信向，死後焉得不爾。」雖似戲言，卻有名理。

鬼神不得謂之無，但不可與相接見。如水火然，兩者本相濟，然不可見面。人或與鬼神夢寐相接，尚隔一層，若直見之，便非佳事。

人怕鬼，自是胸中愧怍多。

神鬼精怪要分得清。天地、日星、河嶽之神，無非生氣，以至人之魂，皆神也。人既死，其魄不散，則鬼也。精則龍精、狐精之類。是有一物，而修練久能變幻，出入神鬼之間，即人之仙，亦是此類。至怪，則不正之氣所生，如山之怪曰夔、罔兩，水之怪曰龍、罔象，山魈、木魅之屬是也。今人一概名之曰鬼，則顢頇無別矣。

陳梓言：「物有有性而無心者。」先生問曰：「何謂？」曰：「如磚瓦之類。」先生曰：「是何言歟？有性即有心。天地間木石之類，久則能成精怪，靈者象人，蠢者象鳥獸，若無心何以成形？如管輅卜確精，和尚家破竈公案，皆是土石，而云無心可乎？」

鬼神是有的，佛家説轉生事是偶然有的，如鷄變爲蜃，雀變爲蛤，何嘗箇箇如是？佛家輪迴之説最難信。五經説鬼神多矣，並未嘗説到此。偶想「在天成象，在地成形」，覺得有些意思，象與形總是一氣。凡物皆然，如水在地，其氣升於天，便爲雲。及雲之墮而下，則爲雨、爲水。如日在天，乃象也，以地下之陽燧取之，則爲火。人在地下，天上亦必有象，所以説魂升於天。孔子亦謂「其氣發揚於上爲昭明」。以此論之，則聖賢轉生，亦有此理，總是天地清明之氣耳。想是當其爲雲，不自知其爲水；當其爲水，亦不自知其爲雲。

韓宗伯慕廬病困時，某往候之，宗伯曰：「正有一事欲仗大筆傳信。」某問：「何事？」曰：「病中見得幽冥之故，灼然不爽。吾初疾，原非大症，止因衆祟遶榻，徹夜叫讙，連旬不能合眼，以致病勢日臻。某日，諸鬼忽相約於西河沿赴席，甫晡相率而去，吾竟得寧寢。及旦，使人訪問，則西河沿人果於是夜普度施食。自是後諸鬼復還，吾亦遂不寐以至於困。」某曰：「今者諸鬼在何處？」曰：「見君在坐，退處榻後矣。此事向不以爲信，今將記録示後，病不能執筆，故以相囑。」此某面得之宗伯者。大抵僧家之普度，即先王祭厲之義。於理所有者，即不當斷以爲無，但不宜如和尚家説得來全是鬼物爲政耳。清植。

一友人看佛書公案極多，嘗爲某言，渠曾攜眷歸鄉，舟次杭州，一女纔二歲許，匍匐坐側，呼曰：「汝明日午時死。」如是者三，渠若不聞。又呼曰：「汝不死，則我死。」如是者亦三，渠又若不聞。至明日，卒皆無它。其後友人享有多壽，女亦出嫁成家。常時友人謂某曰：「若聞言驚愕，必致它異。」凡此，皆是看公案方能解得。問：「死生有命，豈因驚愕，鬼物便能死人乎？」曰：「亦有此理。如兩軍相當，不動便不敗，挑戰者只得敵軍一動，事便濟矣。某當日與海賊相拒時，舍弟有妻弟某者，使舍弟來告曰：『賊已遣兵五千，取道永春，火藥手五百，取道安溪，兩路並發，志在相滅。』渠從永春來，見賊已駐卓埔。卓埔距余鄉僅三十里耳，彼時若驚愕動足，便可禍生蕭墻。幸某堅然不動，惟令集衆以俟，别分遣二人偵之，兩路皆不見一賊。既還報，其人猶敦促余行，某乃笑而止之。」

同年沈尚仁，曾卧病三年，而後起云：「爲前生事，與鬼鬭訟，自此遂盡見鬼物。」某登第後，與陳友造之，談幽冥事，陳難之曰：「温公言三代以前，不聞有地獄轉生事，自佛法入中國，便逐旋添出，何也？」沈云：「果然如此。如今陰司何嘗不日日添出事件，與陽世一般。」又云：「人於不平事，多言豈無鬼神，以爲鬼神正直，殊大不然。如嶽瀆正神，何嘗閒管？都是不好的邪鬼多事，還不如陽世尚有公道。豈惟人死爲鬼，廟中泥塑吏役，皆能爲祟。嘗於早間變人出來，日出便退入廟中。」陳友笑之，某曰：「亦有此理。管輅傳中，舊碓乃成大鳥，以其喙與翅似也。大凡土木之類，皆能以其形似化爲人物。」錫曰：「可見生氣無一不貫。」曰：「然。」

閩中有真人、玄女諸神，能行醫方，療人疾病，往往有驗。此雖非人事之正，然既有功於人，則君子不禁。先王八蜡，迎猫迎虎，猫虎之神何足祭？以其有功於人耳。年不順成，則八蜡不通，無益於人則絶之。以上鬼神。

天地如鷄卵，古人雖有其説而未竟其論。唐之淳風、一行，宋之堯夫，元之郭太史、許魯齋，明之劉伯温，皆聰明絶世，而皆不知天地之俱爲圓體。自西人利瑪竇輩入中國，言地原無上下，無正面，四周人著其上。中國人争笑之，豈知自彼國至中國，幾於遶地一周，此事乃彼所目見，並非浪詞。至梅定九出，始發明周髀經，以爲原如此説，何必西學。因爲補其闕，正其訛，於是周髀焕然大明。周髀言地如饅首，天如上下雨傘合籠。日月在腰，如在雨傘合縫處。人在日月之下，不正當傘脊處。西人言中國東西南三面皆有人，惟北方尚未開闢，盡是林樹、鬼魅、青燐而已。中國不見之星甚多，西人都圖將來，乃知聖人無所不通。周禮中説九州，只以景長、景短、景夕、景朝數語盡之。至天地全局，只以周髀盡之。

周髀自張平子、蔡伯喈，皆以爲非周公之書，後人遂謂其荒誕不經。惟唐人趙君卿爲之注，程朱二子雖頗露其端，而未窮其旨。至梅定九，始大加發明，遂至統括中西之學，爲曆學不祧之祖，其功甚大。周髀言「北極之下，有朝生而暮穫者」，人指爲謾。趙氏注之云：「以北極之下，有以半年爲晝，半年爲夜者故也。」此語忒煞聰明。蓋北極下，日在天腰，其在上半盤繞時全是晝，及旋到下半，便全是夜。此理甚確。問：「其地若彼，尚能生物乎？」曰：「天地之大德曰生，生意無所不到，故雪中有雪蛆，離雪則殂；火山内有火樹、火鼠，離火則死。彼處自有彼處所生之物，或非中國五穀耳。即如昌平州温泉，其湯中游魚無數，萍草自然鮮緑，將魚投之冷水便僵，無非此理。」

四遊之説，朱子屢述之而不悟其非，何也？謂地於春夏秋冬，相那移三萬里，如人在舟中，舟移而人不知。果爾，則看北極高度，當四時不同，何以北極出地之度，萬古不改耶？周髀只周公問商高一篇爲經，其餘皆傳，間有假托無理之語，卻有精到處，分别觀之可也。程子謂：「日無時而不爲精，地無處而不爲中。」妙極。此分明是説地圓，而不指明其故，闕於所不見也。又云：「地無窮者，如無端也。」亦極好。

朱子言：「天不宜以恒星爲體，當立有定之度數記之。天乃動物，仍當於天外立一太虚不動之天以測之。」此説即今西曆之「宗動天」也。其言九層之天，近人者最和暖，故能生人物。遠得一層，運轉得較緊似一層；至第九層，則緊不可言。與今西曆所云九層，一一吻合。

地平之説，是地與天相際也。程子以爲四遍有空闊，則地在天中一彈丸耳。極得其理。自記。

朱子語類中，論曆不過六七條，而已盡理法之微妙。今西曆最侈爲獨解處，不能加也。自記。

「三萬里」之説，無可稽信。朱子又謂：「三萬里者，日軌相距之數耳，非地只有三萬里也。」故語類以程子之言爲悮。然施之於用，則千里一寸之法，自不可通。自陽城至衡岳，又無萬五千里。以爲「二至相距」，亦沿襲之説耳。今新曆卻以極度推算，凡二百五十里而移一度，地之周圍凡九萬里，三分取一，其徑三萬。或古者三萬里之説，意正如此，而傳者失之。故或言「四方之遊」，或言「二至之距」，皆不可曉也。自記。

「天圓地方」之説，蓋以動静體性言之。實則形氣渾淪相周，古人卵中裹黄之喻是已。曆家又以地平爲説，亦即目所察，天在地之上下，隱顯各半而名之爾。夫至順極厚，非方非平，高下相循，渾淪旁薄者，地之本體然也。其南北兩端，以去日遠近爲寒暑之差；東西以見日早晚爲晝夜之度。東之夜乃西之晝，南之暑乃北之寒也。如是，則東西南北安有一定之中？南北或以極爲中，或以赤道爲中者，亦天之中，非地之中也。此理周髀言之至悉，而漢氏以下莫有知者。近新曆之家，侈爲獨得，歷詆前説，幾數萬言。惜乎無以髀蓋之術告之者。自記。

今言歲十二年，填二十八年，火二年，金、水皆一年行一度者，舉大約耳，實皆有餘分。惟金、水則一日一度，一歲一周，萬古不差毫髮。何則？金、水從陽先後者也。使有幾微之差，則不能追及日而後先之，而與三星無異矣。張子正蒙云：「填星地類而從天，故其追日最緩。木一歲一盛衰，故歲歷一辰。」木者生道，天地之中氣，故遲疾中也。火日質而微，「故其遲倍日」。金、水從日，蓋陰必從陽，物感自然，精微之理也。自記。

定九言：「古不知有歲差，後頗有言者。李淳風又掃落不講，直至一行，始援證鑿鑿。」一行比李博雅，其言「天自爲天，歲自爲歲」，至精。

楊某説曆法，每高妙自奇，使人無可攀躋。梅定九則極低平，隨人扣之，皆言下即得門户。恐即此便是楊不及梅處。大凡説道理，平處即是高處。

張平子造地動儀，甚奇，各處地震皆知之。司儀者報聞，及彼處奏到，時刻皆應，不知何理？定九先生云：「先業師倪先生云：『地動儀常是極平，平之至，少有動便傾響。』何處地震，其餘勢所及者必遠，人不覺而此器平極，遂有聲。至其語之過於神奇者，或有潤飾也。」

從來曆學，須以梅定九爲第一。曩在京師，見某所著曆象本要有未當處，許爲改訂，乃攜往天津。經年不報，某作字趣之，報書云：「西説是矣，然中曆古有其説者，不得概置，使西人專美。至古説有得其意而詞未達者，須爲達之。又恐於其本意有所走作，故須斟酌，非造次可定。且尊筆文皆簡明，下筆時尤須淘汰取精，文氣方稱。」及後訂訖寄示，觀之果如其言。此人心虛而厚，委曲從容，非見到十分的確，不肯出口落筆，故其書無一字不可信者。

西人曆算，比中國自覺細密，但不知天人相通之理。如古人説日變脩德，月變脩刑，西人便説日月交食，五星淩犯，乃運行定數，無關灾異。不知天於人君，猶父母也，父母或有病，飲食不進，豈不是風寒燥濕所感，自然有的。但爲子孫者，自應憂苦求所以然之故。必先自反於身，或是己有不是處，觸怒致然，否則亦是我有調理不周而致然。因爲徬徨求醫，斷無有説疾病人所時有，不須管他之理。無論天子，即督撫於一省，知府於一郡，知縣於一邑，皆有社稷人民之責，皆當脩省。即士庶雖至卑賤，似不足以召天變，然據理亦當脩省。如父母怒別箇兒子時，凡爲兒子者俱當畏懼，父母斷不因其畏懼，而謂我本怒他，於爾無與，而反增其怒者。通天地人之謂儒，揚雄謂：「知天而不知人則技。」西人此等説話，直是陰助人無忌憚，天變不足畏之説。以上曆法。

榕村語録卷之二十七

治道一

天下有道，不止是朝廷清明，連士庶人都依傍著道理上行方算。清明在上，重濁在下，其實息息相應。如天氣清朗，則地下百物滋生；人面上光潤，則體中無病。果然朝廷清明，便百姓殷實矣。

草木無根，豈能開花結實？學問不有心得，總不相干。功名亦然。聖賢事業，悉從方寸流出，不然雖做得一匡九合，猶是器小。此根即是天地之根。

順天下之情，定天下之分，兩者不可缺一。

虚文多一件，實事便少一件。

作事不可過粗，亦不可過細。講求得太繁碎，不特人難行，覺得自己亦難行，只得不行。若算計到其事之利害，又算計到自己之聲名得失，如何有這樣萬全的事？故計較得及於民者有七八分利益，只得就去做。

爲治，事事要不拂民。獨有毒水而漁，焚山而獵，卻宜禁。一用此，無復噍類矣。孟子說：「數罟不入，斧斤時入。」不如此，民用不繼。

興北方水利，以省漕運之煩。除天下阨塞要害留兵外，其餘城守，半用民兵。即阨塞要害處，亦倣屯衛之制，以省養兵之費。而厚官俸以甦民困，是切時要務。制度全壞於宋。以周禮爲本，而參以漢、唐與明之法，其庶乎。

人要剪除惡人，須自己果能無惡，纔服人。如淫祠，豈不宜毀？但自己道理足，心地光明，氣燄大於他，他就無說。不爾他便不服。西漢諸事草草，郊用五時，原廟陵廟，紛然無理，卻人民樂業。至匡、韋輩引經據古，盡廢不制之祀，毅然欲明先王之道，而盜賊蜂起，饑饉洊至，日就凋敝。諸事不古，獨在這事上復古，徒爲紛擾而已，何當於治？所以立身治國，皆要有本末，徹底澄清，方能一綫做成。

某以兵部侍郎銜出爲督學，古北口總兵官馬進良，不依儀注輒抗行，某初不與較。及某爲巡撫，其標下把總葉保，告馬酷刑。事下巡撫，馬甚懼。不知某胸中何曾有所記掛，只看理體如何。葉保本是刁悍之徒，總兵將把總掌嘴，未爲酷刑，武官大一級打一級，軍法也。此關朝家體統，把總遽敢以私憤告總兵，乃亂民也。某問葉保流三千里。

奏上，改發寧古塔。須知設官所以爲民，然必由官以及民，不爾便民亦不靖。如一顆大樹，畢竟由根以及幹，由幹以及枝，由枝以及葉，然其幹、其枝、其葉，何嘗不與根貫爲一體？細柳營中但聞將軍令，不聞天子詔，文帝喜之者，喜其奉將軍令，即天子所用之將軍，仍奉天子詔也。人都是一般，上農夫不過食九人，何以授稍詔禄，至有千石、萬石者，豈非不均之甚？卻是理當如此，其功德足以及人也。易云「養賢以及萬民」，必養賢而後及民。只是德要與爵稱，小德役大德，小賢役大賢，若下犯上，少陵長，小加大，賤陵貴，當下便是無王法。典史得治百姓，所挾者，縣令之勢；縣令所挾者，府道之勢。由是而藩臬，而督撫，其所以然，都是奉天子威靈耳。

福建大吏又請開捐實倉，殊覺不必。大概事不從根本上做，只從半中腰做起，便不見其利，只見其害。如今地方倉穀，大半都爲官吏侵盜那移，且福建潮濕，實在浥爛亦有之。既至虧空，私行攤派，上司借端盤查，需索使費，層累申咨，部行駁詰，文案紛冗，生出許多事端，而害總歸於民。倒不如且聽其自然。總督又因海賊之故，請禁海上捕魚之船。不知如今海賊，不比當年鄭成功等有巢穴。傍海如舟山、海壇、南澳、厦門、臺灣諸島，皆是官兵駐札，海賊無駐足處。其行劫，不過如陸地之賊，偶然盜竊耳。陸地之賊，何嘗斷，何獨異於水賊？且渠輩仍在岸上居住，何嘗以海爲家？如文官留心查訪安插，武官設法搜捕，但得其魁首一二人，便可平息。閩、廣小民，以捕魚爲生，一行禁止，民便失業。況漁船不行，則所行者唯賊船而已。如禁夜然，不許良民夜行，行者獨强盜與夥盜之營兵而已。當年遷海、禁海，使百萬無辜室廬田産，蕩然不存，饑寒流離而死者，不可勝數。其實海賊一切銅鐵硝黄，何所不有，通海者就是耿精忠、王進功營弁、猾吏、貪兵、姦民。是但許耿精忠、王進功營弁、猾吏、貪兵、姦民通海，而不許良民下海也，何益之有哉？目下法禁，何嘗不具，而不肯奉法者，官也，非民也。如今但講求任用好人，一切疎節闊目，便自然利及百姓矣。

治天下，樣樣皆當講求。第一是要有根本。湯曰：「朕躬有罪，無以萬方；萬方有罪，罪在朕躬。」武王曰：「作之君，作之師，有罪無罪，惟我在，天下何敢有越厥志？」「一人横行於天下，武王恥之。」有此，便要算他是聖人。論語堯曰章，能得幾行書，直是説盡。

聖人爲政，惠而不費，不要百姓感恩。但存望報之心，便有限了。豈必望報，心裏記得有此便害事。

臣道無成而代有終，坤之「含章」是已。即君亦不宜自張其功，一有功績恩德，欲人見之、知之，便不精、不純。「耕者吾田，鑿者吾井，帝力於我何有？」「羣龍無首」，

「不言所利」，皆是此意。天下平，萬國寧，平寧而止，無他神妙。天地亦是如此。

人有不善，一能羞惕，便不可量。古人不説無過，而重改過，故顏子「不貳」、成湯「不吝」，凡惡人直言敢諫者，欲以動無過舉自高也，適以得愎諫，言莫予違之名。而不知受諫改過，爲聖賢至高之行，而不可及也。自古稱改過之善者，穆王作甫刑，出於遠游之後；秦穆思一箇臣，發於敗殽之餘；漢武輪臺之詔，感於窮兵殃民之末；聖賢儒先皆矜重而録之。管仲謂小白「惕而有大慮」，知所惕懼，便是圖治之根本。及葵丘之會，微有震矜，而叛者九國，惕之意怠矣。

立國以民爲邦本，固是，但中間士大夫一層，卻要緊。人君不與民接，如大帥令將弁，將弁令士卒，便可聯如臂指。恩信不及於將弁，到得有變，而望士卒越將弁而衛大帥，亦僅矣。故「養賢以及萬民」，乃一定之理。

古聖賢心熱無比，明知天下不能常春而不秋，常治而不亂，就是得幾年人物安育，風俗醇美，亦樂莫大焉。孔孟之所不能一日忘者，孔子至夢奠兩楹，尚想明王；孟子言數過時可，舍予其誰，無一刻忘世。至老始悟五百年之運，孔子當之，而已爲見知。聖賢皆無先存一教後世之意在其胸中者。

讀書人須看得宇宙間事，皆我分内纔好。郡國立學，多方培養，不過要培養得此意出。

古人仕以救民，當官盡職，乃分内事，非爲君也。鄉人有新制一服者，其子索之不與，乃曰：「父不以此服見予，欲兒爲父讀書，不可得也。」鄉里傳以爲笑。今人以做好官爲爲君，與此何異？

做官者不思令君重，但思令君親；不求見敬於君，專求見愛於君，最是惡消息。

做大臣要知古意，又知時務，方纔做得些事。古今只是一樣，不是兩截。不知時務，算不得知古意；不知古意，亦算不得知時務。做事全要推功讓能，大家做，方可以久些。若凡事都要是我做，便有病，便不能久。此即王伯之分。所以伯道一時雖哄得人，過後便消滅無餘。

既爲大臣，顧不得情面。所以謂之公者，不宜復有私也。所云孤者，甚危而無偶也。若要人人叫好，則大壞極敝矣。

聞江蘇張孝先撫軍一到任，吴下人便歌頌，曰：「不是好消息。暗地在那裏做，叫人不覺方好。一近名便有毛病。」許魯齋説：「凡做事就教人歡喜，便不好。」喜歡是不能久長的物事。

士大夫老自當退。天地亦有休息時，寒冬至，物都凋枯。此不是無用，卻於生物有功。古者憲老而不乞言，但觀法他的模樣，並不敢勞其言語，原有此種道理。如老臣致政之後，天下仰其德望，何嘗無補？不是奔走禦侮，方爲有用。

治者事有條理也，亂者紛無頭緒也。顧亭林云：「小官多而大官少則治。」信然。文中子曰：「唐虞、三代不可復見，舍兩漢吾何之？」先儒或笑其陋。其實三代之流風善政，惟漢猶近。當時守土之吏，自郡守上更無人。郡有十縣，縣有令長，又有三老、嗇夫、游徼。三老即今之鄉約也，掌教化；嗇夫即今之甲長也，主錢糧；游徼即今之練總也，司盜賊。縣有十鄉，鄉有鄉長，又有鄉三老、嗇夫、游徼，略如縣制。鄉有十亭，亭有亭長。凡三老、嗇夫、游徼，皆郡守自行辟除，薦諸朝，亦即爲之録用，猶見聖人「闢門」之意。此等皆即用本縣之人，其名俱載在宦籍，故漢書列之百官志〔一〕。非比如今之鄉約、甲長、練總，皆無賴之徒爲之，並無職銜。他自知貪饕事敗，不過笞逐，於其微賤無損也。故趨利爲非，不少顧惜。漢時，内之黄門執戟，一切左右服役之人，以至外之三老、嗇夫、游徼，大抵皆用士人，所以吏治可觀。三老之類，惟其爲官也，故亦榮於鄉，食其禄而不肯自棄。惟其爲本鄉之人也，故各習知其風土人情，有一盜，則知其根株，不逾時而獲矣；有一訟，則知其孰曲孰直，而爲之調停排解，其拖累寢擱者寡矣。於土田，並知其疆界，以及其買賣所自，雖刁誣無所施。從與民親切處料理，故得其情而事省。

某初入館時，同人聯一小會。一日，魏環極先生至，面有喜色，問之，曰：「道長甯爾講參董漢策，差快人意。」某曰：「以僕觀之，不爲好事。」先生詰其故，某曰：「漢、唐屢下求賢之詔，訪積行遺逸之士，此段意思甚好。此典久未及行，范覲公獨舉其人，以爲他處倡，朝家置之顯要，未必非買千里馬骨之意。今被劾，則薦者削色，聞風者閉口，所關不在漢策一人也。且謂曾受笞辱，即不宜舉，人之受笞，亦當問其官爲何官，事爲何事。假令以枉法受賕之官，笞不畏强禦之人，此其過在笞者乎，在受笞者乎？縱使少年不謹，卒德改行，亦不必追其既往。公冶長在縲絏之中，不害爲可妻。妻尚可，官獨不可乎？古人或取之奴僕，或取之盜賊，盜賊猶取，況受笞乎？」先生點首曰：「是。」蓋當時授漢策以臺諫，諸言官不平，謂傷衙門體面。雖先生初時，亦不以此見爲非。其實皆私意也。後某爲閣學時，方舉弘博以充翰林，舘中亦以破例沸然。有謂某宜力争者，某不應。宋時舉大科，無論已仕未仕，皆許赴試，中式者，官在諸科上。進士之專爲翰林，非古也。朝家官人，考德論材，非吾輩所能私也。

人身分愈高，工夫愈深，愈見得天下多好人。自己不濟，轉見得人都不如我，動歎天下無人。聖人隨材器使最妙，人各有一長，避其所短，用其所長。孰不思有以自見，在上者又惟恐其功業之不成，奬勵優容之，到後來多把朝家發楦得不可測度，連氣運都覺得隆盛。工虞水火，終身只辦得一事，後世都以爲聖人。原不是聖人之世，人都多一耳目口鼻，只是聖人器使得妙。西蜀人物能有幾箇？經孔明用來，便覺得足用，因其材也。不然雖人材之多，如宋仁宗、神宗時，用之不盡其材，只如無有一般。神宗臨朝，對程明道尚歎天下無人。豈無人哉？不能用耳。

自古小康，亦必有人，若一時屈指無人，便可爲戰慄。問：「既知無人，畢竟如何纔好？」曰：「須是求賢，豈惟求賢，又要興教化，重師儒，培養出人才，方可選而用之。一部易經，即乾、坤兩卦，尚有戒辭，惟一涉尊賢、養賢，便無不吉祥者。可見尊賢是無上妙道。」

古時命官惟視德，「德懋懋官，功懋懋賞」。是有功者止於賞，而官不及焉。此是治天下之要道，而其根卻在「不邇聲色，不殖貨利」。課官且先講清廉，已得要領。王荆公説得好：「伯夷在伊尹之後數百年，而孟子品居第一，以其清也。」

人能革面，聖人已許其爲善，這便是天地之心，革面已是革心之漸。況面何由革？畢竟從心裏動了愧悔方能革。就是趨風氣，圖功名，亦且引他到這邊來，久之習慣自然，天良亦現矣。某人對策云「假廉吏不如真貪官」，或欲高拔之。某不可，因奏云：「爲官至於真貪，負國極矣，不應尚有罪浮於此者。況假廉吏，在他雖帶些假，在地方生民，已受其利矣。昇平之官，大家以廉介相尚，豈必盡出於心之本然？但得相釀成風，不敢更變，所裨於世道者已多。」奏訖，大蒙嘉許。

做州縣官，全要體認「父母」二字，須實引「父母」的事任在身上，養之教之。有此誠心爲本，大段已得，又須委曲以得其心。

爲守令要在周知民情，甚非易事。必以心著實推求，刻刻做題目入思議來，方好。先歷州縣，而後爲大吏，民間事體都閱歷過，做來自較熟。鍾旺。

書吏實少好人，然欲天下太平，必先此輩。孟子説班爵禄，卻自庶人在官者始。漢家吏治，曹椽得自辟用，最妙。此輩都用讀書人，從下面好起不相欺，事便易辦。不爾，雖上有嚴明之官，覺察不到者多。

太平之世，民生日滋，而土不加廣，欲其地利之盡，則水利不可不興。溝渠開洩，大以成大，小以成小，隨地宜而修之。要在守令得人，著實留心耳。鍾旺。

明代雖經泰平，然諸事多未曾整理。如直隸、山東，儘可開溝洫，修水利，治其田土以省漕運。乃置之不理，安坐而待哺於東南。使江淮之間有竊發者，中梗漕運，則青、冀、兖、豫、幽、并之地，無以取給矣。

世間要熱鬧，須耐得幾年冷淡。人儉樸了，方能富厚。但教民儉，又須兼勤。南方勤而不儉，北方儉而不勤。教之勤儉矣，又自官府躬尚簡樸，與民休息，自然民氣日復。

若只要外面熱鬧，饒使百須具舉，到處興修，究所自來，皆此蚩蚩者之膏血，安能使家給人足？

平糶以出富民之穀，此法最妙。古人立倉，曰「常平」，曰「社」，皆是此意。至借賑，蓋不得已耳。

以教化防閑爲無益，豈有此理？即如眼花了，用眼鏡一遮，便都看見。若説待我閉目静坐，養出精光，雖有此理，然當下用不著。即如狐裘以禦寒，當下便暖，難道倒説待我保養元氣足時，自不用此不成？

聖世教化行，人材衆多，彼此薰蒸，德品淳厚，意思深融。如米穀多置釜中，則飯成倍美。人家制蛤醬，備置五味，終有草氣。不如捕魚家囤置一處，其味自佳。彼此初不相假借，惟互相醖釀，其美自倍。

教人而人服從，卻有兩路：一是示以心得，一是誘以功利。七十子之服從，示以心得也；漢之經學，唐、宋之詩賦，明之制藝，誘以功利也。聖人在位，躬行心得以施教化，又官不及私昵，爵罔及惡德，人材安得不盛？

教養人材最要緊。某督學直隸時，於文武童生中，有能背誦四書全經小注，及三經、五經，並有膂力武藝者，皆試之，文理粗通，便爲拔取。此是勸誘之法，久之，自然皆歸實學，六藝之風，庶幾可復。

宋時監試，即今鄉試；省試，即今會試；廷試，即今殿試也。監試及額者，省試不中，明年仍入監試。省試及額者，廷試不中，明年仍入省試。進士有五甲、六甲，其一甲亦不止三人，有五六人不等。一甲方得簽判，後甲則丞簿尉。一年一考，自張元廷試黜落，謁韓魏公，公命作雪詩，元得句云：「戰罷玉龍三百萬，殘鱗敗甲滿天飛。」公厭之不顧。元忿竄西夏，見用，遂使中原疲於奔命。自是廷試者，不復黜落矣。問：「簿尉皆用士人，使皆得至大僚，此法殊善。」曰：「如今吏員出身，自知終身不能望正印，長官亦知其無復遠大，賤而陵之。他自然一心圖富，安得不奸貪百出？若概用士人，勿以資格相限，必知自愛以倖進取矣。親民之官得其人，天下便易治。宋時，簽判尚在通判下，惟一甲大科得做。」

明代科場，解大紳便作弊。永樂命擬人所不講事爲問，解洩之於其鄉人，吉安一府，遂至鼎甲居其二，前十名居其七。狀元曾棨記資好，將書册上語，成片寫入，至卷紙不足，書於殿磚上。永樂閱卷未完，傳問，具以對，乃命就磚上録而閱之。吾鄉李九我、蘇紫溪，自少同學，後蘇復從李受業，而丁丑先達。至癸未，李會試至都，主其家。蘇以部曹爲同考，臨入闈，問如何看文字，李曰：「子才高，遇有平淡文字，恐係有學有養之士，宜留心不可輕棄。」李卷適在蘇房，已置之矣，忽思李言，覆閲，乃大稱賞，薦之，遂得元。彼時尚有古道，言不及私，亦以信二公之生平不苟。

先王禮樂都有原故。如制禮，便將鬼神情狀，都安置體貼妥當在内。樂的緣故，不知如何便感天人、格鬼神。其製十二律幾箇竹管，便與天地之氣相應，卻甚奇。

某看禮樂亦不是難事，如今把禮斟酌，令至易簡，人不難行，自然樂從。樂便把如今的戲整頓起來，就是樂。孟子斷得直截：「今之樂，由古之樂。」人多在律管上講究，即使得了虞舜的律管，作起韶樂，亦不必一時便鳳儀獸舞。家語中記孔子入齊，見童子挈讓於道，曰：「疾驅車，韶樂將作矣。」此等話皆荒唐。安上治民，莫善於禮；移風易俗，莫善於樂。若只郊廟中作樂，就是云門、咸池、韶濩、大武，亦只天地鬼神聞之，如何天下風俗就會移易？自然是人人見聞，纔能移風易俗。如今人看戲，到那忠孝苦難時，便涕泗交流。移易風俗，可見不難。

伊川論禘，謂「以所出之帝，爲東向之尊，其餘合食於前」。此説爲長。朱子但謂「以始祖配之」。自記。

古人的樣子，莫要走他的，他不敢破決的事，畢竟破決不得。如入繼之君，自尊其親，雖濮安懿王，亦終未曾入廟。至明世宗，居然將興獻入廟，坐於武宗之上。不知當日曾經北面，如何能相安？既非創業時追尊之比，而使爲帝於身没之後，不復有宗法，後世能從我乎？

繼嗣之君，於所生父，須還他一箇稱呼。即稱「皇考」，尚未全不是。伊川謂當稱「皇伯父」，亦無據。至明世宗，直入其父之主，加武宗之上。孝子不爲人後，要做孝子，就莫即帝位。既即帝位，又不承前面統緒，豈有此理？這是自太祖傳來之統，不可以私其父者。

聖廟從祀之禮，斟酌停當最難。前日議朱子升堂，將位於顔、曾、思、孟之下。某奏：「朱子功德，雖不讓顔、曾、思、孟，但十哲俱是聖門先賢，一旦加其上，恐朱子亦不安。似不如列於十哲之下爲是。」果蒙俞允。

古者君臣如朋友，情意相浹，進言亦易，畏憚亦輕。朱子云：「金人初起，君臣席地而坐，飲食必共，上下一心，死生同之，故强盛無比。及入汴，得一南人教他分辨貴賤，體勢日益尊崇，而勢隨衰。」漢高祖初得天下，羣臣固無禮，叔孫通不過記得許多秦家制度耳。杜工部云「叔孫禮樂蕭何律」，其實壞事，就是此二件。

問：「民俗冠昏喪祭，彼此侈靡相耀，了無分别。不如此，衆便笑爲鄙嗇失禮。若不立爲品制，欲民生日厚，難矣哉。」曰：「諸事自當法古，然亦必順民情，因時勢而行之方好。如今倘要復緇布之冠，豈非無謂？若於一頂帽分别貴賤，使奴僕賤流一出門，人便知爲何等人，雖衣錦繡無用，且覺其不稱，自必廢然而止矣。」

古人飲食、衣服起居皆拙滯，不求便利，總欲苦其形骸也。凡極形骸之樂者，皆後世所爲。

某謂四舍弟：「六經外，六藝皆當留心。文武既分途，射、御暫可不講，至禮、樂、書、數，實要緊事。書學有顧寧人，數學有梅定九。音學五書後，第補聲氣之源一卷，便完全。定九再將曆論補幾篇，仍做出九數存古，亦算完備。樂某留心數十年，其書規模具存胷中，只得一年工夫便成。至禮，須弟具稿後，再共斟酌。其略當以孔子所分冠、婚、喪、祭、射、饗、朝、聘分目，其實八件只四項，冠婚是一項，喪祭是一項，射饗是一項，朝聘是一項。起於士大夫，推而上之以至朝廷。有經文者不消説，至如儒先所論有參差處，須著一論於後以見意。今所不行者，則分集經書，以類存古制。又有一小禮，一大禮，幼儀、曲禮在冠婚之前者，附見於前；有朝廷大事，不在八項之内者，附見於後。更斟酌爲一簡便禮書，令鄉黨士大夫居家可行者。又省便，又免於村野，同志者相約行之。」

婚禮，三月廟見。朱子改定「三日」，今便可從。或問：「三日連本日算，抑離本日算？」曰：「古人亦是大略説，連離皆可。如武成『丁未，祀于周廟』，『越三日庚戌』，是離根算。召誥『三月，惟丙午朏。越三日戊申』，下『越三日庚戌』，『越五日甲寅』，皆是連根算。可見不拘。」

所謂「宗子」者，自高祖直承下來，皆是世嫡，方可稱之。若於祖、於父、於曾爲嫡長，而於高則非者，便不可以祭四代，稱宗子矣。須俟異日，其子爲己立廟，方是宗子。此段曲折，先儒講論甚略，以其義明白耳。然如自身顯貴至於公卿，又不忍不祭四代，即古之爲公卿大夫法得立廟者，豈必盡嫡長乎？此則可推禮文而知，不徒以義起也。

如今要斟酌禮，最是大宗、小宗難停當。此處處置得妥，他都容易。古今不同者此爲大，若事必不能行者，空言無用。只是不可自我創造，畢竟依倣古人，或本之經，或本之先賢。如伊川説「人皆可祭高、曾、祖、考」，既有服，豈得無祭？朱子亦如此説，便當依他。人皆疑伊川「奪宗」之説，細思之亦是。庶人立不得廟，他有爵，廟因他而立，未有冕服在後，反以庶人主祭者。如今只得爵位尊者主祭，而宗子並立以存其統。

祭有大宗，大宗之難在宗子。宗子而有禄位則善矣，宗子而無禄位，無禄則不祭。如是而主祭猶用宗子，則犯分；不用宗子，則廢古。如之何則可？先君斟酌最當，主鬯者必用有禄位之人，祝文則並列主祭某、宗子某、直祀某。主鬯者居中，宗子、直祀居旁，俱視行輩年齒爲前卻。先時寒族祠堂，祇是春秋兩祭，先君以爲冬至、元旦應祭。冬至天氣之始，宜祭始祖。元旦王正之始，宜祭先祖。先君未見程子書，恰闇與伊川合。人總要明理，禮本因人情而製也。

程子謂「服既及高祖，則祭宜如此。只是品物有豐殺，禮物有繁簡」。是庶人亦可祭高祖，但不可僭用士大夫之禮耳。然其中有古所無，而今時勢不同者，須想得到，不然後人亦難行。宗法是大事。大宗固宜復，然其子孫貴者不必宗子，宗子不必貴。祭用貴者之禄，豈反使宗子之賤加其上？萬一宗子竟是農夫，如之何其加於朝官也。只能貴者主祭，宗子及直祭同祭。主祭者居中，宗子居左，直祭居右，長一輩者稍前，同班者齊排，卑幼者稍後。祝文竟寫主祭孫某、宗孫某，直祭孫某。至小宗，亦宜倣此意。如某於法得立高曾祖考之廟，然某即非高祖之宗子也。某爲主祭孫，而宗孫即用高祖之房長孫爲之，直祭者每年換人。至五世而祧，則用曾孫之長房長孫爲宗孫，以次而下。倘若有德有爵不可祧者，則倣古禮祖功宗德之意，將此主移向始祖之廟，合族公祭。不然，貴者之子孫倘竟降爲皂隸，又安可以祖之爵，而隆祭之禮？與所謂「葬以大夫，祭以士」者，大不侔矣。祭以本身之爵，非以祖考之爵也。

家禮既脱稿，被人竊去，後來朱子不能重具稿，惟囑門人楊氏曰：「此稿日後出時，中有某條某條未訂正，當爲改之。」故家禮中有數條，皆經楊氏注明，讀者不可忽過。家禮要存古法，故段段有宗子行禮，到底人不能行。如今須考定，令眼前可行方好。卿大夫家，古有世禄，故子孫雖無位，行事尚得與大夫同。今卿大夫，既無世禄，設數傳之後，支子顯達，而宗子卻無禄，則宗子分止宜薦，而支子又不得祭，是使有禄者身享鼎烹，而祖宗僅受菲薄，於心安乎？寒家宗祠在山中，先世士大夫多居郡，祭時不躬不親，惟使直祭者經理其事，故時序歲臘，潦草獻享而已。及先君定議，以爲宗子有禄，自當主祭，即宗子舉人，而支子進士，宗子侍郎，而庶子尚書，爵秩相彷，亦仍當宗子主祭。若宗子無禄，而庶子顯貴，則貴者以其禄主祭居中，宗子居左，直祭者居右，一同奠獻。如此斟酌，既不背古意，而於今可行，方不爲空言。

問：「官及三品者皆得立廟，假如官六七品，得立廟否？」曰：「『適士二廟』，古也六七品於秩爲郎，今之郎即古之士，立祠何妨？亦得祀四親，只是殺其禮。」問：「諸生庶人何如？」曰：「不可立祠。祭於寢，亦可祭四親，其禮又當簡略。」問：「小官亦可祀始祖否？」曰：「亦可，只殺禮就是了。大抵程朱有一人説過便可用，他是從道理上秤量過的。聚族之道，聖人所尚；不忘本之誼，君子所先。人皆不敢忘其祖宗，無不是處，自然風俗日厚。只是屋之大小，禮之豐殺，各安其分，初亦無害。」

小宗如及身貴，便應立四親廟。子孫以世代而祧，下至本身玄孫，都該用貴者之宗子、宗孫主祭，蓋五世之澤未斬也。如五世内支子有貴者，亦不得於此祠中主祭，當自别立四親廟可也。大宗不容有二，小宗不妨其多。

祭爲吉禮。今仕宦之家，四親多不立廟，又止忌日設祭，祭墓及祭忌。古無是禮也。朱子不敢廢忌日之祭，然變服，用淺黑色巾，蓋猶哀之餘也。豈可當吉禮乎？

程子云：「凡人服既至高祖，祭亦應至高祖。」既得祭，豈可不詳制度？某歸，即爲廟於宅内，作四龕。依朱子法隔開，便不嫌並坐南向，且便於忌日各祭。神座略低，以便祭時几筵相接。

古時，天子、諸侯、大夫，各有祖廟。其合食也，則太祖正東向之位。今既無各廟之制，又無東向之禮，則同堂異室，自然並坐南向。只是妣本附祖，合饗時，人家都設一筵，大不妥。母子同席猶可，舅婦可同席乎？伊川自説得確：「四親應分爲四席，寧可以一筵而分爲四處。若再爲通融，則祖與祖爲一處，妣與妣爲一處，一筵分爲兩筵，則更便矣。」意厚而禮明，不惟其物也。

吾家遵程朱之教，祭自高祖以下，於官舍則立祠版，奉以行。但祠版只同一龕，既不容，版隔作四，如朱子之制，則供饌時，勢難多席；若循俗通用一席，則是舅婦同席，於體不順。今酌分爲二席，東席祭四代祖考，西席祭四代祖妣，父子姑婦，固無嫌於同席也。官舍無常，難以如禮，如此權宜行之，庶猶不至大謬。清植。

畫像之設，程子以爲少一根鬚，便是别人。其言似太固。夫推孝子慈孫哀慕之心，夢寐髣髴，猶願見之，況形像宛然，想見平生者乎？自記。

張子言：「三年之喪，期可祭。」此句未安。至云「期之喪，既葬可祭。緦功之喪，踰月可祭」，似乎可行。自記。

墓祭以寒食，始見於開元之詔，其文曰：「寒食上墓，禮經無文，近代相傳，寖以成俗。」故萬季野疑其起於陳、隋之間。寒家上墳，不用寒食，而用戌亥之月，似更有理。古者廟祭墓藏，樂以迎來，哀以送往，報魂報魄，求諸陽、求諸陰，各以其類，順天道之節。自記。

祭酒之禮，有三様不同。先灌酒者，代祖宗祭先代爲飲食之人，所謂「祭酒」也。次奠酒，斟一杯奠於列祖，斟一杯奠於列妣。次方每祖位前各斟一杯，每妣位前各斟一杯。如盛筵延賓然，初登筵，則向外以酒灌地，所謂「祭酒」也。次斟一杯送首座客，所謂「奠酒」也。客辭，則令人每客前各斟酒。亦三様不同。

有人年少，妻死無子，即扯一族人爲嗣，於神主旁，書男某奉祀。大爲悖謬。繼嗣本爲繼祖，乃爲男子設，未有爲婦人設者。況夫在則夫爲主，其題主應作亡妻某氏神主，其旁不書奉祀。

錢楮乃五代後事，然行之久，亦難廢。即使聖人到今制禮，亦必不同於三代，何則？人之習俗不同，即鬼神亦不同也。古人祭，取蕭合膟膋爇之，所以求神於陽；灌酒於地，所以求神於陰。今之燒香，亦求神於陽之義。此皆無害於禮，從俗可也。

古冠皆以束髮，當顱處率使空，如今婦人之覆髻者，而略加高。夏收、殷冔，皮弁、爵弁，及後世竹皮、進賢、遠游諸冠，皆然。即冕亦然，髮後板向前如覆瓦，前仍空也。至漢元帝，頭上有壯髮一攢，因覆以片巾。王莽頭禿，又全覆之，而謂之幘。自是人皆效之。及宇文融，遂製幞頭，以方巾冪首，四隅四帶，兩帶結髮後，垂其餘，以前兩帶從髻後繞回，而紐結於前。唐明皇因以後兩帶，用銅絲鈎起，彎向前以示異。即今戲場中兩翅冠也。魚朝恩則内用桐木爲楞骨，使高而方，士大夫皆承用之。五代時，始改爲軟紗帽，即用幞頭而模之。明始加漆，爲今戲場中圓紗帽，而以方者爲幞頭。

【校勘記】

〔一〕漢書無百官志，應爲百官公卿表。後漢書始有百官志。

榕村語録卷之二十八

治道二

問：「韶至何時始失傳？」曰：「其晉之東乎？漢高廟中尚有之。五代亂至二三百年，秦炬所不盡者，至此始滅絶無遺。」

問：「古樂似皆以詩爲主。」曰：「『詩言志，歌永言，聲依永，律和聲。八音克諧，無相奪倫，神人以和。』樂之始終條理備矣。詩所以言志，而詩之言，必抑揚高下，歌之而後可聽。其詩之和平廣大者，以宮聲歌之；清揚激發，慷慨悲壯者，以商聲歌之；歡忻流暢者，以角聲歌之；急疾清促者，以徵聲歌之；繁碎嘈雜者，以羽聲歌之。然五聲無節，不能中和，則以律和之。由律而寫其聲於八音之中，至於克諧無相奪倫，則神人以和矣。」問：「鳳儀獸舞是實事否？」曰：「是實事。如今官府行禮處，略有肅雍之意，便人皆聚觀，各有懽然悚然處。雖悍卒野人，亦不敢譁。可以見矣。」

教化莫重於樂。唐虞之教胄子曰「典樂」，夏商曰「樂正」，周曰「大司樂」。今之「祭酒」，即古之「司成」。成，樂之一終也。又有「司業」，業，懸鐘磬之板也。即如做戲然，竟把國子輩演成一箇樣範，後來要變亦不會變。其初勉强教習，及其成也，都是順其自然，導以固有而已。後來把第一義先澌滅盡，而以下賤倡優視樂工，欲天下化行俗美，人材輩出，得乎？宋時用女戲，門人問有事當用否，朱子曰：「時尚安得不用？」聖賢亦不能違時，只是女更不如今之男矣。唐、宋仕宦皆有官妓，名尤不馴。明尚演其餘習。高麗人進貢，論官之品級，以妓陪之。直至今日始革去。甚是。男女無別，則廉恥道喪矣，教化將從何處説起？

雅樂是舞者舞，歌者歌。俗樂是舞者自歌，殊無理。如大武之舞，始而北出，一人「總干而山立」，人莫知爲誰也。歌者則歌「殷商之旅，其會如林。矢于牧野，維予侯興。上帝臨汝，無貳爾心」。人知爲武王矣。「再成而滅商」，一人「發揚蹈厲」，人莫知爲誰也。歌者則歌：「牧野洋洋，檀車煌煌。維師尚父，時維鷹揚。涼彼武王，燮伐大商，會朝清明。」人知爲太公矣。以此推之，想韶亦是自徵庸在位，殛罪命官，遂有九成也。當時國子，豈必如今優人，不過有其象而已。爲其事者口不言，而旁觀者則稱羨慕誦之，雖其詞誇多，亦無妨。若斟酌雅俗之間，如蘇武，即將史傳語，放在他口中自説，而臺下别用人贊嘆之，亦可。

五音惟管子言之的當。宫博厚洪長，君欲其如此；商激昂慷慨，臣欲其如此；角清和調暢，民欲其如此；徵警動而煩襍，事欲其敏也；羽細碎而悽切，物在天地間至多，卻各不相混也。聽人之聲皆出於喉，其人便正道而貴；人鼻多者，恐乖厲，或作危險；舌音多者，或心回互，或巧佞；齒音多者，或狠，或艱深；唇音多者，或不正，或賤。試之頗驗。作詩用韻脚，若是喜慶事，用宫音，便洪亮；發揚感激事，用商音；述平常事，用角音；可駭愕事，用徵音；悲惻事，用羽音。

「黄鍾之宫」，另是一物，非「黄鍾管」也。朱子以「律準律通」比之，極是。然吕氏所謂「取竹斷兩節，間三寸九分而吹之，以爲黄鍾之宫。次曰含少」者，此義千古不明，以啓隋志及近日李文利之説。某謂黄鍾八寸一分，應鍾四寸二分，自黄至應，相距三寸九分。是諸律長短，皆在此距内耳。黄鍾爲宫，則自太簇爲商，至應鍾屬變宫，皆以少聲與之相應。少聲者，言其聲比黄鍾爲少也。既得黄鍾，遂穴諸孔於三寸九分之内，間而吹之，其全聲則黄鍾之宫，其次所穴孔間而吹者，即所含商、角、徵、羽及二變之少聲也。此以一管而備五聲，故曰「黄鍾之宫」。及「制十二筒」之後，則果相和，而此管可以生之。自記。

向解呂覽「三寸九分」，以爲黄鍾以下，應鍾以上，中間三寸九分，於隔八相生分寸之位，穴孔吹之，以得諸律，所謂「間而吹之」。立此爲律本，在十二律管之外。前年王振聲往天壇看樂器，其穴孔處，卻非隔八相生取之。今律呂正義書中，乃言其故。琴是隔八相生者，平方也，面也；管以比例言，則立方也，體也。體便隔八相生不得。乃知呂不韋不知此義，故云：「三寸九分，間而吹之。」班孟堅漢書全引此段，只去「三寸九分」一句。想是考究過，知不如是，故去之耳。

問「律準律通」之制。曰：「以木安十二絃，如琴狀，一絃爲全律黄鍾，或具七聲，如十二管之有黄鍾之宫一管；或可以上下按取十二律之聲，皆不可知。此絃不在十二絃之内，餘大二絃，即應十二律，用十二絃，不用此絃。此絃以驗十二絃之合否，爲十二絃之母。」

問：「何妥雖止存黄鍾七均，但既有黄鍾七均，用此以推各律，依以旋生，有何難處，而謂『自此旋宫之法遂廢』，何也？」曰：「正是。總是因陋就簡，不去推勘補足他。且因此可見朱子所謂『君臣之道不達』一段議論之確。蓋五倫都是達道，後世惟父子、兄弟、夫婦、朋友，四倫達於天下，而君臣之道不達。何也？君者九州之綱，然宰相亦做得主行些事，六部亦做得主行些事，下至鄉亭、嗇夫皆做得主行些事，便人人有君道，有臣道。後世事無巨細，俱要稱制裁決，所以朱子云然。黄鍾獨存一調，而不能各自爲宮以相生者，以此。這道理甚神妙。」

明道論樂，謂：「將上下聲考之，須得其正，一言以蔽之，省辨論者多少紛紛。」此等處，與所謂「加一倍」法者，皆可謂要言不煩。自記。

問：「朱子謂『從來無祉角』，何也？」曰：「亦嘗疑此。朱子謂自漢、唐以來之樂，不能以祉角成調，不知何故。宋徽宗强爲之，起聲是祉，尾聲又走了。」問：「審音是祉而用之，如何會走？」曰：「如彈琴，頭一聲是祉了，尾聲不應，彈至那裏，一樣安放，卻是別聲。可奈何？此理甚微。蓋三代而下，君臣皆具，生物仍然，但事多不得其理，民多不得其所，此聲竟亡。」問：「民事既錯，則物亦失宜，何以有羽？」曰：「畢竟差，如今所生之物，竟有較古時加多者。但看武王既得天下，偃武修文，商聲不用，國祚遂衰弱而綿長；景王造無射之鍾，伶州鳩知其以心疾死；劉歆造樂而莽死；荀勖造樂而晉亂；宋仁宗作樂亦以心疾死；王朴爲周世宗造樂聲太高，世宗死而國祚促；宋太祖至太常聞樂，嫌其管太高，令下二律，國祚遂衰弱而綿長。如響應聲，此理怕人。齊景公作徵招、角招，只怕那時此二聲便有些作怪。晏子勸景公出舍於郊，大戒於國，於行慶施惠之時作此樂。我輩不會吹彈，又無精曉音律之人可問，不知果否。第向時曾聽一友彈琴，逐曲問他，大抵宮、商調多，羽亦有，未有説是角、徵調者。又亡兒學琴時，説琴中本有啞處，某不信。同是有木有絃，如何會啞？及試之，果然。以此驗之，或有此事。即以人之説話言之，激昂慷慨者，商聲也；凄切哀怨者，羽聲也。至合乎人情，令人歡悦和暢，是角聲；緊切事理，一字不浮汎，是徵聲。此二聲便少。」問：「三代以後，文不如古亦然。」曰：「然。大約宮聲是天地元聲，聖人謂黄鍾萬事之本，此不容亡者。慷壯激發，凄緊瑣細，此後世之所有。至民氣歡悦流動，諸事懇摯警切，此聖王之事，三代以返，不能及也。角與宮相近，徵與羽相近，以爲是角矣，仍是宮；以爲是徵矣，仍是羽。今人認錯部位者多。」

元人曲子只四齣，猶是古樂之遺。古樂只升歌、笙入、間歌、合樂四節，儒先都謂舜樂九成，周樂六成。某意謂四節之樂，唐、虞、三代恐皆如此，所謂九成、六成，乃舞也。但古人卻無此説，存以備考。如今戲亦常以四齣爲則，把中間没情理者盡删之，至其履歷姓名，莫要自己敘述，使一人在旁以詩歌詠歎之，更有情理。戲最可厭，是中見夾雜許多不相干事，而收場草草。文章須是篇末收拾完全，一絲不漏，戲何獨不然？

明世用冷謙、韓邦奇等所定之樂，將舞都依字音五行。有俯仰伸縮，而無疾徐進退，信爲可笑。

古人制七始，都與造化相應。如黄鍾爲宫，則太簇爲商，只隔一位。姑洗爲角，亦隔一位。至林鍾爲徵，則隔二位。南吕爲羽，又隔一位。自南吕至黄鍾，又是兩位。角、徵相隔兩位，故取中以蕤賓爲變徵。羽、宫相隔兩位，故取中以應鍾爲變宫。月行節氣亦然。至將置閏，則越兩節氣不得不置閏，與五聲二變同。故房氏以二變爲閏宫、閏徵。有謂三分損益、隔八相生爲不是者，其説以氣是一呼一吸，未有極長而漸縮短，極短而漸放長。不知陰陽二氣，以相對者言，則呼吸是也；以一氣之始終言，則漸長、漸短是也。如人之聲，自丹田出，即撞入鼻，乃到舌，次齒，次唇，則出口矣。何嘗一出即一入也？十二管，音之母也，作樂時卻用他不著。其調中所用律，則寄於蕭管之孔，琴之絃，鐘磬之厚薄。八音惟革、木不入律，塤有孔，亦入律，十二管卻藏著，所謂「王府則有」。金、石、絲、竹有差，則取出管來正之。

聲大莫如黄鍾，細莫如應鍾，皆可以起調，而其腔板聲口，則不改於其爲宫者也。如大江東詞，大聲唱使得，即低聲唱亦使得，而其聲口則凈也，非旦也。

問樂律。曰：「律者，樂之末節也。」曰：「諸書言古律分寸不定，因失中聲，而古樂無由復，何云末節？」曰：「假令樂得中聲，遂能鳳儀獸舞乎？古禮之不復，果以衣冠籩豆之制，闕而無所考乎？」曰：「然則古之立律何也？」曰：「人得天地之中以生，性得天地之中理，氣得天地之中氣，形得天地之中形，則聲亦得天地之中聲。聲之大者如雷霆，小者如蚊蝱，皆非中也。就人之聲，喑啞叱咤則過大，咿嚘啾唧又過小，亦非中也。惟平常之聲，高下抑揚，大不過宫，細不過羽，其中有十二部焉。故律吕十二，配人之中聲也。黄鍾、大吕、太簇、夾鍾、姑洗、仲吕、蕤賓、林鍾、夷則、南吕、無射、應鍾，皆鍾名，又以鍾之擊有輕重不等，則聲不足以爲定，不若竹之分寸一定，而人儘力用氣吹之爲較準。故製管爲律，以存聖人中和之聲。於是以十二律之聲，寫入金、石、絲、竹、匏、土之内，則聲皆和而樂成矣。」

問：「宫、商、角、徵、羽，既分清濁高下，如宫濁矣，何以旋宫又有極清聲爲宫者？」曰：「此是兩樣論頭。如應鍾爲宫，其聲細矣，則他律爲商、角、徵、羽者，更細於宫。律管本長，於爲宫之律管者，臣民不可以陵君，則以變以半應之自合。若在言志之詩，論其氣象是宫是商，終不得變。大抵宫、商、角、徵、羽，爲虚位。」

古人作樂，以律從詩，今人講樂，以詩從律。「詩言志，歌永言，聲依永，律和聲」，豈非以律從詩？如今填詞，卻是派定某字用平，某字用仄，鐵板不可易。又自樂學失傳，論者便謂聲音之道，無從理論，而詭誕者，又造爲秘傳怪異之術，轉相迷悮。其實今日看戲，見忠臣孝子則感泣，見奸邪害正則髮指，是即樂之大本大源也。聖人有作而欲制禮，即今所行者折衷之可矣；欲制樂，即今崑腔戲考定而條理之可矣。

樂有調有聲，調如今曲之清江引、新水令是也，歌如歌關雎、鹿鳴之字句是也。如以宫調歌關雎，則「關」字必用宫，所謂起調也。至「逑」字必收到宫上，所謂畢曲也。二章「參」字、「側」字，三章「參」字、「之」字，皆然。是之謂調。若每句之字，宫、商、角、徵、羽、變宫、變徵，七音任用，各隨其宜。如首「關」字用宫，未有次「關」字仍用宫而並頭者，勢必須用別音。蓋即一字隨人歌作七聲，總在高下長短上分別，非本字自爲一定之七音而不可變也。

全曲謂之調，每一律有五調，共六十調，二變不爲調。每字謂之聲，每一律有七聲，共八十四聲。自隋時，鄭譯得旋宫法於西域蘇祇婆，何妥恥其不能，止用黄鍾一調七均，至今雅樂尚如此。今俗樂唱戲者，亦未攷調聲之全否，但用某調，則以某聲起調，某聲畢曲。如用黄鍾，則以黄鍾歌第一字，及完，仍以黄鍾歌末一字。而通歌所用字，總不出黄鍾所生之宫、商、角、徵、羽、變宫、變徵。以他律爲宫皆然。律吕新書中，卻不曾把五聲爲調一處，挑剔發揮明白，故人難看。「聲依永，律諧聲」，分得清楚，則了然矣。

問：「如奏黄鍾之商，用黄鍾七聲乎，用太簇七聲乎？」曰：「竟用太簇爲宫之七聲。因其爲商，不可云太簇之宫，只可云黄鍾之商。他律皆如此。」

十二律制器，止可以制金、石、絲、竹、匏，此五者有十二律。至鼓、柷、圉，則不具。壎雖爲人所吹，然土爲之，亦未知能具與否。十二律用以考音，而不用以作樂，雖以竹爲之，而以鍾爲主，故以竹管而取鍾名者甚多，黄鍾、夾鍾、林鍾、應鍾皆是也。八音之中，惟竹、絲、匏可以字字依人聲音節簇，而金、石、土、革、木止一聲，或以起樂，或以止樂，或以節樂也。

問八音之序。曰：「金、石所以爲衆音之節，故最尊。絲，堂上之樂。竹，管也，乃堂下之樂。天子、元侯始用管，卿大夫則用笙，笙即匏也，故次於竹。土，塤也，雖其用小，而爲人所吹，與竹、匏同，故次之。至鼓與柷、圉，不過節樂、起樂、止樂而已。」又曰：「鼓無當於五聲，故又次之。」

問：「方響有十六箇，十二箇是正律，四箇是清聲，何也？」曰：「方響即磬也。正律只有十二，至第九聲，即不能全具五聲，少一聲。第十聲，少二聲；第十一，少三聲；第十二，少四聲。蓋律至應鍾窮矣，只得截律變半爲四清聲，以全十二律之五聲。二變不爲調，故止十六。所以編鍾、編磬皆十六，編簫之管亦十六，其故俱是如此。」

舊欲作一部樂書，竟分八章：樂用、樂教、樂章、樂聲、樂律、樂器、樂舞、樂理。今思只以周官大司樂一篇爲經，禮記中樂記爲傳，而與經相發明者，曰附大司樂，與傳相發明者，曰附樂記。或將八章另編，各成一類，以便專考一門者。言樂者，嫌不得古之黄鍾，猶習禮者，嫌不得古之衣冠，豈今之衣冠必不可以行禮耶？自元以前講曆者，必欲求上古之曆元，冬至歲月日時，皆會於甲子，日月如合璧，五星如連珠。勉强凑合，終不能確。至郭守敬，始悟其非，追之既往未必是，驗之將來未必合，又無關於曆之緊要。於是一筆勾去，即以至元辛巳爲曆元，而授時曆遂迺超絶前古。自元以後，人皆翕然服之，不復言曆元矣。黄鍾之説，亦是如此。朝廟之樂，實能歌詠祖宗功德，字字確實，明創業之艱難，道君臣之一德，憫將士之憔悴，咨黎庶之勤劬，便好。然古之作樂者，非徒以朝廟爲重也。移風易俗，全以用之邦國，用之鄉黨，用之閭巷者爲要。蓋朝廷郊廟之樂，臣民得與聞者有幾？惟家家户户皆得見之，方能興感。孟子云：「今之樂，由古之樂。」以樂記「冕而舞大武」一段，及「賓牟賈」一段觀之，古之樂與今之戲何殊。若將廿一史中忠孝節義之實事，如戲編出，但詞不要艷，聲不要淫，使聽者心氣和平，可以語，可以道古。何代事，即用何代衣冠、官號、器具、禮節。自士大夫以及編氓，無不歡欣鼓舞，而臣思忠，子思孝，夫思義，婦思節，則太和之風，洋溢於宇宙。此豈徒講黄鍾之所能致耶？至於詞，漢即用樂府，唐即用詩，宋以後即用詩餘、曲子，無不可者。編纂皆要設一局，禮局、樂局、天文局、書算局，講求在這裏，便有舉而用之之時。朱子何嘗能用於當時？明朝承其餘緒，得其糟粕，尚可支持三百年，莫以空言爲無補也。今欲考訂朱子所言禮爲一書，而以己見輯樂書，至曆算有梅定九之書在，亦覺燦然可觀矣。

崑腔之吐字，每字有頭、腹、尾，如西要烏之爲簫，伊要烏之爲憂之類。如但有頭腹而無尾，則聲短，非其本音矣。歌、麻、支、微、齊、魚、虞，皆自發自收，爲聲之元。東、冬、江、陽、庚、青、蒸、真、文、元、寒、山、先、侵、覃、鹽、咸，有頭腹而無尾。國書以「阿、厄、伊、烏、於」五字爲字頭，最妙。歌、麻即阿部，支、微、齊即伊部，魚、虞即烏部。

古人習樂，其舞蹈有節，能使血脈活動，所以云「養其血脈」。只是如何舞法，今已不傳。然果然作樂，不患無傳。禮記説樂如抗如墜等，聲之節，即舞之節。其轉折疾徐，亦如大不過宫，細不過羽之意，以理準之，雖不中，不遠矣。

樂最要緊，禮即存於其中。即如章服，代各異制，惟優人不禁。有虞氏之衣冠，至周衰，必蕩盡無復舊制，而韶舞則全存之。友曰：「髫年看劇演，見扮高力士者，尚戴紫金冠，今則爲烏紗帽矣。唐制，中官雖極老，必戴紫金冠，不敢烏紗帽，見勺中志。做那一朝戲，即用那一朝衣冠，方是名優。」曰：「嘉靖改定禮樂，以爲大備，其實到此乃大崩壞。舞按五行，丑不可言。古舞斷不如是，大率即如今劇演。『冕而舞大武』者，即武王；尚父則『發揚蹈厲』。各肖其形容行事，令人想見當日光景，故曰：『舞以象事。』不肖其人，焉取哉？又恐人不曉，歌者卻從旁贊其功德若何，行事若何，所謂『一唱三歎』也。優孟之似孫叔，人即以爲真。故當日樂工，皆非庸俗人也。」

各省大吏多以優伶爲性命，無怪其然。即吾輩之幾本書也。不爾，政事之暇，如何度日？古人暇時，便有琴瑟歌舞，先王知道人身心必有所寄，因其勢而利導之，以歸於正。樣樣都動得手，故有用，不是全靠讀書。如今禮樂久廢，只得守幾本書，檢束身心，開廣知識。若移而之他，則放辟邪侈，不可言已。古時必有民間之樂，韶、武豈士庶可用？「宵雅肄三」，亦不可用於燕閒。使徒九廟、明堂之間作韶濩，而天下即風移俗易，恐無此事。

如今即將古書中忠孝廉節之事，製爲詞曲，去其聲容之無情理者，令人歌舞之，便足以移易風俗，感動人心。不妨從粗處做起。禮始諸「汙尊而杯飲，蕢桴而土鼓」，後來便至「禮儀三百，威儀三千」。古人詩何嘗有平仄，後分爲平仄，又於平仄之中，分爲四聲，又於古詩之中，論出聲病。唐人則竟字字程式，做成律詩。用之久，自然漸漸細密。

連日因讌藍總兵演戲，做到入情時，未有不感動者。以此見得樂之效速。若就元人百種中，選其忠孝節義有事實者，改其義理不通處，每事四齣，此外誨淫導欲者禁之，亦粗足以感人心而成風俗矣。

至尊嘗論及樂律，奏曰：「其理於經書上略可考見，至聲氣之調和，都不能曉得。」諭曰：「和不和極容易講。如你向我説話，聲高，我高聲答應，聲低，我低聲答應，自然和。若你低聲説，我胸中有不喜歡的意思，高聲答應，這便不和。」此語見得天地間都是感應之理，實説得著聲氣根源。時壬辰四月。

舜曰：「有苗弗率，汝徂征。」其詞責人之意多，略有滿假。益窺見到此，故贊曰：「滿招損，謙受益。」此是行兵緊要處，驕忿極害事。孔明七縱七擒後，以爲兵可用矣，故前表有「獎率三軍，北定中原，攘除奸凶，興復漢室」諸語。直視曹叡如孟獲，微有自恃之意。及街亭既敗，想亦見到此意，故後表曰：「成敗利鈍，非臣之明所能逆睹。」其識高矣。

孔子云：「善人教民七年，可以即戎。」孟子推衍其説，如發政「施仁」，「深耕易耨，修其孝弟忠信」，都是教民裏事。教民至於七年，豈但與民休息，而上下相信，即以之戰，民亦各知大義，勝不輕喜，敗不輕懼。國手教弈，若有下一善著，狂呼得意，下一失著，悔恨失聲者，國手必斥之。蓋輕喜懼，中不定，氣不静，最不好。兵事尤忌。

孟子云：「大國五年，小國七年，必爲政於天下。」他原有戰勝攻克的本事，卻不用，所以規模大。後人便疑孟子用兵未必濟事，不知孟子手段竟可不用兵。事事束縛之以禮，教人便動不得，何必用兵。穀梁子説得是：「善爲國者不師，善師者不陳，善陳者不戰。」到得「善戰者不敗，善敗者不死，善死者不亡」，便不妙了。管仲生平便不曾與人打仗，何況孟子。後世惟武侯有此意，所以人説將兵非其所長，豈知正是他本領大處。老子亦見得此意，曰「惟慈故勇」，以「無爲」「取天下」，都確有此理。

鄉兵最妙。孟子所云「出入相友，守望相助」，管子所云「夜戰則聲相聞，晝戰則目相識，其歡欣鼓舞足以相死」，情誼既聯屬，而鍊習又熟，故鮮敗。至卒長、黨正之類，用之課農，則保介田畯即是人；用之勸諭，則飲射讀法即是人；用之出兵，則伍兩卒旅之長即是人。人相習而教有常法，文武兵民未嘗分也，何等有條理。

漢經費無兵餉，徒有吏禄而已，故太平數十年，則國富用足。自唐、宋以來，有養兵之費，故官俸代以微薄。天下雖無事，而兵常聚食，故國家靡費恒多，而動有不給之患。自記。

官俸之薄起於宋，其所由薄，則起於養兵。漢時兵在京師者，不過南北軍，武帝止增七校而已。其餘南征北伐，皆用民兵，無事則農。故少營伍支給之費，而官俸得厚。唐之府衛，雖已有兵民之分，而兵皆屯田，未嘗坐而仰食，猶然農夫也。至宋削藩鎮兵權，乃悉以京室禁兵，出防各路。兵額既多，而更番往來，費尤無數，故國帑虚耗，貧弱不振，而官俸遂減。但三代時，勸農之外，即以講武爲事，法制整然，條理精密。漢則無事聽其佃作，有事便驅而用之，是謂以不教民戰。三代之民，日日使之習勤，内外有備，故無倉卒之患。

漢時兵民不分，故國勢富强。宋藝祖但就所見目前之弊，率意釐革，因藩鎮財富兵强，遂設兵仗以收其鋭卒，立轉運以收其利權，務使文官有民而無兵，武官有兵而無餉。以爲如此，方不能爲害。至各路應設守禦之處，皆從京都遣戍，更番往來，以致養兵之費，府庫爲虚。不獨官俸緣以寢薄，即郊祀大典，亦時以匱乏不舉。豈知官俸厚，如天之雨澤，散而爲利也。兵餉多，如水之決隄，聚而爲害也。若稍省養兵之費，而散之百官，以養其廉恥，貪墨則盡法繩之，自然大小寅恭，不敢朘削小民，而閭閻日富。於是興禮樂，施教化以感之，三代之治豈遠哉。

朱子論兵政，謂唐之弊，在主兵者專制强梁；宋之弊，在主兵者分散煩冗，而歸之責成郡守。可知漢法猶善於唐、宋也。觀朱子前後議論，大都猶有取於漢制。自記。

古之陣法，只武侯八陣、李衛公五花陣，爲有根。五花原於鄉遂之兵，八陣原於都鄙之兵。鄉遂之兵，以十爲數，起於五；都鄙之兵，以八爲數，起於井田之八家。自五家，以至於萬二千五百家，皆以五相疊，故出兵自五人，以至於萬二千五百人，亦如之。自八家，以至五百一十二家，皆以八相叠。其在卒長之教，皆以五八爲隊而教之。一居中，前後左右爲四，無論多少皆依此，此五花陣法也。天、地、風、雲、龍、虎、鳥、蛇，無論多少皆依此，此八陣法也。問：「鄉遂四閭爲族，是百家，四兩爲卒，是百人，每家出一人。而都鄙四邱爲甸，是五百一十二家，出長轂一乘，步卒七十二人，甲士三人。鄉遂亦出車牛馬否？」曰：「亦然。鄉遂雖百人，大概亦用七十五人隨兵車，輕車也。餘二十五人隨牛車，重車也。歸馬於華山之陽，謂輕車；放牛於桃林之野，謂重車。」

孫武子書總是説詐，如「虛者實之，實者虛之」之類。終以火攻，實大不仁之事，火攻無一存者。吾儒兵法，入以事其父兄，出以事其長上，可使制梃，以撻秦、楚之堅甲利兵矣，故「善戰者服上刑」。至於人來算計我，卻不可以無備，須要事事周到。漢將自當以趙充國爲第一，看他幾篇奏疏，無一句不靠實，立於不敗之地。魏相論驕兵、貪兵、忿兵幾句，亦得兵要。外有充國，內有魏相，所以相濟成功。若將左傳、國策、史、漢諸書，選集一部兵法，當勝於今所謂七書者。

充國傳：「嘗以遠斥候爲務，行必爲戰備，止必堅營壁，尤能持重愛士卒，先計而後戰。」數語盡兵家之要。自記。

韓文公論招募鄉兵，大妙，客兵便一戰而潰。施將軍平海，若不即用福建人，如何能成事？王輔臣反，亦是西兵平之。此卻是用兵扼要處。

用兵如下棋然，低棋貪殺，又要多殺，國手只要自己不敗。到贏人，一著亦是贏，何須多？管仲用兵，何曾殺一人，而天下畏之。武侯節制之師，不曾多殺人，司馬懿畏之如虎。趙充國金城之役，何嘗與賊打杖。都是國手。

凡用兵，敗後再進，鮮不勝者。王姚江初遇伏而敗，夜復整兵而往，便破贛州。用此者多勝。

巡撫浙中者，前有范覲公，後有李武定，浙中士民至於今稱之。武定之才，視覲公爲優，當行兵時，施其智術，亦能得其歡心。武定先與鎮浙將軍結納爲兄弟，及耿逆作亂，武定言於將軍曰：「今勢危，全要得百姓之心，百姓一心，便可憑以立事。今與將軍約，萬一兵有生事害民者，吾關白將軍，即當按法治罪。迨後別爲庇護，操縱總由吾等耳。要使民知吾等不護兵以蹂民而已。」將軍唯唯。未幾，適有是事，武定聞而升堂作色，令標兵皆環甲，發令箭召將軍兵。百姓觀者數萬。移時而將軍縛兵至，以法治之，一時歡聲雷動。武定又損家資，及用庫金之無名籍者，以充犒勞。凡滿兵向前者，必拊其背，獎諭賞賚之，故滿兵亦歸心焉。武定於督兵王子及領兵將軍，皆用此法。王子、將軍見其兵民歸向，肯擔當事，亦倚以爲重。以故内外和輯。又臨事頗能不動。一日，與賴將軍、拉將軍同坐一山，望見一二千人擁至，從者不敢誰何，兩將軍皆失色。武定自頻捋其鬚，徐步出帳外。來者至，皆跪，武定和顏色問曰：「汝兵耶？必有苦，試爲我言之。」衆曰：「無之。」曰：「或有條陳事，試爲我言之。」又曰：「無之。」武定曰：「然則欲何爲？」衆曰：「吾等前私通於賊，受有吴、耿兩家劄付，觀成敗爲去就。今被公厚恩，視吾等若骨肉，心不忍有二，故自首於公。後有賊至，當奮刃以自明也。」武定垂涕慰之曰：「汝等皆忠肝義膽之人也，吾何以得此於若輩。」應時悉焚其劄付，而以牛酒犒焉，衆皆欣然而去。兩將軍於是大服。後某以是事問之，曰：「如此比者尚多。」每與之語，果能不動，雖平常語，無即答者，必稍存思而後應。

當日白頭賊妄假名號，衆至三萬，圍安溪縣。某出示言：「蔡寅本永春賣漿家兒，托名三太子。值此年荒，民食不繼，何故甘被誑惑，以糧賫賊？我已興兵勦捕，諸鄉不得仍蹈前轍。倘賊以爲恚，即可嫁怨於我，若我家破，餉之未晚。或故相違忤，甘心餉賊，是亦賊也，便當移兵先剪，以爲諸鄉戒。」又復分兵守其要道，抄絶糧路。更出一招降告示：「敢殺降，死無赦。」出示之翌日，即有賊弁林起，以七百人降。某量留四五十人，餘悉遣爲民。自林起來，賊輒自相疑忌，又苦乏糧，不數日，散走强半。僅六七千人，忿來攻我。某以兵堵之山徑，賊不敢下，經大風雨而退。某遣李治以二三百人尾之，令去賊二三里，即結營自固，勿與交鋒。治請曰：「萬一賊回衆來戰，奈何？」某曰：「只據險，一交鋒，便爲黔之驢矣。」又數日，賊盡奔散。其髮即用腰刀截之，棄滿道路。蓋人多則需餉亦多，無所得食，自然破亡矣。

管仲初見桓公，三薰三沐之後，所進不過管子頭二張書，一二十年用之。鄧禹於光武，武侯於先主，一見説得幾句話，終身總不出此。他見得明白，所以行之有成。辛酉年，施將軍方督水師，專平海事。某遇於逆旅，問數語，某即喜曰：「臺灣已平矣。」施曰：「何相信之深也？」某曰：「君言之已在掌握，豈不能行乎？」説得實在是了，便不問而知其能行。

地曾啓奏云：「有人説海賊凡數萬人，浙江米都是此輩搬去，故常患米少。此説不確。數萬人必有宿泊之所，今臺灣、澎湖、舟山、金門、海壇、厦門諸島，無不重兵鎮守，其餘小島，能駐百人者便少，數萬人何處栖身？此輩不過是内地之人，乘南風則出掠，北風起則仍歸内地耳。」未幾，擒獲一賊，地奏且莫正法，就此窮究其根株，必有巨猾爲之窩主，得其巨猾，則餘黨易散矣。其後，果得鄭盡心。大凡兵間事，須得其要領，成功便易。又莫妙於以賊攻賊，不易之道也。

馬見伯整頓山西營伍，兵皆譁然站隊。見伯有將材，不知何以如此其無序。凡仕宦所至，要有興革，須使他不覺，以漸而更。又要有同心的人，方得成事。爲將又須先擇材幹技力有用者，使爲頭目，頭目皆我之人，則其下安能動乎？此所謂機也。

至尊所不可及者，不嗜殺人，雖吴三桂亦不曾族誅，耿精忠親族尚有爲近臣者。前年，一大臣親族有以叛逆論者，他已自分連坐，乃寬之不問，下諭曰：「豈有人做此等事，而謀之宗族者？」何等聖明。三代以前，想已有相及之典，故甘誓、湯誓俱曰：「予則孥戮汝。」如此盛德事，竟超絶千古矣。

有惜晁錯早死者，曰：「便不死，亦不過如此。即賈誼所言『衆建諸侯而少其力』，雖似合機宜，但視諸侯王都似劇賊一般，亦太不廣。人本領大，度量便大，周公誅管、蔡後，未嘗猜疑同姓，親親之誼如故。後世多因一事有變，至於懲羹吹虀者。聖人先從修身尊賢説起，然後及親親，晁、賈議論，都不曾理清根本。至族滅一事，乃秦之酷暴。以霍光之賢，猶族上官，其意以爲不爾？恐有後患耳。惟武侯本領大，李嚴廢斥，若遇他人，便恐其不走魏，或走吴矣，武侯如此處來，何嘗有他患？武侯一切都用王道。罪人以族，嬰兒之在襁褓者，何與彼事？皆駢首就戮，實是慘事。當日耿、尚二逆親族，羣臣皆請誅之，蒙垂諭曰：「他在外要反，親族奈之何哉？」豈獨不害其命，並不去其官，兩額駙仍如故。甚盛德事，可爲萬世法。

聖人本領大，只隨事處得當，不計其後。問：「他本領大處，就在那不過分際處持得定否？」曰：「他抛得便是大。如『有德易以王，無德易以亡』，到了無德，不亡何用？如殛鯀而用禹，道理應如此。」

某巡撫直隸時，奉命築永定河堤。當時私心以爲何須與水争地，但免其民之錢糧，使無催科之擾，則民賴水利，亦足以生，堤久必壞，終歸無益。今思之，聖見爲是。大禹之功，萬世永賴，然不久亦輒廢遷。如今，既與斯民同時，得幾年安享地利，令少者長，長者老，老者死，亦可矣。譬如年荒賑濟，明知此三日糧，不能保其三日之外，但且救他三日。未有逆料其三日後之必死，並靳現在之糧，而速之死者。

當日去看南河時，靳總河引到高家堰一帶看六壩，曰：「此明潘印川所留四十里天然減水壩處也。原是四十里行水，並不説害民，今只留六壩，科道卻參我害民。」彼時不解其故，及後大城、静海頻苦水患，先是二縣無堤，並未告灾，至近歲堤成，民反大病，於時適某出爲巡撫，因悟六壩之害，與此正同。蓋水平漫，則淺而無力，用堤束之，一遇崩決，則力併而猛，其疾如箭，當之者無不糜潰。後又看漳河，至成安，聞崔惟雅著有治河之書，因訪其子。其子便説得好，他説：「築堤斷非良策，漳水來時，初不甚急，至深不過五尺，人畜概得遷避。若以堤障之，一決直是所向無前，人畜俱不能保。且漳水東行，則西路退出，西行，側東路退出，退出之地，皆極肥美，反得數倍收成。只勿與争地，隨其所行之地，蠲除其糧可已。」某遂據此奏請施行。後有言漳河現分四股，當併歸一者，某奏云：「禹疏九河，殺其勢也。天分爲四，正使勢緩，便是世運將泰，不應併而爲一。」奏上，遂蒙許可。至興化一帶下河，卻是靳總河説得是，他説：「海反高於内地，若開七道河洩水，汐時内水外出，潮時外水内入，出者甜水，入者苦水，但見其害，不見其利。今人不想鹽城范公堤因何而築，全是爲海水侵田，築此障之。苦水所過，田便無用。今下河人家，半在水中，安之若素，田倒肥美，又有魚蝦之利。開下河無益。」此言甚當，其後下河雖開，倒底湮塞。友云：「鯀湮洪水，便是用堤。禹貢一篇，無一堤障字，惟『九澤既陂』，澤乃可用陂耳。」蓋澤水淹漫，略用陂堰，便田可有收。若江河之流，難以堤束，所以孟子謂「行所無事」。

榕村語録卷之二十九

詩文一

古文、詩，想皆起自皐陶，皐陶謨是自作一篇文字，明良之歌，亦自皐陶始。韓文公一肚皮好道理，恰宜於文發之；杜工部一肚皮好性情，恰宜於詩發之，所以各登峯造極。

詩文各人都有壓卷，韓文如原道、佛骨表、與孟尚書書之類，杜詩如北征、詠懷、壯遊之類。

山谷、元章書，後代並稱，而兩人各相詆訾。山谷服東坡文與書，而謂其詩不古，然所自爲，亦未見其能古也。元章以山谷書撐手拄脚，其詩亦然。大約是雕刻字句，故致如此，要到意足氣足纔好。柳文尚不能到此。倫云：「王荆公亦有此病。」曰：「荆公、東坡還不可以此論，又當論其意。荆公取意澀，東坡取意溜。澀與溜皆有病，惟理足意足而氣亦足。澀不得，溜不得，多一些不得，少一些不得，斯爲至矣。班、馬之文，曹、杜之詩是也。」

文章與氣運相關，一毫不爽。唐憲宗有幾年太平，便有韓、柳、李習之諸人，宋真、仁間，便生歐、曾、王、蘇。明代之治，只推成、弘，而時文之好，無過此時者。至萬曆壬辰後，便氣調促急，又其後，則鬼怪百出矣。某嘗有一譬，春夏秋冬，氣候之小者也；治亂興亡，氣運之大者也。蟲鳥草木，至微細矣，然春氣一到，禽鳥便能懷我好音，聲皆和悦。秋氣一到，蛩吟蟲響，凄涼哀厲。至草木之榮落，尤顯而易見者，況人爲萬物之靈，豈反不與氣運相關？所以一番太平，文章天然自變。如戰國文字，都是一團詐僞，不知何以至漢，便出賈、董、馬、班。至唐詩之變六朝，宋文之變五代，皆然。若周、程之道學，韓、柳之文，李、杜之詩，皆是中興時起，力量甚大。總之，其人在廟堂者，即關氣運，至孤另的，便不相干。如晚秋之菊，寒冬之松柏，不關氣候，是其物性。如大亂之時，忽然生一聖賢，乃天以此度下一箇種子，恐怕斷了的意思。

如今人學詩文，動説歐公、白傅。二公的詩體、文體學不得，天才學問都比不得他，只是學他平調。他都是讀破萬卷書，就是音節之間，如何能到得他地位？

詩文須常做，當其做時，何嘗不得意，過幾時，又覺得不好，便是進益。然得意一層亦不可少。「發憤忘食，樂以忘憂」，若只發憤而無樂，亦太辛苦。一番發憤，一番樂，循環不已，便會到極處。

詩文從生做到熟，從熟又做到生。後來讀去，覺得像不順，便是有工夫。

詩文鄙俚固不好，太文又不像。文字之始，都是古人説話，有意要文便不是。

詩文用雪白字、隨便字都不妨，總要切合。切合便有情景，有情景便有生氣。詩中字，又不是以全然貼實爲切合，不甚貼而卻合方妙。須求自得於心，不是要人叫好。

看文章如看堪輿。山川有一段秀氣，便要發人，文章有一段秀氣，便有成就。此卻在牝牡驪黄之外。

昌黎居潮，子厚居永、柳，皆有政績。然昌黎在潮詩文，依然肅穆平寬，子厚永、柳諸作，便不免辛酸悽苦。其後昌黎嚮用不窮，而柳竟卒於貶所。可悟文章氣象之間，關人禄命。清植。

詩文派頭，斷絶久了。如今且莫評論他是唐是宋，且字字核實，説這人是這箇人，稱情稱事，不過分量，纔好論他風骨之高，學問之深。不然無從論起。不是不要風骨、學問，如一般銅器，必竟有幾片朱砂、翡翠瘢點，方可耐人摩挲。只是詩文之本不在此，且此事要推到志向上去。韓、柳、歐陽諸人，都有自命不凡的意思，有此一段，纔有些光景氣魄。以上總論。

道德經好用三字句，竟似後世道士聲口，可厭之甚。論語中用三字句，如「又何怨」、「又焉貪」；「言中倫，行中慮」；「身中清，廢中權」皆妙，全然不覺。大抵文章到洙泗，真是雅之至。孟子雖是絶調，畢竟帶機鋒。先君云：「孟子前文章，不曾用『雖然』二字。」果然。以前語氣厚，至孟子則轉折分明矣。先儒以禮記爲漢人文字，恐未必盡然。禮記尚無「雖然」字，尚是大學、中庸文體。

朱子生性至剛，而作古文詩辭，卻不能超然於風氣之外。想文章道德，巍然千古，都是命於帝庭，雖上智大賢，氣亦偏鍾於所長。看來文章亦是孔子絶頂，不似戰國風氣，亦不似周公之舊，卻另一種雪白文字。不要一字幫貼，自然道理完足。

聖賢經書叠句，都有層次，謂錯舉者非也。即我輩文字，亦必排比先後淺深，況聖賢乎？其看不出層次者，只是心粗耳。禮記或有後人作者，便當分別觀之。韓文連下句處，多有意，所謂六經之風絶而復新。

古大家文，力大於身。所見高，無起不收，無呼不應，即有一股放空。如天外别峯，亦必有緣故。

選文惟從漢起最乾浄，近選多把左、國都收入，卻不妥。大抵三代以上文，當另作一類讀之。索性以漢爲斷，只是昌國報惠王、信陵上魏王二書，割捨不得。想來有一法，將此二篇收入史記選内，便無遺憾矣。

仲舒三策皆面對文字，非才大學富，道理精熟，安能一筆寫出，而字字醇確。匡衡文亦好，但朱子言其似策段，不是胸中流出。細看，果有些像。朱子評論古人，不差銖黍。

古文自當讀漢文，亦是彼時風氣厚，自然風調不同。即三國李興代劉弘祭武侯文、陳壽上諸葛文集表，後世惟韓、柳、王幾幾能之，然亦須極得意作。至武侯正議，柳、王不能也。諫絶孫權，雖蘇、張無此辨，幾句便盡情勢。

曹子建才大，其文都像一口氣噴出。韓文要追復三代，轉有斧鑿之意。司馬子長便一氣吐出。子長、孟堅乃文家不祧之祖。

潘勖爲曹操加九錫文，此武侯所謂「奉進驩兜，滔天之辭」也。有友故爲蹁躚之論，極口贊佳，卻是亂道。即如曹操所與羣下教甚古，篇中亦未必無實話，卻選他不得。試看伊、周，何嘗不退位，豈慮有它？選詩文若無此決斷，便可不選。不論其人與理，而徒取其詞，則不勝選矣。惟史書又是一例，欲以見善惡興敗之由，故概載之。

曹操自叙令文字甚好，詩亦有佳者，但幾番徘徊，卒置之。他比不得柳子厚、王荆公，二人只是錯誤執拗耳，非亂臣賊子也。曹丕詩文，竟是婦人，軟得不成話。論古人當有分别，如王維、鄭虔，雖杜工部朋友厚道，爲之表暴，其實皆已被禄山所污。若太白卻不同。永王璘是唐之宗支，彼時明皇已走，宗社無主，永王有恢復之志，與叛逆豈可同日而語？

武侯不知所讀何書，識見作用，規模氣象，都是三代聖賢光景。即其文字，絶不似東漢。出師表、正議、諫絶孫權書，纔幾句，説事理是如何透。曹子建氣魄甚大，但比之武侯，便是文人之文，不脱華藻。

武侯出師表自肺腑流出，即以文章論，亦居最頂。惟韓子最頂文字，方能到他地位。如佛骨表、與孟尚書書是也。此等皆當另一格視之。韓子學那樣文字，便過之。進學解，好似客難、解嘲諸作；書張中丞傳後，好似史遷。惟原道是學大學、中庸，卻不及，要亦精矣。如柳子厚、王荆公，必不能爲出師表文字。三蘇惟東坡天資高，推服出師表，老泉、子由皆譏貶武侯，去之尚遠故也。

問：「武侯答李嚴書，言『雖十命可受』，自來無十命之事。即此一言，便可想見其未出草廬時，確然有天子不得臣之志。又可見使其功業有成，如伊尹之復政告歸，固所優爲。」曰：「然。」清植。

韓文公口中，不提起江都、武侯，故知其單留心於文字。朱子於武侯外，便稱陸宣公。昌黎出宣公之門，等閒並不道及，想嫌其文排悶也。宣公在軍中，恁樣處置得停當，才大心細，其奏議，語語俱是實理實事，學問又海涵地負，只是排體不高古耳。

文人中如陸宣公、韓文公，儘有實用，知古卻又通今。看宣公奏議，雖根本於經書，而處置都合機宜。韓公論淮西、黄家賊及復讎、禘祫等議，皆確中事理。問：「王荆公文字，看得出他能壞天下否？」曰：「看得出。他作文字，見有人與他意思相同者，即便毁稿。此便是大病。我有此説，方不敢自信，有人相同，正可爲證佐，爲何削去？某分原道段落，自以爲獨見，及見張長史亦如此分，更喜所見之不謬也。」

古文近頗知其作法，但不暇做工夫。問：「如何？」曰：「其本自然要以經書道理爲主，文字卻不要規摹那一家，教人看得似那一家，便非其至。短者要有意思，長者要有裁剪。柳州與楊誨之説車書，凡數千言，字字琢鍊，又是一氣流出，連虚字要换他一箇亦不得，即寒温語皆妙。大都韓、柳動筆，即一兩行都是留意，無苟作者。到後信筆寫來，無不入妙。又字眼亦要緊，當取材於兩漢。若字眼不古雅，文字便減色。古文内著不得工麗對句，古詩對句太多，亦六朝始然。唐初尚襲其餘習，至工部始洗脱。」

得唐人書佛經真跡，筆筆著力，曰：「古今人差處就在此。若不用力，雖千行萬字，總無足取。試將韓、柳文字於極不要緊處，拈出一句，看來總有斤兩，可見其字字經意。

今人連篇累牘隨手寫，可謂『不誠無物』。」錫因論古物與今物别處，只是苟且與不苟且。梅先生曰：「古人諸物，都是從内裏邊做出來的。」

柳子敍事學史、漢，便是史、漢；韓子不肯學史、漢，高於史、漢。張中丞傳後敍，亦倣伯夷等傳體，而詞調風格，毫不步趨。段太尉逸事狀，居然是孟堅極得意文字。

柳集中載與退之詩文甚多，退之豈無酬答？今不復見，殆自削其稿耳。子厚臨殁，托夢得爲求退之作志。及退之許諾，夢得喜不自勝，至迎其柩而告慰之。子厚固知其作志必不假借，然傳於千載無疑也。退之與劉書，稱子厚文「雄深雅健，似司馬子長」。夢得言之，今韓集亦無此。

原性起兩句極精。程子曰：「心如穀種，其生之理爲性，其陽氣之發則情也。」故「性」字從心、從生，言生理之與生俱生者也。「情」字從心、從青，如草木之萌芽初發，感於物而生者也。自記。

原性本甚精，其不足處，不在認錯孟子性善之旨，只在末後少兩三行文字，把「其所以爲性者五」發揮明白。不貳過論末一段語，都有條理，不是亂填。

原性言仁義禮智信，原道只言仁義，以仁義包五常也。二篇著作之先後可見。自記。

原道通篇排釋、老，而首論老氏之失，極是高處。蓋佛書多是華人附益，大率原於老子之指，而淫於莊、列之幻詞。故後漢書、新唐書〔一〕，皆探本老氏論之。自記。

古人文字難看，原道連程朱亦看不透。程子謂「從博愛説起，没有頭腦」。不知他已有原性了，若復從性上説起，非原道也。喜怒哀樂之未發，只是大本，發而皆中節，乃是達道，原道自當從發處説。朱子説他「引大學，漏了『格物致知』」，爲「不知學」。不知他引此正對佛教，所以下面斷一語：「今也欲治其心而外天下國家。」引到格致，便與佛不對針。「欲治其心而外天下國家」一語甚精，洞中其弊。汝楫云：「原毁不過是題目有箇『原』字，門人便編做一處。其實韓子未嘗以此與性、道並原也。」曰：「原鬼亦是感觸而作，故云『適丁民之有是時也』，元都是門人彙在一處的。」

有謂原道開口一句便不穩當，仁自是心之德、愛之理，如何曰「博愛之謂仁」？某答之曰：「仁是性，他原性已講過了，這是原道。原性是説『天命之謂性』，原道是説『率性之謂道』。故云『博愛』，與『行而宜之』相對。」

今日繙韓文，果是才大。如復讐、禘祫、黄家賊、平淮西事宜、與柳中丞論兵、佛骨表、與孟尚書書之類，洗刷得一箇閒字没有，事理直説箇透。馬、班尚是漢文，此則洙泗之派也。惟武侯雖不學文，而所傳數篇皆然，愈讀愈有味。因他人品高，胸中有許多真意思，真見解，氣又完全直寫出來，便自不同。凡詩文、書翰之類，若務爲名家，積累工夫，自然可到。若要登峯造極，直須第一流人。「龍嘘氣成雲」一首，寄托至深，取類至廣。精而言之，則如道義之生氣，德行之發爲事業文章，皆是也。大而言之，則如君臣之遇合，朋友之應求，聖人之風興起於百世之下，皆是也。自記。

作文章熟後，雖無意寫出，必有結搆，有呼應。如韓子讀儀禮一篇，首兩句是反起一篇意，中間説「無用於今，而聖人之制度，不可泯没」，是照應第二句意，而結完之。後言「掇其大要，奇辭奥旨，以備覽觀而已」，是照應第一句意，而結完之。末歎「恨不得生及其時」，則兩意俱結也。自記。

每疑韓公説唐初羣臣材識不遠，然當時有太史令傅奕，可謂特立排佛者，韓子何以無取？及觀奕傳，則其垂訓也惟重老氏，以列於名教之首。末乃毆佛，得其一而昧其二矣。宜乎韓公之所輕也。自記。

觀韓子論禮典、兵刑處，豈可以文學之科限之。其老練精核，遠侔武侯，近比宣公。自記。

宋人論程伊川曰：「三代以下，凡事必求其是者，伊川一人而已。」伊川之門，上蔡謝氏，則以「求是」二字爲窮理之要。韓子以求是論文，此其所以獨出於諸家歟？自記。

孔子之道德不可贊也。故韓子作處州廟碑，贊其祀典之盛，以推夫所謂生民未有者，極爲得體。柳子厚作廟碑，亦曰：「苟贊其道，如譽天地之大，褒日月之明，非愚則惑，不可犯也。」皆深得後學敬慎之意。自記。

平淮西碑，自九年至十二年，惟首尾見年月，中間許多事，而年月悉不書。一則諱淹時之久，一則略諸將之無功也。自記。

維時河北方跋扈不朝，董邵南不得志於有司，而適斯土，是何意哉？故韓子微言諷之。獨弔望諸君者，望諸君失意出奔，終身不敢謀人之奴隸也。與送李端公命意大略相似。自記。

觀答侯生書，則韓公真善註解書者，惜乎其論語注未就而不傳也。今有傳者，蓋僞作耳。自記。

韓文言「物不得其平則鳴」，其意以爲有動於中則鳴耳，而以爲不得其平，殊不確。其下有「五臣、夔」等，如何說不得其平？又說「夔不能以文詞鳴，以韶鳴」，尤可笑，便是文人趁筆之習。至說六朝文章之病，字字確切，此公於文章一事當行也。

問：「韓文公云『醇而後肆』，『肆』是工夫，是天分？」曰：「自是工夫。理明白了，然後能放筆言之。如東坡，便是肆而不醇。就他的話，亦説得一片，只是推敲起來，不勝病痛。」

文章要曲，用筆曲，便似其中林巒澗壑，不可窺測。惟韓文公會作直文章，以所見道理足，本色已深厚。

韓文選定七十一篇，若再去其有疎漏者十許篇，存六十許篇，真是文宗。其氣極古雅，如西漢人，而又無其累墜。只原性一篇，有不盡當處，然卻去不得，要以他壓卷。若去此，則原道無根矣。

某選韓文，許多精奇瑋麗者，俱不登。然凡昌黎之粹然一出於正，有體有用，確可見之行事，而有補於世者，盡此矣。其他或有病痛，或無關輕重，隨人自去揀讀。

問：「選韓文甚少，送董邵南序何爲入選？」曰：「聞得友人説，當時不得志者往河北，都是要從亂賊，故此文弔望諸君，爲其不忘燕也。此關係忠孝，豈容不録？凡文字有寄托者便好，答李翊書亦好，但太是自己一生學問供狀，爲賢者諱，故去之。」

昌黎時在字句上留意，其後門人衍成惡派。如皇甫湜等，故意將下一字移上，上一字移下，欲以見古。再傳至杜牧等，句幾不可讀矣。

柳子厚記韓文公論天一段，甚翩躚，雖是偶然戲語，亦可見其不知天。天地萬古不歟，止是生物，而生物之中，又是以人爲主。凡禽獸草木，無不愛其子者，至人一生經營，無非爲子。生子又要克家，天地之意猶是也。若凶殘貪惡之人，乃是種子自生蠹，與天地無干。所以有太極、西銘諸書，此理始明白。

柳文精金美玉，獨識見議論未若漢書之精當。子厚之文，亞於孟堅；退之之文，過於子長。韓文直追周，其質直處，正是其高處。

看來古文、詩俱到家者，惟陳思、柳州耳，韓便文好於詩。柳州文字，莫要論其道理意思如何，只就其文論，雖千餘言，要删他一箇虚字不得。

劉蜕、孫樵數家，雖皆小品，不無可觀。就中孫樵又爲差勝。

文字扯長，起於宋人，長便薄。太公丹書，行幾多大禮，説出來纔只四句。箕子洪範，三才俱備，纔只一千零四十三字。老子道德經，不知講出他的多少道理，纔只五千言。宋人一篇策，便要萬言，是何意思？

文只要簡浄，蹲沓拖曳皆詞之累。韓文簡潔如此，三蘇則專事虚翻而已。至南宋，一味冗長，若非理足者，有何意味？鍾旺。

歐、蘇之文，何嘗不好，然見解不甚透。自是本領差，説事説理皆不透。韓、柳便透，如復讐議，柳已凌牙厲齒，言之鑿鑿，韓就理論之，更明而盡。朱子文字，何嘗能到馬、班、韓、柳？但理足，便覺得任他才學筆力，馳騁藻耀，都壓他不下。如封建論，孟堅之雄博，子厚之精悍，一遇朱子平淡説來，足令二公失色。伊川不以文名，今看來，兩漢之文也。所上諸劄子，春秋序，道理既足，字字確實，有斤兩，比朱子文字更古。

古文自史、漢後，只讀韓、柳、曾、王便足。曾、王學問，如何能過韓、柳？韓、柳遇一通經守師説之人，那樣推服媿赧，曾、王便輕肆譏彈。

王守溪評文，謂：「昌黎後，惟半山得宗派。」不數歐、蘇，最有識見。

東坡文亦有好的，只是薄，大凡浮動囂張處便薄。歐文微弱，最是曾子固厚。王荆公氣亦强，文亦古，但深求之，卻是學成的，不是本來如是。

作古文要歸於真實，不爾心先不古，文何能古？東坡作韓文公廟碑，便稱其擁斥佛、老之功，張皇誇大。及作大悲閣諸浮圖記，又稱佛之妙，窮天極地，卻是一口兩舌。其歸談儒，儒亦不精；談禪，禪亦不精。只落得要做好文章，卒至文章亦不好。所以聖人説：「修辭立其誠。」

東坡文字，大約帶澀的便好，飄飄欲仙者便不佳。其小文字極妙，盛稱其策論者，不知文者也。議論既博雜，筆力又冗弱，何足取？至彈劾程子而以爲姦，豈不荒唐可笑？即謂王荆公姦，人亦不服。

作文要一意到底，有結搆，説到後來，還與起處相照。東坡潮州韓文公廟碑，頭腦太大，下正當發揮其排斥異端，獨力自任之艱苦，卻接云「談笑而麾之」，便不的當，是東坡風度矣。至「開衡山之雲，馴鰐魚之暴」等句，益没緊要。下面一路説開去，遂以立廟結，不復照顧起處矣。

文章有立言之體，東坡才既高，功夫亦深，只是道理不正當。武王何嘗無可議處，只「武王非聖人也」一句，便令人不欲看。你非聖人，何由硬下此句？你即聖人，亦如此説不得。孔子生平贊聖人，總不肯説煞，動云「也與」，都是想像未定語。

爲文有本有末，所謂本，非必定是聖賢道理，本人所見透處便是本。蘇明允所説，多非正道，卻有透處，便是他的本。次公文字，舖張似有得説，收緊來卻無實際，所以不如東坡。

陳后山、張文潛、二晁，文字皆好，黄山谷有孫樵輩風氣，但太破碎。蘇不如韓，然其門下士如此數公，恐自不亞韓門。

陸象山文字，筆力爽透。象山文，學王半山；朱子文，學曾南豐，只因學道便住手，故都未成。

記得某人説，學古文須從朱子起。此言卻好。看朱子後來文字，不似其少作有古文氣調，朱子正不欲其似古文也。只是一句有一句事理，即叠下數語，皆有叠下數語著落，一字不肯落空。入手作文須得如此。

古人作書，如司馬通鑑、朱子綱目，皆藉朋友生徒之力，想杜佑通典亦然。今人動欲成以一人之手，其無成也必矣。諸葛公木牛流馬、鑄甲造弩諸事，皆假人爲之。能用人，便是才大。

漢有董子及劉子政、鄭康成，唐有韓昌黎，宋有周、程、張、朱，明二百餘年全不出人。想因靖難搜窮種類，而胡廣、楊榮、金幼孜，皆迎降無耻之輩，歷相多年，士氣遂盡。試看其一代所傳著述，可與董、劉、韓比並者爲誰？即今顧亭林之音學，梅定九之算學，亦明朝所未有。徐文定之崇禎曆書，尚是西洋人作，算不得徐氏之書。顧、梅二書，是中庸裏邊有的，一是「車同軌」所資，一是「書同文」所資。

宋潛溪、方正學輩，文字亦佳，要選如曾、王名篇者，了不可得。即老泉、子由亦有精采，有明一代人，皆無之。

看歸震川、王道思古文，拖沓説去，又不明白，兩三行可了者，千餘言尚不了，令人氣悶。顧寧人説明文不如元，果然。當明季時，如李贄之焚書、藏書，怪亂不經，即黄石齋的著作，亦是雜博欺人。其時長老，多好此種，卻將周、程、張、朱之書譏笑，以爲事事都是宋人壞卻。惟先君性篤好之。王弇州古文，一時風靡，先君以爲村氣，甚妙。後來聞得人人皆以爲不好。大凡那一書，古今來都推奬過，只我一人不服，便當想自己的錯處。若是人人都叫不好，便就不錯了。一面好古，一面又要擇善而從，看古文亦當如此。

萬季野於明文，推宋金華、黄梨州，而以黄爲更好。其實黄何能比宋，宋尚能造句，至黄議論之偏駁粗淺，又無論矣。

友云：「泰州人但知有王心齋，不知有儲柴墟。柴墟古文甚温雅，無虚套。當時學者，自然首推蔡介夫，其次只得算王伯安。然同時人初未論定，而柴墟獨兩屈指推服。其送介夫歸序甚好，即此已見其具眼。」曰：「文章品題，各人意異。某以爲惟字字與之核實，其自肺腑中流出，有關係者便佳。如海忠介諫世宗疏、陳紫峯易經著述序，調雖不古，皆由中之盛氣岔涌而出，自是可存。」

做古文這件事，想是與學道相近。自歐、曾、王、蘇後，亦斷了六七百年。問：「先生何不繼續此事？」曰：「見得到那裏，只是須要工夫。心裏覺得於經書上明白一點，是一點受用，比文章又要緊些。」問：「韓文公亦見道。」曰：「他便是被花草牽累了，不爾，耑心併力到道理經書上，當又自不同。」

問：「某人古文如何？」曰：「雖提得起筆，但是向外走的學問。此派傳衍已久，尚未見傑出有人。不但儒先爲性命之學者不爾，即韓、柳、歐、曾、蘇、王之學亦不爾，方做得幾篇文字出。韓文公『非三代、兩漢之書不敢觀』，非不能觀，不敢也。下句『非聖人之志不敢存』，略大些，然實是立志如此。韓公如此志向，如此讀書，所成就尚貽儒宗訾議。大要從初讀書時，意向是如何，成就便是如何。佛家所以説證甚麽因，便結甚麽果。」

古人終身不得幾篇好文字，著一書便竭畢生精力。今人動輒成集，不數月便成一書，如何得好？

作古文要曲折，學古文須先學作論。蓋判斷事理，如審官司，必四面八方都折倒他，方可定案。如此則周周折折，都要想到，有一處不到，便成罅漏。久之，不知不覺，意思層疊，不求深厚，自然深厚。今做古文者，多從傳誌學起，卻不是。

某友看古文，不從議論文字入手，先讀碑板文字，亦是一病。所爲文亦長於碑板，若敘事文便不出色。學文自當先教議論暢達，逐漸縮斂方佳。如今看小學生文，其下筆論頭汩汩不休者，便有成。若短短粗通，雖有些筆意思路，到底有限。

墓誌，只該志其姓氏、卒葬而已，謾誇虚譽，無當也。且此等斷不傳，鬼神亦不許。顔子並無著述，只孔子誇他幾句，四書存他幾句，萬古不磨。武侯不立史官，到得陳壽作志，蜀並無文字可採，所以蜀志獨少。然由今觀之，魏、吴二志，大率虚浮，蜀志雖不多，是何等光燄。所以人貴實事。

做古文只要不説謊。聖賢雖於父母，亦不虚加一語，加以虚譽，人必指而笑之，是貽父母羞辱也。且稱人曷必全備，如孝，德之本也，孔子未嘗以稱顔子，豈顔子未孝耶？舜稱「大孝」，他聖不聞，豈他聖都未孝耶？

某近得一作文之法，如有人有事可作文者，先將其人其事，想出我所欲語，既有所見，便信筆直書，達意而止。既成，且閣下一邊，過幾日再看，加之裁剪。有不明白者改之，意未足者補之，字眼冗泛者去之，務使詞加少而意加多，又有結搆，畢竟可觀。

作文且未須説得體制法度，第一先要明白。若那事考究得十分明白，據事直書，自然不煩删減，而閒文自去，詞必古矣。

作詩不可句句相承，如此則太直，似文字，非詩矣。即文字太直，亦未爲佳。朱子説古人文字，有六七十里不廻頭者，他卻見得不能做得。朱子文字，卻是步步廻頭，抓住主意説到底。朱子論各色文藝都在行。文須錯綜見意，曲折生姿。李習之教人看獲麟解，一句一轉，可悟作文之法，卻不教人看原道。

今人作文，動稱伊川爲「正叔」，朱子爲「仲晦」。雖中庸亦稱「仲尼」，然古今既異，即當致其尊禮，亂稱先賢名字，斷使不得。作文字，此等須有義例。

文字要改，雖孔子猶然。歐公醉翁亭記，原稿起處有數十字，粘之卧内，再四改訂，到後來，只得「環滁皆山也」五字。平生所爲文，都是如此，甚至有不存原稿一字者。孔子作春秋，筆則筆，削則削，説者謂筆是録舊，削是删舊，恐未必爾。就是那幾箇字眼下得有未妥，便削去，故游、夏不能贊一詞。

文字詞氣雅俗，尚有能辨之者，至句中有眼，人多不講。其鬬凑成文者，即有一段好處，必不能通篇自圓其説。文中有一兩句，似無甚關係，卻是他爲文眼目，説話雖多，終須歸到發明此句上。這是傳下來的一點法脈。

巖云：「作文字，不可稱人曰子。子稱重，寧稱君可也。」曰：「古名人稱過，便可稱。子亦通稱，書傳皆然，韓、柳、歐、蘇如此用，亦用之而已。如歲在某干支、歲次某干支，本謂歲星在某、次某，非謂年歲在某、次第及某也。如今年戊子，子與丑合，歲在玄枵之次矣。但今如此用，人反大怪，雖朱子亦錯爲之，奈何？某總不用，直云康熙某甲子而已。大凡地名、官名，作文字都應從今之名。何必以古名换之，令後世反無所考證，文之古雅不在此。」

今舞刀者，皆取美觀，臨時一無所用。惟善刀者，筋節著實，當之者便不能支。蓋虚處費去，用處便不著實。如學書者，尋常作字，不著實依法寫，寫時一定手滑不得力。文章亦然。以上論文。

文字不可怪，所以舊來立法，科場文謂之「清通中式」。「清通」二字最好，本色文字，句句有實理實事。這樣文字不容易，必須多讀書，又用過水磨工夫，方能到。非空疎淺易之謂也。

選文字宜簡嚴，孔子删書，取其有用者，動輒架漏過幾百年，所以妙。如今無論選古文、時文，即將其文當作經看，一字不放過方好。

王安石、陳傅良的八股，似對不對，甚古，所謂八股宗者，不可不看。如詩有古詩及古歌謡之類也。

時文名句，與詩詞不同，要從性命道理上出。中庸纘緒節，時文皆講成三王統緒未成，至武王纔了得三王之志。竟似周家父子祖孫，累世欲闇干天位者然，豈非大悖？不知纘緒者，言能修德行仁，不墮基業，到得天與人歸，一著戎衣，便有天下，故雖以臣伐君，而不失顯名。「一戎衣」句，非結上文，乃起下文，重「一戎衣」，不重有「天下」。惟明初楊慈文是如此發明，大有關係，所以八股不可輕忽。

明代時文，洪、永、宣、景、天爲初，成、弘爲盛，正、嘉爲中，慶、曆爲晚。天啓以後，不足録已。

問：「王守溪時文，筆氣似不能高於明初人。」曰：「唐初詩亦有高於工部者，然不如工部之集大成，以體不備也。制義至守溪而體大備。某少時，頗怪守溪文無甚拔出者，近乃知其體製樸實，書理純密。以前人語句，多對而不對，參差灑落，雖頗近古，終不如守溪裁對整齊，是制義正法。如唐初律詩，平仄不盡叶，終不若工部字律密細，聲響和諧，爲得律詩之正。」

做時文要口氣，口氣不差，道理亦不差。解經便是如此，口氣錯，道理都錯。

房書坊刻，始於李衷一，可謂作俑。坊刻出，而八股亡矣。如人終日多讀經史，久之，做出古文自有可觀。若只採幾段左、國，數篇韓、柳，手此一編以爲樣子，欲其能作古文得乎？

某初次會試，將所作時文，就正於鄉前輩王命岳恥古。就中一篇批云「骨節尚大」，某請此批是優是劣，答云：「骨節大不得。脈絡一綫，謂之單微，無龐然而大之狀。知道單微便密細，粗大不是好消息。」此論大妙。

時文之壞，由於不肯看書。書理憒然，而思以詞采勝，則必求新奇靈變，以悦人之耳目，遂至離經叛道，而不可止矣。

文章先通順了，其火候有時，豈能强所未至？但世有一種從心裏放逸昏惰，志氣不立的人，先時聰明才華儘有，到後來漸漸消亡，實可惜了。

臨文在題之皮毛上鋪排，似是而非，心思不入，了無神氣。至於膚淺無味，最怕人，病卻中在根本上。以上論科舉之文。

【校勘記】

〔一〕「新唐書」，原作「新唐詩」，據李光地榕村全集卷二二書後漢書西域傳論後改。

榕村語録卷之三十

詩文二 韻學附

離騒頃注得一過，看出此人學問條理，讀的書既多，一字不亂下，都合義理。今人不得其意，説他憂惶瞀亂，所以一句説向天，一句説到地。何嘗如此。此人若及聖門，恐不在游、夏後。陳良，楚産也，悦周公、仲尼之道，北方之學者，未能或之先，然絶無片言隻字傳於今。而屈子乃不朽，可見一點羽毛文彩，亦不可少。

騒體甚難作，屈子後，惟漢武帝瓠子、秋風可以步武。文中子東征歌，非大有意思人不能作。

鋪張賦原不好，就是上林、子虚、長楊、兩京、三都，皆賦之祖，已不爲佳，何論其餘。就中，兩京差優耳。漢賦，漢之俗文；英華，唐之俗文；詩餘，宋之俗文，雖不爲可也。昌黎賦數篇，别具風調，得騒人精髓。柳賦不及，太白賦尤差。清植。

唐賦小巧，與詩餘同成戲具，凡詩內纖俗惡派語，皆可入其體固爾。至今所傳唐人名句，亦不多。以上論賦。

韓文公龜山操「周公有鬼」，分明是有靈有神之謂，若下「神靈」字便腐。「鬼」字卻是字訣。學古歌操要直，若油便嫩。只是意直筆又直，便難看。所以筆調字眼上，又須略變。

曹子建四言詩，一氣呵成，如銜口歎出，絕不用一句詩經調。陶淵明便將詩經成句寫出。韓文公又覺得有意雕刻洗脱，不如子建自然。柳詩諸體俱工，長律尤超絕，無一語不從漢魏出，卻又陶鍊精熟。東坡詩無甚好處，引用故事，亦不知揀擇，然天才自勝，隨意寫出，便有境界。山谷如一丘一壑，小小結構。歐公自負能詩，如太白自負能文，俱不佳。

詩選從來無善本，不知河汾所選若何。孔子云：「不學詩，無以言。」夫言日用切近之事，莫過於禮；言今古經權之事，莫過於書；言陰陽水火、吉凶悔吝之事，莫過於易；何以止説學詩？蓋「温柔敦厚」，長於諷論。「主文而譎諫，言之者無罪，聞之者足以戒」，此一段意思，非他經所兼也。孔子言語與它賢不同處全在此。如論學，曰「不亦説乎」，「不亦樂乎」，「不亦君子乎」；論巧令之無當於仁，而尚曰「鮮矣」；患難時極自信語，止曰「其如予何」，曰「文不在兹乎」，極其責備，止曰「毋乃爾是過與」，「是誰之過與」，「則將爲用彼相矣」；至「吾恐季孫之憂，不在顓臾，而在蕭墻之内」，反似替他籌畫一般；極其刺譏，而曰「何如其知也」，曰「再斯可矣」；極其痛詆，而曰「是可忍也，孰不可忍也」，曰「奚取于三家之堂」，此等處，果是得力於詩。就是責宰予之晝寢，責子路之野，其言俱極峭直，此如詩中有蘇公、孟子之作之類。然到後來，又以聽言觀行、名正言順等道理，從寬説來，令人意消。故作詩者，全要含蓄藴藉，意在言外。以此意求詩，唐以下便少，宋詩尤少。朱子有幾首，道理極透，意思極足，而格調亦下。問：「意理透足便佳，何必論其格調。」曰：「詩不同，格調差，詩便差。若止取其意理，何不做一小文？何必詩？詩説盡便不是。夫子未嘗説作詩之法，然觀於子貢之悟學，子夏之悟禮，皆亟許其可與言詩，及所説興、觀、羣、怨之等，作詩之法便可想見。朱子詩不到處，即在説事理太盡也。」問：「邵子謂『删後無詩』，想是見得此意。」曰：「又不好全然抛卻。三百篇獨絶千古者，不過幾篇，其餘如春秋時作，何必盡過漢、唐人。」

某欲選古唐詩之有性情、關於人倫日用者數百首，令子弟自幼讀之。大抵詩以性情爲主，試觀三百篇，何嘗有一篇全言景色者？詩要渾厚，不要雕刻，有義理便渾厚，淺露便是雕刻。然又須自己雕刻過，方知他不雕刻之妙。曾聞一友人説：「唐詩間有一二句解不去者，句中有一二字解不去者，其妙處多在此。宋詩則斷無解不去的，便覺意味淺薄。向曾作銅雀臺詩，極詆曹丕無人倫，不遺餘力。後翻得唐人崔國輔詩，只用四句五言絶已盡，云：『朝日照紅粧，擬上銅雀臺。畫眉猶未了，魏帝使人催。』帝非曹丕而何？自己覺得粗疎村氣，不自己作過，竟不解他的好處。」此言殊是。

某近選詩，必篇中有緣故方存。不然雖做得好，無關於人，讀了亦醖釀不出甚好意思來。如此選擇，自漢至宋，不過三百餘首。但觀論語中興、觀、羣、怨，及「無以言」，專對四方，達於政事，正牆面而立等語，可見聖人删詩，都是要有實濟。杜詩細加選擇，尚存五十餘首。李詩卻是一種仙氣，都没收煞，絶無吉凶與民同患一段意思。工部見元結兩首詩，就那樣傾倒，送朋友之官，皆拳拳以忠君愛民爲囑，忠告善道，非太白可比。

古來芳藻名篇，豈必篇篇入選？去取之間，要當有一點意思在。若必全説道理，亦不是，有經史在，何取有韻之文？「性情」二字差近之。觸物感事，卻關到性情上。倘樂而淫，哀而傷，説得太過，亦不足存。

詩之體制，只有古、律二項，樂府不宜編在古詩之外，凡詩皆樂也。詩以四言爲正，然三言、五言、長短句，三百篇中已有，但未有耑用三言五言以成章者耳。唐山夫人乃以三言成章，又有以五七言成章者。諸體皆備於漢、魏，惟律起於唐。今人以漢、魏作爲樂府，後來作爲古詩，舛矣。如今唱者爲曲子，不唱者爲詩餘，其實一也。

選詩自應從蘇、李起，而以蘇冠，即其詩亦當冠首。「骨肉緣枝葉，結交亦有因」二句，便足蔽詩之義。言骨肉固同根共命，即結交之友，亦非無因，天下大矣，何獨這幾人該做朋友？蓋或意氣相投，或德業相勸，即唐虞之五臣，周之十亂，孔子之七十二弟子，皆是有因者也。首句可該父子、兄弟、夫婦，次句可該君臣、朋友，意味深厚。

焦仲卿妻詩，是古今極有名作，看來那件事雖可憐，但處得未爲妥當，不足垂教。且著語太多，過於冗長，故删之。

蔡文姬悲憤詩，纏綿哀怨，立言稱情有體，實開曹、杜一派，絶作也。十八拍意思不過如此，反覺得似安於外域，不願復回者，故汰之。

曹子建詩，欲尋其奇句不可得。友云：「他實得些風、騷之意，琢句乃是因胸中没有道理意思，只得於此覓長。自張協輩起，至陶靖節一洗此風。杜工部雖亦琢句，都在自己作，至於關係大篇，便以淳樸爲主，如北征、詠懷諸作。所謂『詩看子建親』者。」曰：「然。」

曹子建人亦有意思，當丕篡位，私自痛哭，丕聞而惡之。其詩多寄托之詞，而歸於懇摯忠厚。六朝人宗之，以爲源出國風，信然。鍾旺。

武侯詩只一首，讀者多不得其意。武侯使人各盡其材，儀、延輩皆非端人，而用之終身，此實成大業之本。是詩諷刺俱在言外，曰：「誰能爲此謀，國相齊晏子。」若曰是誰之謀？乃相國之尊，齊國之大，晏子之所爲也。相國之尊而不能用，齊之大而不能容，勝於深文醜詆矣。且中間「以士目三人」，以讒言斥晏子，下語顯然矣。

陶淵明詩，有杜、韓不能到處，其語氣似未説明，義藴實已包涵在内。如「羲農去我久」一首，識見超出尋常。自秦、漢來，黄老盛行，都説聖賢以禮、樂、詩、書，教得人奸僞叢生，此詩卻説「汲汲魯中叟，彌縫使其淳」。黄老之説，如言人元氣本足，卻被後來飲食藥餌戕賊生命。不知陰陽之氣，自初而盛、而老，知識開後，人事錯襍，嗜欲紛起，亦理勢之自然。所以用飲食藥餌者，正欲保固其先天元氣也。鳳鳥雖不至，到底禮樂一新。自仲尼没而微言絶，七十子亡而大義乖，老莊之學，果兆焚坑之禍。不知詩、書所以明民，非愚民也，何罪而至此？漢之伏生、孔安國輩，敦勤辛苦，存此六籍，如何至今又不以此爲事，終日馳驅於名利之場，不見有問津於此者？下遂一筆溜到飲酒上去，謂我若不快飲，亦尤而效之，豈不負此儒巾乎？其溜到酒者，彼何等時，元亮尚敢講學，立教自標榜耶？「但恨多謬誤，君當恕醉人」，又謙得有意思。謂吾之行事，謬誤於詩、書、禮、樂者，麴蘖之托，而昏冥之逃，非得已也。謝靈運、鮑明遠之徒，稍見才華，無一免者，可以觀矣。

靖節詩，推周、孔處甚多，其逃於酒者，避劉宋耳。當時若行表言坊，其能免乎？韓子惜其不遇孔子，議論甚正，但與阮籍同譏，則未必然。其論詩，亦不列陶，而反及謝。故論詩，亦必經朱子而後定。

自沈約有四聲八病之説，而詩遂趨於律。今既爲此體，便當莫犯八病。沈時本無律體，今觀梁、陳間詩，便有許多竟是律詩者，無非求去八病耳。

鮑明遠詩，雕鏤已窮工妙，任唐人如何造作，不能到此。明季黄石齋、倪鴻寶，乃是欲學此種而意理不足，徒至多不可解。明遠句句生新，有言外之意，詞盡而意不盡。他手作此等詩，多覺破碎纖小。他卻才力大，饒有一片清幽之氣，可與子建雙峯並峙，無與方駕者。

王子安述祖德詩，嫌其後半衰颯，即年不永之相，所以當初不選。今觀之宜選，文中子踪跡冥昧，似有似無，惟觀此詩，可知實有其人，不宜没也。

文章乃天地元聲，莫知其然而然。唐初詩人何嘗不師六朝，然陳子昂輩出，聲氣便不同，覺得清而厚，此豈人能爲之？

問：「曲江詩何如？」曰：「曲江才華英豔，或不如人，至性情品格，幾無與比。君子哉，若人。」問摩詰。曰：「他是元暉、子山一派，聲韻諧和，對仗工巧，所以無一首不可被諸管絃。只是説到清閒高雅而止，無甚深義。錢起亦是此種。至宋，此派遂絶。」問燕公。曰：「他才氣大，大率唐初如陳子昂、王勃、楊炯、王績、杜審言、沈佺期及燕、許之屬，又是一種氣調，迴乎不同。」問昌黎。曰：「他不可以初、盛、中、晚論，别爲一家。韓門孟、賈、張三家，文昌爲長，東野骨節尚大。」問太白。曰：「他天才妙，一般用事、用字眼，都飄飄在雲霄之上。此人學不得，無其才斷不能到。」

燕、許信大手筆，尚不脱六朝腔調。如「膽猶忠作屏，心故道爲鄰」；「劍舞輕離别，歌酣忘苦辛」；「雲覆連行在，風廻助掃除」之類，其調都教唐人用爛。至老杜北征、詠懷，一洗此陋，直抒胸臆，真氣流注，另一風格。只是初唐人語意氣象，寬舒博大，是太平氣運。如「邊鎮戍歌連夜動，京城燎火徹明開。雲間東嶺千重出，樹裏南湖一片明」之句，中晚無是也。即「江間波浪兼天湧，塞上風雲接地陰」，何嘗不雄，而悲切無比。如陳子昂「丘陵徒自出，賢聖幾凋枯」，何嘗不悲壯，卻無急迫激烈之氣。韓文公七律雖少，如「將軍舊壓三司貴，相國新兼五等崇」；「橫飛玉盞家山曉，遠蹀金珂塞草春」之類，亦極意莊嚴，清雅絶倫。

臺閣體是唐初人做得不同，如「去歲荆南梅似雪」一首，又大樣，又脱套，燕公最擅此長。陳子昂、杜審言、沈佺期、王勃之流，其詩皆有一段渾厚處，足見開國氣象。若魏鄭公一篇，氣格之高，乃所謂開太平者。

張曲江詩，「温柔敦厚，詩之教也」。陶靖節尚偏於山林枯槁，曲江乃更渾全。曲江歷貧富貴賤，體兼雅、頌，陶則專於風、騷耳。韓文公不提起，豈以其句句對偶，是六朝派耶？韓論文，亦從不提董、賈，大抵他自己位置太高。

詩能窮人，雖未必然，亦不可開口便悲哀。張曲江、韋左司詩，俱和平温厚，可以善人性情。

唐人七言律詩，某意以張燕公「去歲荆南梅似雪」一首爲第一，情景詞調都合。嘗欲推老杜一首爲冠，不可得，或者「玉露凋傷楓樹林」乎？

李、杜、韓、柳四家詩，缺一不可。如長干行之類，不但像漢、魏，更覺得飄灑，雖工部不能。工部五七言古詩，初亦倣摹漢、魏，晚乃自開派頭，一空依傍，冠絶古今。韓詩直追漢、魏以前，要造希微淡泊田地。柳詩中，漢、魏亦有些，六朝亦有些，工夫獨到。至香山、義山諸家詩，集雖大，而力量氣味争差遠矣。

韓文公平生不輕許人，獨於李、杜詩，稱之不容口。極平常語，入老杜口，便厚，便大，便雄偉，其氣盛也。韓贈張籍、贈崔立之諸長篇，比之北征、詠懷，畢竟差些。以韓多直句，而杜句皆曲也。

論詩，太白如酒，少陵如飯，有杜可無李，有李不可無杜。李太白，唐人推之在杜上者，以當時被之管絃聲調易叶，而杜少拗也。杜諸體詩，皆妙絶千古，只絶句，須讓太白。絶句要飄逸藴藉，如峨嵋山月、問余何事諸作，實是絶調。然昔人亦有推王龍標「秦時明月漢時關」爲第一者。

杜工部氣盛，其長律，一團氣在裏面鬱勃，其爲人也好善。韓文公於古人詩，少所許可。工部連六朝人無不推獎。

工部詩有性情，就是少時作，已有一段纏綿委曲之意。如太白與杜詩，不過「思君若汶水，浩蕩寄南征」而已。杜卻云：「渭北春天樹，江東日暮雲。何時一尊酒，重與細論文。」便委婉有情致。

工部厚道，其詩已駕乎六朝，卻平生人人宗仰。至太白，則曰「自從建安來，綺麗不足珍」，一齊抹倒矣。末云「絶筆於獲麟」，亦太矜張，未聞孔子嵩能詩也。工部「文章千古事」二句，已極自任，到下面立言，卻無此等狀態。即是當代詞人，無不推揚，王維、鄭虔已至失節，而懇懇切切，爲之解救。此豈淺中人可及？

杜詩俱以北征爲第一，倫兒曾説：「詠懷自起至『放歌頗愁絶』，一氣噴出，無一句重複，又有轉折，似更妙。」細觀之，果然。此等詩，起處最難，若是宋人，便落譚理窠臼。他人便流誇大，謙虚太過又不稱。立言直是妙，結處亦好。

子美北征無一對句，昌黎與崔羣詩「燕席謝不詣」二句，便對。柳詩不能如此高古，其工妙者，多似六朝，然哭凌司馬、與韋道安二詩，雖曹子建把筆不能過。友云：「昨夜思韓文公南溪始泛詩，説到『野人來餽瓜』，作幾行寫。工部何氏山林詩『野老來看客，河魚不取錢。只疑淳樸處，自有一山川』，輕輕四句，便包括在裏，又妙有風韻。所以昌黎那樣歎服。」工部自云「詩看子建親」，把庾、鮑竟推與太白矣。

杜詩如「宿昔試安命，自私猶畏天」；「榮華敵勳業，歲暮有嚴霜」；「以玆悟生理，獨恥事干謁」之類，都耐思索玩味。韓詩便無此等句法。又如北征，説回紇兵不宜多，而曰「聖心頗虚佇，時議氣欲奪」，似人都曉得此之爲禍。雖只説至此，不肯説盡，然以前後推之，何嘗不盡。看杜詩，須如此細看。

老杜詩，説安内攘外，都有幾句好説話。「老馬夜知道，蒼鷹饑著人」，便是用兵要語。知道形勢，經過戰場者，所謂老馬，選將之法也。至於卒伍，不過飲食勞苦，體恤須給，他便爲用，如鷹饑則就食，飽則颺去，此使卒之要也。顧寧人説：「經書後，有幾部書可以治天下。前漢書其一，杜詩其一也。」

杜詩爲自家保全，喜得便雅淡；爲國家收復，喜得便狂蕩。立言之體皆妙。

「文物多師古，朝廷半老儒。直辭寧戮辱，賢路不崎嶇」，極有意味。如「風塵三尺劍，社稷一戎衣」，何嘗不好，然漢高祖豈不如此。至此四句，却是貞觀之治之根，道得出太宗擅長處。當時承宇文之後，文物獨盛，而十八學士之屬，半於朝廷，然不聽其言，雖多奚爲？若後進無人，亦非長治之道。詩家誰見到此？然使入宋人口中，便直而淺薄。其妙在樸而雅，「朝廷半老儒」，似不成語，却造句甚古，有斲華反樸之意。

「赤驥頓長纓」一首，不過世無用我，將欲卷懷之意。公幹輩皆有此等詩，却不如杜之深厚。至杜之長歌，却不如鮑明遠。曹子建、鮑明遠、陶淵明三家，直開三派。曹全以氣勝，開杜、韓之派；鮑才人之詩，頓挫凌厲，開太白之派；靖節閒雅自然，開韋蘇州之派。

杜長篇時有累句，如「臣如忽至理，君豈棄此物」；「學母無不爲」等，俱不成語。然以此見其大。

擅長謂「工部自許，不過是『賦料揚雄敵，詩看子建親』，如何便道『致君堯舜上，再使風俗淳』？果然可議」。後想來，正見古人不欺處。其志大而不相掩者，就存其真，聖門狂者本是如此。韓文公亦是一面自許，一面疎漏，卻不怕人笑。若後人爲之，必加彌縫矣。

工部一部集，自首至尾，尋不出他一點自見不足處。只覺得從十來歲，以至於老，件件都好。這是一件大病。韓文公就有知道不足處。

韓詩温柔敦厚，纏綿悱惻，不如工部。然如所云「春秋書王法，不誅其人身」，則工部有不及者。蓋春秋立義之最大處，懼亂賊者，懼後世之亂賊也，若本人之身已爲亂賊，尚何畏於死後之誅？此等實説著深微，千古不刊。陶詩「汲汲魯中叟，彌縫使其淳」。可知連上當時風尚，盛道老莊，以爲周孔之道，鑿樸生僞，而淵明謂孔子欲使其淳。「真」字亦非放達謔浪之謂。以此意選詩，便寥寥矣。

某人論南山詩，痛加貶斥。曰：「卻不必。大凡前人詩文，都有一用神以爲秘訣。韓文公作詩，將前人一字不入胸中，以爲吾於此時，有此時情景，於此人，有此人情事。肖者便新，不如此，縱工何益？南山詩所列，彼時所見，實有此許多情狀，他乃一氣吐出，誰禁得他？只是後人不必效此耳。」

柳子厚長律，無一不精，以「弱歲遊玄圃」、「知命儒爲貴」二篇爲最。二篇又以「知命」篇爲尤。「弱歲」篇，因劉夢得用五十韻，有欲索性將麻韵用盡之意，間或不能自然。「知命」篇，則直抒己意矣。柳詩工已到至處，微不及杜者，杜有古樸之氣，直逼陳思耳。

韓詩意盡言止，直率不加雕飾。柳詩工緻，雖説愁苦，亦覺冠裳佩玉。各有長處，不相下也。

宋人學問才情，有何不及唐人？只是詩不及耳。唐人亦是風氣適然，成一種風調，大家傳染，遂擅其長。宋詩不是別樣不好，只是有些呆氣。問：「唐人不呆，而宋人呆，畢竟有箇緣故。」曰：「唐人善用虛，無板板説的。又宋人喜填故事，亦不好。」問：「唐人亦用故事。」曰：「唐人用故事，倒是直説，不如宋人搯出那事三兩箇字來用，教人費猜。三百篇何嘗用故事？漢、魏間用事，都是將其事直敘出來。影射用事，古未曾有。」

歐詩學韓，而筆力不及，卻於不及處，露出自己本色。如「斑斑林間鳩，重讀徂徠集」之類。但他自己極得意的「廬山高」，卻不見得佳處安在。

邵康節詩，只好是勸世文，直頭説盡，何不做一篇文字？三百篇中，如「維天之命，于穆不已。于乎不顯，文王之德之純」。這樣大頭腦，下面卻淡淡説「何以溢我？我其收之。駿惠我文王，曾孫篤之」。「天生蒸民，有物有則」。這樣大頭腦，下卻以「天監」

在下轉去了，濃濃淡淡，不盡其辭。長發之詩，説契，説相土，又説湯。數百年事，一兩段駕過，方是詩體。

詩文全關氣運，都是帝命。王荆公學問，何必下於柳子厚，而詩大不及。東坡學問，何必下於白樂天，而詩亦不及。

王荆公一生長處，在孝友清節，故其詩一説到骨肉節概處，盡有精采，至論事，便隔壁。可見此事是發乎性情的。

東坡詩殊少風韻音節，逐句俱填典故，亦不是古法。朱壽昌事，未經人歌咏，東坡所作，趣味極短，且末尾如何引温嶠、潁封人諸事作結？殊爲不類。若老杜爲此，畢竟有許多纏綿篤厚之情。又作周濂溪詩，説「造化乃其徒」，甚好。後忽云「柳州柳，愚溪愚」，雖然以比地方因人而傳，然擬人亦非其倫。

宋潛溪、方正學文字，如何比得東坡？東坡生動有仙氣，峯巒波瀾，尺幅湧現。其詩亦自成一家，但没有一二首人不能到之作。只是東坡詩，就引用許多，卻不蠟蹋，黄山谷便蠟蹋可厭。

杜工部於君臣、兄弟、妻子、朋友都有詩，獨無思親詩，何也？韓文公亦爾，止祭十二郎文，有「少孤倚兄嫂」之説耳。朱子上母壽詩，述韋齋平生，無不詳悉。韋齋學問人品，迥出人羣，朱子作行述，止平平敘次。伊川爲大中作文，亦無一語褒揚，曰：「先子之命云爾。」惟其如此，所以可信。東坡父子相命，直欲凌絶古今。至王荆公，則竟父子相聖矣，如何服人？

性理中，止採朱子詩之有「性理」字面者，其餘好詩俱删去。豈知流連景物，止以一二語見性情，及寄托全在言外者，其詩更妙。如芣苢之篇，何嘗有一字説到室家和平，化行俗美上？

宋景濂詩，比方正學好。

明諸家詩，俱不見佳。倒是王姚江有些才氣，律詩有六七首，古詩亦有二三首，只是太直。唐人亦有直處，卻用淡淡寫來。蓋激昂慷慨，全要委曲徊翔出之，方有一段幽光。如人説話，胸中有所感憤，傾瀉直吐，聽者便覺難耐。惟作平淡語，雖直直説過，倒令人思之覺得有味。

宋詩，單看亦各有好處，若選以配唐人，便不稱。歐、王且然，無論其他。王陽明詩，某少時略皆成誦，今看來殊覺淺薄。他才高，信筆寫來，便有唐人風調，但根柢氣格不是。

鹿太常詩，選得百五十首，在明季竟成一家。有真氣，又一肚皮要立事功，勵名節，筆寫得出詩，亦看得多，知道各樣變體。詩有用如此句法者，有用如彼句法者，章法體局亦然。孫高陽詩，便都是一樣，不知變。魏孝子學漪百韵詩，便段段有變化。可見錢受之不知詩，選明詩，不登二公，止選高陽，未爲允也。

王阮亭絶句，有似唐人的。至古詩，須有意思滚出來才好。陳澤州律詩，時有俊句，如送某假歸詩，有句云：「自憐名跡清流外，常恐交游汎愛中。」卻是唐句。

學詩先將十九首之類，句句摹倣。先教像了，到後來自己做出，無一點不似古人，卻又指不出是像那一首，便成。

學詩當從韓、柳入，律詩亦惟二家得正派，工部太雄放。

作詩最忌先得句爲韻，補綴成之。那兩句何嘗不好，但讀到那裏，便覺得氣不貫，意不浹洽。先覔句者，必非大家，無論李、杜、韓、柳，即錢、劉亦決不如此。

絶句不要使力，要淡遠，意在言外。古詩卻要有氣力。

詩到形容情事難得逼肖處，只得造字。然須造得自然，令人不覺方妙。如生造便不好。

作詩須要知道避字避句。人人皆如此用，我便當避；口頭邊字當避；此題用熟的故事當避。又人所作都現成，我須避到生新一路去；人都在那裏雕刻，我須避到現成一路去。

詩即有作料，須有景物思路掩映而成。若全無意思，只將詩藻鋪排，最可厭。

律詩對句，自要工巧切合。杜工部送舅詩，「江上」對「渭陽」，「水鷗」對「林鳥」；王荆公「女傷悲」對「季行役」，俱妙。又句法以兩解爲更入三昧。杜詩「叢菊兩開」矣，而下「他日之淚」；「孤舟一繫」矣，而動「故園之心」。叢菊兩番，開出他日之淚；孤舟一隻，繫住故園之心。柳詩「壁空」矣，而「殘月曙」，「門掩」矣，而「候蟲秋」。又「壁空」那「殘月」之曙，「門掩」那「候蟲」之秋。前人皆推爲妙句。

有尤工部七言律不甚對偶，有搭配不來者。曰：「都搭配得來，久已壞了。律詩本是陋體，古人有嫌字眼太偶儷，太現成，未免俗氣，多避之。」

唐人作詩，動呼人名，如「白也詩無敵」之類。今若作詩，亦呼其名，殊覺不必。詩之工拙不在此，犯大聖大賢諱，尤不可。孔孟之諱，何啻父母，如何直呼，甚且用以押韻？韓文公、王荆公皆不免犯此者。詩雖佳，亦不足録。此即無忌憚之端。

作詩要好甚難。離卻古人，創闢一蹊徑，便不像樣；一依古人，又如薄酒然，漉了又漉，有何趣味？須是有性情，又有學問，在詩裏邊工夫又到。卻不多做，觸事乘興方爲之，斷絶酬應之作，或者有些意思。

時文對偶，本是四六體，然必定字字工緻，便華縟傷雅。詩亦如此。某撿舊作武侯詩，以「苦李」對「甘棠」，便不佳。似此小巧，或律詩中偶用耳。

高高士子爲望親廬求記，曰：「不如詩好。文便著實，説那人，便要描得那人像；説那事，便要描得那事出。至詩，説得離奇飄渺些都不妨。且詩又不消説盡，正是妙處。後來人正坐要鋪張，反不好。」

每一真人出，便有一假者來磨難他。子思之中庸，孟子之七篇，可謂至當不易矣，偏有荀卿一輩人出來爲祟。即如李、杜詩，當時便有無數蚍蜉之撼，到底敵不過韓文公、王荆公等之擁護，蚍蜉多而勢反寡。韓公等如熊羆然，勢雖寡而力反過於衆，以人心之公是歸之也。

世有靈異之物，多遭劫，何況人。陳希夷謂种明逸曰：「名者美器，造物所忌。子名將成，必有鬼物敗之。」上帝各様福澤都不吝，只惜名，虚名無益。想是清名直達帝廷，李太白所謂「安知天漢上，白日懸高名」，正此名也。以上論詩。

考訂書學，是要緊事，須兼通篆籀，方能通楷書之不可通處。如「之」下著「心」謂之志，心之所之也；著「日」謂之詩，日之所之也。今「志」上作「土」，「旹」上作「山」，於義何取？王荆公不講求製字之根，而逐字爲之臆解，費盡心力，徒增笑柄。

平聲加猛厲則上，扯長些則去。入聲甚短，入聲惟閩中多得其正。北人氣硬，平聲多成上聲。聲音之差，不獨口差，即耳亦差。南陵人「知」讀作「兹」，「兹」讀作「知」，閩中教授至其地，教他讀「知」，他聽作「兹」，教他讀「兹」，他聽作「知」，愈辨愈不清。故知耳亦不同也。

楊友云：「天統聲，地統音。聲即韻部東、冬、江、陽之等是也，音即字母影、喻、曉、洽之等是也。聲可通，音必不可通。杜、韓於此最嚴，唐人錯者亦少。」曰：「一字有兩聲者，如『過』字、『治』字之類，此等至宋始分晰精密，唐人尚不分。杜詩『魑魅喜人過』，作平聲解者，或謂魑魅寂寞久，亦喜人來過；或謂魑魅欲啖人，故喜人來過，攫而食之。理皆難通。蓋言魑魅喜人有過失，與上句意方相應。古人四聲借用者甚多，不足異也。」

等韻三十六母，現用止廿四字，經世韻又列爲四十八行，某卻分斷得有些明白。經世蓋就現用廿四字，細分出上平、下平，故四十八。四十八則有音無字者皆全矣。三十六者，去有音無字者十二，惟存上平、下平之有音有字者耳。三說皆是也。

國書「阿、厄、衣、烏、於」五字，妙得聲韻之元，毫無勉强。小兒墜地，頭一聲便是阿，稍轉方有厄音，再轉方有衣音，又轉方有烏音，至會説話方有於音。自喉而舌，而齒，而撮口，而出口，次第一些不差。五字反覆叠呼，便有四萬聲。音學五書所少者，此耳。將來把毛稚黄書及度曲須知，擇其精要語，附刻於後，便成完害。至某所就國書推出者，則載於某所編樂書之後。毛稚黄及度曲須知，亦曉得支、微、齊、歌、麻、魚、虞七部之字無頭，它部之字皆有頭。卻不知七部乃聲氣之元，别字都是他生的，無有生他者。如「西邀烏」是「蕭」字，「西」是字頭，「邀」是字腹，「烏」是字尾。又「支」乃「真」之頭，「都」乃「東」之頭，「於」乃「元」之頭。韻部自當用此七部居前，以生各部。他知其無頭，卻不曉其所以無頭之故，故仍舊以東爲韻部之首，非也。歌、麻、支、微、齊、魚、虞收本字之喉音，佳、灰收衣字，蕭、肴、豪、尤收烏字，東、冬、江、陽、庚、青、蒸收鼻音，真、文、元、寒、删、先收舌抵齶，侵、覃、鹽、咸收唇音。

兒音古所無。「望道而未之見」，「而」，古注作「如」。「星隕如雨」，傳曰：「與雨偕。」是以「如」爲「而」。「而」字古蓋讀「如」，似「日」字平聲。今山東、江、淮此音甚多，而閩、廣則無矣。洪武正韻不收兒音。近猗氏衛先生，於每字母皆增至六字，而以兒爲舌音，非也。獨以「影」字爲首，則精確不易。

「麻」字應爲最初之聲，諸聲皆由此起。前人讀麻爲謨，窪爲汙，鵶爲烏，入歌、魚、虞韻，非也。國書先「阿」字，得元聲矣。

甯人謂：「易韻亦錯，惟詩不錯。」但如「興」字，以「鴥彼飛隼」一章論之，是在蒸韻。至「言念君子，載寢載興」，及「矢于牧野，維予侯興」，又與「音」字、「心」字爲韻。甯人無以解之，乃曰：「『興』字，古兩用。」又安知易韻之不叶者之非兩用耶？昌黎云：「曾經聖人手，議論安敢到。」其見卓矣。三百篇不獨各體俱備，即用韻變化，法亦俱全。如「彼譖人者，誰適與謀」；「取彼譖人，投畀豺虎」。是以「者」與「虎」叶，而以中句作過文。離騷中亦有用此法處。毛大可只見「維予侯興」等一二處，便以爲古皆通用，盡破從來之藩籬。楊升菴韻尤舛。其實韻部止應分爲六，昌黎便如此用。國書十二烏珠，本之蒙古韻。蒙古韻，昔人已知其好，性理中現載有，惜不見元人韻書語可證也。十二烏珠内，三部是閩、廣音，半用半不用，又三部係滿洲音，漢人不用，其餘六部，正與所分同。以此見昌黎不謬也。又韻部率以「東」字爲首，而國書獨首歌、麻；等韻率以「見」字爲首，而國書獨首「影」，皆超出千古。蓋「歌」字從丹田起，「影」字從喉起故也。

宋人用韻多錯，朱子雖古詩，亦不出本韻，卻無破綻。今用韻，且當以杜、韓爲宗。杜是老規矩，韓卻變而不失其正。杜但通用支、微、齊、佳，不敢通用魚、虞、蕭、肴、豪、尤，其實支、微之於齊、佳，與魚、虞之於蕭、肴、豪、尤，一也。

如今用韻，且復唐人之舊，漸次復到古韻，方是。廣韻分部，二冬下有三鍾，但二者律詩通用，今遂並鍾於冬矣，其實尚有宜斟酌者。如庚部下，有耕、有清，庚部字宜皆入陽，看「康」字從「庚」字頭可見，耕部宜存本部，清部宜入青。尤部下，有侯、有幽，尤部字宜入支，「尤」古讀「儀」。侯部宜入魚、虞，「侯」古讀「乎」。惟幽部宜存本部。

韻學不講，寧人獨出究心，直還三代。支不應與魚、虞通，自漢已誤，參同契便是如此。魏氏乃上虞人，故亦就浙音用之。某選詩，本欲選他此首，因韻錯恐誤人，遂置之。其詩則屈、宋之亞也。前人於脣喉齒舌，或不差，而字之偏旁多不講，至寧人卻講偏旁，故獨有著落。杜、韓用韻皆精當，惟入聲不能如寧人。寧人講入聲，直千古未有。

猗氏衛先生論韻，與寧人同，言侵、覃、鹽、咸，是真、文、元、寒、刪、先閉口，不應東、冬等部無閉口，故於每韻後作圈，以爲有音無字，皆存其位。其實侵、覃、鹽、咸四部，何嘗無別部閉口在內，如侵雖是真、文之閉口，亦是庚、青、蒸之閉口，若此之類不須補。

潘次耕若肯將其師所著音學五書，撮總纂訂令精當，豈不大快？他卻自出意見，欲駕亭林之上，倒弄出破綻來。他將自己土音影響意揣，便欲武斷從來相傳之緒言，豈可乎？

徐用錫跋

先生文孫清植，録先生語録三十卷，五月竣工，寄樣本來，且敘纂記之功，推用錫爲多。發篋讀之，悵歲月之已晚，喜意義之如新。當今日文教鼎盛之會，此書將以垂世而行遠，自念文行不立，得掛名簡端，以免君子没世之疾，用爲寵榮。然當記録時，非意所及也。凡人著述，有名之心，類隱隱欲自見己意。抑或用功久，有所得力，熟處不覺流露。子朱子謂「伊川語，上蔡記者便似謝，定夫記者便似游」。伊川無恙時，尹和靖以朱光庭記語進，伊川謂之曰：「苟不得某之心，所記者徒彼意耳。某在，何用讀此書？」憶用錫年逾三十尚陋，至學明季時文以爲工，於理道一無知識，苦甚面墻。歲甲戌，宗潢容安公招爲塾師。至都門，獲交德州孫檢討勷，實介予從先生遊。先生以氣静見器，許備門墻洒掃之役。嗣是而督學畿輔，旋改巡撫，雖行役多得侍側。洎入閣，留課孫植句讀。先生居官，精敏絶人，於職事鉅細不遺，凡所興除，率因時隨事，順其機緒，張施不外形，而究多所裨補。至談道講藝，殆無虚日，英賢環座，各有質請。蓋先生於經書，儒先要義，讀之熟，思之近，辯之明，得之深。加以養之粹，辭之達，領受之下，無一不冰解的破，洞徹心脾，如瞽目之刮障瞙，餓夫之飫芻豢。驚喜愛重，汲汲退而録之，恐少遺忘差舛，如失異寶。當是時，己原無所見，況雖欲參以私意而不暇，名心何由入之。先生乙未假歸，用錫繙閲寫稿，富溢囊箱，稍檢去冗複，覓鈔胥清謄。比先生還朝，稱完帙矣。每讀先生纂程子遺書、朱子語類，歎其精要。尋玩此編，雖用錫所録，不及師友條記之妙，但義理所歸，似由子朱子以上溯周、程，於其微詞奥旨，實深有發明。私念歸去，擇家庭鄉黨子弟有志力者，以此開其聰明，正其趨向。又懼用錫學識淺闇，或謬於先生之大指，因以誤人爲先生病，則莫贖之罪也。戊戌將出都，徑以清稿呈閲，閲一二日，先生招餞，喜動顔色，迎謂曰：「子所記誠佳。前年歸舟著講義，竟遺去『不患人之不己知』章疑尹氏注一條，幸爲我載之。想集中類此者尚有得。余爲子汰存十之五六，似竟爲可存之書。」遂慨然以無暇自歎。今先生曳杖後已十六年，海内學者頗知景嚮。天地久長，賢哲相望，必有如先生其人者出，而纂先生之書，以遂先生之志。而用錫惓惓不忘先生獎許此書數語者，匪僅以不至如伊川之訶光庭爲幸，亦緣此忖知大指，庶幾不謬於先生。諗今之讀是書者信先生，因之不疑愚陋而生眩瞀，或並累及他友之所聞，故爲書其後。雍正癸丑立秋日，下相受業徐用錫。

李清植跋

右榕村語録三十卷，下相徐先生之所纂記也。先大父嗜學無厭，所與諸賢論討者，往往發前儒之蔀。惟先生相與晨夕垂三十年，講解之下，神喻心融，輒筆而録之，所存最富。乙未後，哀爲此編。其中有採諸遺書評語，及先從祖光坡、從父鍾旺所記者，各注明條下。至高陽郭君琦暨清植，皆先生及門士，間記所聞，亦概附入。或謂語録不避方言，體制實昉於異氏，不如儒書雅馴，非所以行遠。然自二程子以及上蔡謝氏、龜山楊氏，皆有之。朱子進學，自上蔡語録而入於二程語録，手加釐訂，佩誦終身。蓋其理醇，其詞顯，君子方喜其覺世之易，不當泥於句字今古之閒，以爲瘢鏬也。不然字奇句險，宜莫如法言，顧以義膚味短，反見黜於前儒，何耶？朱子語類，勉齋諸賢不與編輯，以故門目支離，詞理冗複，致使姚江之徒得摘其失指者，托爲定論，以訾朱學，讀者惜之。是編分類，僅舉宏綱，而逐條各有次第。蓋大父論纂書之法，雅意如是。既成，先生以授清植，正襟温習之下，溯祖訓，凛師傳，大懼荒落，以慙以奮。大傳所云「無有師保，如臨父母」者，是編之謂也。己酉中夏朔日，清植敬識。